ERP 系统原理与实施及其案例分析

编 著 刘秋生

东南大学出版社
·南京·

内容简介

本书参考了大量国内外中小企业实施ERP系统的实际案例，融合相关学术研究成果，并结合编者长期项目实践的经验，以及从事ERP原理与实施等课程教学的体会，对ERP系统进行了深入、透彻的分析，总结、归纳、提炼后编著形成的。

全书共分8章，系统地介绍了ERP系统的基本概念、理论与实施方法。通过案例分析ERP系统实施过程中的关键技术、常见的主要问题及解决方案，详细地阐述了ERP系统中各功能模块与单元信息化相关信息子系统之间的关系，系统地介绍了ERP系统软件选择的评价和实施过程与方法，深入透析了中小企业信息化进程的全过程和影响ERP系统实施成败的关键因素。本书在取材上从实际出发，围绕ERP系统实施的基本概念、基本理论和基本方法，既有完整系统的理论体系，又有很强的实用性，便于读者学习、理解和掌握。

本书是面向经济、管理、机械和计算机学科的本科生及研究生编著的，也可以作为制造业信息化工程技术人员、企业信息化工程技术人员、企业信息师、数据管理员和信息技术人员的自学用书。

图书在版编目(CIP)数据

ERP系统原理与实施及其案例分析/刘秋生编著. —南京：东南大学出版社，2009.9(2012.1重印)

ISBN 978-7-5641-1812-9

Ⅰ.E… Ⅱ.刘… Ⅲ.企业管理—计算机管理系统，ERP

Ⅳ.F270.7

中国版本图书馆CIP数据核字(2009)第143285号

ERP系统原理与实施及其案例分析

编　　著：刘秋生
责任编辑：张　煦
责任印制：张文礼
封面设计：王　玥

出 版 人：江建中
出版发行：东南大学出版社
社　　址：江苏省南京市玄武区四牌楼2号(210096)
经　　销：江苏省新华书店
印　　刷：南京玉河印刷厂
版　　次：2009年9月第1版　2012年1月第3次修订印刷
开　　本：B5
印　　张：16.75
字　　数：328千字
书　　号：ISBN 978-7-5641-1812-9
定　　价：33.00元

前言

企业资源管理(Enterprise Resource Planning,简称 ERP)系统是企业管理现代化建设的重要标志,也是提高企业市场竞争能力的重要手段。近 20 年来,学术界、软件开发公司、企业投入大量的人力、财力和物力,开展了持续不断的探索,寻找适合中国国情的 ERP 系统软件的研制和实施的模式与途径,同时也进行了大量的 ERP 系统实施实践,ERP 系统的原理与实施方法不断完善。企业实施 ERP 系统已经成为体现企业信息化程度的重要标志,企业效益不断提高的发展战略。但是从总体来看,企业实施 ERP 系统的效益并不理想,往往难以达到预期目标。实施结果与期望目标相去甚远。出现项目历时长、风险高、投入大、见效慢、可控性差等现象,这些问题,至今仍然没有得到很好的解决。

针对 ERP 系统实施及运行过程中的一系列问题,结合我们多年来从事 ERP 系统实施实践和理论研究,并查阅、参考了大量国内外 ERP 系统原理与实施的论文、著作、科研报告、经典案例,经过总结、归纳、提炼形成本著作。本著作从 ERP 系统的发展着手,研究 ERP 系统原理、ERP 系统实施项目规划的理论、方法与过程,对 ERP 系统实施全过程,分析影响其成败的关键因素和解决方案,强调 ERP 系统实施是一项复杂的大型系统工程,因此,在 ERP 系统项目实施前必须做好项目的规划、计划,咨询和员工培训等工作,在实施过程中严格划分工程阶段和阶段性目标、过程目标测评指标和测评方法,强调 ERP 系统实施带来的管理革新和组织变更。本著作的主要特点:

1. 系统性强。不仅系统地介绍了 ERP 系统的基本概念、基础知识和运作原理,而且系统地介绍了 ERP 系统实施前的规划、实施过程中的控制和实施后的评价,运用量化的方法测评 ERP 系统实施前企业信息化的水平,并依此作为 ERP 系统实施规划的理论依据。

2. 重点突出。全书围绕三个中心,分别重点介绍 ERP 系统原理、ERP 系统实施全过程和 ERP 系统实施案例。强调了实施过程中的评价与反馈相结合,避免事后发现问题造成不可弥补的损失。

3. 实用性强,理论与实践相结合。有机地将基本概念、基础知识、原理、案例和验证性实验、事例和案例相融合,便于读者掌握理解。

4. 内容精练。在内容上作了精心的安排,力求操作简便、容易理解与掌握,实用性强;以 ERP 系统实施项目作为实例,由浅入深地、系统地介绍关系 ERP 系统的理论与方法。

5. 适用面广。本书是面向经济、管理、机械和计算机学科的硕士研究生编著的,也可以作为制造业信息化工程技术人员、企业信息化工程技术人员、企业信息师、数据管理员和信息技术人员的自学用书。

全书共分 8 章。第一章系统地介绍了 ERP 系统发展、应用领域、企业实施现状和在企业信息化中的地位与作用；第二章详细地介绍了 ERP 系统运行的环境基础，重点介绍了 ERP 系统实施企业生产类型、ERP 系统基本构建和基础数据；第三章侧重介绍了 ERP 系统从 MRP 发展至今各阶段软件系统的基本原理；第四章透析了 ERP 系统与各子系统、相关管理职能系统的关系，明确了 ERP 系统的实施与各子系统的应用有着密切关系；第五章介绍了 ERP 系统软件测评与软件选择的原则与方法；第六章介绍了 ERP 系统实施规划、实施过程和实施过程测评指标体系与评价方法；第七章分别介绍成功实施 ERP 系统和实施 ERP 系统失败项目，对成败原因进行了深入分析；第八章归纳了 ERP 实施成败的关键因素。

在本书出版得到了中国制造业信息化协会的同行支持，刘国芳、童俊、马顺利等同志为本书的整理及资料收集提供了帮助，在此对本书提供帮助、关心和支持的同志表示衷心感谢！信息化是一个动态发展的过程，ERP 系统在每个企业个体的实施都有新的特色，由于作者的知识有限，错误在所难免，欢迎读者批评指正。

作　者

2009 年 7 月于镇江

订正说明：本次印刷除做了必要订正外，主要是增加了必要的综合练习题，如任课老师需要电子教案或课件素材，请联系责编邮箱 amberzhang@seu. edu. cn。

目 录

1 绪 论

信息化已经作为我国强国富民的重要国策，成为我国当前经济建设的主要任务之一。信息化的要求已经写入政府工作报告中，企业实施 ERP 系统是企业实施信息化的重要标志。从 20 世纪 90 年代中期起，学术界开展了一系列的 ERP 系统学术研讨，企业界投入了大量的人力、物力和财力，进行了深入的系统软件的研发与应用。我国以企业为核心，信息技术公司为关键，引进、吸收、二次开发和自主开发相结合，研制开发了一系列具有中国特色的 ERP 系统应用软件，推进了我国企业信息化进程，取得了大量的应用成果。但是，从总体上看，企业开展 ERP 系统实施的效果不够理想。不同地区、行业、规模、经营水平、管理体制的企业对 ERP 系统的投入、组织实施力度、人才培养、机构建设等方面还存在很大差异，ERP 系统实施的绩效，内陆地区企业与沿海地区相比，沿海地区企业与欧美发达国家企业之间相比，存在着巨大差距。我国企业实施 ERP 系统投入的成本与期望的效果还相差甚远。

1.1 企业信息化工程与 ERP 系统

企业信息化工程实施效益并没有达到人们所期望的效果，取得显著效果的企业只占少部分，即使像武汉钢铁集团这样的大型企业，虽然通过实施企业信息化工程，有效地控制了生产过程，压缩了大量的库存物料、资金，提高了企业的生产灵敏度，取得了显著的成绩，但是从所取效益与投入 2 亿元人民币的成本效益分析来看，对实施成功的结论还应当作全面分析。大部分企业信息化效果不明显，更有部分企业在实施企业信息化过程中，盲目投入大量的资金，给企业带来了沉重的经济负担，严重影响了企业的资金使用，甚至成为企业难于维持的重要因素。可是，“入世”对企业市场竞争的压力越来越大，企业被迫参与国际市场竞争，只有不断提高竞争力，才能在激烈的市场竞争中求生存、谋发展。开展企业信息化工程不仅是企业发展的战略，同时也影响到国家宏观经济的发展。可见，如何提高企业信息化工程实施的成功率，是摆在我们面前亟待解决的重大问题。急需要明确企业信息化工程的基本概念和基础理论知识。

1.1.1 信息化的概念

“信息化”概念提出至今，观点仍然不同，主要侧重在两个方面。一方面观点认为：强调信息化的目的，以吴基传、张彦东、高新民、李富强等为代表，他们对“信息化”的定义是指：社会经济的发展，从以物质与能量为经济结构的重心向以信息为经济结构的重心转变，不断地采用现代信息技术装备国民经济各部门和社会各领域，实现信息资源高度共享，发掘社会智能潜力，推动经济和社会优质发展。信息化是指在工业化过程中极大地提高社会劳动生产率，逐步提高信息经济在国民生产总值中的比重，同时通过信息高速公路的建设，把信息产业发展起来，把信息技术的应用普及开来，把信息技术的自主开发能力提高上去；另一方面观点认为：强调信息化装备的作用，主要以李京文、赵萍、韩建新等为代表，信息化定义成：通讯现代化、计算机化和行为合理化的总称，信息化是指在经济和社会活动中，通过普遍地采用信息技术和电子信息设备，更有效地开展和利用信息资源，推动经济发展和社会进步，使信息经济增加值在国民生产总值中的比重逐步上升直至占主导地位，加快国民经济各部门之间、部门内部，以及企业间的信息沟通和交流，促进企业技术改造，使企业的发展更适应新技术的发展和不断变化的市场需求，从而加快经济的运行节奏，促进经济发展，提高自身开发和利用信息资源的智能，推动经济发展、社会进步乃至人们自身生活方式的变革。

1.1.2 企业信息化工程的概念

1. 企业信息化工程含义

企业信息化工程(Enterprise Information Engineer，简称 EIE)是将信息技术、自动化技术、现代管理技术与制造技术相结合，改善企业的经营、管理、产品开发和生产等各个环节，提高生产效率、产品质量和企业的创新能力，降低消耗，带动产品设计方法和设计工具的创新、企业管理模式的创新、制造技术的创新以及企业间协作关系的创新，从而实现产品设计制造和企业管理的信息化、生产过程的智能化、制造装备的数控化以及咨询服务的网络化，全面提高我国企业的竞争力。

企业信息化工程是一项复杂的系统工程，不只是购买设备、联网、安装应用系统这么简单，它还包括系统培训、管理制度建立、管理方法的改进、业务流程管理和信息系统应用等内容。企业信息化工程的核心任务是突出抓好数字化设计、数字化装备、数字化生产、数字化管理的企业数字化，并在此基础上通过继承创新，突破一批重大关键技术；建立一批企业信息化应用的示范企业和示范区域，并通过辐射和扩散效应，提升我国企业的核心竞争力；培育一批研发软件企业和信息技术咨询服务公司；锻炼一批人才，形成一支推进企业信息化的基本队伍，打造一批具有自主知识产权和市场竞争力的新产品，形成一批数字化企业，造就若干个专业化、网络化企业的产业信息化和服务联盟。

2. 企业信息化的组成

企业信息化的内涵主要包含六方面的内容：

(1) 产品信息化。产品信息化要使用好两个技术，一是应用数字技术，增加传统产品的功能，提高产品的附加值。比如，以往的模拟手机同现在的数字手机在保密性和性能方面无法同日而语，数字控制技术对机床的增值产生了数倍的影响；二是应用网络技术，网络冰箱通过网络管理中心进行控制，可以向用户通报何时需要添置新的食品，从而产生了新的附加值。产品的质量改变不大，最大的差别在于通过服务提高了产品的附加值。

(2) 设计信息化。即产品设计、工艺设计方面的信息化。目前应用较为普遍的是计算机辅助设计(CAD)系统，设计信息化还包括计算机辅助工艺规程设计(CAPP)系统应用、计算机辅助装配工艺设计(CAAP)系统应用、计算机辅助工程分析(CAE)系统应用、计算机辅助测试系统应用、网络化计算机辅助开发环境、面向产品全生命周期活动的设计(DFX)系统二次开发与应用、产品建模、模型库管理与模型效验系统开发与应用。

(3) 生产过程信息化。即自动化技术在生产过程中的应用，用自动化、智能化手段解决加工过程中的复杂问题，提高生产的质量、精度和规模制造水平。其中主要应用包括数控设备的应用、计算机生产过程自动控制系统应用、生产数据自动收集、生产设备自动控制、产品自动化检测及生产自动化覆盖等。

(4) 企业管理信息化。企业通过管理信息系统的集成，提高决策管理水平。主要应用层面包括企业资源规划(ERP)系统、供应链管理(SCM)系统、客户关系管理(CRM)系统和辅助决策支持(DSS)系统。

(5) 市场经营信息化。通过实施电子商务，可以大大节约经营成本，提高产品的市场竞争能力，提高经济效益。

3. 企业信息化的形成过程

从信息系统在我国企业管理应用历程的角度来看，企业管理信息化工程即管理技术与信息技术相融合，由单点到一体化过程，从资金流向物流集成。主要内容包括以下几方面：

(1) 财务管理信息化 ERP 实施企业财务管理信息系统。企业内部各单位使用统一的财务管理软件，财会部门能同步得到采购、生产、销售等各个环节的每一次业务活动的信息，并实时进行核算，提高会计核算的速度。控制录入数据的更改，对更改的数据要作特别标识以备核查，做到会计核算，包括生成会计报告的软件程序不可随意更改，确保会计核算的真实性。实行目标成本管理，通过信息化手段实时反映和分析实际成本与目标成本的差异，及时采取降低成本的措施。实施预算管理，把采购、销售等环节的各项资金的收支纳入信息系统，进行集中、实时的监控和调度，提高资金的使用效率，加快资金周转。

(2) 采购管理信息化 ERP 实施采购管理信息系统，逐步向供应链管理(SCM)发展。采购管理要实现内部各相关程序和权力的公开、透明和有效制衡，采购物资的价格、质量等信息要在企业内部网上公开。做到采购人员掌握的信息，监督和管理人员也能掌握，防止“暗箱操作”，堵塞采购漏洞，降低采购成本，确保采购物资质量，防止过高的库存。

(3) 营销管理信息化 ERP 实施营销管理信息系统，逐步向客户关系管理(CRM)发展。营销管理建立覆盖各销售网点的计算机网络。将产品销售、售后服务、客户需求、市场变化等信息纳入计算机网络，即时进行监控、调度、响应和分析。提高售后服务质量和水平，最大限度地满足客户需求，不断开拓新的市场。企业开展网上电子商务进行营销，以企业对企业(B to B)、企业对消费者(B to C)等电子商务模式开展商务活动。

(4) 质量管理信息化 ERP 实施质量管理信息系统，逐步向全面质量管理(TQM)发展。质量管理的业务流程符合质量体系认证的要求，采购、加工、检测、出厂、售后服务过程中的关键环节或重要工序的质量数据，以及大型、复杂产品的逐个产品的质量档案，要纳入管理信息系统中，实行动态分析和监控。

(5) 人力资源管理信息化 ERP 实施人力资源管理信息系统(HRS)。人力资源管理信息系统的目标是更好地进行人力资源的发展和规划。系统重点是满足人力资源部门在员工素质管理、薪资管理、绩效考核等方面的需求。具体功能包括人事信息管理、劳动合同管理、培训管理、考勤管理、绩效管理、福利管理和工资管理等方面的信息化。

(6) 生产管理信息化 ERP 实施生产管理信息系统，逐步向企业资源计划(ERP)系统发展。生产管理主要涉及四个方面：一是生产过程组织，包括生产过程和生产类型、生产过程的空间组织和时间组织、生产方式等；二是生产计划，包括生产技术准备计划、生产计划与作业计划；三是生产控制，主要是生产进度和质量控制；四是人——机——环境系统，主要是研究人与机器、环境的合理配合，以提高生产率。企业生产管理的关键在于如何规划和计划各种资源在时间、地点、产品之间的合理配备，如何按计划监督责任方对资源的使用情况，如何根据预测和历史情况为决策者提供利用资源的分析数据。因此，生产管理信息化的内容主要包括：生产组织的信息化；生产计划的信息化，如产品预测及独立需求管理、高级计划与排程(APS)、物料需求计划(MRP)及详细资源平衡等的管理信息化；生产进度与质量控制的信息化；车间作业管理信息化；设备管理信息化等。

4. 企业信息化的作用

企业信息化，能提高企业经营管理信息的准确性和及时性，有助于企业决策的进一步科学化；能促使企业业务办事程序和管理程序更加合理，从而有助于增强企业的快速反应能力；能进一步促进企业资源的合理组合及利用，使其在现有资源条件下达到最佳利用效果，从而大大提高企业的生产经营效率和管理效率；能给企业提供一个强大的、快捷的信息交流平台，有助于我们紧紧跟踪一些先进经验和成果，从而有助企业的发展，提高员工的创新能力。企业信息化是生产力和生产关系的技术进步。自 1946 年世界上第一台计算机诞生以来，电子信息技术高速发展，其普及应用和广泛渗透为企业的产品设计、制造、办公和管理提供了工具。同时，职能管理层、经营决策层和电子商务层的信息化改变了传统企业的组织关系。企业信息化在管理、经营上的变化和时空上的拓展，特别是互联网的出现，为电子商务提供了基础条件，电子商务为企业信息化增添新的内涵。企业信息化大大拓宽了企业活动的时空范围，在时间上，企业信息化以客户需求为中心实施敏捷制造和集成制造；在空间上，企业信息化以虚拟形态将全球聚合在一起。企业信息化的本质是企业的核心业务、主导流程和人的信息化。任何企业，无论是资源型企业、商业企业，还是金融、制造及社会中介机构，只要它是企业，就必将拥有其独特的主营业务，即核心业务，其运作过程就是企业的主导流程，它们是企业信息化改造的重点对象。同时，信息化也是“化”人的过程。企业各级员工要在心理上和行动中全部投入信息化建设进程，成为信息化的主导力量，当然这还需要“一把手工程”的积极带动和引领。

5. 企业信息化的特征

企业信息化是一个动态发展的过程，它主要从如下三个方面表现出来。

(1) 形态特征。在企业生产、管理和经营三个层面，在产品设计、工艺过程控制与零件加工、事务处理、供应链管理与辅助决策等领域广泛开展计算机应用，实现设计自动化、生产自动化、办公自动化，决策辅助自动化和电子商务等企业运行的全面自动化；

(2) 过程特征。企业信息化从初级、中级到高级的发展过程特征是从计算机单机应用、综合应用、网络应用的逐步提升；从基层班组级计算机联网、部门联网、企业联网、产业链联网的不断融合，具有连续不断可持续发展的特征。

(3) 阶段特征。由于信息技术的发展永无止境，信息基础设施和经济、市场环境的变迁，企业信息化也不存在终极目标。企业信息化实施是全方位的，企业将根据自身需要抓重点，分层次、分阶段地推进企业信息化，提高信息技术利用率，因此对企业信息化的建设和投资也不可能是一次性的，具有分阶段连续不断的特征。

1.1.3 企业管理信息化的概念

1. 企业管理信息化的含义

企业信息化是指企业广泛利用现代信息技术，充分开发和利用企业内部或外部的，企业可能得到和利用的，并与企业生产经营活动有关的各种信息，以便及时把握机会，做出决策，增进运行效率，从而提高企业竞争力水平和经济效益的过程。企业管理信息化是企业信息化的一个重要组成部分，其功能侧重于信息技术在经营管理上的应用，其主要功能是 ERP 系统。其内容主要包括：

(1) 合理构建企业的业务流程和管理流程，完善企业的组织结构、管理制度等。

(2) 建立企业的总体数据库。

(3) 建立相关的各种自动化及管理系统。

(4) 建立 Intranet(局域网)，达到企业内部信息的最佳配置。

(5) 接通 Internet(互联网)，获得与企业经营有关的信息，充实自己信息资源。

2. 我国企业管理信息化的历程

我国企业管理信息化主要经历了三个阶段：一是会计电算化阶段(上世纪 80 年代

中期至 1997 年)，以事务处理系统为主，系统能提供的主要是会计信息，信息系统的研发都是处在低水平的重复开发，管理信息化给企业带来了明显的数据处理效率提高，但效益不明显，或很难评价；二是财务业务一体化阶段(1995 年至 1999 年)，电算化的会计信息系统从事务处理中不断提升，由核算型走向管理型，这一阶段才具有真正意义上的管理信息化。但是管理信息化的主要业务仍然是会计财务管理，具有较高的商品化信息系统软件，较丰富的会计信息，可以有效地控制资金流，但对高层决策，还不能起到全面综合的作用，提供的信息因片面而价值不高，尤其是对企业发展战略、经营规划和生产计划制定无能为力。三是从财务管理软件或制造资源计划(MRP Ⅱ)转向企业资源计划(ERP)阶段(1997 年至今)，这一阶段的管理信息化从单部门、单一业务走向企业整体集成，实现一体化管理，将企业的资金流、物流通过信息流得到有效的记录、控制和优化。信息系统开始成为企业管理必不可少的工具，各级管理层开始认识到信息是企业的财富和资源。

1.2 ERP 系统的发展

ERP 系统的发展是随着信息技术、制造技术和管理技术的发展逐步形成的，而且其功能不断扩大，其性能不断提高。ERP 系统理论、观点和方法的提出都是为了同一个目标：即增加企业的竞争能力，充分利用企业各种资源，降低企业运营成本，实现企业利益最大化。但是随着生产规模的不断扩大，组织机构越来越复杂，市场竞争日趋剧烈。要达到这些基本目标，企业必须做好生产计划的合理性、成本的有效控制、设备的充分利用、作业的均衡安排、库存的合理管理、财务状况的及时分析等等工作。这些工作的好坏直接影响到企业的生死存亡。于是人们从企业全局的物流、资金流、事务流、工作流、信息流等着手，开展一系列的理论研究和实践探索。由局部利益的最大化向整体利益最大化发展，由单项管理现代化向综合管理现代化发展，由单元优化到集成优化发展。从 20 世纪至今，经过近 40 年的发展，企业管理软件已经形成软件产业，在世界范围内涌现出几百家著名的专门从事企业管理软件开发与经销的公司，形成了百花齐放的局面。纵观企业管理软件的发展过程，我们将会看到，企业管理软件的每一步发展均与社会经济发展阶段以及企业所处竞争环境的变化息息相关。就典型的管理软件 ERP 系统功能的完整性、理论的成熟性和企业管理的可控性等方面来看，其发展经历了物料需求计划(Material Requirement Planning，简称 MRP)、闭环 MRP、制造资源计划(Manufacturing Resource Planning ，简称 MRPⅡ)和企业资源计划(Enterprise Resource Planning，简称 ERP)四个阶段。

1.2.1 时段式物料需求计划(MRP)阶段

1957 年，美国 27 位生产与库存控制工作者创建了美国生产与库存控制协会(American Production and Inventory Control Association，简称 APICS)，旨在研究、交

流与宣传生产与库存控制的原理与技术。1960 年前后，由 APICS 的物料需求计划(Material Requirements Planning，简称 MRP)委员会主席 Joseph Orlicky 等人第一次运用 MRP 原理，开发了一套以库存控制为核心的微机软件系统。APICS 的成立与第一套 MRP 软件的面世，标志着现代企业管理软件的发展开始起步。

物料作为制造企业产生和经营管理的主要对象，直接影响到企业的生存与发展。企业的竞争优势在于自己生产的产品成本是否低于自己的竞争对手，降低产品生产成本的有效途径就是进行库存优化管理。因此，人们研究最多的是库存管理的方法和理论。但是，为寻求解决库存优化问题而建立起来的数学模型，没有得到实质性应用。在计算机出现之前，企业根据生产订单发出采购订单和进行催货是当时库存管理工作所要做的，但是确定对物料的真实需求却是靠缺料表，这种表上所列的是马上要用，但却发现没有库存的物料，然后，派人根据缺料表进行催货。订货点法就是在当时的条件下，为改变这种被动的状况而提出的一种按过去的经验预测未来的物料需求方法。这种方法有各种不同的形式，但实际上都是着眼于“库存补充”的原则，即保证在任何时候仓库里都有一定数量的存货，以便需要时随时取用。当时人们希望用这种做法来弥补由于不能确定近期内准确的必要库存储备数量和需求量预测，并要求保留一定的安全库存储备，以便应付需求波动。订货点法的假设条件是：对各种物料的需求是相互独立的；物料需求是连续发生的；提前期是已知的和固定的；库存消耗之后，应被重新填满。由于这些假设条件在现实中很难成立，从而难以解决“何时订货”这一库存管理中的核心问题。

直至上世纪 50 年代中期，电子计算机在经济管理上的应用，为企业管理信息处理开辟了新纪元，库存控制理论和生产计划管理定量方法逐步得到实现。时段式 MRP 就是为解决订货点法存在的缺陷而提出的，它首先将物料需求区分为独立需求和非独立需求并分别加以处理，其次在库存状态数据中引入了时间分段的概念。所谓时间分段，就是给库存状态数据加上时间坐标，亦即按具体的日期或计划时区记录和存储状态数据，从而解决了何时订货以及订货数量问题。

MRP 系统最主要的目标是确定每项物料在每个时区的需求量，以便为正确地进行生产库存管理提供必要的信息。MRP 系统假设：物料清单(Bill of Material，简称 BOM)和库存记录文件的数据完整性是有保证的；所有物料的订货提前期是已知的，至少是可以估算的；所有受其控制的物料都要经过库存登记；在计算物料需求时间时，假定用于构成某个父项的所有子项都必须在下达父项的订货时到齐；每项物料的消耗都是间断的。在运行 MRP 系统的前提条件包括：第一，要有一个主生产计划；第二，要求赋予每项物料一个独立的物料代码；第三，要有一个通过物料代码表示的物料清单(BOM)；第四，要有完整的库存记录。在满足这些条件的情况下，MRP 系统输入：主生产计划、来自厂外的零部件订货，独立需求项目的需求量预测，库存记录文件、物料清单。这些输入信息经过系统加工处理后输出：下达计划订单的通知、日程改变通知、撤销订单的通知、物料库存状态分析的备用数据；未来一段时间的计划订单。根据用户的需求，MRP 系统还可以输出如下信息：不一致或超出界限的各种反常信息报告；库存量预报、采购任务单、作业完成情况等。

1.2.2 闭环式物料需求计划(MRP)阶段

运行 MRP 系统的前提条件是要有一个主生产计划，这意味着在已经考虑了生产能力的情况下，有足够的生产设备和人力来保证生产计划的实现。因此，对于工厂有多大生产能力，能生产些什么，MRP 系统就显得无能为力了。其次，建立 MRP 系统还假定物料采购计划是可行的，即认为有足够的供货能力和运输能力来保证完成物料采购计划。而实际上，有些物料可能由于市场紧俏，供货不足或运输工作紧张而无法按时、按量满足物料采购计划，在这种情况下，MRP 系统的输出将无法实现。因此，MRP 系统计算出的物料需求的日期有可能因设备和工时的不足而没有能力生产，或者因原料的不足而无法生产。要解决以上问题，在实际使用 MRP 系统时，往往预先编制一套主生产计划，计算出所需要的生产能力，然后把这个生产能力与实际生产能力进行比较。此外，在实际使用 MRP 系统时，对于物料采购计划不能实现的部分，也得依靠人工进行调整与落实。总之，在 MRP 系统的应用中，需要人工介入较多。而且 MRP 系统也没有涉及车间作业计划及作业分配，这部分工作仍然由人工完成，因此，也就不能保证作业的最佳顺序和设备的有效利用。

为了解决以上问题，MRP 系统在上世纪 70 年代发展为闭环 MRP 系统。闭环 MRP 系统除物料需求计划外，还将生产能力需求计划、车间作业计划和采购作业计划也全部纳入 MRP，形成一个封闭的系统。其原理是根据长期生产规划制定短期主生产计划，而这个主生产计划必须经过生产能力负荷分析，才能够真正具有可行性。然后再执行物料需求计划和能力需求计划，车间作业计划，并在计划执行过程中，将来自车间、供应商和计划人员的反馈信息，进行计划的平衡调整，从而使生产计划方面的各个子系统得到协调统一。其工作过程是一个“计划——实施——评价——反馈——计划”的封闭循环过程。它能对生产中的人力、机器和材料各项资源进行计划与控制，这一点已大大超越了 MRP 系统的资源计划范围，从而使生产管理对市场的应变能力大大增强。

在上世纪 70 年代以前，许多企业也曾谈论物料需求计划，并在计算机上进行了物料清单的分解工作，但始终未能建立闭环 MRP 系统，主要原因在于：当时对主生产计划尚未充分理解，在生产过程中，虽然对生产能力计划和调度进行过尝试，但由于没有有效的优先级计划作为依据，所以这种尝试也没有效果。此外，当时的计算机性能尚不能使计划总是保持反映最新的需求信息，而人们也未理解如何真正驾驭计划来做到这一点。只有高速度大存贮的现代计算机的出现才使闭环 MRP 成为现实。将物料需求按周分解，甚至按天分解（而不是过去的按月分解）的能力，使得 MRP 成为一个实际的计划系统和工具，而不仅仅是一个订货系统。所以闭环 MRP 也是计算机技术向前发展的产物。

1.2.3 制造资源计划(MRP Ⅱ)阶段

在长期的企业管理实践中,人们认识到一条基本的法则,即低水平的管理常常是五花八门的管理子系统滋生的土壤。这些子系统往往是为了堵塞某一方面的漏洞而建立的,漏洞越多,子系统也越多。事实上,许多子系统所做的事情实质上都是相同的,只不过角度不同而已。由于在建立这些子系统的时候缺乏统一的规划,它们之间联系甚少。因此,子系统越多,矛盾和问题也越多。

闭环 MRP 系统的出现,使生产活动方面的各种子系统得到了统一。但这还不够,因为在企业的管理中,生产管理只是一个方面,它所涉及的是物流,而与物流密切相关的还有资金流。这在许多企业中是由财会人员另行管理的,这就造成了数据的重复录入与存储,甚至造成数据的不一致性。

在更高的管理层次上也有类似的问题。用于最高层管理的经营规划要回答以下三个问题:我们要销售些什么?我们有些什么?我们必须制造什么?生产规划也是用来回答上述问题的。但问题在于,经营规划与生产规划是分别制订的。在许多企业中,制订生产规划的人甚至不曾意识到经营规划的存在,制订经营规划的人也从不去了解生产规划。而事实上,经营规划就其基本形式来说,如果不考虑研究开发以及其他不与生产直接相关的部分,那么不过是把生产规划的总和用货币来表示而已。

于是人们想到,应该建立一个一体化的管理系统,去掉不必要的重复性工作,减少数据间的不一致性现象和提高工作效率。实现资金流与物流的统一管理,要求把财务子系统与生产子系统结合到一起,形成一个系统整体,这使得闭环 MRP 向 MRP Ⅱ前进了一大步。

上世纪 80 年代,人们最终把生产、财务、销售、工程技术、采购等各个子系统集成为一个一体化的系统,并称为制造资源计划(Manufacturing Resource Planning)系统,英文缩写还是 MRP,为了区别物料需求计划系统(亦缩写为 MRP)而记为 MRP Ⅱ。

1.2.4 企业资源计划(ERP)阶段

随着市场竞争的进一步加剧,企业竞争空间与范围的进一步扩大,以及市场与客户需求变化的进一步加速,上世纪 80 年代 MRP Ⅱ主要面向企业内部资源全面计划管理的思想逐步发展为面向全社会资源怎样进行有效利用与管理的思想,这就是企业管理系统发展到 ERP 系统中蕴涵的管理思想。

1990 年美国 Gartner Group 公司针对管理技术与信息技术发展的需求,提出了企业资源计划(Enterprise Resource Planning,简称 ERP)的概念,其基本思想是:MRPⅡ(企业制造资源计划)下一代的制造业系统和资源计划软件。除了 MRPⅡ已有的生产资源计划,制造、财务、销售、采购等功能外,还有质量管理,实验室管理,业务流程管理,产品数据管理,存货、分销与运输管理,人力资源管理和定期报告系统。

在 ERP 系统设计中考虑到仅靠自己企业的资源不可能有效地参与市场竞争,还必须把经营过程中的有关各方如供应商、制造工厂、分销网络、客户等纳入一个紧密的供应链中，才能有效地安排企业的产、供、销活动，满足企业利用全社会一切市场资源快速高效地进行生产经营的需求，以期进一步提高效率和在市场上获得竞争优势；同时也考虑了企业为了适应市场需求变化不仅要组织“大批量生产”，还要组织“多品种小批量生产”。在这两种情况并存时，需要用不同的方法来制订计划。

在 ERP 系统的这种设计思想中体现出：第一，它把客户需求和企业内部的制造活动以及供应商的制造资源整合在一起，体现了完全按用户需求制造的思想，这使得企业适应市场与客户需求快速变化的能力增强。第二，它将制造业企业的制造流程看作是一个在全社会范围内紧密连接的供应链，其中包括供应商、制造工厂、分销网络和客户等；同时将分布在各地所属企业的内部划分成几个相互协同作业的支持子系统，如财务、市场营销、生产制造、质量控制、服务维护、工程技术等，还包括对竞争对手的监视管理。ERP 系统提供了可对供应链上所有环节进行有效管理的功能，这些环节包括订单、采购、库存、计划、生产制造、质量控制、运输、分销、服务与维护、财务管理、人事管理、实验室管理、项目管理、配方管理等。

从系统功能上来看，ERP 系统虽然只是比 MRP Ⅱ系统增加了一些功能子系统，但更为重要的是这些子系统的紧密联系以及配合与平衡。正是这些功能子系统把企业所有的制造场所、营销系统、财务系统紧密结合在一起，从而实现全球范围内的多工厂、多地点的跨国经营运作；其次，传统的 MRP Ⅱ系统把企业归类为几种典型的生产方式来进行管理，如重复制造、批量生产、按订单生产、按订单装配、按库存生产等，对每一种类型都有一套管理标准。而在上世纪 80 年代末、上世纪 90 年代初期，企业为了紧跟市场的变化，纷纷从单一的生产方式向混合型生产发展，而 ERP 则能很好地支持和管理混合型制造环境，满足了企业的这种多角化经营需求；最后，MRP Ⅱ是通过计划的及时滚动来控制整个生产过程，它的实时性较差，一般只能实现事中控制。而 ERP 强调企业的事前控制能力，它可以将设计、制造、销售、运输等通过集成来并行地进行各种相关的作业，为企业提供了对质量、适应变化、客户满意、效绩等关键问题的实时分析能力。

1.2.5 企业资源计划(ERP)发展趋势

面对高速发展的高新技术和高新技术的广泛应用，ERP 系统中虽然考虑了企业怎样适应市场需求的变化以及怎样利用全社会一切市场资源快速高效地进行生产经营的需求，但并未从根本上考虑知识经济时代持续创新以及市场竞争环境的迅速变化对企业生产流程与业务管理流程的动态调整的要求。任何一个企业都能感受到国际化竞争的压力以及随着席卷全球的信息化革命的冲击，日益激化的竞争市场将使企业越来越感到原有的组织结构和环节复杂的业务流程已无法应付面临的挑战。面对市场和经营环境的变化，企业必须要即时进行动态调整和改造。它不仅包括对产品和生产流程的重整，还要涉及到与之相关的企业组织结构与业务管理流程。重整过程要以理顺经营过程为中心，以适应客户变动的需求和提高客户满意度为目标。而且这种企业重整的过程并非一劳永逸，企业需要随时根据竞争环境变化与自身在市场竞争中的势态变化，紧跟时代发展步伐，不断进行企业重整以保持自己的市场竞争优势，因此企业重整是一个动态的过程。但是，ERP 系统一般是以一种预先固定好的模式结构提供给用户，企业在建立其管理系统时，一是软件无法灵活地适应个性化的企业管理流程要求，这就不得不要求企业管理流程需按 ERP 系统中的固有模式去运作，否则要经过二次开发才能使用；二是一旦 ERP 系统实施完毕，企业在需要进行管理与业务流程重整时，很难真正达到从组织结构、生产流程、业务流程全面重整的效果，即现有的 ERP 系统结构与功能制约了企业的动态重整过程。因此，ERP 系统的进一步发展需要将管理业务与软件系统相分离，以期实现企业的动态重整过程。一些西方发达国家的理论界正在对 DEM 和 IRP 作进一步的探讨和理论研究。要具体运用这些管理思想，并通过计算机软件系统来实现，以解决实际企业现代化管理问题尚需一段时日。

1. 动态企业建模技术 DEM(Dynamic Enterprise Module)

DEM 的提出就是为了满足企业不断增长的动态重整过程的需求，它具有能够消除 ERP 软件与企业管理“捆绑”的功能(如同开放的计算机软件系统与计算机硬件环境间的分离)，可支持企业的管理结构和流程灵活地紧跟瞬变的市场发展和不断改变，有助于动态实现企业重整过程。它必将是未来 ERP 系统改进和进一步发展的一个方向。

然而无论是 ERP 系统还是进一步发展的 DEM 技术，其企业管理思想和模式基本上都是基于一种“面向事务处理” 的、按顺序逻辑来处理事件的管理，均不能对无法预料的事件和变化做出快速反应。在今后知识经济时代进一步向前发展的情况下，创新加速与市场需求的瞬息万变是不可避免的。在这种市场环境下，企业只有尽早、尽快地为市场提供那些受消费者青睐的产品，才能获得良好利润和保持市场竞争优势。因此，企业不仅要根据动态多变的市场去做出正确的判断，还要做出决策，这就不得不经常地、快速地根据新的决策去改变产品结构、生产计划和生产流程，还要使每一种产品的产出提前期都尽可能短并且可控，这样才能既快速将产品提交到市场上，又能有效地控制生产成本。而现有面向事务管理的软件是无法满足这些需求的。

2. 智能资源计划 IRP(Intelligent Resource Planning)

IRP 是一种具有智能及优化功能的管理思想和模式，它打破了以前所有那些“面向事务处理”的管理模式。它可使管理人员按照设定的目标去寻找一种最佳的方案并迅速执行。这样就可紧紧跟踪、甚至超前于市场的需求变化，快速做出正确的决策、随之改变原有的计划，并以最快的速度执行这些变化。此外，IRP 还将解决以前无法解决的“协同制造”以及“约束资源”等问题。因此，IRP 也必将成为未来企业管理软件发展的另一重要方向。

市场竞争激烈程度，市场竞争范围，以及市场与客户需求变化速度这三个因素的不断变化，推动了企业管理软件从早期的 MRP，经历了闭环 MRP 和 MRP Ⅱ，一直发展到今天的 ERP，并朝着未来的 DEM 和 IRP 方向进一步发展。

随着多年的实践和发展，ERP 系统已经有了更深刻的内涵。已经成为网络时代现代企业向国际化发展的高级管理模式，呈现出敏捷化、网络化、集成化、柔性化、行业化、小型化和本地化等发展趋势。

1. 敏捷化

21 世纪的世界市场竞争是以客户为中心的敏捷化制造体系间的竞争，这就要求企业具有敏捷性能够在全球范围内组织生产、快速创新和响应市场，从而赢得市场竞争。可以预见，基于制造业合作的全球化制造体系与敏捷虚拟企业的管理模式将是未来管理模式的核心。敏捷化 ERP 支持敏捷化企业的组织形式动态联盟，支持敏捷企业组织结构以团队为核心的扁平化，支持敏捷企业生产方式并行工程和协同工作。

2. 网络化

网络化 ERP 通过计算机网络将企业、用户、厂商及其他商贸活动涉及的职能机构集成起来，完成信息流、物流和价值流的有效转移与优化。经营网络包括企业内部运营、供应链管理、渠道管理、客户关系管理的网络化。ERP 已从客户机/服务器(C/S)模式向基于 Internet 的浏览器服务器(B/S)模式转变，实现业务应用与技术体系的分离。

3. 集成化

当代企业的生产经营已经从“以产品为中心”的模式转向“以客户为中心”的模式。在此背景下，集成化 ERP 充分利用 Internet 技术及信息集成技术，将供应链管理(SCM)、客户关系管理(CRM)和办公自动化(OA)等功能全面集成化。此外，ERP 还与设计、制造、后勤等过程进行集成优化，以支持产品协同商务等企业经营管理模式。

4. 柔性化

柔性化是指适应多种生产制造方式的管理模式，支持企业对生产制造管理模式的不断调整，包括对产品和生产流程的重组，以及与之相关的企业组织结构和业务管理流程的重组。值得指出的是，我国正处在经济体制转轨阶段，因此柔性化 ERP 具有重要的现实意义。柔性化 ERP 包括采用开放性体系结构、面向对象的技术、可重用性和互操作技术、友好人机接口技术、企业动态建模和仿真技术等。

5. 行业化

中国企业系统实施关键成功因素的实证研究由于不同行业具有各自独特的生产和经营模式。因此，为企业提供个性化的解决方案就显得非常重要。行业化 ERP 的系统已经成为新的发展趋势。除了传统制造业和新兴制造业，面向金融业、通信业、高科技产业、零售业等行业的 ERP 产品发展迅猛，从而使 ERP 的应用范围大大扩展。例如 SAP 公司就推出了多种行业解决方案，除了制造业外，还有金融业、高科技产业、邮电与通信业、能源(电力、石油与天然气、煤炭业等)、公共事业、商业与零售业、外贸行业、新闻出版业、咨询服务业、甚至于医疗保健业和宾馆酒店等行业的解决方案。

6. 小型化

最初的 ERP 产品主要面向大型企业，尤其是跨国公司。但是，随着大型企业市场的逐渐饱和，ERP 厂商开始把竞争的重点转向对中小型企业的争夺上，纷纷推出功能和结构相对简单的小型化 ERP 系统。例如 SAP 公司最新推出的适用于小型企业的

Business One 系统。ERP 系统的小型化对中国企业来说尤为重要。一方面,因为在中国真正意义上的大型企业不多,中小型企业才是中国经济的主体,另一方面,小型化又降低了 ERP 的成本和实施难度,有利于 ERP 的普及和推广。

7. 本地化

不同国家和地区的文化背景、企业管理模式存在着差异性,因此基于通用 ERP 的本地化开发是必要的。本地化 ERP 开发商有语言一致性的优势,对本地的文化背景和企业竞争环境理解深刻,与应用企业的沟通与合作比较顺利。这些都是 ERP 本地化的促进因素。目前,国内的 ERP 厂商和 ERP 产品发展迅速,已经改变了过去国外大厂商一统天下的局面。用友、利玛、浪潮等国内厂商已经占据了相当大的市场份额。

1.3 ERP 系统应用领域

信息技术已经成为当今社会经济发展的关键技术,也是人类生存所依赖的重要环境,ERP 系统作为信息技术应用的主导产品被广泛应用到各行各业的各类企业管理中,从 ERP 系统的理论可以透析 ERP 系统的应用领域。

1.3.1 ERP 系统应用对象(企业)

ERP 系统的应用对象起源于制造企业,其基本目的在于降低生产成本和提高生产效益。从这一目标出发可以清楚地发现无论什么企业或组织都是以这一目标为最根本的目标。因此,沿着这一思路 ERP 系统被广泛应用到所有不同规模、生产方式、产品、工艺和组织方式的企业,同时从生产制造型企业向服务业(商场、超市、饭店和旅馆等)、金融业(银行、证券等)和对外交易等不同组织形式发展。ERP 系统成为先进的管理工具,如同人们离不开汽车作为代步工具一样。即使不以利益为目标的政府机构和学校等组织同样也在贯彻 ERP 系统的管理思想与管理方式,ERP 系统的广泛应用已经成为软件产业的主导产品,企业管理的先进思想和管理行为规范与标准。我们可以惊奇地发现只要有管理的地方,就可以应用 ERP 系统的思想、理念和观点,甚至可以应用 ERP 系统软件提高管理效率和效益。因此,从 ERP 系统应用对象来分析其应用领域可以分成:

1. 制造业

ERP 系统诞生于工业领域,ERP 的早期形式——Inventory Control(库存控制)就是为适应机械制造业中的一个重要生产形式——离散业而设计的,几十年以来一直是应用的最重要的领域。虽然 ERP 系统发展到今天,已经可以适应任何形式的工业生产方式,但是从适用度来看,还是制造业最能取得成效。特别是机械制造业就是典型的离散型工业,机械制造业涉及的工业领域主要有机械设备、汽车、造船、飞行器、机车……总之,只要是以一个个零部件组装为主要工序的工业领域都是属于机械制造业的范畴。

2. 服务业

虽然 ERP 系统的发展起源于制造业，但是，到上世纪 90 年代中后期，现实社会开始发生革命性变化，即从工业经济时代开始步入知识经济时代，企业所处的时代背景与竞争环境发生了很大变化。在 ERP 系统设计中考虑到仅靠自己企业的资源不可能有效地参与市场竞争，还必须把经营过程中的有关各方如供应商、制造工厂、分销网络、客户等纳入一个紧密的供应链中，才能满足企业利用一切市场资源快速高效地进行生产经营的需求，以期进一步提高效率和在市场上获得竞争优势，可以说 ERP 的先进管理思想在制造业管理上发挥得淋漓尽致。同时 ERP 系统中的财务管理、分销管理和人力资源管理等功能，也逐渐应用于非制造业。在当前知识经济时代，服务业是社会经济的主导行业，ERP 系统逐步在服务业的开展应用，特别是在跟踪客户服务和实现在线客户服务(如同国外 Help Desk 类软件系统的功能)方面，通过 ERP 系统实现对客户服务需求的快速响应和高满意度发挥着积极的作用。

3. 金融业

作为金融业的代表银行，在早期金融电子化实施过程中存在着分散投资、分散开发等现象。随着银行经营活动的全球化，人们意识到整体运作对提高银行效益的重要性。许多企业开始实施 ERP 系统，通过 ERP 系统可以以财务为核心、资金管理为重点、人事管理为根本，实现柜台交易软件、财务管理软件、人事管理软件、银行办公软件的统一；使存贷款系统与账务处理系统有机地结合，使账务处理与放贷/还贷/、存款/提款、计息/还息(手续费)、不同贷款类型的转换(正常期转逾期、逾期转展期等)、利息转本金、合同的拆分和合并等存贷款业务浑然一体；存贷款的存款、贷款、还息、还手续费、合同状态的转换等业务数据直接以凭证形式输入到账务系统中，由账务系统对其进行处理；通过 ERP 系统可以实现银行整体财务信息的共享，使银行能随时掌握自己的资金状况，合理调动资金，让有限的资金得到最大限度的利用，最终起到减少费用、降低成本的作用。同时，使信息在银行内部高度共享，为领导进行最优决策提供准确、全面、及时的参考依据，从而促进银行管理的规范化和科学化，提高效益，实现银行各类资源的最佳配置。

4. 商业

随着贸易和经济全球化，ERP 也在商业企业管理信息化活动中广泛应用。ERP(企业资源计划)系统，使得商业管理活动中的销售活动更为直观，ERP 系统成为企业有力的竞争手段。ERP 的应用领域也从单纯的内部管理延伸到企业外部经营范畴，市场信息搜索、网络采购、客户管理、双向和个性化营销等都对商业企业的管理提出了挑战，通过 ERP 系统提供的历史资料和数据，人们可以消除不必要的工作，更好地进行管理决策，管理客户和加强客户满意度(客户关系管理 CRM)的应用。近一段时间，几乎没有什么软件应用能在商业方面比 ERP 系统更有如此深远的影响。

1.3.2 ERP 系统处理对象(资源)

ERP 系统是借助于信息技术进行描述性记录、跟踪性记录和预测性记录企业各种事物形态，通过数据体现企业各种资源（人、资、物和信息等）活动和活动规律。因此，按ERP系统处理对象来看其应用领域，ERP系统被广泛应用到库存管理、人力资源管理、生产管理、质量管理、财务管理和设备管理等经济管理的各个领域，而且已经成为人类生存所依赖的重要环境。随着ERP系统功能的不断完善，性能不断提高，其处理对象的范围也从企业内部走向企业外部，从产业、行业、区域经济和宏观经济的视角应用ERP系统，ERP系统功能的拓宽和电子商务的融合，使供应链管理和客户关系管理，世界级制造、网络制造和异地制造得到实现。从ERP系统处理对象的视角来分析其应用领域还在不断扩大，大致可以归纳成：

1. 物流

随着社会分工向着精细化和专业化方向的发展，物流由运输业逐步发展成企业、行业和产业，并且直接影响所有制造业的快速发展和国民经济新的增长点。物流信息化已经成为当今物流业生存与发展的关键，同时物流管理信息化也是ERP系统应用的起源。物流企业在建造好设施管理基础上，重点增强ERP系统的功能，尽量改造自身的和利用内部的资源，如：企业建造仓储、运输系统，以期减少与国外的企业的差距。通过ERP系统使物流控制跟上时代和世界先进技术的步伐，发展世界标准、共享现代化物流。实现物流反应快速化、管理信息化、功能集成化、服务系列化、作业规范化、目标系统化、手段现代化和组织网络化。满足现代生产与流通的需要。

2. 资金流

从ERP的构成可知其结构具有财务核算和管理、进销存、生产管理和人事管理。资金流的记录、计划、核算、反馈和控制是ERP系统区别与早期MRP的主要特征之一。从理论上来说，资金流的主导事务——财务管理是ERP系统其中的一部分，而且在软件设计时也是独立列出的。而且对于任何模块的数据从预测到统计都是要经过财务这一关，因此财务管理在整个ERP中起着统帅和灵魂的作用。ERP系统中的会计核算主要是记录、核算、反映和分析资金在企业经济活动中变动过程及其结果。它有总账、应收账、应付账、现金、固定资产、多币别等部分构成。因此，从物理层面看，ERP的会计核算模块，涉及总账模块、应收账模块、应付账模块、现金管理模块、固定资产核算模块、固定资产核算模块、多币制模块和工资核算模块。就以现金管理模块为例，它主要是对现金流入流出的控制以及零用现金及银行存款的核算。它包括对硬币、纸币、支票、汇票、和银行存款的管理。在ERP软件中，一般都具有票据维护、票据打印、付款维护、银行清单打印、付款查询、银行查询和支票查询等和现金有关的功能。此外，它还和应收账、应付账、总账模块集成，自动产生凭证，过入总账。形成资金流管理的全过程。

3. 人力资源

人力资源管理（Human Resource Management，简称HRM）是现代企业资源决策和提高核心竞争力的重要手段。全球化的发展，使人才的争夺和开发成为企业竞争最关键的制胜因素。在市场经济的大环境下，越来越多的人士逐渐认识到用计算机技术进行各类管理，交流的便捷。在ERP系统发展过程中，早期的闭环MRP和MRPⅡ把人力资源作为生产能力统一计划，是生产要素的一个重要组成部分，按生产运行方式折算成工时。直到 ERP 系统的功能才把人力资源进行系统地集成一体化管理。员工档案管理、绩效管理和人员规划三个主要的功能模块作为 ERP 系统人力资源计划子系统的重要组成部分。ERP 系统能实现对员工档案、员工合同和常见的人事变动的有效管理，能方便地对员工进行绩效考核和奖惩作业，能对企业的人员进行统计和需求预测，能有效地进行员工招聘和培训管理。ERP 系统的人力资源管理功能扩展不仅增加了 ERP 系统应用领域，同时也极大地提高了人力资源管理的水平。

4. 信息流

信息作为现代企业的重要资源，已经成为企业生存与发展的基石。ERP 系统是依信息流控制企业其他资源的各种流程。ERP 系统是以信息流的描述、重现、综合、提炼、归纳等处理手段达到其他资源的合理、优化、控制与配置。

1.3.3 ERP 系统主要工具(计划)

ERP 系统是通过计划手段实现管理水平提高，降低成本，提高效益。因此计划是 ERP 系统的核心，基础数据是 ERP 系统生存的环境，计划的执行是 ERP 系统产生效益的起点。没有计划盲目的活动谈不上管理，有计划不执行同样是无效的。ERP 系统对企业各种资源是通过有效的计划达到其目标的。ERP 系统计划的方式、计划细度和计划对象随着 ERP 系统应用的深入不断完善。

在计划方式上不仅建立完整的历史记录数据库，及时提取现场运行状况数据，全面分析环境数据变化，而且引用简洁、有效和科学的计划方式，并能针对企业进行计划方式自适应选择、引用数据挖掘和在线数据分析等先进工具，来提高计划的可执行性。

在计划细度上，随着 ERP 系统在企业实施的成熟度，企业内部管理水平的提高逐步精细化。主生产计划、物料需求计划、能力需求计划、资金需求计划和人力资源需求计划等按层次由粗及细。主生产计划的细化可以从月、周、日和小时不同层次。

在计划对象上不仅要开展生产物料的需求计划，生产能力需求计划，销售计划和采购计划等等，而且可进一步细分到现金需求计划、能耗需求计划和设备维护计划等企业所涉及种类资源与生产支持环境。

1.4 国内外 ERP 系统应用概况

ERP 系统的诞生不仅是一个软件产品，而且是一种管理规范、管理理念和管理方式，也是信息社会给企业加剧竞争的催化剂，使企业的成长与消亡加速。因此，引起全世界的广泛关注。

1.4.1 国内外 ERP 系统应用现状

在欧美等发达国家，ERP 系统的应用已经比较普及，多数大中型企业已普遍采用

ERP 系统，如财富前 100 强中已有超过 80%的企业开始了 ERP 的实施。目前正在推行全球化供应链管理技术和敏捷化企业后勤系统，国际上已把 ERP 作为数字时代企业生存的支柱。许多小型企业也在纷纷应用 ERP 系统。

我国在上个世纪 80 年代初开始应用 MRP 系统。近年来，随着先进企业经营方式和管理模式的改革，一些 MRPⅡ应用企业又在进一步使其管理系统升级为 ERP 系统。但是，我国企业 ERP 应用整体现状是应用时间早、应用数量少、应用周期长、应用范围不均衡、应用深度不够、应用效益有待进一步提高。

在应用时间与应用数量上据不完全统计，时至今日，全国只有 5 千多家企业在全面应用 ERP 系统（包括销售、计划、产品数据、库存、采购、车间、成本和财务等模块功能），仅占我国国有及规模以上非国有企业总数的 2.6%。从 MRPⅡ系统单项应用开始到 ERP 系统全面应用完毕，平均应用周期在 12～15 年。目前，绝大多数企业仍处于单项应用和信息孤岛阶段，尚未实现集成。受经济环境和人们认识水平的影响，东部沿海和珠江三角洲地区的 ERP 系统应用范围明显大于中西部地区。

在应用深度与应用效益上，2004 年据国资委信息中心和《计算机世界》报联合对国内 3000 家大型企业信息化状况的调查显示，只有 3.7%的企业信息化进入成熟期阶段。也就是说大多数企业的 ERP 系统仍停留在 IT 应用层面或应用软件实施层面。

ERP 在我国企业的应用虽然呈现快速发展的势头，但是总体来看，企业实施产生的效益与人们的预期存在着巨大的差距。这种现象不仅是在中国，就是在欧美等西方国家，ERP 实施的成功率和效益普遍较低。据统计，国内企业至今已在系统上投资逾 100 亿元，全面实施成功的仅占 10%～20%，局部实施成功的占 30%～40%。有专家称，已实施的“三分之一能用、三分之一失败、三分之一修改后能用”。这不仅浪费了大量的人力、物力和财力，而且严重挫伤了企业管理人员推动实施 ERP 的积极性，甚至导致企业高层领导推迟或抵触信息化建设，阻碍了信息化的进程，影响了企业竞争力的提升。

1.4.2 我国 ERP 系统应用存在的主要问题

我国 ERP 实施成功率不高是一个普遍存在的严重问题。为此，对这个问题展开的分析研究很多，得出的结论也很多，如高层领导的支持与重视、强有力的实施队伍、企业文化建设、业务流程变革（BPR）、管理方式和管理基础等等因素，可以归纳为如下几方面。

1. 人才不足，难以进行整体规划

企业 ERP 实施过程主要可分为三个阶段，首先是整体规划，其次系统设计及软件、硬件的购置，最后导入推动。每个阶段都要有计算机方面的专职人员来配合，但一般企业的信息技术人才有限，往往是一个人身兼数职，或因企业的规模架构，人员精简。因此经常忽略了第一阶段的整体规划、甚至企业的需求分析，从而难于做到信息资源的合理分配和使用，使投入与效益不能同步增长，边际效益下降。甚至有的也省去了最后阶段的导入推动，使有限的信息技术设备闲置，造成严重浪费。企业技术能力的培养需要一个过程，因此企业在 ERP 实施过程中普遍感到技术能力不足。

2. 企业管理基础薄弱

ERP 系统是制造技术、先进管理思想和与信息技术手段相结合的产物，以促进企业管理水平和管理效率提高为最终目的软件系统，其实施的成功必然要建立在一定的管理基础之上。国内企业的管理基础与国外企业有很大不同，只有符合国情的系统，才可能达到实施目的。但目前我国企业管理水平偏低，劳动生产率低下，管理制度和工作流程混乱，管理方法和技术陈旧，致使重要信息输入、处理、输出、反馈不及时，信息资源不系统、不完整，缺乏连续性和正确性，大部分企业不具备直接实施系统的条件。据统计，由于企业管理基础工作较为薄弱，国内企业不能按时获取准确的数据或难以获取数据，而导致系统运行效果差或无法运行。因此，如果不考虑企业现实，在管理基础不满足实施要求的情况下，盲目地上信息化，只能导致实施过程困难重重，并最终导致实施效果不佳甚至失败。

3. ERP 实施周期过长、实施过程常发生滞后现象

软件的应用成功与否很大程度上取决于与企业业务流程的匹配性。在我国现实地说，企业信息化与其说要进行业务流程再造，不如说要进行业务流程优化。ERP 实施周期过长，当 ERP 实施完成后企业的组织形式和管理流程已发生了改变，不得不需要对系统进行重新调整和改进。此外周期长导致成本升高，企业因投资回报慢而失去信心。ERP 实施周期长的原因如下：第一，ERP 实施是一个综合性的项目，不仅涉及许多业务过程以及组织结构的调整和优化，而且涉及企业各级各类人员、信息化实施人员等众多利益相关者及其利益的协调，但是很多企业对 ERP 实施过程中可能存在的困难考虑不足，准备不到位，从而导致实施过程遇到的问题没有得到及时解决，延误了进度，甚至导致整个项目的停滞。其次，ERP 实施技术落后，ERP 实施既是管理项目，又是软件项目，任何一个软件项目的实施都是在一定方法的指导下进行的。由于种种因素的限制，软件项目实施的过程中使用的不一定是合适的开发模式。在实施的过程中很多企业还是使用传统的模型指导，这种模型本身存在的缺陷将导致问题不能及时发现，在项目实施的晚期集中爆发出来，这对有着严格的进度要求的项目实施来说是个致命的打击。再次，进度控制执行不力，很多的实施企业制定了详细的计划，也有成本预算，但是在具体的实施过程中并不能严格按照指定的计划进行相应的项目实施控制，导致虽然有计划但不是很好实施的后果，造成了进度落后于计划。

4. ERP 实施过程缺乏规范性

在 ERP 实施过程中，缺乏规范化和标准化的实施步骤和实施方法，比如在软件选型方面，企业往往是企业领导拍脑袋决定的，而不是按相关标准流程进行。总之，ERP 实施不仅过程混乱，而且最终实施结果很难保证系统在企业管理环境中发挥真正的作用，同时还造成工期的延误和经费的超支。当前主要存在的非规范化实施的问题有实施过程不规范，实施企业自身能力不足，内部缺乏实施的有力支撑环境和能力，系统集成商缺乏规范化、标准化的实施流程和方法手段，对集成商缺乏监督和制约的实施能力和手段，缺乏对实施过程主要环节的评估和评价方法，难于准确的度量。

5. 市场环境不完善，缺乏保障体系

由于在我国市场环境和信息化法规法律还不完善，存在着各种不确定性，所以最先利用信息技术的企业所付出的代价也比较大。不少企业领导和信息化负责人面对眼花缭乱的计算机软硬件市场和众多的信息系统开发失败的现象，困惑重重、举棋不定。信息化的建设涉及管理模式和业务流程改造，花费的代价和承担的风险都很大。在承担风险方面，中小型企业承受能力不及大企业，因此，在决定部署新技术时，很多企业试图减少投资来把风险降低到最低限度，在引进新技术时表现出了一种固有的保守性。

6. 缺乏资金，建设成本高

企业因其资本不够雄厚，长期以来未受到厂商的重视，造成企业产品少，投入高的问题。实施一方面需要计算机等硬件的投入，包括计算机、传输设备、网络设备、检索设备等；另一个就是涉及其软件平台的购买或开发，这些需要大量资金的投入。企业普遍存在缺乏资金的问题，运作资本通常只能支付一般生产中的技术活动，他们可能更关心的是如何把有限的资金用在生产上，而用于企业信息化、教育培训和技术变化中的其他需求就不够了。随着全球企业信息化水平的提高，技术需求变得日益复杂，资金上的缺口也越来越大。而且，目前我国企业的信贷担保机制还不完善，存在着贷富不贷贫的现象，越是需要资金的企业贷款的难度越大，即企业“企业贷款难、银行放款难。”

7. 对评估工作重视不够

由于人才的缺乏，信息化知识的不足，“重建设、轻评估”是很多企业实施系统所忽视的问题，然而科学有效的应用评估将是连接项目验收和新一轮信息化实施的桥梁，其作用举足轻重。实施评估主要包括系统应用状况评估、实施效益评估和实施经验教训总结。系统应用状况评估是从技术层面上就应用情况进行评估，效益评估是从经济角度对实施效果进行评估，主要分为显形效益评估和隐形效益评估两方面。实施经验教训总结就是要站在管理的角度对实施过程进行归纳总结，为今后实施新的项目做好铺垫，可分为标杆对比评估及经验教训总结两方面。总之，实施评估在建设过程中起到承上启下的作用，通过评估，可以从整体上把握应用水平，确定哪些方面需要改进，需要进一步实施哪些子系统，哪些子系统需要集成，以确保现有系统投资的有效性，明确下一阶段实施目标，为企业新一轮的规划及实施工作打好基础。

8. 认识不足，理念更新慢

企业管理者更倾向于实物系统，而不愿投资无形的管理系统。人们大都偏向于看得见摸得着的东西，认为更加放心，对于 ERP 这类无形的管理系统有不信任的感觉。当实施 ERP 系统与实际利益相冲突时，企业管理者更偏向于眼前的利益。因为 ERP 系统并不是简单的应用软件，它需要一段时间修改、适应，才能更好地融入到企业日常运作当中。这段时间对每个企业来说都是不同的，有的需要两至三个月，有的则需要半年甚至更长，而企业管理者更在意这段时间当中企业损失的利益，所以，ERP 系统的实施便被搁置了。另外在国有制企业中，ERP 系统的应用势必导致多余岗位的撤销，由此便会产生一定的裁员，对于人员的安抚工作加大了 ERP 系统运行难度。同时，在已经应用了ERP系统的企业中仍然存在一些问题导致其不能很好地运行，工作方式的转变和员工自身的专业素质水平也会导致对ERP系统的不适应。

1.4.3 我国ERP系统应用对策

面临全球一体化的竞争与发展，中国企业发展的瓶颈在于管理，而管理水平的提高需要企业构建新的管理模式、重组业务流程和应用现代信息技术管理手段。ERP系统软件在中国企业的应用打开了高速提升企业管理水平的新局面。ERP系统作为一种先进的管理方式和管理工具，其理念已经被广泛的接受，但是，在实施和应用过程中应该做好如下几方面的工作。

1. 领导重视，是ERP实施和应用成功的保障

尤其是企业高层领导的全力支持，对成功实施ERP系统起到了决定性作用，只有高层领导重视才能使ERP实施获得成功，这是因为领导者决定企业的经营目标，组织控制、财权和人员调拨权等。实施ERP是通过优化企业资源，实现企业经营目标，因此，作为企业经营目标的决策者当然应该对此给予足够的重视。企业最高决策层的全力支持，并不是简单地提供筹划资金，组织信息化队伍，而是要亲自参与信息化建设，指挥ERP系统的实施，成为ERP系统的用户，也就是说，高层领导要了解ERP系统的功能和作用，学会ERP系统为高层领导提供信息的操作，这也会影响职工对新的管理思想与方法的学习热情，对改革有信心，而这些都是成功实施与应用ERP系统的关键基本条件之一。

2. 建立以企业发展战略为目标的ERP发展战略

ERP对于企业而言，最重要定位不是追求时髦和面子需要，不是为了信息化实施系统，而是为企业管理提供一种先进的管理手段和管理工具。企业必须明确信息化给企业带来的变革，明确企业所要追求，必须与企业的发展战略与经营目标结合起来，选择合适的企业解决方案，使得ERP系统真正成为帮助企业在激烈的国际竞争中立于不败之地的有力武器。要从企业发展战略高度来研究和审视信息化系统的作用、推广应用信息化系统的目的和意义，进而科学地做出是否应用ERP系统的决策，这是企业应用好ERP建设的首要任务。切不可为了面子而盲目跟风行动。

3. 建立有经验，强有力的实施与应用团队

建立强有力的实施与应用队伍是ERP成功的重要因素之一，在实施企业ERP时必须建立项目实施小组，在小组成员中应该有企业的高层领导、管理咨询专家、计算机软件人员和相关管理部门的业务骨干。ERP项目是一个系统复杂、实施难度大、应用周期长等特点的企业管理系统工程，没有一支强有力的实施队伍和严密的保障措施很难实现企业的ERP。尤其是ERP系统的应用队伍的培植，是一项艰巨而又十分重要的工作。在ERP系统实施过程中往往十分重视组织实施队伍，不仅企业立项，各层管理主要领导参与负责，而有ERP系统的经销商、软件开发商和技术监理公司共同关注项目进展。但是，实施结束后需要完全依靠企业支撑ERP系统的运行，一旦出现问题

要，需要及时解决。如果没有应用ERP系统健全的队伍，对ERP系统造成的后果会更深更远。

4．树立明智而灵活的实施方案

ERP系统供应商往往把ERP系统包装成一个被当成管理上灵丹妙药来卖。事实上，ERP系统只是一种管理工具，需要依靠管理者科学地运用，任何一种管理措施都有其不完善的一面，所以，要对ERP以恰当的期盼。企业在发展，信息化应用的内涵和方向也在变化，保持与ERP产品技术服务供应商的互相交流，包括与熟悉本行业或相关行业的技术专家的互相交流，应贯穿信息化实施过程的始终，这样才能及时地调整策略和部署，提高ERP项目的成功率。另外，还要树立坚持意识，改进意识，这也是十分重要的。ERP在传统企业中毕竟是一个新鲜而又陌生的概念，原有的企业业务流程和业务习惯由计算机技术进行整合后，传统观念很难立即认同，矛盾和冲突不可避免。观念的碰撞，是一种柔性碰撞，碰撞之后，是艰难的磨合。新旧观念之间的缝隙，必将在磨合中发展和完善，这是需要一个过程的。锲而不舍，坚定不移，勇往直前，做到先固化、后优化才是正确选择的道路。并在坚持的基础上，不断改进，要学会按照企业信息化发展的阶段，对信息化的需要逐步更新与发展。

5．建立与ERP管理思想一致的企业文化，改革旧的企业组织结构与管理模式

ERP有美国的企业文化背景，中国企业实施ERP自然会产生两种文化的冲突与摩擦。在引入ERP美国式的企业文化时还要注意吸取中华民族自身的优秀文化，在兼收并蓄的基础上进行融合，最终形成有中国特色的企业文化。同时，重视人力、技术、管理的集成，深刻领会企业信息化过程中人、技术、管理的协调关系。正确处理好人、技术、管理三者的协调关系，这样成功的可能性就会大大增强，企业驾驭信息技术的信心也将更足。针对企业的信息基础，企业应该进行各种层次的ERP培训，使企业的每个职工对ERP都有不同程度的认识和理解，从而形成较浓厚ERP企业文化的群众基础。企业要按照ERP的现代管理思想调整企业结构、改革生产经营管理模式和更新企业文化，应当充分认识改革企业管理模式的重要性与艰巨性。企业领导要认真分析企业的现状及存在的问题，对症下药，加强人员培训，深入宣传ERP管理模式，使ERP管理思想能为企业人员所接受，通过建立职责和考核制度，将引导与强制相结合，使企业各层管理与业务部门人员积极参与ERP实施工作。

6．处理好企业现有流程与ERP流程的冲突

虽然ERP能以最快的速度提供产品、物资或劳务，满足了企业或顾客的需要，扮演了“交易中枢”或是“信息骨干”的重大角色。ERP软件的业务流程是根据物流、资金流、信息流等流程来设计的，它取代了旧的信息采集、汇总、统计与传递等工作。旧的业务流程是按部门分工（职能）来设计的，且长期以来已习惯于按专业职能处理信息，因此这两者之间出现了一道鸿沟。只有处理好企业现有流程与ERP流程的冲突，才能使ERP实施的速度提高。

1.4.4 ERP 系统主要供应商

ERP 系统提供商有成千上万家，但是市场份额相对集中，据 IDC 最新研究表明 Top10 的 ERP 供应商在 2003 年的市场占有率达到了 46%(110 亿美元)，2002 和 2001 年的占有率分别为 44.5%和 42%。考虑到国内 ERP 厂商的规模和数量，对 ERP 厂商影响力度的评价，由此易观国际对中国 ERP 市场的主要厂商进行了综合排名。通观战略与财务、人力资源、研发创新能力、产品咨询服务、软件开发过程、市场营销能力这六个方面，对中国 ERP 市场的主要厂商的综合排名结果如表 1-1 所示。

表 1-1 ERP 系统供应商

国际软件公司 Top 10	国内软件公司 Top 10
SAP	用友
Oracle	金蝶
SSA	神州数码
QAD	浪潮
SoftBrands	新中大
IFS	博科资讯
Sage Adonix	金算盘
Infor	天心
CDC Software	和佳软件
Exact	机械电脑

1. SAP 公司

SAP 成立于 1972 年，总部位于德国沃尔多夫市，是全球最大的企业管理和协同化电子商务解决方案供应商、全球第三大独立软件供应商。目前，SAP 在 50 多个国家拥有 29 000 多名员工。SAP 在 120 多个国家和地区拥有 18 800 多家客户、56 000 多个系统安装点以及 1 000 万多名最终用户，世界 500 强中 80%以上的公司都在使用 SAP 的管理解决方案。1988 年，SAP 陆续在多家证交所上市，包括法兰克福和纽约证券交易所。

公司提供 ERP 系统在中国市场是绝对领导者，SAP 中国为 300 多家各行业各规模的企业提供管理方案和专业服务，市场占有率已达到 30%。1996 年初，SAP 中国推出了第一个中国本地化的 SAP R/3 系统。SAP R/3 系统是 ERP 领域的最佳解决方案，它包括财务会计、管理会计、生产计划和控制、项目管理、物料管理、质量管理、工厂维护、销售和分销、服务管理、人力资源管理等模块，具备全面、集成、灵活、开放的特点。经过本地化处理的 R/3 系统包含符合中国财政部门要求的账务系统和报表系统，符合税务管理要求的增值税系统以及完全中国化的人力资源系统等。1999 年 SAP 公司推出的 mySAP.com 协同电子商务解决方案，2002 年，SAP 正式推出适用于全球中小型应用市场的管理方案。

SAP 为 21 个行业提供融合了各行业“最佳业务实践”的行业解决方案，这些行业包括航空与国防、汽车、金融服务、化工、消费品、工程与建筑、医疗卫生、高等教育、高科技、保险、媒体、石油与天然气、煤矿、医药、公用事业、零售业、电信、电力、钢铁冶金、交通运输及公共设施等。SAP 在每个行业都有行业解决方案图，充分展示各行业特殊业务处理要求，并将其绘制入 SAP 解决方案和合作伙伴补充方案中，完成包括基于网络的端到端的业务流程。

2. Oracle

甲骨文股份有限公司成立于 1977 年，是全球最大的数据库软件公司，总部位于美国加州的红木滩。公司员工超过三万六千人，服务遍及全球 145 个国家。Oracle 公司拥有世界上唯一一个全面集成的电子商务套件 Oracle Applications Rlli，涵盖了企业经营管理过程中的方方面面，具有一致的基于 Internet 技术的应用体系结构。如果用户想从其他厂商处获得 Oracle 电子商务所提供的完整功能，不仅需要从多家厂商分别购买不同的应用，而且需要另请咨询公司把这些不同的应用装配起来，还必须确保它们能够协同地工作。Oracle 提供软件包括平台产品、应用产品和完善的服务，可以无缝集成供应链管理(SCM)、企业资源管理(ERP)、客户资源管理(CRM)和企业商业智能(BI)和电子商务应用等产品。Oracle 应用产品包括财务、供应链、制造、项目管理、人力资源和市场与销售等 150 多个模块，荣获多项世界大奖，现已被全球近 7 600 多家企业所采用。由于在电子商务方面的杰出表现，Oracle 公司在美国 Mongan Stanley 公司最新公布的权威性全球企业 1 000强中，从去年的第 122 名一跃成为第 13 名，成为全球第二大独立软件公司和最大的电子商务解决方案供应商。目前，Amazon 和 Dell 等全球十个最大的 Internet 电子商务网站、全球十个最大的 B-to-B 网站中的九个、93%的上市. COM 公司、65 家“财富全球 100 强”企业均不约而同地采用 Oracle 电子商务解决方案。

1989 年 Oracle 公司正式进入中国市场，成为第一家进入中国的世界软件巨头，标志着刚刚起飞的中国国民经济信息化建设已经得到 Oracle 的积极响应，由 Oracle 首创的关系型数据库技术开始服务于中国用户。1991 年 7 月，经过了近两年时间的努力开拓，为了更好地与迅速发展的业务相适应，Oracle 在北京建立独资公司。

Oracle 数据库的体系结构包括物理存储结构和逻辑存储结构。由于它们是相分离的，所以在管理数据的物理存储结构存取时，并不会影响对逻辑存储结构的存取。

约在上世纪 70 年代一间名为 Ampex 的软件公司，正为中央情报局设计一套名叫 Oracle 的数据库，Ellison 是程序员之一。

1977 年　艾利森与女上司 Robert Miner 创立“软件开发实验室”(Software Development Labs)，当时 IBM 发表“关联数据库”的论文，艾利森以此造出新数据库，名为甲骨文。

1978 年　公司迁往硅谷，更名为“关系式软件公司”(RSI)，两年后，共有 8 名员工，年收入少于 100 万美金。最先提出“关联数据库”的 IBM 采用 RSI 的数据库。1982 年再更名为甲骨文(Oracle)。

1984 年　三年内，先后进军加、荷、英、奥地利、日、德、瑞士、瑞典、澳洲、芬兰、法、香港、挪威、西班牙。1986 年上市时，年收入暴升至 5 500 万美元，同年 3 月招股，集资 3 150万美元。

1987 年　年收入达到 1.31 亿美元，甲骨文一年后成为世界第四大软件公司。两年内再进军墨西哥、巴、中、塞浦路斯、马来西亚及新西兰。一年后，收入再升一倍至 2.82亿美元。

1990 年　甲骨文两年内挥师进军智利、希腊、韩、葡、土、委内瑞拉、台、比利时、阿根廷、哥伦比亚、哥斯达黎加及菲律宾等地，但是，甲骨文首次登陆不顺，市值急跌 80%，艾利森首次安排资深管理人员参与经营。

1992 年　Oracle 7 面世，该公司重拾升轨，年收入达到 11.79 亿美元。曾被视为甲骨文接班人、但后来被踢出局的 Raymond Lane 担任营运总监。

1995 年　艾利森宣布 PC 已死，把全数产品推向因特网发展，并另组“网络电脑公司”(Network Computer)，销售“网络电脑”，最终以淘汰收场。

2000 年　科网接近尾声时，推出 E-Business Suite，抢占应用产品市场，与昔日的生意伙伴构成严重利益冲突。同期微软及 IBM 数据技术提升，此后 Oracle 新增订单数目的占有率，在两年内下跌 6.6%，业务倒退 10%。

2003 年　收购仁科软件公司(People soft)，引起业界轰动。两公司的争论新闻层出不穷。同年美国司法部落案阻止甲骨文收购。

3. 用友公司

用友软件股份有限公司(简称“用友公司”)成立于 1988 年，一直专注于自有知识产权的企业应用软件产品(ERP、SCM、CRM、HR、EAM、行业管理软件)和电子政务管理软件产品的研发、销售和服务。2001 年 5 月，用友公司股票在上海证券交易所挂牌上市(股票简称：用友软件；股票代码：600588)。2002 年“用友”商标被认定为“中国驰名商标”。2002 年被中国权威的 IT 市场研究机构 CCID 评为“年度成功企业”。

用友公司是中国最大的管理软件/ERP 供应商。用友公司依靠领先的技术、丰富的产品线、强大的咨询实施队伍和优秀的本地化服务，使管理软件销售额稳居中国市场首位，在制造业、流通业、服务业、金融业、政府机构，用友软件都得到了广泛的应用，成为推动中国企业管理信息化和政府信息化的主流应用软件。根据中国权威的 IT 市场研究机构 CCID 的调查：2002 年，用友 ERP 一举打破国际厂商垄断地位，成为中国 ERP 市场的龙头老大。此举改写了中国 ERP 市场版图，使该市场成为一个以本土厂商为主的国际化竞争市场；同时，用友继续蝉联年度中国管理软件市场占有率第一，中国财务软件市场占有率第一的桂冠；2002 年用友 ERP 软件的销售已经占销售总额的 60%以上，软件服务已占总营业额的 15%。

用友公司是中国最大的财务软件供应商。用友公司在财务软件市场占有率一直稳居中国市场首位，是中国财务软件市场最具实力的龙头企业，市场占有率近 40%，在各行各业得到了广泛深入的应用，成为推动中国财务管理信息化的主流应用软件和实际应用标准，为中国的会计电算化提供了强有力的信息化工具。用友公司从 1988 年率先推出商品化的财务软件以来，紧跟技术潮流和中国财务管理信息化的需求，先后以网络版、新会计制度版、全面核算型以及管理型等财务软件，形成了数十万的用户规模并得到用户广泛好评。目前，用友公司正与中国工商银行总行等多家银行共同实现用友软件与电子银行系统的连接，使用友软件与银行电子银行系统能够安全地交换有关数据，通过用友软件向客户提供电子银行服务。

4. 金蝶公司

金蝶软件(中国)有限公司创立于1993年，由金蝶创始人徐少春先生与招商局蛇口社会保险公司和美籍华人赵西燕共同投资成立，是从事企业管理及电子商务应用解决方案的供应商。该公司目前拥有46家以营销、服务为主的分支机构和600多家代理商，分为华东、华南、西南、深圳、东北、西北、华北七大区域，营销服务支持网络遍及包括香港、澳门在内的221个城市和地区，目前有员工2 300多人(其中技术人员占70%)，用户量达到10多万。

金蝶公司是中国第一个Windows版财务软件，第一个纯JAVA中间件产品，第一个支持WAP的决策信息系统(EIS)，第一个基于三层结构的ERP系统金蝶K/3，第一个互联网基础平台金蝶BOS的缔造者。2003年3月，金蝶正式对外发布了第三代产品——金蝶EAS (KINGDEE ENTERPRISE APPLICATION SUITES)，金蝶EAS构建于金蝶自主研发的商业操作系统金蝶BOS之上，面向大中型企业，体现了最新的ERPⅡ管理思想，采取一体化设计，超过50个应用模块高度集成，不仅包含了ERP中的所有内容，更在横向和纵向上进行了更大的丰富，涉足企业内部资源管理、横向的供应链管理、客户资源管理、知识管理、商业智能等，并能实现企业间的协作和电子商务的应用集成，是本集团“产品领先，伙伴至上”战略的核心。

随着中国正式加入世界贸易组织，企业对信息化的需求日益殷切，企业应用软件及系统软件的市场不断扩展。由于固有客户软件升级，加之先进资讯科技的推动，特别是网络技术的发展，为金蝶在其他方面确定领导地位创造了机遇。金蝶国际竞争力日臻完美，将继续完善旗下的企业应用套件产品，致力于2005年成为具有国际竞争能力的中国软件产业领导厂商，中国企业应用软件市场第一名；2010跻身世界应用软件十强。

1.5 中国十年信息化巨变调查

《每周电脑报》在2008年联合新浪科技、搜狐IT、ZDNET、CNET科技资讯网、计算机产品与流通、中关村在线、Pchome电脑之家等多家媒体针对快速发展的信息技术开展了大型媒体线上线下有奖调查。人们在日常生活、工作和学习中无不体会到从发送电子邮件到浏览网页，再到网上购物、网上写博客；从发短信到彩信，再到彩铃；从银联卡跨行取款到公交一卡通，再到政府的一站式办公等等。在过去的十年中，无论是中国的行业、企业、政府，还是每一个普通老百姓，都在经历着信息化的洗礼，方方面面都发生了翻天覆地的变化。整个调查侧重在信息技术应用、信息化回顾与发展和厂商等情况。

1. 信息技术的应用

分别调查不同城市信息技术应用的成效，各行业信息技术应用普及程度、信息化重点工程的作用，信息技术应用企业品牌和信息技术对人们生活造成的困扰，并给出相应的推荐理由。

(1) 对北京、上海、天津、重庆、青岛、武汉、杭州、宁波、大连、广州、厦门等城市在十年风雨中信息化建设而焕发出勃勃生机，信息化应用成效最显著的十大城市是哪些？

(2) 对金融、电信、气象、海关、石化、铁路、民航、电力、钢铁、新闻出版、税务、公安等行业信息化应用来看，您认为应用最为普及的十大行业是哪些？

(3) 在信息化建设中，银行数据大集中、银联、金审、金卡、金盾、金保、金关、校校通、电网调度自动化、金卫、铁路客票发售和预定系统、金水、TMIS 铁路运输管理信息系统、中央政府门户网站开通和钢铁 ERP 等哪些重点工程的建设起到了关键作用，那么哪些信息化工程最具有价值呢？

(4) 您认为在传统企业中，招商银行、泰康人寿保险股份有限公司、上海通用汽车有限公司、宝山钢铁股份有限公司、中国石油化工集团、中国远洋运输(集团)总公司、联华超市股份有限公司、中国移动通信集团公司、中国南方航空股份有限公司、中国电信集团公司、海航集团有限公司、中国中钢集团公司、海尔集团、上海烟草(集团)公司、一汽一大众汽车有限公司、国家电网公司等公司哪些品牌最具有科技竞争力？

(5) 目前生活中，垃圾邮件、手机短信骚扰、诈骗、客户端流氓软件、网络交友破坏婚姻机制、青少年沉迷网游、网络信息不健康、个人信用不能在金融机构之间自由使用、缴费(水、电、气)系统不能互联互通、手机资费高、电子产品环保问题日趋严重、电子产品水货、假货泛滥、部分边穷地区的儿童 PC 应用成本高、家电控制不能统一(互操作性差)、IC 卡不能多元化应用等，您认为哪些给 IT 带来最大的困扰呢？

2. 回顾与发展

分别调查回顾信息技术相关事件对行业发展最具影响力，推动信息技术产业发展变革的重要度和未来影响信息产业发展趋势主要技术。

1) IT 行业风云变幻，您认为这十年间联想收购 IBM PC、惠普收购康柏、千年虫事件、首个破坏电脑硬件的 CIH 病毒、汉芯造假、神舟六号飞船上天、SCO 起诉 linux、中华网率先在纳市上市、TD-SCDMA 诞生、华为思科诉讼案、中国加入 WTO、Comdex 全球最大 IT 展倒闭、SONY PS 诞生，X-Box 随后出现、中国网民突破一亿、中国数字音乐产业超越传统唱片业等哪些 IT 事件对行业发展最具影响力？

2) 推动 IT 产业发展变革的全网防毒技术、行为判断技术、IPS 技术、电子邮件、搜索引擎、网上支付、ISDN(互联网接入一线通)、ATM、以太网、多核处理器、SAN(存储局域网)、ILM(信息生命周期管理)、Windows、Java、中间件、ERP 等技术，哪些最重大？

3) 发挥您对信息产业发展趋势的判断，您认为未来值得关注的信息技术生物识别技术、反垃圾邮件技术、无线安全技术、互联网高速接入技术、以 Video/Podcasting 为代表的网络视频/音频技术、以 Wiki 为代表的互联网开放式编辑技术、WiMAX、3G、以太网技术、虚拟化技术、刀片技术、iSCSI、SOA、开放源代码技术、效用计算、网格技术等有哪些？

3. 厂商情况

分别调查在推动中国信息化建设的过程中厂商的贡献和在未来的岁月中信息化的不断深入将继续推动 IT 公司的发展成长力。

(1) 在国际商业机器(IBM)中国有限公司、中国惠普有限公司、微软(中国)有限公司、思科系统公司、联想集团有限公司、用友软件股份有限公司、SAP、甲骨文公司、华为技术有限公司、中国电信集团公司、浪潮集团、戴尔(中国)有限公司、英特尔中国公司、AMD 中国公司、北电网络(中国)有限公司等公司中信息化成绩的取得与 IT 厂商的推动密不可分。您认为在推动中国信息化建设的过程中，哪些厂商的贡献最为突出？

(2) 信息化的不断深入将继续推动 IT 公司的发展。您认为华硕电脑集团、趋势科技股份有限公司、富士通(中国)有限公司、中国三星集团、赛门铁克公司、宝德科技股份有限公司、飞利浦电子中国集团、爱普生(中国)有限公司、TCL 集团股份有限公司、佳能(中国)有限公司、清华同方股份有限公司、宏碁(Acer)集团、神州数码(中国)有限公司、明基电通信息技术有限公司、索尼(中国)有限公司等，哪些 IT 公司在未来的岁月中最具成长力？

通过调查充分反映了中国进入 21 世纪后，信息技术在各行各业各个领域发挥巨大的作用，改革了传统的产业结构，行业发展进程。特别是作为信息化的标志性工程 ERP 系统的实施为企事业单位的现代化管理作出了巨大的贡献。

2 ERP 系统基础知识

ERP 系统不仅是一种管理理念，而且是一个实实在在的现代化管理工具。ERP 系统的出现是现代化生产管理发展的必然，体现着现代管理的先进理论与方法，将涉及管理、信息、制造、技术等多方面的基础知识。

2.1 生产管理基础

随着人类社会的进步，科学技术的发展和专业化的分工，对生产的概念和生产方式发生了巨大的变革。从传统的物质制造拓宽到精神文化创造，从传统的制造业拓宽到贸易、金融、旅游、商业等各行各业都体现着现代生产的理念和生产方式。

2.1.1 生产管理范畴

随着社会发展，人类分工细化，生产的内涵不断拓宽。生产不再局限于物质加工生产，而是将精神文化创作，金融、商贸、旅游等所有增殖性劳动都作为生产。生产管理的内涵也不断丰富，它不仅涉及到生产计划的制定、原料比例的分配、原料消耗统计、各种项目产量统计、各种产品产量统计、辅料统计，还涉及到设备的运行记录、生产人员的管理、企业的生产效率和能力等。

现代生产管理要求企业的生产目标、生产组织结构、生产方式和方法必须适应生产的环境和市场需求的变化。在当今以多样化为特征的市场需求条件下，生产组织方式和方法显得更为重要，并日益复杂化。在激烈的国内国际市场竞争的环境中，对于生产组织和管理是完善和改进企业管理的重要课题之一。

ERP 系统起源于制造业生产管理应用，是生产管理现代化重要途径。随着生产内涵和生产管理理念的变化，ERP 系统应用范畴也在不断扩大，ERP 系统已经不再像 MRPⅡ一样局限于制造企业，而是应用到各行各业的所有企业。

2.1.2 生产管理方式

1. 制造企业的生产类型与计划方式

制造企业的生产类型可以从生产过程和生产批量的大小两方面分类。按生产过程的方式可分成流程型和离散型两类;按生产批量的大小可分成单件批量、多品种小批量、少品种大批量和大批量定制方式。

(1) 流程式生产类型是指物料在生产过程连续不断均衡流动。制造的产品无法随意改变,从生产批量上看往往是少品种大批量生产方式,如化工、制药、发电等生产过程。在这种生产方式下固定生产工艺、生产设备和生产产品,其管理关键是确保生产现场设备正常运行、生产产品的品质和供需连续均衡。原料成分、生产过程的时间、温度、压力、流量的可控性是直接影响产品品质的重要要素。

(2) 离散型生产方式也称为车间作业型生产方式,生产物料分散在车间的各工位上,对原材料经过加工形成所需的零件和部件后,最终装配成产品。生产物料在生产过程中的流动可以从原料到产品正向串、并行和逆向。按生产批量可能是单件生产,如建筑、电厂、水电站等,无一完全相同,也可能是小批量多品种,大批量少品种等。目前制造企业面对市场实际需求更多趋向大批量定制生产类型。这种生产类型物流过程控制十分复杂,生产资料需求链动态变化。ERP 系统的应用起源于离散型生产类型。以控制物流的主导,逐步向资金流、事务流、工作流和信息流集成。

离散型生产类型中的一种特殊类型是重复生产类型。这是特指在某一生产线上单品种大批量,或在生产过程中获得与前期完全相同的生产产品和生产工艺。判别是不是重复生产类型的方法有多种。

①如果生产产品是单品种大批量,则肯定是重复生产方式。

②如果生产产品是少品种中批量,则某一订单的客户需求与前某一订单客户需求中对产品功能与性能完全相同(即物料清单相同),其生产工艺也相同(即工艺路线相同),则完成这类订单属于重复生产类型。

重复生产类型在 ERP 系统应用过程中相对简单,容易实施,而且产生的效益更明显。

2. 生产计划方式与生产类型关系

产品从设计到报废的整个过程称为产品的生命周期,产品在制造企业销售之前称为产品的前半个生命周期,产品到达用户起直到损坏或报废为止称为产品后半个生命周期。按产品生产周期的前半生可分成设计、采购与加工、装配和产成品库存、销售四个阶段。随着生产规模的扩大,生产分工的细化,大部分企业并不承担产品前半个生命周期各阶段的全部工作。产品设计由各类设计院完成,企业可以直接购买成熟的产品设计资料。产品的零部件由专业生产公司制造,如汽车的轮胎、发动机和电气配件等都可以由专业公司完成。所以,生产计划按制造企业的特点可以分成面向订单设计、面向订单生产、面向订单装配和面向库存生产四种方式,如图 2-1 所示。

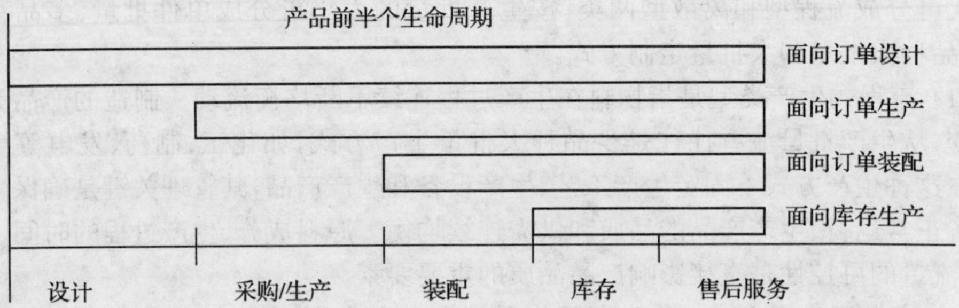

图 2-1 生产计划方式

(1) 面向订单设计(Engineer To Order,简称 ETO)方式指制造企业在接受用户订单后,根据用户对产品功能与性能等指标参数要求,开始计划从设计到销售产品前半生命周的所有工作。因此,先定义产品的规格、型号、结构和工艺等文件,然后再确定物料清单和工艺路线,采购所需物料,派工组织生产。这种生产计划方式对产品的生产周期长,计划时间长、内容多,生产过程复杂,往往适用于单件定制生产类型,例如,航道工程局、飞机制造公司、船舶制造业和建筑工程公司等企业的生产计划方式都采用面向订单设计方式。

(2) 面向订单生产(Make To Order,简称 MTO)方式指产品工艺成熟,产品规格与型号确定,企业根据用户的需求计划组织采购原材料、半成品或零部件后加工成最终产品,也就是说,这种生产计划方式适用于物料清单与工艺路线固定的生产过程。例如,自行车、汽车制造业、机床制造企业、发动机制造公司等大型设备制造企业一般都采用面向订单生产方式。

(3) 面向订单装配(Assemble To Order,简称 ATO)方式指生产的产品大量使用标准件,或外购零部件,企业根据用户的需要计划直接装配成最终产品。这种生产计划方式适用于标准化产品,通用常规性设备的生产企业,例如:生产家用电气(电视、电话、电冰箱等)、工具、仪器仪表和汽车改装等企业的生产计划方式。

(4) 面向库存生产(Make To Stock,简称 MTS)方式指生产是为了达到该产品的某一库存量,当销售提货后,计划填满库存量。这种方式的产生不是直接根据用户需求计划组织生产,而是满足一定的库存量,往往是低值易耗品和日常生活用品的生产计划。

3. 现代企业生产管理方式

计算机的出现使人工管理方式下的经验主义得到极大的改良,定量分析手段得到实现。人们不再受地理区域和组织方式的限制,可以从生产现场以外实时监控、采集相关信息,管理不受地点和时间的限制,异地办公、家庭办公和移动办公已经都可以实现。现代企业的生产方式发生了质的飞跃。

(1) 计算机集成制造系统《Computer Integrated Manufacturing Systems,简称 CIMS》生产方式。CIMS 是在原有的管理基础上把经营系统、人的系统和技术系统集成起来,在总体上协调各部门的活动。是企业成为各部分相互密切配合,协调统一的整体。从而最终达到全局最优化，最大限度地发挥整体效益；CIMS 可以灵活适应外界环境的不断变化，这种柔性技术是多功能、多途径的，既能适用于单一产品的大规模生产、也可以进行多品种小批量生产、还可以进行多品种大批量的混合生产。其实质是要灵活适应不同顾客的不同要求，实现多品种、小批量的生产。

(2) 准时生产(Just In Time，简称 JIT)方式的基本思想是在恰当的时间生产出恰当的零部件、产成品，把生产中出现的存储、装配和等待时间、残次品等视为一种浪费。准时生产所依据的基本原则是“准时”，即在零件刚好被需要时，才将它生产出来并送到需要地点，其追求的理想目标是“零库存”。为了达到“零库存”，生产过程必须严格控制，生产按订单进行，前道工序由后道工序触发，当后道工序在控制库存以下时，前道工序才为补充后道工序的控制库存而生产。也就是说，对整个订单而出现产品库存减少到控制库存以下时，才会再装配产品补充库存并进而触发前面工序的生产。

(3) 精益生产(Lean Production，简称 LP)精益生产要求企业的各项活动都必须运用“精益思维”(Lean Thinking)。精益思维的核心就是以最小的资源投入，包括人力、资金、材料、时间和空间，创造出尽可能多的价值，为顾客提供新产品和及时的服务。主要内容有：①控制价值流：它包括产品流、信息流及物质流的控制；②一人多工位操作；③TPM：即全员维修保养，它的实质就是以人的因素为第一，依靠改善人的素质来改善设备的素质，以达到提高企业素质的最终目的，它要求打破操作人员与维修人员的分工局限，实行由设备使用者本身自主维修设备的制度；④“三为”：即以生产现场为中心，以生产工人为主体，以车间主任为核心的现场管理体制，它为实现准时化生产提供了组织、制度上的保证；⑤“6S”：即整理、整顿、清扫、清洁、习惯、修养。它们均以日本语音“S”开头。通过这些活动，达到人力与物力的和谐结合，实现生产力的不断优化，促进企业发展。

(4) 柔性生产(Agile Production，简称 AP)方式。将管理思想与电气化、标准化、系列化相结合，成功地实现了“少品种大批量生产”的生产模式。我们把大批量的生产方式称为刚性生产模式，这一模式的生产效率高，单件产品成本低，但它是以损失产品的多样化，掩盖产品个性为代价的。随着经济的不断发展，企业的竞争形式也在发生变化，它不仅仅是表面的价格、数量、质量的竞争，更重要的是刚性生产模式的高成本、过量库存、适应市场的灵敏度低。为此，1998 年美国里海大学和 GM 公司共同提出了柔性生产模式。柔性生产模式的内涵实质表现在两个方面，即虚拟生产和拟实生产。虚拟生产是指面对市场环境的瞬息万变，要求企业做出灵敏的反映，而产品越来越复杂、个性要求越来越高，任何一个企业已不可能快速、经济地制造产品的全部，这就需要建立虚拟组织机构，实现虚拟生产。拟实生产也就是拟实产品开发，它运用仿真、建模、虚拟现实等技术，提供三维可视环境，从产品设计思想的产生、设计、研发、到生产制造全过程进行模拟，以实现在实体产品生产制造以前，就能准确预估产品功能及生产工艺，掌握产品实现方法，减少产品的投入、降低产品开发及生产制造成本。这两点是柔性生产区别于刚性生产模式的根本所在。很明显，柔性生产的精髓在于实现弹性生产，提高企业的应变能力，不断满足用户的需求。

柔性生产模式与刚性生产模式相比具有以下特点：①建立虚拟企业，实现虚拟生产与拟实生产。②订单决定生产量。柔性生产模式认为，只有适应市场不断变化的需求，才能提高企业的竞争力，价格与质量不是主要的竞争手段，而只是部分竞争手段，要不断地研发产品，创造产品的特殊使用价值来满足用户，根据订单来确定生产量及小批量品种，这就是柔性生产管理的基本出发点。③建立弹性生产体系。柔性生产根据市场不断需求变化来生产，它产品多、个性强、多样化。而要满足这一生产需求，势必要建立多条流水生产线，由此而带来不同的生产线经常停工，产品成本过高。因此，必须建立弹性生产体系，在同一条生产线上通过设备调整来完成不同品种的批量生产任务，既满足多品种的多样化要求，又使设备流水线的停工时间达到最小。即“只在必要的时间内生产必要数量的必要产品”。④生产区位趋于集中。为了满足市场需求，柔性生产必须在一个生产区位完成整个生产过程。尤其是零配件供应商要与装配厂保持距离，以保证零配件及时交货并实现零库存，从而实现对市场需求变化的灵敏反应。⑤人员素质要求高。人是最灵活最具柔性的资源，这是因为人有社会动机，有学习和适应环境的能力。人能够在柔性生产模式下通过培训、学习、模仿和掌握信息技术等而获得所需要的知识与技能。

(5) 并行工程 (Concurrent Engineering，简称 CE)方式。并行工程是通过传统生产模式的重构，优化组织与流程，提高生产效率。其核心内容包括以下几个方面：①产品开发队伍的重构。将传统的部门制或专业组变成以产品为主线的多功能集成产品开发团队，并赋予团队相应的责权利，对开发的产品对象负责，这样可以打破功能部门所造成信息流动不畅的障碍。②过程重构。从传统的串行产品开发流程转变成集成的、并行的产品开发过程，并行过程不仅是活动的共发，更主要的是下游过程在产品开发的早期即参与设计过程，另一方面则是过程的精简，以使信息流动与共享的效率更高。③数字化产品定义。包括两方面内容：即数字化产品模型和产品生命周期数据管理；数字化工具定义和信息集成。④协同工作环境。用于支持多功能集成产品开发团队的网络与计算机平台。

2.1.3 订单及其生命周期

订单是企业经营活动的重要文档，记录物料在企业中物理状态或化学状态的变化全过程，依此开展企业的采购、生产和销售活动。在订单中详细记录了物流下一个结点对上一个结点所需物料的品名、规格、型号、数量、交货时间，对物料的价格、质量和付款方式等信息往往是在企业之间产生物流时才详细描述，这类记录往往采用合同、契约等方式描述与约束。

1. 订单分类

在制造企业中，订单分成客户订单、生产订单和采购订单三类，分别描述销售部与客户之间的物料需求、生产过程各工序之间的物料需求和供应部与供应商之间的物料需求。生产订单和采购订单往往受客户订单的制约，客户订单对物料的需求完全受市场影响因素决定。当企业采用 MTO 方式时，客户订单确定后经 ERP 系统处理可以自动产生生产订单与采购订单的建议信息，提示相应的生产部门与供应部门在什么时间生产或采购多少物料。也就是说 ERP 系统只能输出生产订单与采购订单，而客户订单是 ERP 系统的重要输入数据，订单类型与特征如表 2-1 所示。

企业日常经营的主要活动是面对这三类订单（客户订单—生产订单—采购订单）重复过程，通过订单明确相应活动的结束时间。

2. 订单生命周期

订单是 ERP 系统运行的重要数据来源和输出信息。从软件处理数据的角度来看，所提供的数据不仅要正确，实时和完整，而且要求数据相对稳定。数据的随意变动不仅影响数据处理效率，而且严重地影响输出信息的有效性。事实上，订单数据不可能一经确定就不再变更，不变的情况极少。在订单上确定了的物料数量、型号规格和交货时间都可能发生变化，不许变化的软件系统是不实用的。因此，为了适应生产经营活动过程中订单变迁现象，ERP 系统通过订单生命周期满足管理过程中订单变化需要，解决软件处理过程中数据不变的问题。订单的生命周期的应用主要是针对生产订单和采购订单。事实上，客户订单同样也存在产生到退出的过程，因此，对客户订单的管理也可以引用这一方法。

表 2-1　订单类型及其特征

序号	订单类型	使用部门	ERP 系统关系
1	客户订单	销售部、物资部	作为重要的输入数据
2	生产订单	生产部、物资部	产生派工单、领料单，ERP 系统的中间处理依据和输出信息
3	采购订单	供应部、物资部	作为供应部和物资管理部门的重要依据，ERP 系统的输出信息

在 ERP 系统中订单从产生到退出系统全生命周期要经过初始、已经确认、准备下达、已经下达、完成五个阶段。也有的软件为确保数据完整增加一个退出阶段。

(1)“初始”阶段指 MRP 按 MPS、BOM 和库存记录，定期展开运算产生相关需求物料在将来时区的物料需求情况，等待相关部门核准。订单在这个阶段离订单执行还有一段时间，因此，订单上的数据除了物料代码，其他约定都可以调整，不影响正常产生经营活动。

(2)“已经确认”阶段指 MRP 产生的初始订单已经由计划部门核实确认，从这阶段开始，物料相关部门可以去准备物料的生产或采购，当在准备过程中发现生产能力或采购供应能力无法满足时，可以提前将问题提高相关领导进行协调解决。因此，在这阶段的数据还可以修改，修改结果不会对产生经营造成很大是影响。

(3)“准备下达”阶段指离开订单生产或采购日期将近，订单所需要的资源已经能满足，等待下达执行订单任务。在这一阶段的订单数据仍然可以修改，但对，企业的正常经营活动造成影响，尤其是中间件物料的生产订单在准备下达之前，物料的底层物料已经完成，会造成库存积压或缺货补料，影响正常的生产安排。

(4)"已经下达"阶段指已经按计划下达生产或采购任务，对于生产订单，相应工作中心已经输出派工单和领料单，开始组织生产，采购单已经与供应商达成供货协议或合同，一担再发生变化需要承担经济责任。因此，订单在这一阶段一般是不允许变化的，发生特殊情况产生变化时，一定要追研究经济责任。

(5)"完成"阶段是指生产部门或采购部门已经按订单将所需要的物料全部入库，订单已经完成。

在实际系统中为了使系统能自动更新数据，减少系统中历史数据的积压，确保系统运行快速有效，还会增加订单的"退出"阶段。这个阶段指订单数据已经按约定进行备份，可以从系统的运行数据库中撤销。

3. ERP 系统中订单的状态

在 ERP 系统中订单的生命周期各阶段是通过订单特征字段来标记，一般采用一个字节来标记，标记符号可以是数字(分别依次用 1、2、3、4、5 和 6)表示，也可以用字母(分别依次用 A、B、C、D、E 和 F)表示。

订单生命周期各阶段的特征符(值)，仅表示订单变迁过程的顺序，不能表达订单生命周期的时期。在实际 ERP 系统操作过程中，订单的生命周期变迁可以是人工操作的，也可以是系统自动操作的。人工操作是按上述各生命周期将状态值逐个修改，而自动变迁是根据订单的下达日期自动下达。当人工设置订单生命周期值时，不能逆向修改。

2.2 ERP 系统组成及作用

ERP 系统在企业信息化建设过程中经历了时段式 MRP、闭环 MRP 和 MRPⅡ，近50 年的信息技术应用实践形成的。ERP 系统的功能与性能也是随着企业信息化发展逐步完善，至今还在向深度与广度发展。

2.2.1 ERP 系统组成

ERP 系统是企业现代化管理工具，其结构复杂，功能繁多，是随着信息技术的发展逐步形成的。ERP 系统的组成可以从形成过程结构、功能结构和结构发展趋势来分析，具有不同的组成部分。

1. 形成过程结构

ERP 系统经历了时段式 MRP、闭环 MRP 和 MRPⅡ，是在近 50 年的信息技术应用实践逐步形成的。ERP 系统的功能与性能也是随着企业信息化发展逐步完善，至今还在向深度与广度发展。其结构如图 2-2 所示。

从图 2-2 可知，时段式 MRP 是闭环 MRP 的一个核心组成部分，闭环 MRP 是 MRPⅡ的一个核心组成部分，MRPⅡ是 ERP 系统的一个核心组成部分。因此，一般制造企业实现 ERP 系统必须从构建时段式 MRP 开始。经过闭环 MRP 和 MRPⅡ，最终实现 ERP 系统。

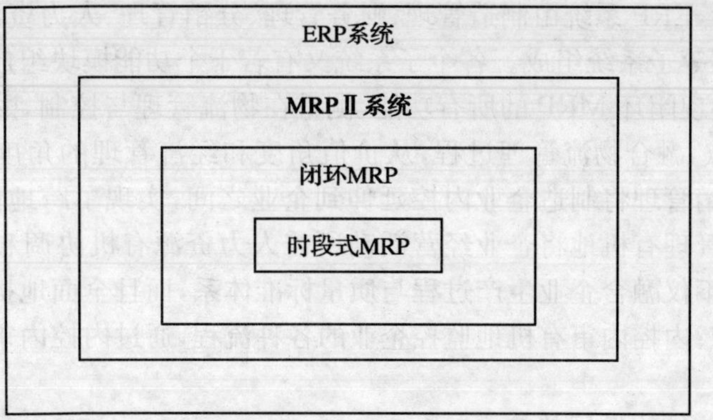

图 2-2　ERP 系统形成结构图

2. 功能结构

随着 ERP 系统功能的不断扩大和性能提高，其应用不断普及，应用对象不再局限在制造业，已涉及到商业、服务业和金融业等行业。为使强大的功能与众多的应用有机地协调，将 ERP 系统划分为若干个功能模块，这些模块既能独立运行，又能集成运行，提高系统运行效率和降低企业信息化成本。ERP 系统的一般功能结构如图 2-3 所示。

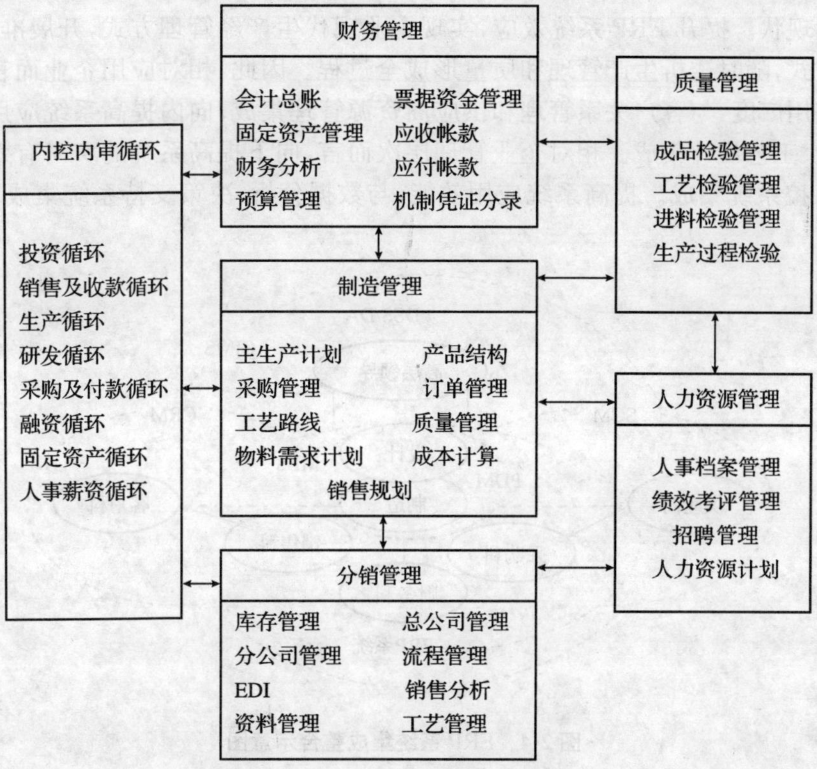

图 2-3　ERP 系统功能结构示意图

从功能上看，ERP 系统由制造管理、财务管理、分销管理、人力资源管理、质量管理和内控内审循环等子系统组成。各个子系统又有若干个功能模块组成。

制造管理实现闭环 MRP 的所有功能，侧重在物流管理与控制，财务管理是体现了 MRPⅡ功能特点，融合物流管理过程，从价值角度和经济管理的角度描述企业经营活动和资金链；分销管理将制造企业内控延伸到企业之间，实现了跨地区、跨国经营管理模式；人力资源管理有机地将企业经营活动所需人力资源有机协调和最大程度地发挥作用；质量管理不仅融合企业生产过程与质量标准体系，而且全面地提高质量可追溯性和全员质量意识；内控内审有机地监控企业的各种流程，通过内控内审的活动确保经营处于最佳状态。

3. ERP 系统结构发展趋势

ERP 系统虽然已经成为现在企业信息化工程的重要标志。但是，传统 ERP 系统在企业经营管理中孤军奋战，不仅困难重重，而且风险巨大。无论是已经实施 ERP 系统的企业在深化提高和拓宽其应用领域，还是准备实施 ERP 系统的企业在信息化规划时，都应当立足全局，集成整合，协调优化。采用先进的信息技术，减少人为因素影响。从决策到运行操作，从设计到制造，从运行状态记录到测评控制各个环节开展全面集成整合。使客户随时可以透过信息系统直接了解所需求产品的生产制造动态过程和企业运行能力现状。提升 ERP 系统效应，实现企业现代生产经管理方式，开展准时化和精准生产方式，随时透析生产管理和质量形成全过程。因此，相对应用企业而言，向外扩大系统应用广度，与客户关系管理和供应商资源管理集成；向内提高系统应用深度，与产品设计、工艺设计集成。相对企业管理层次而言，向下提高系统的实时有效性，与制造设备自控系统集成。提高系统应用效能，与数据分析、决策支持系统集成，如图 2-4 所示。

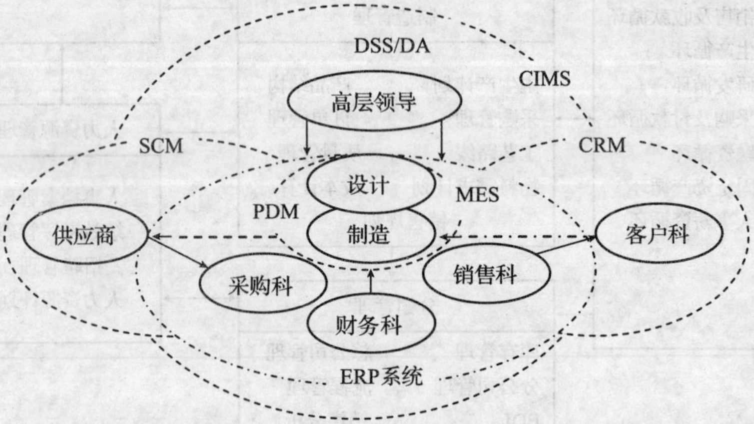

图 2-4　ERP 系统集成整合示意图

(1) 向外集成。以 ERP 系统为核心，向外延伸到客户与供应商。把客户与供应商作为企业资源的一个重要组成部分。集成的关键在于管理技术，如何处理好企业间信息资源的共享与知识产权保护。将供应商的 BOM 和客户的 BOM 集成到制造企业的 BOM 中是不现实的，通过 SCM 和 CRM 与 ERP 的接口，实时交换数据实现系统一体化集成。

在 SCM 系统集成时，首先要与采购原材料质量监控系统有效集成，加快采购物流执行速度；其次与供应商的物流、资金流宏观监控，实现采购物料价格预算的实时动态控制；通过请购单调度，均匀分配分供方的供货量，在保证到货期的基础上，有效控制采购成本；严格按照采购价格表的有效期，控制采购结算；方便定点采购管理，速度快，减少工作失误。在 CRM 系统集成时，与市场动态监测系统集成，实时分析运营情况，为市场策划提供依据，缩短外商与企业的管理差距。

(2) 向内集成。ERP 系统在企业内部的集成将涉及到多方面的技术关键。主要体现在向上要与决策支持系统(DSS)集成，向下要与制造执行系统(MES)集成，向前要与计算机辅助设计(CAD)和计算机辅助产品工艺(CAPP)等集成，向后直接与企业外部的 CRM 和 SCM 集成，形成企业间联盟的供应链管理。

2.2.2 ERP 系统作用

ERP 系统在信息技术基础上，以系统化的管理思想，为企业计划层及员工提供计划运作手段的管理平台。ERP 系统集先进的信息技术与制造技术和管理思想于一身，成为现代企业的运行模式，满足时代对企业合理调配资源，最大化地创造社会财富的要求，成为企业在信息时代生存、发展的基石。ERP 系统应用对企业生产的效益逐步彰显出来，可以从企业经营角度和各个职能部门透析其功效。

1. 经营管理

企业面临多变的市场需求，要准确及时地做出客户承诺，确保产品质量和交货期。提高价格与环境影响竞争优势，以及客户服务水平。这是当前市场国际化，技术经济水平不均等因素所引起剧烈竞争的必然。ERP 系统可以控制企业行为，帮助企业实现其规划目标，主要通过如下特性实现其功效。

(1) ERP 计划的层次和连续性。ERP 系统将计划从宏观到微观，由粗及细和由远及近分层，各层之间存在密切联系，上层是下层的汇总，下层是上层的分解，从经营规划到能力需求计划完全是一个分解过程。这为指挥协调企业的运作提供科学的依据，同时使企业的所有动作都是围绕企业经营规划目标。

(2) 企业运作的透明与可控性。运用 ERP 系统的企业，组织、活动、记录、考评、计量、行动等都将在 ERP 系统的指导、控制下运行。企业所有部门、职员可以通过 ERP 系统随时了解到受权信息，也可以及时将各部门活动结果输入 ERP 系统。企业的运作既是透明的，也是可控的。

(3) 企业活动的模拟与预测性。根据制造原理可以推算出将各时区的物料需求和能力需求；根据成本核算方法不仅可以推算出相应物料的成本，还可以推算出不同时区的资金需求。因此，通过 ERP 系统的制造原理与成本核算方法不仅能有效地预测将来企业的活动，而且还可以在 ERP 系统的帮助下快速、自动地模拟各种因素对企业运行影响的结果，从中选取最佳方案。

(4) 数据处理的集中与一致性。在 ERP 系统下，企业所有经营管理需要或产生的一切数据被集中存储在中央数据库中，企业各部门各岗位（也称用户）仅是 ERP 系统的一个视窗。用户在 ERP 系统控制下输入数据，获取信息。这不仅降低存储数据的冗余度和成本，而且有效地避免各部门之间由于时差等因素造成的数据不一致性，提高了经营管理水平。

(5) 指挥协调与及时性。企业经营管理过程中时常遇到各种问题，而且解决十分棘手。运用 ERP 系统可以对企业经营管理活动进行追溯、复原、分析、归纳和推理，及时、自动地寻找产生问题的根源，减少问题分析的人为因素影响。这不仅使企业处事公平、公正，而且及时有效，提高决策层对企业指挥协调能力。

2. ERP 系统在企业主要职能部门的主要作用

企业由硬件与软件资源构成，厂房、生产线、加工设备、检测设备、运输工具等构成企业的硬件资源，人力、管理、信誉、融资能力、组织结构、员工的劳动热情等就是企业的软件资源。企业运行发展中，这些资源相互作用，形成企业进行生产活动、完成客户订单、创造社会财富、实现企业价值的基础，反映企业在竞争发展中的地位。

ERP 系统作为企业现代管理的工具，以上述各种资源及生产要素为管理对象，通过 ERP 的使用使企业的生产过程能及时、高质地完成客户的订单，最大程度地发挥这些资源的作用，并根据客户订单及生产状况做出调整资源的决策，最终达到提高企业的综合竞争能力，ERP 系统在各个主要职能部门起到了关键性的作用。

(1) 计划部门。ERP 系统的核心功能是计划，针对企业的所有资源通过计划、控制和协调优化资源的配置，由 MRP 与 CRP 保持均衡的生产计划和活动。

(2) 销售部门。通过 ERP 系统使企业的销售计划可执行性提高，销售部门在对客户承诺交货日期与满足客户订单量时，不再是一种经验估算或理论推算，而是从企业的实际产生能力出发的可视化的结论，提高了客户服务水平。

(3) 生产部门。使用 ERP 系统生产不再盲目和被动，生产现场不再混乱和深不可测，产品质量在有序的控制下稳步提高，通过 ERP 系统不仅可以为计划员和与生产相关人员了解现状，而且可以更科学、有效地预测未来。

(4) 仓储部门。MRP 引入了库存记录时间的方式，从理论上使 JIT 的管理理念便于实现，物料在各时区的需求量是已经确定了的，避免了库存的短缺和积压。

(5) 财务部门。ERP 的标准成本和现行标准成本解决了事后分摊问题，可以很方便地实现事前计划，生产过程成本透明化，完全掌控成本动因和成本形成过程，有效地降低产品成本，及时作好财务分析，真正发挥财务管理的计划、控制和分析的作用。

(6) 采购部门。ERP 系统的核心子系统 MRP，将制造企业的生产管理与物流控制对引入时间段和物料分类有效地诠释如何避免物料短缺，更加有效地管理供应商。

3. 调整运用企业资源

企业发展的重要标志便是合理调整和运用各种资源，在没有 ERP 系统时，企业资源状况及调整方向不清楚，要做调整安排是相当困难的，调整过程会相当漫长，企业的组织结构只能是金字塔形的，部门间的协作交流相对较弱，资源的运行难于比较、把握和做出调整。信息技术的发展，特别是针对企业资源进行管理而设计的 ERP 系统正是针对这些问题设计的，成功推行的结果必使企业能更好地运用资源。

4. ERP 系统在企业间的作用

计算机技术特别是数据库技术的发展为企业建立管理信息系统，甚至对改变管理思想起着不可估量的作用，管理思想的发展与信息技术的发展是互成因果的环路。而实践证明信息技术已在企业的管理层面扮演越来越重要的角色。

信息技术最初在管理上的运用，也是十分简单的，主要是记录一些数据，方便查询和汇总，而现在发展到建立在全球 Internet 基础上的跨国家、跨企业的运行体系，Internet 技术的成熟为企业信息管理系统增加与客户或供应商实现信息共享和直接的数据交换的能力，从而强化了企业间的联系，形成共同发展的生存链，体现企业为达到生存竞争的供应链管理思想。ERP 系统相应实现这方面的功能，使决策者及业务部门实现跨企业的联合作战。

由此可见，ERP 的应用的确可以有效地促进现有企业管理的现代化、科学化，适应竞争日益激烈的市场要求，它的导入已经成为大势所趋。

2.2.3 ERP 系统特点

实施 ERP 系统成为企业信息化工程建设的标志，全面推广 ERP 系统的应用已经逐步形成企业自身提高管理的一种方式和环境，提高 ERP 系统的成功实施必须首先了解 ERP 系统的特点，然后根据其特点采取最有效的方式方法使其有效运行，ERP 系统的主要特点如下：

1. 多样性

ERP系统从形式上看是一个管理软件系统，通过计算机辅助管理，提高人工管理的效率，改善管理环境，达到提高效益。通过数据的收集和加工，形成管理者需要的信息，改善计划和决策的有效性。但是，在 ERP 系统实施的过程中我们清楚地体会到这不仅是一个软件系统，而是一个更复杂的管理系统的重要组成部分，必须通过管理制度建设，管理流程再设计和管理体系的改革才能发挥作用。在 ERP 系统的应用过程中更像一个与企业同步成长的生命体，与企业存在密切的共生现象，企业组织、企业规模、企业主营业务、企业管理方式、企业文化、企业战略无不影响 ERP 系统的功能与性能，ERP 系统只有适合企业管理创新的需要，才能发挥积极作用。因此，ERP 系统是一个管理软件，也是一种管理思想，更是企业共生的智能化管理工具。

2. 复杂性

企业实现 ERP 系统管理都会遇到两种不同管理理念、管理方式和企业文化的磨合。无论是企业职工教学、管理制度修订、工作流程重组，还是企业管理层工作方式的适应，要将 ERP 系统融入到企业管理系统中，必然存在着一个复杂的演变过程，其复杂性主要体现在如下几方面：

(1) 组织结构的复杂性：企业组织与 ERP 系统的功能结构有着密切的相关性，但不是等同的关系。ERP 系统要为企业各组织职能提供服务，企业的组织不仅存在行政组织的领导关系，而且往往存在新产品研发、技术革新和项目实施等内部动态组织关系，还存在管理业务专业的纵向组织活动。

(2) 业务流程复杂性：ERP 系统不是万能的智能管理者，所有的管理业务首先要分清在现有技术条件下哪些是 ERP 系统直接完成？哪些是控制完成？哪些是辅助管理部分工作？哪些只能通过人工完成？其次要开展业务流程管理工作，分析业务流程哪些是在现有资源环境下科学合理的？哪些是存在缺陷的？哪些是不合理的？ERP 系统通过智能化、自动化、数字化和网络化技术实现企业的各种业务处理，形成复杂的工作流、业务流、数据流和信息流。企业业务流程随着企业环境的变化不断优化和改进，ERP 系统也要不断更新提高。

(3) 应用人员的复杂：ERP 系统为企业全体员工服务，操作终端分布在工作间、办公室和移动电脑、甚至移动手机等各种设备上，操作人员不仅是企业内部人员，而且还提供给企业相关的合作伙伴。应用人员的复杂性给系统安全、可靠、完整、以及灵活的操作控制等性能带来复杂的需求。

3. 动态性

ERP 系统必须与企业共生，伴随企业的成长和变迁。企业在各种环境的影响下每时每刻都在发生变化，这些变化通过各种输入手段力争同步录入 ERP 系统，才能使 ERP 系统提供的信息准确、实时、有效。ERP 系统的动态性不仅是企业事务处理的需求，也是 ERP 系统生存的基本特性。ERP 系统缺乏动态性，必将远离企业实务和实际需要，导致系统僵化，信息失真，最终被企业抛弃。

4. 完整性

ERP 系统从企业全局出发，提供各个职能部门所需要的各种信息。因此，系统不仅需要完整地收集各种运行、计划、决策数据，收集过去的历史数据、运行控制数据和未来的预测规划数据，还要根据各个职能部门业务处理的特点具备各种完整的数据处理、数据存储和数据传递功能，以及种类用户权限管理和在用户权限范围内的各种查询操作与完整的查询信息提示和输出。

5. 安全性

ERP 系统是在各种用户共用的环境下运行，确保不同用户的权限和权利是 ERP 系统实用性关键之一。ERP 系统必须提供数据更改、存储、获取和加工处理的安全。通过系统管理对用户、角色、功能和权责进行合理的配置，分清职责和权利。

6. 实用性

ERP 系统供个体员工操作，ERP 系统必须具有操作界面的实用性。操作界面的实用性往往是通过提示格式与传统格式或旧系统格式的兼容性得到保障。实用性是另一方面是系统提供的功能的实用性要求，不同企业对岗位设置和职责存在着差异，系统需要灵活地适应这种变化。

2.3 ERP 系统基础数据

ERP 系统以计划为核心，计划的准确性和有效性在很大程度上是依赖于为计划提供的历史数据和现实变化数据，也就是说：计划的重要依据之一是数据。ERP 系统是在实时、完整、系统的数据支持下运行。基础数据的建立和维护是 ERP 系统赖以生存的环境，数据是 ERP 系统的基础，ERP 系统是企业管理运行数据加工成管理信息的机器。不同 ERP 系统开发商对基础数据的组织形式、构建方法和操作集成界面不完全相同，但是基础数据需求的内容基本相同。

2.3.1 公司基础数据

公司基础数据描述 ERP 系统使用单位的基本情况，这类数据一般是固定不变的。通常在系统安装或系统初始化操作时确定，在以后的日常操作中直接引用。

公司基础数据将描述公司基本属性、单据的编号方式，以及交货厂址、部门设置、员工编号和公司工作日历等实体。ERP 系统投入运行前首先要定义这类数据，否则相关的其他实体数据无法正常接受。这类数据输入和维护时，按系统提示和公司的实际情况逐项输入，数据输入操作不能有误，否则影响系统运行的准确性，一旦公司基本属性发生变化时，必须及时更正。公司基础数据操作简单，容易理解，在 ERP 系统启用前不要遗漏即可，其中比较抽象复杂的数据是公司工作日历。

公司（也称为工厂）工作日历是一种对连续工作日计时方式的描述。在公司工作日历中，日期从 000 至 999 连续循环编号，所有的日期都是工作日，不存在节假日。当 ERP 系统启用时，可以调整为公司日历为 001 号，随后依次连续循环计时。也可以采用 ERP 系统研发时，内定的计时日期。公司日历是为方便能力需求计划的计算，仅用于系统内部计时。当一个企业不同的工作中心每天的工作时间不相同时，还可以为 ERP 系统设置多种日历。系统默认的公司日历编号是 SYSTEM，用户还可以自定义公司日历，在定义公司日历时，要设置公历中的工作日期和工作时间，系统默认每周六与周日为休息日，如果公司规定不是在周六与周日休息，则通过公司日历维护修改调整。

2.3.2 生产管理基础数据

生产管理基础数据将描述主生产计划的产生到生产现场控制的全过程。这类数据内容繁多，结构十分复杂。这里仅给出物料主文件、物料清单、工艺路线和工作中心等与生产管理直接相关的主要基础数据。

1. 物料主文件（Main File of Material）

在 ERP 系统中物料的概念比较广泛，不同的软件系统对此界定范围也不尽相同。用友公司的 ERP 系统定义为存货，归入到存货档案管理中，早期的版本又把物料称作为料品。四班公司的软件系统把物料通称为项目。在 ERP 系统中，物料不仅是生产用料、生产过程的在制品、半成品、产成品、采购件、外协件、零件、部件等有形的消耗物，还包括为生产加工提供的图纸、工具、参考文件、说明书等可重复利用的物品，还包括为方便管理人为设定的虚项物料。

物料主文件是 ERP 系统最基本的文件之一，在 ERP 系统中描述的物料首先要登录到 ERP 系统的物料主文件中，这相当于 ERP 系统物料管理对象的户籍档案。其作用是标识和描述用于生产过程中的每项物料的属性和信息。

物料主文件的内容反映了物料本身的基本属性和信息，同时还描述了与设计、计划、库存和成本管理相关的数据。

(1) 物料主文件的基本属性。一般应当包含物料代码、物料描述、物料类型、购制代码、单位、单位换算、计划员或采购员等字段。

物料代码是物料主文件的主键，所以它必须是惟一的。在 ERP 系统中通常以物料代码作为统计、搜索的关键词。从 ERP 系统的角度对物料代码不赋予任何含义，只要求物与码之间一一对应，不存在重复即可。但是，在公司实施 ERP 系统时，遇到的第一个非技术问题是如何定义物料代码更合理。在传统管理模式下物料主文件将涉及到计划、生产、工程、技术、财务、仓储等管理部门，每个部门对物料都有一套编码方案，实施 ERP 系统必须统一这些编码，一个物料不允许有两个编码。因此，各部门之间存在物料编码统一协调问题，解决这一问题，往往是 ERP 系统实施的第一步，是否能顺利跨出这一步，不仅影响 ERP 系统实施权威性，而且直接影响 ERP 系统实施的顺利进行，公司在实施 ERP 系统前必须对此有足够的认识。

物料描述相当于物料的名称，用于人工识别物料的主要属性，通过借用该字段区分物料的规格、型号等其他属性；物料类型是用于标识物料是独立需求，还是相关需求，还是主生产计划物料；购制代码用于标识物料的特征，一般分产品、自制件、外协件、采购件、参考图纸、工具和虚项等；单位是标识物料计量的单位，一般物料往往有几种计量单位，至少有一个主计量单位，当一个物料有几个计量单位时，需要确定每个辅助计量单位与主计量单位之间的单位换算；每个生产性物料要设定计划员或采购员，自制物料或外协件需要设定计划员，采购件需要设定采购员，在输入计划员或采购员代号时，必须事先在员工档案中登录。生产性物料指定计划员与采购员的主要目的是当 MRP 展开生成 MRP 计划订单时，生产订单自动归入计划员的日常工作提示，采购订单自动归入采购员的日常工作提示中，也就是说每天计划员或采购员打开 ERP 系统，可以直接查看到所管属的相关物料。

(2) 与设计管理相关的数据。这类数据并非所有物料都有，主要是描述设计自制零件、部件、组件和产品的相关信息。主要数据有图号、重量、体积、版次、生效日期和失效日期等。在产品设计过程中，随着技术革新、新材料的运用、产品结构改进、功能完善和性能提高，对物料设计也会不断改进，旧的物料被新的物料所替代。物料替代过程必须通过物料的版次、生效日期和失效日期来实现。也就是说一个物料当指定其失效日期时，这个物料到时将退出使用，新的物料通过生效日期到时投入使用。

（3）与计划管理相关数据。这类数据主要有物料的提前期、需求时界、计划时界、预测代码和分组代码等数据。提前期是指下达订单到物料入库所需要的全部时间，包括准备时间、排除时间、加工时间、等队时间、运输时间和检验入库时间等。在 ERP 系统实施过程中物料的提前期很难确定，我们可以轻易地发现组成提前期的时间长度往往受很多因素的影响。自制件不仅与物料生产单位可用能力有关，而且与订单数量，以及生产单元的任务量有关，订单量少，生产单元任务轻、能力大，则该物料的排队时间和等待时间短，反之则时间长。在 ERP 系统实施过程中，对物料的提前期可以通过历史记录的统计法获取经验值，然后在实际应用过程中调整；也可以先固定订单批量，通过实测法给出提前期的极限值，然后充分考虑各种影响因素后给出一个值，在以后的应用中修正，提前期的值不可能一步到位给出精确值，都需要在实际应用时校准。是否能确定物料的提前期直接影响到 MRP 的实施，提前期的准确与否直接影响到 ERP 系统的有效性。需求时界、计划时界和预测代码数据的含义在以后相关章节中解释。

（4）与库存管理相关数据。这类数据主要有订货批量、订货批量调整因子、订货策略、优先库位、批号、安全库存量、最大库存量和最少库存量等数据。订货批量的大小在一定历史条件下确定方法有许多种，因此，订货批量与订货策略相关，例如，订货策略采用固定订货批量法，则订货批量的值是该物料每次下达订单数量。如果采用需要多少订多少的策略，则订货批量的输入 1。批号是用于物料跟踪管理时使用的，如果说一个物料在生产过程中不跟踪，则批号可以暂时不定义。安全库存量是为确保正常生产提供的储备量。最大与最少库存量控制是用于面向库存生产计划方式，当物料超过最大库存量时封停该物料下达订单，如果低于最少库存量，ERP 系统自动按订货批量下达订单。

（5）与成本管理相关数据。这类数据主要有账号、材料费率、人工费率、外协费率、间接费率、累计成本和计划价格等数据。当物料入库、出库和报废等操作时都会自动记账。采购入库记入应付账，销售出库记入应收账，报废处理计入成本账户。账号是将物料控制与成本控制融为一体的主渠道。各费率都是单位物料所需要的费用，间接费率将分摊于各种物料；累计成本是从外购的原材料加工、组装形成该物料所需要的全部费用；计划价格是在充分考虑累计成本与利润的前提下确定的，因此，计划价格必须大于累计成本。

2. 物料清单(Bill Of Material，简称 BOM)

物料清单是描述物料结构性的数据文件，是 MRP 计算物料需求量的控制文件。在机械、电子等行业通过物料清单描述产品结构和生产、加工、组装、总装的全过程，在化工、制药、食品等行业通过物料清单描述产品成分的配方或处方。

物料清单是制造业公司的核心技术，涉及到公司的知识产权。BOM 文件与公司的各个职能部门直接相关，不同部门往往具有不同的 BOM。财务核算部门有成本 BOM，工程部门具有工程 BOM,设计部门具有产品设计 BOM,生产部门具有装配 BOM,采购与销售部门对产品结构也有着自己的理解。实施 ERP 系统首先要把不同部门对产品结构的理解进行统一,然后,集成、整合、核对产品的实际结构,最后形成公司共享的 BOM 数据文件,并加以保密控制。

(1) BOM 数据的重要性。在 BOM 文件中主要描述独立需求物料与相关需求物料,以及相关需求物料之间的层次关系和数量关系。BOM 文件提供的数据必须正确,否则严重影响 ERT 系统运行结果的正确性。

①在销售管理方面,BOM 数据不正确无法或影响形成最终产品,交货期得不到保证,客户服务水平下降。

②在采购管理方面,BOM 数据不正确无法制定正确的采购计划,采购物料与实施需求不一致,造成采购成本提高,给库存管理与生产管理造成混乱。

③在库存管理方面,BOM 数据不正确数值偏高时,造成不必要的库存积压,库存管理成本增加,库存损失加剧,数值偏低时,催货人员东奔西跑,寻找货源解决短缺,采购成本增加。

④在生产管理方面,BOM 数据不正确数值偏低时,因生产用料缺货,造成停工待料,生产混乱,引发连锁反应,造成的损失很难估量。

⑤在总体上,公司内部的协调困难,直接影响到员工的 ERP 系统的信心,也将影响到员工的工作士气,公司各种资源不仅没有优化,反而造成失控和浪费。

因此,公司实施 ERP 系统必须重视 BOM 数据的建设,要将它作为 ERP 系统实施成功的关键因素来抓,在实施前、实施中和实施后分别测试 BOM 数据的准确性、正确性和可靠性。要求在实施后运行过程中达到 98%的正确性,这 2%的差错在原料配比,零件、组件、装配件的数据关系不允许有任何差错。在 BOM 文件中,出现差错的层次越高,隐藏的风险越大。

(2) BOM 文件内容。BOM 文件描述产品结构数据,以单层的形式(即单层物料清单)保存有数据文件中。单层物料是描述父项物料与子项物料的关系,子项物料相对下层物料而言又是父项物料,依次分别逐层父项物料与逐个子项物料之间的关系。构建 BOM 的主要输入有父项物料与子项物料代码、使用点和工序、子项数量类型、子项数量、购制代码、有效日期、子项提前期偏置和损耗率等数据。

①父项物料代码。在构建单层物料清单时,先确定父项物料,父项物料代码输入后系统自动给出该物料的基本信息,这些信息都是只读。

②子项物料代码。当一个父项物料含有多个子项物料时,通过插入栏输入新的子项物料,当输入子项物料代码后系统自动给出物料描述。

③使用点,也称为工作中心,是指在制造本层父项物料时,该子项物料到的工作中心位置。

④子项类型指明子项物料是在生产过程中被消耗掉的普通物料,还是可以重复使用的图纸、工具等物料。

⑤数量类型是指子项物料的数量是随父项物料由 MRP 展开计算得到，是不随父项物料直接由订单份数计算得到。多数据情况下子项物料的数量是由父项物料的数量决定，只有少量的子项物料是按发货用户的订单份数确定。

⑥子项物料提前期偏差是指在装配一个大型或复杂产品时，所需要的子项物料有一个前后时差，并不是同时需要。当这个时差大于单位计划时区时，可以通过该数据迟后发料，在生产过程中可以调整交货日期，减少物料库存时间，提高生产效率。

(3) BOM 文件的维护。BOM 数据是否正确，直接影响到 ERP 系统运行结果的正确性，因此，要求 BOM 数据的准确度达到 98%以上，否则 ERP 系统运行都会存在很大的风险。但是，在 ERP 系统时，BOM 数据从理论上讲应该十分完备，可是，事实上保存在不同部门的 BOM 往往不一致，在产品设计交付生产过程中，由于各种影响因素会做少量的调整，正是因为少量而不引起关注，结果造成生产 BOM 与工程设计的 BOM 不一致。另外，产品在销售过程中，用户通过对产品的使用也会提出各种建议，一些合理的建议常常会被采纳，使产品的功能和性能不断改进。改进后的 BOM 与前期 BOM 同样存在不一致。在创建 BOM 文件时，必须要从产品实际结构出发。从生产现场跟踪或库存产品分解获取，在 ERP 系统运行过程中，随时按实施变化维护 BOM，使 BOM 数据正确有效。

(4) BOM 数据的输入与输出方法。BOM 数据反映了物料之间的内在关系，在输入与输出时可以采用特定的方式方法实行。

①BOM 数据输入。输入 BOM 数据文件时，只能输入父子之间的单层物料，通过父子关系将产品结构关联起来，因此在为父项物料输入其子项物料时不能有差错，更不能将上层父项物料作为其子项物料的子项，否则会发生死循环错误，也就是说 BOM 最终形成物料之间的树型结构，不能出现循环。用有 ERP 系统为了防止 BOM 中物料循环错误发生，增加了自动检验功能模块。

②BOM 数据输出。BOM 数据输出形式比较灵活，可以指定一个父项物料，仅输出其子项的单层物料清单，也可以其下层所有物料的多层物料清单，这种输出的结果是一棵树。还可以指定一个子项物料输出其所有上层物料，即物料的反查功能，这种输出的结果是一个链路。

3. 工作中心(Work Center)

工作中心是一种生产能力衡量、表述、统计、计量、考评的单位，也是生产组织的特殊形式。无论是主生产计划、还是能力需求计划的检验与生产负荷协调都是以工作中心为对象的。一个工作中心可以是相近功能设备与工序、相同技术工种员工的组织。在定义工作中心时可以是一个班组、一台特殊设备、一条生产线等，对于外协工序，则对应的工作中心是外协单位。

(1) 工作中心的作用。工作中心是完成某道或几道工序派工对象，通常以标准工时、工时费率和制造费率等要素来定量表述，反映了成本消耗的程度。因此，工作中心的主要作用如下。

①计算自制件的成本消耗。在计算零件、装配件和最终项目等加工成本时，通常以

工作中心记录、定额的数据为依据进行计算。如：

人工直接成本＝工作中心记录的实际消耗工时×工作中心人工费率

②检验是否满足生产能力需求计划的负荷。在能力需求计划(CRP)计算时，以工作中心及时区为汇总单元，分析CRP执行情况时，也是以工作中心为单元进行投入与产出分析。

③作为生产订单下达和编制生产进度的基本单元。生产订单通常按工艺路线的工序，下达到各工序对应的工作中心，因此，也是车间作业管理中派工单下达的单元。在工作中心按工序和紧迫系数编排、统计、控制生产执行进度。

(2) 工作中心的基本属性。工作中心的基本属性主要由工作中心的编码、名称、所属部门、能力、人工费率和制造费率等组成。

①能力。工作中心的能力是指用一定的时间完成生产任务的能力，通常以标准工时来计量，在特殊情况下也可以用长度(米)、重量(公斤)、数量(件、台、张)等方式来计量，本书采用标准小时来计量。在确定工作中心能力时，不仅要统计工作中心拥有的设备数量或操作员工人数、统计每天工作的班数、每班的工作时间，还要充分考虑工作中心的利用率和效率。工作中心的能力为：拥有的设备数量(或操作员工人数)×每天班数×每班工作时间×利用率×效率

利用率＝实际投入人工时数/计划投入人工时数

效率＝完成定额工时数/实际投入人工时数

因此：工作中心的能力＝拥有的设备数量(或操作员工人数)×每天班数×每班工作时间×完成定额工时数/计划投入人工时数

②人工费率。是指工作中心在单位标准工时需要消耗的费用。

③制造费率。是指在工作中心单位标准工时需要的制造费用。

(3) 工作中心定义。定义工作中心是一项十分细致的工作，直接影响到能力需求计划的计算、执行和协调控制，在划分、编码、命名工作中心时，既要充分考虑ERP系统原理的特点，还要考虑企业或公司实际管理的需要。

①划分工作中心的原则。在划分工作中心时必须以工作中心的作用为依据，遵循实用、简洁、科学合理的原则。工作中心是CRP计算归属不可分割的最小单元。一道工序只属于一个工作中心，一个工作中心可以包含多道工序。

②划分工作中心的方法。在划分工作中心时，首先考虑工作岗位、设备功能、员工的技术工种等要素，然后，尽可能地与生产现场管理相结合。把完成特定工序的相同设备、工作岗位定义为工作中心，把外协件的完成单位定义为工作中心。在定义工作中心时充分运用成组技术的思想与方法，简化生产管理过程和ERP基础数据处理。对同类设备中新度差异大的情况可以分别定义不同的工作中心，对于关键设备、精大稀设备和瓶颈工艺要通过工作中心属性标记出来。

③工作中心属性确认方法。工作中心的属性取值，不仅影响到ERP系统运行结果，而且直接影响到产品成本管理水平和工作中心的可协调性。因此，在确认工作中心

属性值时需要参考较长一段时间的历史数据，采用统计方法确定各种费率。在 ERP 系统启用后还需要跟踪一段时间，检验工作中心属性值的可用性、准确性和正确性，及时调整原始差值和环境变化引起的差值。

4. 工厂日历(Factory Timer)

工厂日历又称公司日历，用于描述工厂连续工作的计时文件。一个公司可以设置几套工厂日历，系统自动默认一套工厂日历。在工厂日历中不存在节假日，计时方式从 000 至 999，即一千个工作日为一个循环。工厂日历与公司之间是通过系统内置功能模块按工厂日历文件的设置自动转换。一般用户不涉及到工厂日历的计时方式，这是系统内容数据处理的一种方式，但对于 ERP 系统启用初始化和工厂工作节假调整时，需要系统管理设置和修改工厂日历，这可能会出现派工单派工在休息日的错误。

工厂日历的属性是要有工厂日历编码、名称、公历日期对应的工作日和工作时间。

工厂日历编码系统默认为 System，名称不系统工厂日历，如果公司在各工作中心分别具有不同的工作安排(如班次不同、上班时间不同等情况)，则可以设置不同的工厂日历文件。

公历日期对应的工作日与工作时间是一个十分繁杂的定义过程，系统默认为每周六与周日是休息日，自动将工作时间设置为 0，如果有一些特定的休息日，则需要逐个设置。最后保存在工厂日历的数据文件中。

5. 工艺路线(Routing)

工艺路线是详细描述一项自制物料制造过程的数据文件。在工艺路线文件中不仅描述加工过程所涉及的工序、工时、加工对象、加工场所和加工工具，而且还描述了自制过程中的技术水平，检验与测试的需求。

(1) 工艺路线的作用。工艺路线是闭环 MRP、MRPⅡ，以及 ERP 等生产管理软件中最重要文件之一，没有工艺路线文件就不能进行能力需求计划，也不可能进行成本实时计算、跟踪和控制，无法实现成本管理中提出的事前计划、事中控制和事后分析的管理方式。工艺路线的主要作用有如下四个方面：

①推算自制物料加工件的提前期。在工艺路线文件中完整地记录加工件生产过程的各种时间定额数据，同时还可以通过 BOM 将所有产品结构各分支的提前期分别累计，从中可以获得最长的提前期作为产品生产周期的估算值，为销售管理提供订单可承诺交货日期。

②提供 CRP 计算数据。CRP 计算是根据 MRP 展开生产的自制件物料的需求(下达订单与未下达订单)量、工艺路线文件和工作、中心数据实现的。

③提供计算加工件成本的数据。通过工艺路线文件可以计算出各加工件每道工序所需的计划标准工时数，再由该工序所在工作中心的人工费率和制造费率计算出人工费和制造费，形成各个加工件的成本费用。

④提供跟踪在制品的数据，当一批或一个物料下达后，可以通过物料的批号和工艺路线文件中各种定额时间，跟踪该物料计划完工状态和生产进度。

(2) 工艺路线的主要数据。工艺路线的数据将涉及到生产管理和成本管理等方面的数据，分成父项数据和子项数据，父项数据是记录物料订单数据，子项数据是描述物料加工过程定额数据。父项数据主要有：物料代码、制造数量、订单交货日期等数据。子项数据主要有：工序号，工序名，使用点、序号、工作中心，准备时间、传递时间、等队时间、排队时间、加工时间，时间的单位均是标准小时。

使用点是指完成加工的场所编号。这可能是指一个工作中心、车间、或岗位。序号是指加工顺序号。有些工序具有严密的前后关系，也有些工序不存在严密的前后关系，因此，通过序号指明具有严密前后关系的工序。如果两道工序不分前后，则序号相同，系统按序号升序排列。

准备时间和传递时间与父项的批数有关，即每批物料的每道工序需要准备与传递时间与加件数量无关，等队时间、排队时间和加工时间与父项的加工物料数量有关，即需要时间的长短与加工件数量直接相关。

外协件也要设定其工艺路线文件，但相对自制件的数据要简单得多，往往作为一道工序完成，把外协单位作为完成这道工序的工作中心，其数据要描述工序的时间与费用。在指定加工件的工作中心时，往往存在一个加工件可以在不同工作中心完成加工，在这种情况下要指定一个默认的主工作中心，还要指定可替代工作中心。

(3) 工艺路线的数据维护。工艺路线数据的确定比任何其他数据的确定更困难，这不仅涉及到生产管理与成本管理的水平、ERP系统运行的有效性和企业经营管理能力，而且涉及到企业全体操作人员的切身利益。特别是加工定额的长短，直接体现出相应工作中心的工作量大小，影响员工的工作积极性。因此，对每道工序的定额都要反复核实。在实施ERP系统过程中，对工艺路线的数据要逐步校准，通常把工艺路线数据维护工作贯穿于整个ERP系统的实施与运行过程中。

①在ERP系统实施前，通过人工方式全面整理、定义工艺路线的基础数据，由MRP试点和BOM的建立逐项输入物料的工艺路线数据，并检验输入数据的正确性。这时主要确保输入数据与整理数据的一致性。

②在ERP系统实施过程中，通过运行系统逐项检验整理数据的正确性，可以按已经执行的结果与系统数据进行比较，并确保80%的工艺路线的可行性都得到证实。

③在ERP系统正式运行后，还要关注工艺路线数据的正确性，检验系统数据与实际运行情况是否一致，通过投入与产出统计分析结果，以及工艺改革情况等因素及时调整工艺路线文件。

工艺路线与物料清单一样，关系到ERP系统的有效性和管理水平，特别是工艺路线数据还直接反映生产管理的精细程度。这些数据由工程部门具体负责维护，但是数据的确定还需要由生产部门、财务部门和主管理领导共同确认。

2.3.3 库存管理基础数据

1. 库位定义(Inventory Area)

库位定义是描述企业仓库、货架等基础设置情况。根据物料在企业生产过程所起作用的不同先分成原料库、在制品库、成品库和废品库。再根据物料的特性分成各种特殊的库位。

库位定义数据比较简单，通常由库位编码、名称和类型等组成。库位定义是ERP系统基础数据中的基础，在建立物料主文件前首先要建立库位定义数据，否则物料主文件中的优先库位数据无法输入。

2. 库存信息

库存信息是保存企业所有产品、零部件、在制品、原材料等存在状态的数据库。库存信息主要有：物料编码、现有库存量、计划收到量（在途量）、已分配量、订购（生产）批量和安全库存量等数据。

①现有库存量：是指在企业仓库中实际存放的物料的可用库存数量。

②计划收到量（在途量）：是指根据正在执行中的采购订单或生产订单，在未来某个时段物料将要入库或将要完成的数量。

③已分配量：是指尚保存在仓库中但已被分配掉的物料数量。

④订购（生产）批量：在某个时段内向供应商订购或要求生产部门生产某种物料的数量。

⑤安全库存量：为了预防需求或供应方面的不可预测的波动，在仓库中经常应保持最低库存数量作为安全库存量。

3 ERP 系统原理

ERP 系统在企业信息化建设过程中经历了时段式 MRP、闭环 MRP 和 MRPⅡ，是由近 50 年的信息技术应用实践形成的。ERP 系统的原理也是随着企业信息化发展逐步完善，至今还在向深度与广度发展。

3.1 订货点法原理

在 18 世纪工业革命后，人类进入工业经济时代，社会经济的主体是制造业。工业经济时代竞争的特点就是产品生产成本上的竞争，规模化大生产（Mass Production）是降低生产成本的有效方式。由于生产的发展和技术的进步，大生产给制造业带来了许多困难，主要表现在：生产所需的原材料不能准时供应或供应不足；零部件生产不配套，且积压严重；产品生产周期过长和难以控制，劳动生产率下降；资金积压严重，周转期长，资金使用效率降低；市场和客户需求的变化，使得企业经营计划难以适应。总之，降低成本的主要矛盾就是要解决库存积压与短缺问题。如何提高库存物料的可控性是当时管理学急需解决的重大问题。订货点法是在这种社会环境下产生的先进管理理论与方法。

假设：某一物料在单位时区内的需求量（即消耗速度 V）是已知的，物料的提前期（T）也是已知的，即该消耗库存物料在消耗到一定量（即订货点 Q_0）时，提出订货，既能确保正常生产，又能使库存积压最少。同时考虑防止供应过程中的不稳定因素对物料需求的影响，设定一个安全库存量 Q_S。该库存物料的这种控制方法称为订货点法，这个库存量称为订货点。即：

$$Q_0 = V \times T + Q_S \tag{3-1}$$

订货点法是在当时社会背景下（物资匮乏，供不应求）提出的，从理论上看，订货点法的数据处理十分严密，可以对每个物料通过式(3-1)进行计算和推导出物料控制的订货点，确保物料的供应。事实上，随着市场竞争加剧，客户需求的多样性和生产能力的过剩。订货点法很快暴露出很多缺陷，主要表现在如下几方面。

1. 物料需求趋向间断，而且需求量往往存在随机性。

2. 物料控制对象繁多，即使通过努力，管理水平大大提高，缺货降到 2%。但是，一个产品往往由众多物料组成,例如由 1 000 个零件组成,则最终还会有 20 种零件发生缺货,造成管理混乱。

3. 何时订货无法事先确定,只能等待库存物料消耗到订货点时才能发出订单。

4. 单位时区的物料需求量越来越难于确定,在市场经济条件下,当产大于供时,根本无法确定。

3.2 时段式 MRP 原理

1957 年,美国生产与库存控制协会(APICS)成立,开始进行生产与库存控制方面的研究与理论传播。针对订货点法暴露出来的问题,提出了时段式物料需求计划(Material Reguirements Planning ,简称 MRP)理论与方法。时段式 MRP 是在原订货点法的基础上提出的生产、库存管理理论与方法。随着上世纪 60 年代计算机的商业化应用开始,第一套时段式 MRP 系统软件面世,并应用于企业物料管理工作中。

3.2.1 时段式 MRP 特点

在时段式 MRP 管理模式下,将物料控制对象和库存记录进行了调整,这体现了时段式 MRP 管理特点。

(1) 物料分类:按需求的来源不同,物料可分为独立需求和相关需求两种类型。独立需求是指需求量和需求时间由企业外部市场需求来决定,例如,客户订购的产品、配件、科研试制需要的样品、售后维修需要的备品备件等,即独立售给客户的物料;相关需求是指根据物料之间的结构组成关系由独立需求的物料所产生的需求,例如,组件、半成品、零部件、原材料等的需求。

(2) 库存记录(INV.):从时段式 MRP 管理模式开始,库存物料不仅记录了过去、现在的详细情况,更侧重于记录将来物料的库存情况。在库存记录中引入了时间轴的理念。在时间轴上按一定的时间长度(可以是一个月、或者一周、或者一天、或者一小时)分段,该时间段称为时段,或时间区域,简称时区。在库存记录中详细记录该物料在各个时区的毛需求、库存量和净需求量等信息。

在某一个企业实施 ERP 系统时,时段选定后在相当一段时间内不变,时段取值的长短反映了企业管理水平和 ERP 系统应用效能。取值越大效能越低,反之越大。但是在企业起步阶段,不能取值太小,不仅系统切换工作量大,而且容易造成混乱。

(3) 物料联系:时段式 MRP 管理模式开始,相关物料(或称为非独立需求物料)不是孤立的,相关物料的需求是受独立需求物料约束的。独立需求物料与相关物料之间通过物料清单(Material Of Bill,简称 BOM)描述。BOM 正确全面地描述了物料之间的层次关系和层次之间的数量关系(K)。BOM 数据的正确性、完整性直接影响到 MRP 的应用。

例如:一个玻璃水杯由盖子和杯子组成,盖子使用 50 克塑料粒子制成,杯子使用

200 克玻璃制成。则：玻璃水杯的物料清单(BOM)如图 3-1 所示。

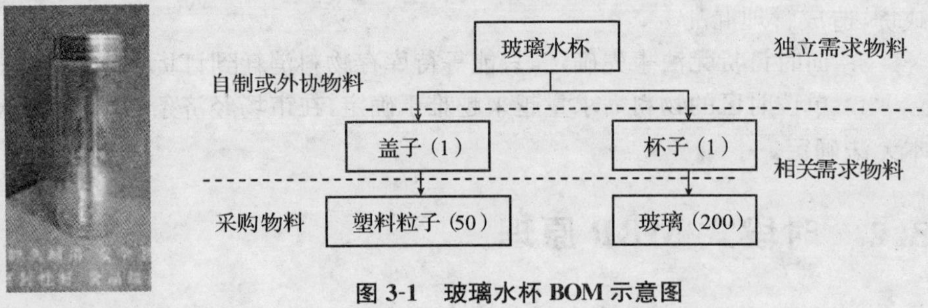

图 3-1 玻璃水杯 BOM 示意图

3.2.2 时段式 MRP 原理

假设：企业对独立需求的物料通过主生产计划(Master Production Schedule，简称 MPS)事先确定的，物料清单(BOM)是已知的，库存记录是完整可靠的。则：相关物料在各时区的需求计算根据如图 3-2 所示的逻辑展开。

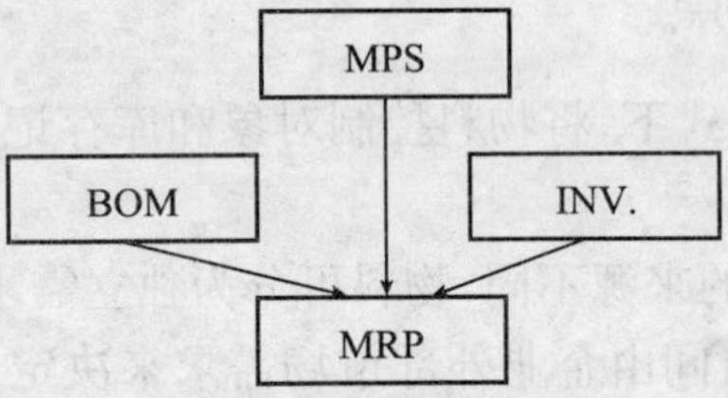

图 3-2 MRP 逻辑示意图

在库存记录中，记录数据分别有毛需求量(Q_m)、净需求量(Q_q)、计划订货量(Q_o)、计划下达量(Q_x)、库存量(Q)、可供货量 Q_k 和已订货量(Q_d)等。

毛需求量(Q_m)是反映上层物料对下层物料的需求量，因此，在 BOM 中顶层独立需求物料没有毛需求量；

净需求量(Q_q)是反映实际至少需要投入生产、或外协、或采购的物料数量；

计划订货量(Q_o)是根据净需求量和批量调整等因素确定的生产、或外协、或采购的物料数量；

计划下达量(Q_x)是反映实际下达生产、或外协、或采购的物料数据；

库存量(Q)是反映该物料的库存数量；

可供货量(Q_k)是反映该物料可以供使用的数量；

已订货量(Q_d)是反映该物料已经下达订货的数量。

MRP 在展开计算时，沿着 BOM 图从顶向下，逐层计算每个物料毛需求 Q_m、净需求 Q_q、计划订货量 Q_o 和计划下达量 Q_x。

各时区相关需求物料的毛需求等于上层物料的净需求乘两层物料之间的数量关系 K；

在同一时区内，某一物料的可供货量 Q_k 等于库存量 Q 减去净需求量 Q_q，后再加已订货量 Q_d；

后一个时区的可供货量 Q_k 等于前一个时区的库存量 Q；

计划订货量 Q_o 等于净需求量 Q_q；

计划下达量 Q_x 等于该物料提前期 T 的计划订货量 Q_o。

计算方法见式(3-2)。

$$\begin{cases} Q_m = Q_q \times K \\ Q_k = Q - Q_q + Q_d \\ Q(t) = Q_k(t-1) \\ Q_o = Q_q \\ Q_x(t) = Q_o(t-T) \end{cases} \tag{3-2}$$

在实际应用中，可供货量与库存量合并使用，隐含着前一个时区的可供货量等于后一个时区的库存量。直接引用计划下达量 Q_x 推算出计划订货量 Q_o 和净需求量 Q_q；在实际计划订货时，不仅要满足净需求量，而且要符合订货倍数和订货批量。订货倍数是指由于物料包装，容器等条件的限制，必须按计量单位的某一倍数订货。例如，一箱啤酒有 12 瓶，如果需求物料的单位是瓶，但是供应商只以箱为单位供货，因此，在采购啤酒时要折算到箱。订货批量是由于订货成本、运输成本等原因，在下达订货订单时，每批订货量不能少于每一个阈值，否则，物料的运输与订货费用不经济。有些单位对具体物料订货下达的订单数据有一个范围，提高生产经营效率和效益。

3.2.3 实例演算

假设上述玻璃水杯及相关物料库存量、安全库量、订货批量和提前期如下表 3-2 所示，已知玻璃水杯的需求量如表 3-3。请推算出各个相关物料的毛需求、预计入库量、净需求、库存量和计划订货下达量。

表 3-2 玻璃水杯的基础数据

物料代码	物料名称	单位	原库存量	安全库存量	订货批量	提前期(时区)
P100	水杯	只	0	1	1	1
P210	盖子	只	20	5	5	1
P220	杯子	只	20	5	5	1
P311	塑料粒子	g	2 000	1 000	500	2
P321	玻璃	g	4 000	2 000	1 000	2

预计入库量是指某一物料在下达订单后，经过该物料的提前期时间后生产或采购入库的数量。对于下达订货的量在理论上都后到时实现预期入库。但是，为了区分计划前与计划后的订单量，以及统计计划期内的总需求量，有时把计划期内的下达订货量不列入预计入库量中。本文为了便于计算，将所有计划订货按时列入预计入库量中。

推算过程如下：

推算出玻璃水杯各时区的库存量、净需求量、计划订货量和计划订货下达。如表

3-4所示。

表 3-3　玻璃(P100)需求量和预计入库量

物料代码	1	2	3	4	5	6	7	8	9	10
需求量	10	20	15		20	8	20	10	14	25
预计入库量	30	20	16	15						

表 3-4　水杯(P100)需求量和预计入库量

推算值名称	1	2	3	4	5	6	7	8	9	10
需求量	10	20	15		20	8	20	10	14	25
预计入库量	30	20	16	15			*13*	*10*	*14*	*25*
库存量(0/1)	**20**	**20**	**21**	**36**	**16**	***8***	***1***	***1***	***1***	***1***
净需求量							**13**	**10**	**14**	**25**
计划订货量							**13**	**10**	**14**	**25**
计划订货下达						**13**	**10**	**14**	**25**	

注:表中原库存量括号内数据分别表示(库存量/安全库存量)粗黑体为推算结果,斜体为预期数据,以下相同的规定。

①第一个时区的库存量＝原(前一个时区)库存量＋第一个时区预计入库量－第一个时区的需求量;即:20＝0＋30－10。

第二个时区的库存量＝原(第一个时区)库存量＋第二个时区预计入库量－第二个时区的需求量;即:20＝20＋20－20。

依次计算出各时区的库存量。当库存量出现负值或低于安全库存量时,将产生净需求。第一次净需求是在第 7 时区,库存量将少于安全库存量。净需求的计算方法如下:

②净需求量＝需求量＋安全库存量－前一个时区库存量－预计入库量＋ε

ε 是一个调整因子,净需求要大于等于订货批量,水杯的订货批量是 1,因此不需要调整,ε 取 0。

③随后填写计划订货与计划订货下达;

④再填写预计入库存量

⑤修改库存量。

依②③④⑤次序循环推算到各时区。

计算下层物料(盖子与杯子)毛需求。结果如表 3-5 所示。

根据时段式 MRP 原理可以分别推出盖子、塑料在各时区的毛需求、预计入库量、库存量和计划订货下达量,如表 3-6 所示。请学员在课后自己推算瓶子和玻璃的需求、预计入库量、库存量和计划订货下达量。

表 3-5 毛需求的计算

物料代码	推算值名称	1	2	3	4	5	6	7	8	9	10
P100	计划订货下达						**13**	**10**	**14**	**25**	
P210	毛需求						**13**	**10**	**14**	**25**	
P220	毛需求						**13**	**10**	**14**	**25**	

下层物料的毛需求＝上层物料的下达订单量×上下层物料之间的倍数

表 3-6 MRP 展开实例

物料	推算值名称	1	2	3	4	5	6	7	8	9	10
玻璃水杯	需求量	10	20	15		20	8	20	10	14	25
	预计入库量	30	20	16	15			*13*	*10*	*14*	*25*
	库存量(0/1)	**20**	**20**	**21**	**36**	**16**	*8*	*1*	*1*	*1*	*1*
	计划订货下达						**13**	**10**	**14**	**25**	
	×1										
物料	推算值名称	1	2	3	4	5	6	7	8	9	10
盖子	毛需求量						**13**	**10**	**14**	**25**	
	预计入库量							*8*	*14*	*25*	
	库存量(20/5)	**20**	**20**	**20**	**20**	**20**	**7**	*5*	*5*	*5*	
	计划订货下达						**8**	**14**	**25**		
	×50										
物料	推算值名称	1	2	3	4	5	6	7	8	9	10
塑料	毛需求量						**400**	**700**	**1 250**		
	预计入库量							*500*	*1 000*		
	库存量(2 000/1 000)	**2 000**	**2 000**	**2 000**	**2 000**	**2 000**	**1 600**	*1 400*	*1 150*		
	计划订货下达					**500**	**1 000**				

注：盖子的提前期是 1 个时区，所以在第 7 个时区的计划订货量 8，在第 6 时区计划订货下达。塑料的提前期是 2 个时区，所以在第 7 个时区的计划订货量 500，在第 5 时区计划订货下达。按 MRP 计算库存量还有 900，已经低于安全库存量 1 000，净需求量是 100，但根据订货批量，每次至少订 500，所以计划订货下达 500，库存量推算结果是 1 400。

对杯子与玻璃粒子的物料需求计划的展开，请读者按 MRP 原理尝试推算。

3.3 闭环 MRP 原理

时段式 MPR 对物料的生产管理与库存控制从理论上看似十分完美。根据主生产计划可以分别推算出相关物料在各时区的需求量，为生产与采购任务下达提供了科学的依据。但是，时段式 MRP 存在的严重问题是没有考虑企业实际制造能力和经营成本。这些问题的解决依靠人工在主生产计划中考虑。实际企业生产经营是一个动态变迁的，随着企业规模的扩大人工无法实现正确的计划。闭环 MRP 将物料需求按时段(周或天)进行分解，使得 MRP 成为一个实际的计划系统和工具，而不仅仅是一个订货系统，这是企业物流管理重大发展。闭环 MRP 系统的出现，使生产计划方面的各种子系统得到了统一。只要主生产计划真正制订好，那么闭环 MRP 系统就能够很好运行。

3.3.1 闭环 MRP 特点

20 世纪 70 年代，人们在时段式 MRP 的基础上，一方面把生产能力作业计划、车间作业计划和采购作业计划纳入 MRP 中，同时在计划执行过程中，加入来自车间、供应商和计划人员的反馈信息，并利用这些信息进行计划的平衡调整，从而围绕着物料需求计划，使生产的全过程形成一个统一的闭环系统。与时段式 MRP 相比，具有如下特点。

(1) 计划层次性。在闭环 MRP 系统中把计划分成销售与生产规划、主生产计划、物料需求计划和能力需求计划等。最高层生产规划是宏观的，具有指导性。底层能力需求计划是微观的，是根据实际生产过程具体指派到各工位的生产任务。

(2) 计划之间的反馈性。企业计划从宏观到微观，各层之间具有反馈功能，即当确定经营规划时要充分考虑销售与生产规划是否能实现，确定销售与生产规划时要充分考虑主生产计划是否能实现，在确定物料需求计划时要充分考虑生产与采购能力是否能实现，如果不能实现，则调整上层计划。计划之间从上到下的分解，从下到上的验证，形成一个完整的封闭循环。这个循环不仅能充分利用企业资源，同时还能不断适应市场变化。

(3) 增加能力需求计划。物料需求计划生产的采购订单与生产订单是否能按质、按量与按时完成取决于物料执行情况，生产计划的完成将取决于企业的生产能力，通过生产能力的计划更加明确生产任务的落实。

如图 3-3 所示，从上至下进行展开，由粗及细，从宏观到微观。从下向上实现反馈，及时检验上层计划的合理性，并提供调整的依据。

(4) 连续计工作时间制。系统内部的计时方式采用连续的工作日编制，称为工厂日历，或公司日历。系统可以将工厂日历与日常日期通过设置自动转换。在工厂日历中没有节假日，以一千工作日作为一个循环。

(5) 增加工艺路线。工艺路线是描述物料加工过程的数据文件。记录自制物料每道工序所需的准备时间、加工时间、运输时间、排队时间和等待时间。在通常情况下准备时间与运输时间是按批产生，不与批量发生直接关系。加工时间、排队时间与等待时间往往与批量有关，批量越大消耗的时间越多。工艺路线不同于工艺文件，工艺文件是描述物料加工精度、外观、形状要求和生产过程步骤描述。

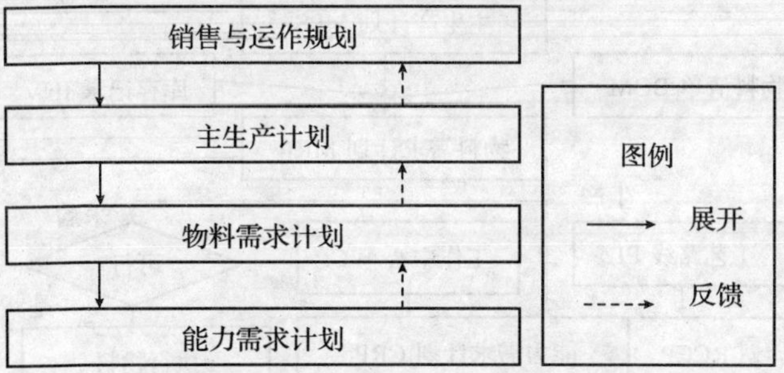

图 3-3　闭环 MRP 计划层次示意图

(6) 划分工作中心。工作中心是分派任务、能力核算、成本核算的考核单位，也是企业生产组织的单元。工作中心的划分、定义和设置往往与企业的管理基础和物流控制有关。管理水平越高则划分越细，一个工作中心可以是一个车间、或一条生产线、或一个班级、或一台设备等。

3.3.2 闭环 MRP 原理

闭环 MRP 是在时段式 MRP 的基础上，针对生产管理与库存控制中出现的问题提出的更完美的管理理念与管理方法。企业生产过程与库存控制方法封闭循环有效地利用企业资源，及时发现管理问题，适应市场需求的变化。使计划从刚性趋向柔性发展，计划的可执行性大大地提高。

在计划层次控制上，要确保下层计划是上层计划的合理分解，内容上更加具体，时间上更接近现实。上层计划是下层计划的提炼、总结和汇总。首先，企业高层领导根据企业现状和产品市场开拓状况制定出企业发展的战略规划，在企业战略规划的指导下制定企业经营规划，然后根据经营规划制定出销售与生产规划，由销售与生产规划确定主生产计划，主生产计划直接输入 MRP 系统，MRP 系统根据主生产计划、物料清单和库存记录推算出相关需求物料在各时区的需求量。对 MRP 生产或已经下达的生产订单，按工艺路线分别计算出各工作中心在各时区的负荷。根据工作中心的能力与推算的负荷进行比较，一旦出现负荷超过能力时，提示计划员进行调整；如果工作中心之间无法调整平衡，则系统反馈给 MRP，调整物料需求量；如果物料需求的调整无法满足实现状况时，反馈到主生产计划员，调整主生产计划；如果主生产计划的调整无法满足实际状况时，调整销售与生产规划；当销售与生产规划调整无法满足实际状况时，调整经营规划。为了减少调整的频繁次数，在制定主生产计划时，先进行粗能力需求计划推算。当工作中心的能力满足负荷需要时，则执行任务，完成物料的生产加工，或开展采购活动，这类物料执行活动完成后通过库存管理返回到库存记录。采购物料记录在原料库,生产过程中间件记录在制品库,最终产品记录在成品库中。闭环 MRP 的工作原理如图 3-4 所示。

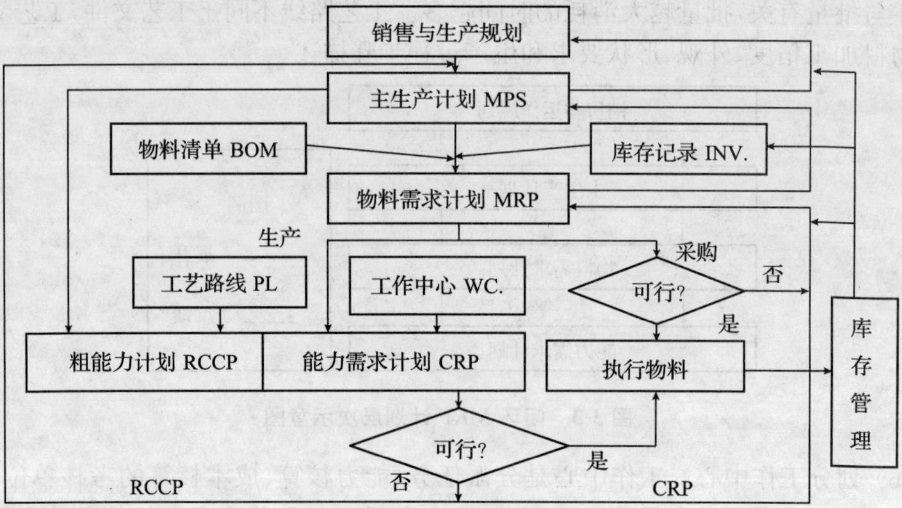

图 3-4 闭环 MRP 原理示意图

3.3.3 粗能力需求计划

粗能力需求计划(Rough Cut Capacity Planning,简称 RCCP)用于对生产规划与主生产计划的制定或改变的合理性检验。如果粗能力计划的结果使企业资源无法满足时,及时调整相应的生产规划或主生产计划。粗能力计划是根据生产规划或主生产计划量、关键工艺路线、工作中心的数据计算出对能力需求量,然后按关键工艺路线的工作中心负荷比重,推算出工作中心所需要的资源。并与工作中心的能力进行比较,估算出生产规划或主生产计划对各工作中心的能力需求,检验生产规划或主生产计划的合理性。

关键工艺路线:这是指在组织生产过程中所需要时间最长的工艺路线,也就是说如果这条工艺路线所需要的资源能够满足,时间足够,则按期完成生产任务的成功率很高。

关键工作中心:这是指在企业生产过程中独一无二的设备、人员等形成的工作中心,也就是说,如果该工作中心的能力发生变化,直接影响到企业的整个生产过程。

粗能力需求计划是特别要关注关键工艺路线上的关键工作中心。一定要检验这类工作中心的能力是否满足负荷需要。

3.3.4 能力需求计划原理

能力需求计划是在时段式 MRP 基础上新增加的功能,也是与时段式 MRP 区分的主要特点之一。能力需求计划作为落实生产订单作业任务的现代化管理工具,必须要求企业明确生产物料的生产过程(工艺路线)和工作中心的能力。通过工艺路线 ERP

系统可以推算出每道工序的开工时间与完工时间，我们先看一个例子。

假设：在生产玻璃杯时要经过五道工序，分别是选料、粉碎、熔化、吹制和冷却，这五道工序的工艺路线的基本数据如表 3-7 所示。请推算出生产订单号为 B080321 的各道工序的开工日期和完工日期，订单的下达日期和交货日期。生产订单 B080321 的主要内容是物料名称是玻璃杯子，生产数量是 50 只，交货日期是第 421 日（工厂日历）。

表 3-7　制造玻璃杯子的工序文件（时间单位：标准工时）

序号	工序号	工序名	工作中心	准备时间	运输时间	等待与排队时间	加工时间
1	B-10	选料	WC010	1	2	0.5	0.1
2	B-11	粉碎	WC010	2	0.5	0.4	0.2
3	B-20	熔化	WC020	4	1	0.3	0.3
4	B-21	吹制	WC020	3	0.2	0	0.3
5	B-51	冷却	WC050	2	0.5	0	2

注：1. 选料、粉碎和熔化均随杯子以只为计算单位。
2. 时间单位是小时。
3. 订单下达批量是 50。
4. 工序之间只能串行作业，冷却工序并行作业。
5. 准备与运输是每批单位时间，等待、排队与加工是单位时间。
6. 数据纯属虚构。

表 3-8　各工序所需时间明细（单位：标准工时）

工序号	准备时间	运输时间	等待、排队和加工时间计算方法	等待、排队和加工时间
B-10	1	2	＝50×（0.5＋0.1）	30
B-11	2	0.5	＝50×（0.4＋0.2）	30
B-20	4	1	＝50×（0.3＋0.3）	30
B-21	3	0.2	＝50×0.3	15
B-51	2	1	＝2	2

第二步：计算订单对各工序总时间。

总时间是准备时间＋运输时间＋等待、排队和加工时间

B-10（总时间）＝1＋2＋30＝33

其他工序依次推算。结果如表 3-9。

表 3-9　各工序所需总时间（单位：标准工时）

工序号	准备时间	运输时间	等待、排队和加工时间	总时间
B-10	1	2	30	33
B-11	2	0.5	30	32.5
B-20	4	1	30	35
B-21	3	0.2	15	18.2
B-51	2	1	2	5

第三步:计算订单对各工序需要工作日。

在计算各工序需要的工作日前,先要计算出每天的标准工作时间。

标准工作时间=工作时间×工作时间利用率×工作时间效率。

工作时间利用率指单位工作时间内能实际投入到工作中的时间,工作时间效率指在单位投入工作的时间内能完成工作定额的时间数。设该企业工作时间利用率是 88%,工作效率是 92%,则:标准工时=8×0.88×0.92=6.4768,以 6.5 计算各工序所需工作日,计算结果如表 3-10 所示。

第四步:计算各道工序的开工日期和完工日期。

在计算过程中必须遵守最后一道工序的完工日期等于订单的交货日期;上一道工序完工日期等于下一道工序的开工日期;第一道工序的开工日期等于订单的下达日期。因此,计算过程是从最后一道工序倒推算出各道工序的开工日期与完工日期,计算结果如表 3-11 所示。

表 3-10 各工序所需工作日(单位:天)

工序号	B-10	B-11	B-20	B-21	B-51
工作日	5	5	6	3	1

表 3-11 各道工序开工日期与完工日期(单位:日)

工序号	工作日	开工日期	完工日期	备 注
B-10	5	401	406	开工日期是订单下达日期
B-11	5	406	411	
B-20	6	411	417	
B-21	3	417	420	
B-51	1	420	421	完工日期是订单交货日期

通过能力需求计划的计算,我们可以清晰地获得 B080321 生产订单在各个工作中心上不同时间轴上的负荷分布情况。

假设:系统当前工厂日历为 400 号,每 7 天为一个时区,则相应每道工序在工作中心负荷分布情况如表 3-12。当一道工序跨几个时区时,可以把该工序负荷归入该工序的起点时区或终点时区或各时区均分。

表 3-12 各工作中心负荷分布情况

工作中心	工序号	开工日期	完工日期	负荷	1 时区	2 时区	3 时区
WC010	B-10	401	406	30			
WC010	B-11	406	411	30			
WC020	B-20	411	417	30			
WC020	B-21	417	420	15			
WC050	B-51	420	421	2			

根据上述方法，可以将所有的生产订单全部计算出各个工作中心在各时区的负荷，然后进行汇总。汇总结果分成已下达订单对各工作中心各时区的负荷(实心框)和计划下达订单对各工作中心各时区的负荷(空心框)。如果工作中心 WC010 汇总计算结果如图 3-5 所示。

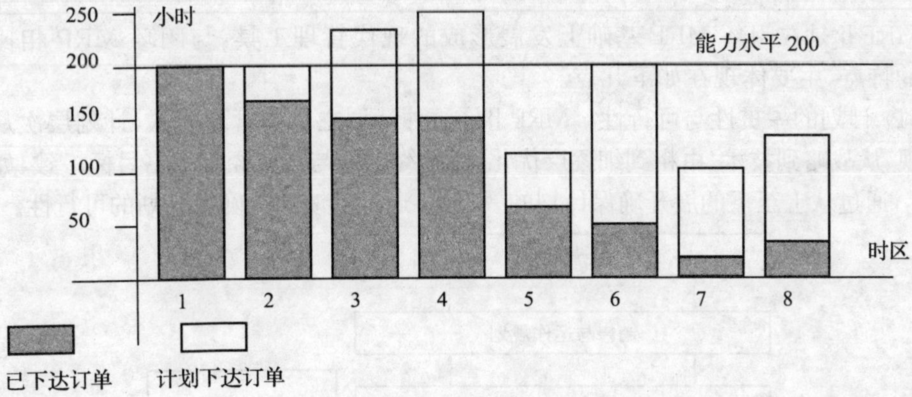

图 3-5 工作中心 WC010 能力负荷示意图

从图 3-5 可知，WC010 工作中心在第一个时区已下达的订单负荷与能力相同，而且没有计划下达订单负荷。在第二个时区已下达订单与计划下达订单的负荷和恰好等于工作中心的能力，因此，完全可以按计划下达订单。但是，在第三时区，已下达订单与计划下达订单的负荷超过了工作中心的能力，已下达的订单负荷没有达到工作中心的能力，所以，在下达计划订单时，必须按工作中心的能力进行调整。

3.4 MRPⅡ原理

在企业经营管理中，生产管理只是一个方面。生产管理所涉及的主要是物流，而与物流密切相关的还有资金流。如何将生产与财务有机结合起来形成一体化的集成系统是 MRPⅡ诞生的前提。

3.4.1 MRPⅡ的概念

1. MRPⅡ的含义

在 20 世纪 80 年代，人们在闭环 MRP 的基础上，把制造企业生产经营的主要功能：制造、财务、销售、采购、工程技术等各个子系统通过统一规范的中央数据库集成为一个一体化的系统，称为制造资源计划(Manufacturing Resource Planning)系统，英文缩写还是 MRP，为了区别物料需求计划系统(亦缩写为 MRP)而记为 MRPⅡ。MRPⅡ的计划、记录、控制、协调、分析、报告的内容不再局限于物料的全程活动，而是以制造过程年需要的主要资源人、财、物为对象，有效地利用各种制造资源、控制资金占用、缩短生产周期、降低成本，最终达到企业运行在最佳姿态。MRPⅡ为企业管理人员提供了一种先进的现代化管理工具和管理平台。

MRPⅡ的所有功能仍然局限于企业内部物流、资金流和信息流的管理，它最显著的效果仍然是以减少库存量和减少物料短缺现象为前提，也就是说，企业实施 MRPⅡ必须从物流控制、成本控制和生产效率提高等方面着手，才能产生效益。

2. MRPⅡ特征

MRPⅡ是在闭环 MRP 基础上发展形成的现代管理工具，与闭环 MRP 相比具有明显的特点，主要体现在如下几点。

(1) 计划的一贯性与可行性。MRPⅡ是一种计划主导型管理模式，计划层次从宏观到微观、从战略到技术、由粗到细逐层优化，但始终保证与企业经营战略目标一致，如图 3-6 所示，通过从上至下的展开确保计划的一贯性，通过反馈功能确保计划的可行性。

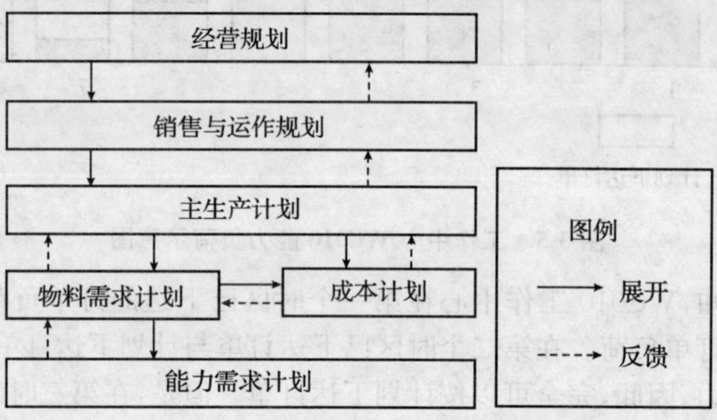

图 3-6 闭环 MRPⅡ计划层次示意图

(2) 管理的系统性。MRPⅡ将制造业的主要资源人、财、物有机地集成统一管理，把企业所有与生产经营直接相关部门的工作联结成一个整体，各职能部门在 MRPⅡ系统整体协调下做好为系统整体贡献的本职工作，每个员工都明确各自岗位对系统作用，尤其重要的是明确各自工作质量对其他职能的关系及影响。打破了条块分割、各行其是的人工管理局面，为打造团队精神创造了有力的平台。

(3) 资料的共享性。MRPⅡ是在集成一体化的中央数据库平台上操作，企业各部门都依据同样的数据进行管理工作，拥有一套完整、动态、实时的数据库。任何岗位的任何数据变动都能及时地记录到中央数据库中。在统一的数据库支持下，按照规范化的处理程序进行管理和决策。提高了计划、控制、管理效率与效益，改变了部门间信息壁垒、信息孤岛、盲目决策、相互矛盾的现象。

(4) 模拟的灵活性和预见性。通过 MRPⅡ的物料清单、工艺路线和模拟成本等数据，可以从客户订单、采购物料价格和生产能力等因素的变动运用 MRPⅡ的模拟功能，解决“如果怎样……将会怎样”的问题。通过模拟结果分析和预见在相当长的计划期内可能发生的问题，事先采取措施消除隐患。同时，还可以虚设企业运行环境的变化将产生的经营状态分析，提供多个可行方案供领导决策。

(5) 动态应变性。MRPⅡ是一个闭环系统，它要求跟踪、控制和反馈瞬息万变的实际情况，管理人员可随时根据企业内外环境条件的变化迅速做出响应，及时调整决策，保证生产正常进行。它可以及时掌握各种动态信息，保持较短的生产周期，因而有较强的应变能力。

(6) 物流、资金流的统一。MRPⅡ包含了成本会计和财务功能，可以由生产活动直接产生财务数据，把实物形态的物料流动直接转换为价值形态的资金流动，保证生产和财务数据一致。财务部门及时得到资金信息用于控制成本，通过资金流动状况反映物料和经营情况，随时分析企业的经济效益，参与决策，指导和控制经营和生产活动。

以上几个方面的特点表明，MRPⅡ是一个比较完整的生产经营管理计划体系，是实现制造业企业整体效益的有效管理模式。MRPⅡ的特点体现了管理模式的变革和人员素质或行为变革，并且这些特点是相辅相成的。

3.4.2 MRPⅡ的基本思想

MRPⅡ的基本思想就是把企业作为一个有机整体，从整体角度出发通过运用科学方法对企业制造资源最优配置，对企业生产经营的产、供、销、财各个环节有效地进行计划、组织和控制，使他们得以协调发展，并充分地发挥作用。

MRPⅡ的管理思想与功能都是在闭环 MRP 的原有基础上，为充分发挥企业信息资源的作用，从宏观规划到业务处理全过程集成为一体化的综合计划、集成控制的系统。将生产经营活动中的销售活动与财务管理中的应收款账模块融合；采购活动与财务管理中的应付账款模块融合；库存管理、采购管理、车间作业管理和销售管理与财务管理中的成本管理模块融合，形成生产、采购、销售、工程等功能与财务管理功能有机结合的一个整体，如图 3-7 所示。

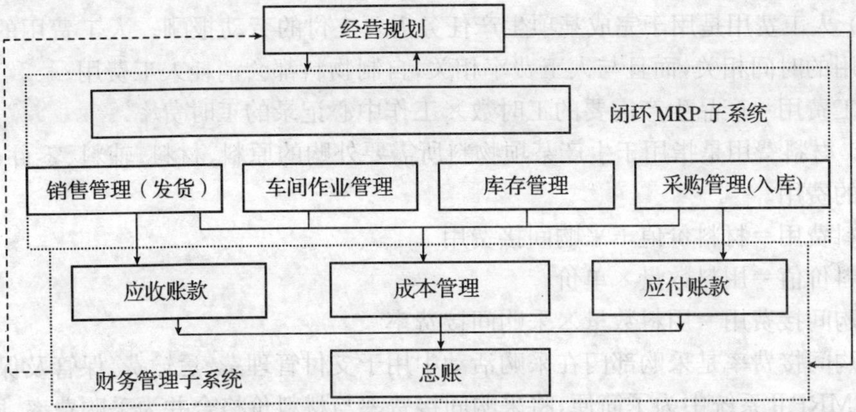

图 3-7 MRPⅡ原理示意图

MRPⅡ系统在制定主生产计划前，针对生产规划要开展需求管理，分析客户订单、预测市场对产品需求，确保跟踪市场变动，及时响应市场，让企业以最小的投入抓住最大的商机。在财务管理系统中不仅处理日常的利润管理、资金管理和成本管理，而且将成本核算与生产过程同步，将财务会计的种类核算与企业经营活动同步，改变传统会计核算与经营活动的滞后性和时差性，使会计核算结果与生产经营过程记录达成一致性。

3.4.3 MRPⅡ的成本管理

成本是企业参与市场竞争的主要因素之一，降低成本是企业追求的主要目标之一，在相同生产经营环境下，成本直接影响企业产品的价格。如何有效地控制成本不仅是财务管理的主要研究内容，也是企业界和理论界关注的热点问题。

1. 成本管理对象

MRPⅡ成本管理的对象主要是生产成本。生产成本是以货币的形式描述生产过程中对各种制造资源消耗的情况，也是衡量企业制造技术与管理水平的重要指标。在企事业生产经营管理过程中，生产成本管理起到以下作用：

(1) 反映各层经营管理水平。以行政部门、作业中心和成本中心等组织形式进行考核其管理绩效。

(2) 为销售人员和企业高层领导对产品定价和制定目标利润提供依据，在利润目标确定后，生产成本是确定产品价格的主要因素，MRPⅡ通过现行标准成本核算体系较正确地估算出产品的生产成本。

(3) 作为补偿产品生产消耗尺度与衡量基础。

2. 成本构成要素

MRPⅡ生产成本主要由直接成本与间接成本构成。直接成本是直接用于生产产品的费用，可以计算出单位产品的费用，直接成本由人工费用和材料费用构成。间接成本是为生产组织、管理、生产环境设置等期间发生的费用，无法直接计入生产产品的消耗，间接成本主要是制造费用。

(1) 人工费用是用于完成某项生产任务需要支付的劳动报酬。人工费用的大小不仅与耗用的时间相关，而且与人工费率相关，自制物料都会消耗人工费用。

人工费用＝产品生产需要的工时数×工作中心记录的工时费率

(2) 材料费用是指用于生产某项物料所需要外购的原料、材料、辅料、零件、半成品等物料的费用。

材料费用＝材料价值＋采购间接费用

材料价值＝用料数量×单价

采购间接费用＝用料数量×采购间接费率

采购间接费率是采购部门在采购活动中用于支付管理费、运输费、保管及保险等费用。在MRPⅡ系统中为了简便，将采购间接费率与材料价格合并为采购费率，即：

材料费用＝用料数量×单价＋用料数量×采购间接费率

＝用料数量×(单价＋采购间接费率)

＝用料数量×采购费率

(3) 制造费用是指企业用于各种生产部门为组织和管理生产而发生的无法直接计入生产产品的各项费用。包括管理人员的工资和福利，车间房屋建筑资产和机器设备资产的折旧费，租赁费，各种维修费，办公费，水电费，燃料费，动力费，低值易耗物料消耗和劳动保护等费用。

制造费用＝产品生产需要的工时数×工作中心记录的制造费率

3. 成本管理体系

MRPⅡ成本管理是按照管理会计的原理，对企业的生产成本进行预测、预算、计划、决策、核算、分析与控制。MRPⅡ采用标准成本体系，将成本分别设置成标准成本、现行标准成本、模拟成本和实际成本四类，不同成本类型采用成本编码表示，例如，用“0”表示标准成本，为系统默认值。“1”表示现行标准成本，“2”表示实际成本，其他符号表示模拟成本。

（1）标准成本(Standard Cost)。这是经营管理目标的尺度，反映企业经营管理的水平，是用于成本计划与控制的依据。标准成本在会计计划期内不受环境变化的影响，生产过程成本保持不变。这样便于成本企划，成本预测和预算。每个会计计划期满后，根据实际变化修改调整。在制定标准成本时，应当充分考虑有效作业状态下所需要的制造资源，以及在正常情况下所分摊的各种间接费用，充分考虑材料的价格涨落、产品工艺的革新对材料用料和材料选用的变化、制造费用的变化等因素。在制定标准成本时应当充分听取销售、采购、生产、工程、设计、人事、车间等部门的意见，共同商定形成各项物料所需的工时、费率、用量和价格等参数。

（2）现行标准成本(Current Standard Cost)。这是用于考核与评价各个职能部门管理工作实绩重要指标。这简称为现行成本，或定额成本。现行标准成本反映生产计划期内的成本标准，也就是说该成本在生产计划期内一般保持不变。但是，当生产经营过程中影响成本的产品结构、加工工艺、材料价格、劳动生产率等因素发生重大变化时（即成本变动值超过了成本变化容限），根据实际变化会同相关部门共同商定修改方案，并上报主管领导审准。修改期间一般控制在 3 至 6 个月，当获得领导批准后，在下一个时区及时进行调整。现行标准成本是考核员工完成任务的数量和质量指标之一，直接影响到全体员工的工作积极性，因此数据修改要特别慎重。

（3）模拟成本(Simulated Cost)。这是 MPR Ⅱ功能特征之一，通过模拟成本可以方便地模拟分析生产经营过程中的成本动因，以及成本变化对经营业绩的变化。模拟成本还可以通过分析为制定现行标准成本和标准成本提供决策依据。在一般情况下，我们可以根据成本构成的各种因素和实际状态，假设相关数据，进行试算各物料的成本和对工作中心的成本定额，给出成本方案，依此提供相关部门进行商讨，确定后直接将该成本类型代码变换成现行标准成本或标准成本代码，也可以将该模拟成本复制成相应成本。

（4）实际成本(Real Cost)。这是生产经营过程中实际发生的各种费用形成的，主要来自各个部门的统计信息，如：领料单、派工单、工票、单据、凭证和发票等数据。产品实际成本的计算方法分成完全成本计算、变动成本计算和制造成本计算方法，我国企业现行会计准则规定，应当采用制造成本计算法。

完全成本计算法亦称吸收成本计算法。在计算产品或库存存货成本时，将所消耗材料费用、工资、制造费用和管理费用等全部费用都包含在内计算。

变动成本计算亦称直接成本计算。在计算产品或库存存货成本时，只包含在生产经营过程中的材料费、工资和变动制造费用。而把固定制造费用以“期间费用”计入本期损益，作为本期产品销售利润的减少。

制造成本计算。在计算产品或库存存货成本时，只包含直接材料费、直接人工费和制造费用。而把管理费、财务管理费、销售费等作为以“期间费用”处理，在发生期内全部列入当期损益，作为产品销售利润扣除。

4. MRPⅡ成本推算方法

MRPⅡ成本计算。MRPⅡ系统的成本计算是在指定成本体系条件下进行的，如采用标准成本、或者现行标准成本、模拟成本或实际成本。其计算方法与 MRP 展开方向相反，是按从下向上逐层累加，称为滚加法。在物料主文件中，设置本层成本(C_b)与累计成本(C_s)两个字段。采购物料的只有材料费用形成的本层成本，本层成本 C_b 等于物料数量乘材料费率；自制件物料不仅有人工费用和制造费用，而且还有累计成本，本层成本 C_b 等于工艺路线的标准工时(H)乘(工作中心的人工费率 R＋制造费率 F)，其累计成本等于 BOM 结构中所有下层物料的本层成本与累计成本之和；外协件的成本计算要看外协件在 BOM 中的位置，如果处于中间层，则计算方法与自制件相似，本层成本等于外协体数量乘外协费率。

假设有一个自制物料在产品结构(BOM)中处于第 M 层，该物料的下层(M＋!)有 N 个子项普通物料，则该物料的本层成本(C_b)、累计成本(C_s)和物料成本(C_m)的计算公式如式 3-3 所示。

$$\begin{cases} C_{bm}=H_m\times(R_m+F_m) \\ C_{sm}=\sum_{i}^{n}C_{b(m+1),i}+C_{s(m+1),i} \\ C_m= C_{bm}+ C_{bm} \end{cases} \tag{3-3}$$

通过各个物料成本的计算，可以估算出该物料的最低成本价格。

5. MRPⅡ成本分析

MRPⅡ成本分析首先通过标准成本计算出各物料和工作中心的计划成本，通过现行标准成本计算出各物料和工作中心的定额成本，然后分析在实际生产过程中物料的消耗和工作中心的耗时往往是与计划和定额不一致的。可以用直接材料成本差异分析、直接人工成本差异分析和制造费用差异分析快速找到管理工作中的薄弱点，加强管理力度，提高企业经营效益。

(1) 直接材料成本差异分析。影响材料成本的主要因素是材料用量和价格，直接材料成本差异是材料实际用量乘实际价格减去材料标准(或定额)用量乘标准(或定额)价格所得的结果。造成这种差异的原因是多方面的，例如：产品工艺改进，产品结构变化、生产过程浪费和发生报废等都会引起材料用量变化。材料市场价格波动往往是最直接和经常影响材料成本变化的主要原因。

(2) 直接人工成本差异分析。影响人工成本的主要因素是实际耗用工时和人工费率，直接人工成本差异是实际用工的工时数乘实际人工费率减去标准(或定额)工时乘标准(或定额)人工费率所得的结果。造成这种差异的原因是多方面的，例如：工人等级变化、工作中心定级变化、工资调整、设备故障、停工待料、缺勤和任务不足等因素。

(3) 制造费用差异分析。影响制造费用的主要因素是实际耗用工时和制造费率，直接制造成本差异是实际用工的工时数乘实际制造费率减去标准(或定额)工时乘标准(或定额)制造费率所得的结果。

通过上述各种差异的计算，将超过容限的各种成本记入专用账户，并找出发生差异对应的材料、工序、工作中心和工作岗位，分析造成差异的原因，寻找解决差异的方案。使系统数据更正确有效，管理工作更突出重点，抓住主要矛盾，真正做到事前有计划、事中有控制、事后有分析。

3.5 ERP 系统原理

20 世纪 90 年代中后期，现实社会开始发生革命性变化，即从工业经济时代开始步入网络经济和知识经济时代，信息时代的到来使企业所处的时代背景与竞争环境发生了巨大的变化。MRPⅡ系统提供的功能和局限的应用对象已经不能适应时代发展的需要，面对企业共同的赢利目标、竞争参与意识和管理职能，以及物、人和财为企业的重要资源，提出了更高层面的管理思想、管理方法和管理平台。ERP 系统成为时代发展的产物被学术界、理论界和企业承包界所接受，并且几乎在不到两年的时间，所有研发、销售 MRPⅡ的厂商、提供商全部提升为 ERP 系统的厂商和提供商。ERP 系统像雨后春笋般迅速发展，成为当今企业信息化工程的重要标志。

3.5.1 ERP 系统的概念

1. ERP 系统的含义

ERP(Enterprise Resource Planning 系统，即企业资源计划或称企业资源管理)系统，这一观念最初是由美国的 Gartner Group 公司在 90 年代初期提出的。ERP 系统超越了传统 MRPⅡ的概念，吸收了准时生产(JIT)、全面质量管理(TQC)、工厂维护管理、人力资源管理等先进的管理思想，极大地扩展了管理信息系统的功能与应用范围。在 MRPⅡ基础上集成了分销、人力资源、质量管理、决策支持等多种功能，并支持国际互联网(Internet)、企业内部网(Intranet)和外部网(Extranet)、电子商务(E-Business)等等系统。ERP 系统的主要宗旨是将企业的各方面资源(包括人力、资金、物料、设备、信息、时间、方法等方面)充分调配和平衡，使得原来企业内部分散、孤立的“信息孤岛”通过 Intranet 和/或 Internet 连接到一起，实现企业由相对封闭走向开放，信息处理由事后控制走向适时控制，管理方式由传统单一模式向现代多种复合模式转变，为企业减少库存、加快资金周转、提高生产效率、降低成本、提高客户服务水平等方面提供强有力的支持工具，同时为经营决策提供科学的依据，以有效提高赢利水平，最终提高企业的全面竞争力。

2. ERP 系统与 MRPⅡ的区别

在 ERP 系统设计中考虑到仅靠自己企业的资源不可能有效地参与市场竞争，还必须把经营过程中的有关各方如供应商、制造工厂、分销网络、客户等纳入一个紧密的供应链中，才能有效地安排企业的产、供、销活动，满足企业利用一切市场资源快速高效地进行生产经营的需求，以期进一步提高效率和在市场上获得竞争优势。ERP 系统与 MRPⅡ相比主要有如下几方面的差别。

(1) 在资源管理范围方面。MRPⅡ主要侧重对企业内部人、财、物等资源的管理，ERP 系统在 MRPⅡ的基础上扩展了管理范围。它把客户需求、供应商的制造资源和企业内部的制造活动整合在一起，形成一个企业内外完整的供应链(Supply Chain)。并对供应链上的所有环节进行有效管理，这些环节包括企业涉外的订单、采购运输、分销、服务，企业内部的计划、库存、生产制造、质量控制、维护、财务管理、人事管理、实验室管理、项目管理、配方管理等。

(2) 在生产方式管理方面。MRPⅡ系统把企业归类为几种典型的生产方式来进行管理，如重复制造、批量生产、按订单生产、按订单装配、按库存生产等，对每一种类型都有一套管理标准。而在 80 年代末、90 年代初期，企业为了紧跟市场的变化，多品种、小批量生产以及看板式生产等则是企业主要采用的生产方式，单一的生产方式向混合型生产发展，ERP 系统能很好地支持和管理混合型制造环境，同时也考虑了企业为了适应市场需求变化，不仅组织“大批量”生产方式，还要组织“多品种小批量”生产方式和“大量定制”生产方式。满足了企业的这种多元化经营需求。

(3) 在管理功能方面。ERP 系统除了 MRPⅡ系统的制造、分销、财务管理功能外，还增加了支持整个供应链上物料流通体系中供、产、需各个环节之间的运输管理和仓库管理；支持生产保障体系的质量管理、实验室管理、设备维修和备品备件管理；支持对工作流(业务处理流程)的管理。

(4) 在事务处理控制方面。MRPⅡ是通过计划的及时滚动来控制整个生产过程，它的实时分析能力较差，而 ERP 系统支持在线分析处理 OLAP(Online Analytical Processing)、售后服务及质量反馈，更加强调企业的事前控制能力，它可以将设计、制造、销售、运输等通过集成来并行地进行各种相关的作业，为企业提供了对产品质量现状、客户满意度、经营效绩、关键成本动因、产品生命周期等关键问题的实时分析能力。此外，在 MRPⅡ中只是将供、产、销中的数量信息转变为价值信息，是物流的价值反映。而 ERP 系统则将财务计划功能和价值控制功能集成到整个供应链上，扩展了销售执行计划(Sales & Operations Planning，简称 SOP)和利润计划。

(5) 在跨国(或地区)经营事务处理方面。现在企业的发展，使得企业内部各个组织单元之间、企业与外部的业务单元之间的协调变得越来越多和越来越重要，ERP 系统应用完善的组织架构，可以更好地支持跨国经营的多国家地区、多工厂、多语种、多币制应用需求。

(6) 在计算机信息处理技术方面。随着 IT 技术的飞速发展，网络通信技术的应用，使得 ERP 系统得以实现对整个供应链信息进行集成管理。ERP 系统采用客户/服务器(C/S)体系结构和分布式数据处理技术，支持 Internet/Intranet/Extranet、电子商务(E-Business、E-Commerce)和电子数据交换(EDI)等平台，还可以实现在这些不同平台之间的互操作。

3.5.2 ERP 系统的管理思想

ERP 系统对 MRPⅡ进行了两方面的重大改进。其一，根据企业运作原理，从侧重制造业的 MRPⅡ向一般企业拓宽，形成企业资源计划。ERP 系统的管理思想强调资源集成优化，实现企业内部部门之间的协同运作；贯彻精益生产方式，最大限度地减少企业生产所占用的资源，降低企业管理和运营成本，对生产经营过程追求完美、追求卓越，也就是精益求精、尽善尽美。强调了过程管理，包括人事组织管理的优化，大力精简中间管理层，进行组织扁平化改革，减少非直接生产人员；推行生产均衡化同步化，实现零库存与柔性生产；推行全生产过程(包括整个供应链)的质量保证体系，实现零不良；减少和降低任何环节上的浪费，实现零浪费；最终实现“拉”动和“推”动的生产方式融合。达到生产出来的产品品种能尽量满足顾客的要求，而且通过其对各个环节中采用的杜绝一切浪费(人力、物力、时间、空间)的方法与手段满足顾客对价格的要求。其二，在网络经济、知识经济时代的今天，企业仅靠自己孤军奋战，不可能在市场竞争获得最佳优势，还必须把生产经营过程中涉及供应商、外包制造商、分销网络、客户等纳入一个紧密的供应链中，才可能使企业的产、供、销活动处于最佳运作状态，满足企业利用全社会一切市场资源快速高效地进行生产经营的需求，以期进一步提高效率和在市场上获得竞争优势。ERP 系统的管理思想把企业作为整个供应链的一个结点，从企业内部控制向企业间联盟合作发展，把客户、销售代理商、供应商、协作单位纳入生产体系，企业同其销售代理、客户和供应商的关系，已不再是简单的是业务往来关系，而是利益共享的合作伙伴关系，这种合作伙伴关系组成了一个企业的供应链。

ERP 系统中的计划体系中不仅包括主生产计划、物料需求计划、能力计划、采购计划，还包括销售执行计划、利润计划、财务预算和人力资源计划等，而且这些计划功能与价值控制功能已完全集成到整个供应链系统中。此外，ERP 系统中的计划、事务处理、控制与决策功能都在整个供应链的业务处理流程中实现，要求在每个流程业务处理过程中最大限度地发挥每个人的工作潜能与责任心，流程与流程之间则强调人与人之间的合作精神，以便在有机组织中充分发挥每个人的主观能动性与潜能。实现企业管理从“高耸式”组织结构向“扁平式”组织机构的转变，提高企业对市场动态变化的响应速度。ERP 系统内部结构如图 3-8 所示，其业务流程如图 3-9 所示。

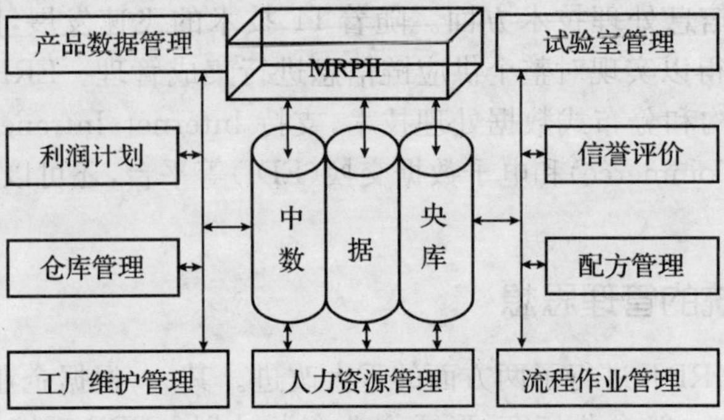

图 3-8　ERP 系统内部结构示意图

在企业信息化过程中，无论企业信息化基础条件如何，实施 ERP 系统始终是一个动态发展的过程。ERP 系统的应用领域在不断拓宽，功能在不断增加，性能在不断完善。因此，为了适应不同企业对信息化建设的需要，将结构复杂、功能强大的 ERP 系统分成不同的层次。崔晓阳将 ERP 系统实施过程分成 ERP 系统 1. ERP 系统 2. ERP 系统 3. 从财务开始分别集成不同的管理子系统。刘伯莹等分成基本 MRP、闭环 MRP、MRPⅡ和 ERP 系统不同阶段，这是从物料管理开始集成为企业所有资源的一体化管理系统。

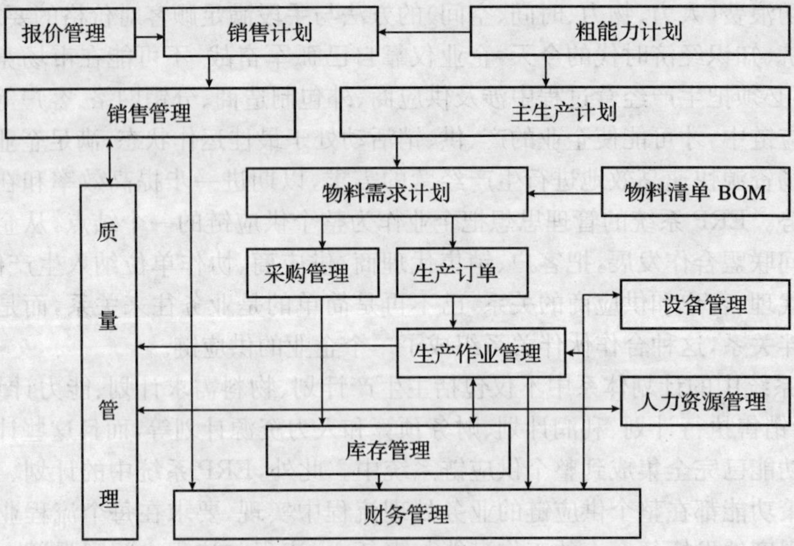

图 3-9　ERP 系统业务流程式原理示意图

3.5.3　ERP 系统的计划管理

ERP 系统的计划管理是继承 MRPⅡ的所有计划管理内容和方式，并且在此基础上不断完善计划方式和扩充计划对象，形成一个完整的计划体系。这些计划、控制和管理模块又可以根据企业信息化基础分阶段集成和运行，提高了软件系统的适应性、经济性和实用性。

1. 经营规划

经营规划是 ERP 系统的最高计划层次，属于决策层。它是根据市场的信息与情报、企业的自身情况、企业发展战略和业内同行竞争等状况制定的。经营规划不直接输入 ERP 系统，而是作为企业的生产经营的奋斗目标，这个目标往往是以经济指标的形式出现，例如，企业在行业内的排名、企业赢利目标、总产值、筹资和投资等指标。

经营规划的制订与运用都不受 ERP 系统直接控制，ERP 系统也不具有经营规划功能，ERP 系统只能提供企业资源计划与计划执行结果的历史数据，企业决策者可以利用这些历史数据和数学模型通过决策支持系统制定经营规划。可见，经营规划的制定基本上是由人工或采用决策支持系统的辅助完成的。

经营规划是企业其他规划与计划的总目标，一切其他规划与计划都是围绕这一目标展开的。因此，在制造企业经营规划时要充分考虑企业的财力、人力、物力、生产能力和技术等多方面的因素。需要经过从下向上综合，从上向下分解、讨论和确认，最后经企业最高领导审批通过后执行。

经营规划往往按年度制定、考核和分析，但是随着企业经营环境的瞬息万变，尤其是突发事件的冲击，还需要定期调整。例如，2008 年美国的次贷危机引发的金融危机，波及到全球经济和人们消费理念，更严重地直接影响到制造业的发展。世界各国往往出台新政策，拯救金融危机，制造业在 2008 第二季度开始纷纷调整企业年度预算。在这样的风暴冲击下，企业必须调整规划目标，适应市场变化。ERP 系统可以及时响应经营规划的调整，迅速将这些调整分解到日常事务中，最大程度地减少损失。

2. 销售与生产规划

经营规划制定的利税、产值等相关经济指标的完成必须通过销售产品或服务来完成，销售与生产规划是对经营规划的具体化，是把财务经济指标落实到销售与生产任务上去。

销售与生产规划是从企业的高层战略向中层计划过渡的管理层，在形式上是属于高层规划，在实际上是中层计划控制。

销售与生产规划可以按企业生产方式可分成面向订单生产方式和面向库存生产方式两种。前者通过控制未完成订单量来反映管理水平，后者则通过控制库存量来反映管理水平。

在制定销售与生产规划时，首先将企业的经营规划制定所有产值按产品类(或产品族)划分，可以分解到产品类(或产品族)的年度销售量。经营规划的分解充分考虑市场需求预测值、客户订单、生产能力和资源配置等因素，还要考虑历史统计数据、产品生命周期、产品需求等因素。如中国 2008 年的奥运会和 2008 年 12 月国家投资 1 000 亿促进经济建设等因素对产品销售量产生巨大的影响，尤其是特殊行业的特殊产品需求变化影响更大。

生产规划是根据销售规划量和管理水平的控制确定的。面向订单的生产方式的生产规划量(Q_g)等于销售规划量(Q_s)加未完成订单的调整量,未完成订单的调整量等于期初未完成订单量(Q_{dc})减期末未完成订单量(Q_{dm}),即:期末未完成订单量(Q_{dm})等于销售规划量(Q_s)减生产规划量(Q_g)加未完成订单的调整量;面向库存的生产方式的生产规划量(Q_g)等于销售规划量(Q_s)加库存调整量,库存调整量等于期末库存量(Q_{km})减期初库存量(Q_{kc}),即:末库存量(Q_{km})等于销售规划量(Q_s)减生产规划量(Q_g)减期初库存量(Q_{kc})。计算公式如式 3-4 所示。

例如:某企业生产玻璃水杯,当采用面向订单生产方式时,根据市场预测和经营规划确

$$\begin{cases} Q_g = Q_s + Q_{dc} - Q_{dm} \\ Q_{dm} = Q_s + Q_{dc} - Q_g \\ Q_g = Q_s + Q_{km} - Q_{kc} \\ Q_{km} = Q_g - Q_s + Q_{kc} \end{cases} \tag{3-4}$$

定每月计划销售 1 000 只,现在未完成订单量是 300 只,求期末未完成订单量是 200 只,计算过程如图 3-10 所示。

基础数据　　产品类:M34　　期初:300　　期末:200　　逐步提高管理水平

销售规划

时间	1月	2月	3月	4月	5月	6月	7月	8月	9月	10月	11月	12月
计划销售量	1 000	1 000	1 000	1 000	1 000	1 000	1 000	1 000	1 000	1 000	1 000	1 000
实际销售量	890	1 020	980	780	1 300	1 300						
偏差	−110	20	−20	−220	300	300						
偏差累计	−110	−90	−110	−330	−30	270						

生产规划

时间	1月	2月	3月	4月	5月	6月	7月	8月	9月	10月	11月	12月
计划生产量	1 000	1 100	1 100	1 100	1 100	1 100	1 100	1 100	1 100	1 100	1 100	1 000
实际生产量	1 000	1 200	1 000	800	1 200	1 200						
偏差	0	100	−100	−300	100	100						
偏差累计	0	100	0	−300	−200	−100						

未完成订单量

时间	1月	2月	3月	4月	5月	6月	7月	8月	9月	10月	11月	12月
计划未完成订单量	300	290	280	270	260	250	240	230	220	210	200	200
实际未完成订单量	300	120	100	120	220	320						
偏差	0	−170	−180	−150	−40	70						
偏差累计	0	−170	−350	−500	−540	−470						

图 3-10　面向订单的销售与生产规划

当采用面向库存生产方式时，根据市场预测和经营规划确定每月计划销售 1 000 只，现在库存量是 300 只，求期末库存量是 0 只，计算过程如图 3-11 所示。

在计划期末库存量（或期末未完成订单量）时，根据全年期望控制水平，把期末与期初的差尽可能均衡分解到各个时区（月）上，实际安排生产规划时，根据实际销售量与实际库存量（或实际未完成订单量）。

3. 主生产计划

主生产计划是控制 ERP 系统进行展开其他计划（MRP 和 CRP）不可缺失的重要依据。在销售与生产规划确定后，把计划生产规划量按各产品在其产品族中的比重计算生产量，这个生产量作为主生产计划的预测量，并直接输入到系统数据库中。主生产计划的对象一般是独立需求的物料，在小批量多品种系列化生产方式下，主生产计划的对象往往不是最终装配的产品，而是组成这些产品的标准件、成组件和专用件。这时企业面对客户订单的是装配计划，主生产计划是各工位生产控制用的计划。

当生产规划的产品族仅有一个产品时，计划生产规划量就是主生产计划的预测量。主生产计划是明确企业生产安排的纲领性文件，企业各职能部门必须遵照执行，信息中心要及时检查生产部门、采购部门是否偏离主生产计划分解的相关需求，销售部门通过主生产计划可以明确客户的交货日期，反馈计划部门对计划的调整。

基础数据　产品类：M34　期初：300　期末：0　逐步提高管理水平

销售规划

时　间	1月	2月	3月	4月	5月	6月	7月	8月	9月	10月	11月	12月
计划销售量	1 000	1 000	1 000	1 000	1 000	1 000	1 000	1 000	1 000	1 000	1 000	1 000
实际销售量	890	1 020	980	780	1 300	1 100						
偏　差	−110	20	−20	−220	300	100						
偏差累计	−110	−90	−110	−330	−30	70						

生产规划

时　间	1月	2月	3月	4月	5月	6月	7月	8月	9月	10月	11月	12月
计划生产量	1 000	970	970	970	970	970	970	970	970	970	1 000	1 000
实际生产量	1 000	970	970	970	1 000	1 000						
偏　差	0	0	0	0	30	30						
偏差累计	0	0	0	0	30	60						

库存量

时　间	1月	2月	3月	4月	5月	6月	7月	8月	9月	10月	11月	12月
计划库存量	300	270	240	210	180	150	120	90	60	30	0	0
实际库存量	300	250	240	450	150	50						
偏　差	0	−20	0	240	−30	−100						
偏差累计	0	−20	−20	220	190	90						

图 3-11　面向库存的销售与生产规划示意图

1）主生产计划的作用

在 ERP 系统的计划层中，主生产计划是一个核心计划层，起到不可缺失的重要作用。在 ERP 系统的五层计划中，计划方式从人工到自动，主生产计划是人工与自动的分界线；计划对象从宏观到微观，主生产计划是宏观与微观的分界线。主生产计划起到了从市场需求的波动到生产组织的平衡协调作用。通过主生产计划不仅使 ERP 系统可以适应各种生产组织方式，同时有效地避免了市场变化对生产过程控制的冲击。使生产处于最佳资源配置状态运作。

2）主生产计划的制定过程

主生产计划是企业生产执行文件，主生产计划的编制过程如下：

(1) 确定时界。在 ERP 系统为有需求时界和计划时界确定计划时间长度。需求时界是指大于计划物料最后装配的最少时区数时间长度点。计划时界是指大于生产累计时间的最少时区数。例如设：ERP 系统以 7 天为一个时区，某最终项目（主生产计划对象）的总装配时间需要 13 天，生产该项目的累计时间为 43 天，则：需求时界是在第 2 时区，计划时界是在第 7 时区。也就是说在 2 个时区前的计划已经无法变更，生产已经到最后总装配了，变更者需要承担 100%的成本责任；在第 2～7 个时区间计划变更会产生影响，计划变更时间越短，生产的成本影响越大；在第 7 时区后计划的变更对生产成本不产生影响，如图 3-12 所示。

(2) 确定生产预测。这是根据生产规划和计划清单确定的，往往是按该物料在生产规划适中的比例，分解到每个时区。例如，某企业的产品类 A 在每个时区的生产规划量是 1 000，产品类 A 中的某一产品 M1 占 A 的比例是 20%，则：产品 M1 的生产预测量是 200。

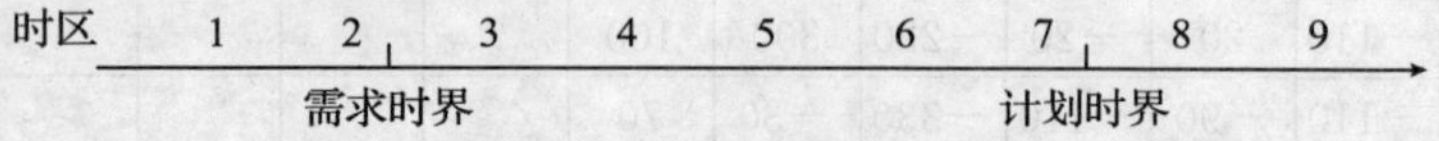

图 3-12　计划时界

(3) 确定统计各时区的客户订单，并把客户订单分成计划内和计划外两类。计划内客户订单即将消耗生产预测量，计划外订单将不消耗生产预测量，作为额外增加的市场需求。

(4) 确定配件预测量。当计划对象有可能作为其他物料的配件时，不仅要考虑作为产品独立销售需求量，还要充分考虑作为配件的需求量。例如，发动机可以作为独立产品销售，也可以作为汽车的配件销售。

(5) 计算未兑现预测量。这是指在一个时区内尚未由实际客户订单兑现的那部分预测量，也称为未消耗预测量。早于需求时界各时区的未兑现预测量以零计算，需求时界后的第一个未兑现预测量是该时区以前累计生产预测量减去对应实际计划内客户订单量，也有不考虑以前的未兑现预测量，仅计算该时区的未兑现预测量。其他时区的未兑现预测量是对应该项时区的生产预测量减去客户订单量。

(6) 计算总需求量。总需求量等于客户订单量加未兑现的订单量和配件预测量（也称为非独立需求量）。

(7) 设置主生产计划。主生产计划量往往根据生产预测量来下达，设置主生产计划量时，可以两个时区累计一次性下达，或逐个时区下达。这设置是否可行，还需要通过预计可用量、可签约量与累计可签约量来验证。

(8) 计算预计可用量。预计可用量等于前一个时区的预计可用量加本时区的主生产计划量减总需求量。当预计可用量出现负值时，说明主生产计划量偏低，反之，当预计可用量随时区后移越来越高时，则说明主生产计划量偏高。

(9) 计算可签约量。可签约量或称为可承诺量，它的计算是从计划期的最后一个时区倒算的，可签约量等于主生产计划量减去实际需求量（不考虑预测量）。当主生产计划以两个以上时区累计下达时，则计算可签约量也随相同时区累计后计算；当计算结果是负值时，可签约量设为零。这个负值累计到前一个时区的实际需求量中。如果倒推到第一个时区出现负责时，记下负值，说明预测量偏低，造成主生产计划量偏低。

(10) 计算可签约量累计值。从第一个时区开始随时逐个累计可签约量。累计可签约量等于预计可用量加可签约量。这是指在不改变主生产计划的前提下，随着时间的推移到目前为止可向客户做出可供货的最大承诺量。

通过上述计算，如果可签约量在第一个时区不为零，而且预计可用量不为负，则需要形成主生产计划报告，提交高层领导审批，审批通过输入 ERP 系统，生产计划依此执行。

3) 主生产计划的示例

假设某主生产计划的对象最终 M10，单位是只，原有库存量是 150 只，该项目（产品）占生产规划量的 20%，该项目（产品）所有的产品类的生产规划量是每时区 1 000 只，则：该项目（产品）生产预测量每时区为 200 只，生产预测量、配件预测量和经统计该项目（产品）的客户订单量如表 3-13 所示。

表 3-13 M10 客户订单统计值

时区	1	2	3	4	5	6	7	8	9	10
生产预测	200	200	200	200	200	200	200	200	200	200
配件预测	0	0	0	0	0	0	0	0	0	0
计划外订单量				80	40	20				
计划内订单量	150	170	213	181	178	163	154	120	68	10

假设该项目（产品）的需求时界在第 2 与第 3 时区之间，计划时界在第 7 与第 8 时区之间，并将需求时区前的未兑现预测量累计到需求时界后的第 1 时区，设置主生产计划两个时区下达一次，计算结果如表 3-14 所示，如果主生产计划每个时区下达，则计算结果如表 3-15 所示。

表 3-14 M10 主生产计划(两时区下达)

时区	1	2	3	4	5	6	7	8	9	10
生产预测	200	200	200	200	200	200	200	200	200	200
配件预测	0	0	0	0	0	0	0	0	0	0
计划外订单量				80	40	20				
计划内订单量	150	170	213	181	178	163	154	120	68	10
未兑现预测	0	0	67	19	22	37	46	80	132	190
总需求	156	170	273	280	240	220	200	200	200	200
主生产计划	400		400		400		400		400	
预计可用量(150)	394	224	351	71	231	11	211	11	211	11
可签约量	5		0		0		126		322	
累计可签约量	155	155	155	155	155	155	181	181	503	503

表 3-15 M10 主生产计划(每时区下达)

时区	1	2	3	4	5	6	7	8	9	10
生产预测	200	200	200	200	200	200	200	200	200	200
配件预测	0	0	0	0	0	0	0	0	0	0
计划外订单量				80	40	20				
计划内订单量	150	170	213	181	178	163	154	120	68	10
未兑现预测	0	0	67	19	22	37	46	80	132	190
总需求	156	170	273	280	240	220	200	200	200	200
主生产计划	200	200	200	200	200	200	200	200	200	200
预计可用量(150)	194	224	151	71	31	11	11	11	11	11
可签约量	—12	0	0	0	0	17	46	80	132	190
累计可签约量	138	138	138	138	138	155	201	281	413	603

从表 3-14 与表 3-15 可知，在同样的情况下，主生产计划下达的时间数量直接影响到预计可用量、可签约量和累计可签约量，当主生产计划在每个时区下达相同的 200 只时，可签约量在第 1 个时区出现负值。

3.5.4 ERP 系统的需求管理

需求管理是通过管理技术有效地管理客户对企业提供产品的需求，这是销售规划、生产规划和主生产计划的重要依据。需求管理的对象是企业外部的客户和客户订单。既要有效地管理已签订的客户订单，还要预测未签订的预测订单量。因此，需求管理的主要内容是产品销售市场预测和客户订单管理。

1. 销售市场预测系统

企业的规划和计划的制订，首先要进行预测，预测是决策者的重要依据。采用不同的预测技术，以及在预测时从不同的角度分析因果关系，同时考虑的影响因素的数量和各因素所起的作用不同，得出的结论相差很大。这也是预测被重视和不重视的主要原因，当选用适当的预测技术，得出较准确、可靠的预测结果，往往备受关注，当选用不恰当的预测手段，得出错误的结论，预测造成误导，认为预测无用。因此，预测技术的选用是预测准确性、有效性的关键。

(1) 预测系统基本功能。预测系统的最大魅力之处在于用好预测需要具有较高的管理水平，具有对事物发展趋势的洞察力。为了使预测技术大众化，更多的管理者能使用好，必须构建预测系统，一个好的预测系统必须具有如下几个基本功能。

①具有多种预测功能和预测评价功能，在给出预测结论的同时给出预测评价报告。

②具有考虑季节因素变化影响的功能。

③能按仓库、配置、包装规模和产品族等分解和分配预测的方法。

④在更新系统前具有检查和批准预测的方法。

(2) 移动平均预测技术。移动平均法是一种十分简单的预测方法，完全根据历史数据来预测未来。这种方法首先要确定对未来影响的历史长度(N 个时区)，N 取值越大，说明预测对象的变化程度越趋于平稳；N 取值越小，预测值受影响的时间越短。

例如：某一产品 M10 的历史记录，N 取 2 个时区，预测值如表 3-16 所示。

表 3-16 移动平均法(N=2)预测结果

时区	1	2	3	4	5	6	7	8	9	10	11	12
预测量			160	200	222	197	180	171	167	169	168	169
订单量	150	170	230	213	181	178	163					

表中第 3 个时区预测值是第 1、2 时区实际订单量的平均值，第 4 个时区的预测值是第 2、3 个时区的实际订单量的平均值，依此类推。当计算第 9 时区的预测量时，第 8 时区还没有实际订单量，用第 8 个时区预测量计算，依此类推求出其他时区的预测量。

移动平均法在计算预测值时，对选定的历史时区对未来预测影响的程度相同，选取影响预测的长度(N)不同，预测的结果不同，请读者分别取 N 为 3、5、7 时，计算出相应的预测量，对比分析预测结果。

(3) 指数平滑预测技术。当产品处于增长期或衰退期时，各时区对未来市场的需求影响程度是不相同的，与预测时区越近影响程度越高，指数平滑法是反映这种现象的预测方法，指数平滑的模型为：

$$F_{t+1}=aV_t+(1-a)F_t$$

式中，a 是平滑因子，取值域是[0,1]，一般取(0,1)。当取 0 时，则下一个时区的预测值等于上一个时区的预测值，当取 1 时，则下一个时区的预测值等于上一个时区的实际订单量，即与前一个时区相同。

我们将历史预测值用实际值代入，则指数平滑模型如下：

$$F_{t+1}=aV_t+a(1-a)V_{t-1}+a(1-a)^2V_{t-2}+a(1-a)^3V_{t-3}+\cdots\cdots$$

由于平滑因子 a 取(0,1),因此$(1-a)$的乘方越高其值越小,对预测值的结果影响越小。当取 $t,t-1$ 项,忽略后续项的影响,称为一阶指数平滑法;当取 $t,t-1,t-2$ 项时,忽略后续项的影响,称为二阶指数平滑法,依此类推确定各阶指数平滑法的计算方法。

若对表 3-16 的 M10 产品采用二阶指数平滑法时,预测结果如表 3-17 所示。

表 3-17 指数平滑法(二阶)预测结果

时区	1	2	3	4	5	6	7	8	9	10	11	12
预测量				161	168	149	139	130	108	88	71	57
订单量	150	170	230	213	181	178	163					

表中第 4 个时区预测值是根据第 1、2 和 3 时区实际订单量计算得到,第 5 个时区的预测值是根据第 2、3 和 4 个时区的实际订单量计算得到,依此类推。当计算第 9 时区的预测量时,第 8 时区还没有实际订单量,用第 8 个时区预测量计算,依此类推求出其他时区的预测量。

指数平滑法在计算预测值时,对选定的历史长度不同,预测的结果不同,请读者分别取一阶、三阶指数平滑法,计算出相应的预测量,对比分析预测结果。

(4) 回归分析法。回归分析法也是常用的预测方法,根据因素的多少,分为一元回归分析和多元回归分析;根据因果关系的特征分成线性和非线性。因此,典型的回归分析法有一元线性回归分析法、多元线性回归分析法,一元非线性回归分析法和多元非线性回归分析法。非线性的数学模型众多复杂,这给预测模型的选择带来极好的灵活性和极大的复杂性。在预测时,选用一元还是多元可以观察因果关系中的影响因素很方便地确定,但采用线性还是非线性,以及非线性中的数学模型是一件十分困难的工作。为此,要对历史数据进行预处理,可以通过图上作业法,将收集到的数据画趋向图,初步估计该趋向宜采用的数学模型,建立一般数学方程,通过数学工具求出该方程的系数。对于线性回归分析,是否成立,还需要通过相关性分析,求出相关系数(r),r 的结果在[0,1]中,当 r 为 0 时,表示因果关系完全不相关,当 r 为 1 时,表示因果关系完全相关,线性回归无误差。因此,r 值越高,因果关系的相关性越好。在实际回归分析时,对于非线性关系通过数学变换成线性关系来求因果关系的方程式,因此,一元线性回归分析是最基本的方法。

通过调查收集整理,我们可以获得因变量(y)和自变量(x)若干组数据(y_i,x_i)。依此为据求出 $y=bx+a$ 方程的系数 b,a 和相关系数 r,如式 3-5 所示。

通过式 3—5 可以求出后续时区的预测值。

设:M10 产品在前七个时区的客户订单量如表 3-17 所示,通过式 3-5 可以求得:

$a=182.71$,$b=0.21$,$r=0.02$,$y=0.21x+182.71$,因此,当 x 分别取 8,9,10,11 时,则相应的预测结果是:185、185、185、186。由于相关系数 r 求得值 0.02 偏低,可知客户订单量与时间没有直接因果关系,在这种情况下,不适合用线性回归的方法预测。

$$
\begin{cases}
b=\dfrac{\sum\limits_{i}^{n}x_iy_i-n\bar{x}\bar{y}}{\sum\limits_{i=1}^{n}x_i^2-n\bar{x}^2} \\
a=\bar{y}-b\bar{x} \\
\bar{x}=\sum\limits_{i=1}^{n}x_i \quad , \quad \bar{y}=\sum\limits_{i=1}^{n}y_i \\
r=\dfrac{\sum\limits_{i=1}^{n}(x_i-\bar{x})(y_i-\bar{y})}{\sqrt{\sum\limits_{i=1}^{n}(x_i-\bar{x})^2}\sqrt{\sum\limits_{i=1}^{n}(y_i-\bar{y})^2}}
\end{cases}
\tag{3-5}
$$

(5) 常用经验预测方法。在实际需求管理过程中，管理人员不仅可以依靠这些数学模型进行预测，求出将来市场需求的可能性，但是，从上述不同方法和不同假设可知，计算的预测结果相差很大，事实上管理人员往往可以运用更简单的相当于凭经验的预测方法快速地求出预测结果。例如：

①与上一时区的需求量相同；

②与去年同期相同；

③与前季度相同；

④与前时区增加百分之几；

⑤与前时区减少百分之几；

⑥……

这些方法在预测过程中结合实际生产经营情况还是很有作用的。

(6) 调焦预测法。预测未来是一件十分困难的事，采用预测方法不当，会造成很大的误差，这给人一种很神秘的感觉。人们往往寻求能解决所有问题的预测模型，考虑的因素越来越多，分析因素的特征越来越细致，结果建立的数学模型越来越复杂。每年在预测杂志上发表的高论日积月累，模型纷繁复杂，似乎技术越来越完善，预测水平越来越高，事实上，不管哪一种预测方法都有其环境要求，偏离了预测环境，无法获得预期结果。所有的预测方法都是有风险的，预测只能是一种建议，不能机械地执行，还需要依靠人工去筛选。ERP 系统具有丰富的历史数据，可以方便地设置各种预测方法，快速地求出预测结果。在制订规划、计划等决策时采用哪种结果还需要评判。

调焦预测法(Focus Forecasting)是由美国五金公司提出并加以应用的，这不是预测方法，而是对预测结果的评价方法。通过 ERP 系统可采用一系列的预测技术，在评价预测技术时，先回退一个时区预测，然后将预测结果与实际值比较，选取误差最小的预测技术。如果现在是第 7 时区，首先运用预测技术和历史数据模拟预测第 7 时区，获得相应的预测结果与实际客户订单量比较，取误差最小的预测技术去预测第 8 个时区。

从上述的预测方法可知，采用移动平均法($n=2$)，第 7 个时区的预测结果是 180、采用二阶指数平滑法的结果是 139、一元回归分析法的结果是 185，如果采用简单经验，采用“与前一个时区相同”方法预测，则结果是 178，而实际的客户订单是 163。可见各种方法预测结果的误差绝对值分别是：17、14、22 和 15，在这种情况下 14 的误差最小，因此，采用“二阶指数平滑法”的方法去预测第 8 个时区，第 8 个时区的预测值定为 130。

2. 客户订单管理

客户订单是企业与客户已定的供货事实。加强客户订单管理主要从企业内部管理出发，在提高客户服务水平的同时还要详细分析客户订单。通过客户订单分析及时、敏捷地洞察市场波动，以最快的速度适应市场变化，及时规避市场风险，充分挖掘市场潜力，全面提高市场竞争力。客户订单管理的主要内容有客户订单分析和客户订单输入系统。

当企业接到客户的询价或订货请求时，企业销售部门进入客户订单管理程序，进行如下相关业务处理：

(1) 识别客户类型。首先要识别客户的类型，进行客户关系管理，查询客户的基本信息，客户是老客户、还是新客户，客户的信誉记录，客户订货量异常识别，如果该客户是信誉好、订货需求正常的老客户，则可以立即自动进入下一进程。否则，如果该客户是新客户，或者订货数量异常(超过一般需求的某一阈值。例如某一倍数或指定值)，或者欠款太多或太久等现象，需要进行调查，收集相关资料供领导审批。审批通过后，新客户先要建立客户档案，然后与其他类客户一样进入下一进程。

(2) 询价与跟踪访问。已经获得客户需求相关信息后，要及时与客户进行沟通，沟通的主要内容是产品价格、型号规格、质量要求、需求量、需求日期和需求服务条款等事项，要记录沟通内容与方式，而且系统还要提供主动访问客户功能，当客户还处在商谈阶段，定时与客户沟通。直到客户确定订货需求，签订订货合同，形成客户订单，然后可以进入下一进程。

(3) 客户订单分析。并非所有的客户订单都在预料之中，ERP 系统是以主生产计划启动其他计划的，主生产计划的执行可以预测、客户订单、预测加客户订单等多种方式，在一般情况下主计划是以预测下达生产任务，只有这样可以有效在过滤市场波动对生产秩序的影响。企业采用面向订单设计或面向订单生产的方式时，以客户订单量下达生产任务。当出现插单或异常需求时，采用预测加客户订单的方式。如何弄清客户的异常需求是需求管理的关键，也是充分发挥 ERP 系统客户订单管理作用的关键。客户订单分析是将客户订单分成预测内订单和预测外订单，预测内的订单将消耗预测，不增加主生产量，预测外的订单不消耗预测量，应当在主生产计划外，另外增加生产量，以满足新客户或老客户增加量的需求。在实际企业经营过程中，规模以上的企业销售业务数据繁杂，要对每一个客户订单量进行人工识别，工作量很大，而且容易出错，因此，往往可以借助数据处理小系统帮助识别是否异常，对异常客户订单进行编号标记。识别客户订单是否异常的判定方法通常有：

①一份订单的需求量在一个时区内是否超过客户阈值 X_1；

②一个时区内订单总需求量是否超过预测的阈值 X_2；

③一份订单的需求量在一个时区内是否低于阈值 Y_1；

④一个时区内订单总需求量是否低于预测的阈值 Y_2。

阈值选取十分重要，直接影响到管理的正确性和有效性，对上述四种阈值可以采用统计方法、经验法、迭叠法、神经网络、遗传算法等方法计算获取。阈值可以是某一定值，百分数，还可以以客户为对象求出其阈值。

当客户订单量不在[X,Y]范围内时，要编号标记。如果超出阈值，超出量是市场增长的潜力，低于阈值则存在市场紧缩的可能。通过客户订单分析及时揭示市场隐含信息，为企业决策者提供市场预警机制，提高企业市场适应力，规避风险、降低无效生产的损失，提高市场竞争力。

(4) 录入客户订单。在录入客户订单前已经录入了客户的基本信息，客户订单的录入主要有订单生产信息和订单财务信息这方面的数据。订单的财务信息主要有订单需求物料的编号、单位、单价、金额、付款方式、分批日期、违约罚款条款和责任人等内容。订单的生产信息主要有物料的编号、名称、单位、型号规格、数量、质量需求、需求日期、承诺日期和承诺量等内容。在订单生产信息录入时，可以对一个产品分批交货，或一份订单同时签约多种产品，也可以产品与配备件同时签约在一张订单上等多种操作方式。

对于预测内的客户订单采用预测消耗逻辑，从预测中减去客户订单量。预测外的客户订单通过标记自动增加到主生产计划中，以这类需求量来增加生产量。

(5) 确认客户订单。客户订单录入 ERP 系统后处于待复核状态，在有限的时间内可以修改和删除。但是客户订单的录入、修改和删除统一由销售部门指定岗位和操作员进行，其他人员只有依权限查阅。客户订单录入后可以通过人工复核确认或自动确认(超时订单)。确认后的客户订单存档备案，不能修改。如果由于特殊情况确实需要变动，则采用倒冲修改，同时要记录发生的成本到相关账户。

(6) 客户订单转生产订单。客户订单的确认是通过审核标记识别，一旦客户订单被确认，立即转入生产订单，根据订单的编号标记自动识别是否是消耗预测。对于一些应急客户需求也可以跳过报价与订单录入过程，直接录入生产订单，然后根据生产订单自动产生客户订单，生产订单是下达生产任务的主要文件之一。

(7) 客户订单查询。客户订单查询是 ERP 系统为生产、销售、财务和相关用户提供查询服务的功能。通过 ERP 系统可以很方便地查询单份订单的跟踪情况，单个客户的需求情况，单个产品的销售与生产现状明细。同时给企业各层管理领导提供以客户、产品、时间等特征的单项或多项综合的汇总统计信息。

(8) 客户订单关闭。当按客户订单需求生产和发货完成后，应当关闭订单，订单按财务约定转入应收账的账务处理系统。生产与销售系统中的客户订单已经完成，及时退出系统。已完成的客户订单在系统中停留时间越长，占用空间越大，查询速度越慢，系统效率越低。因此，及时整理更新系统数据是确保系统快速运行的有效手段。

客户订单管理是连接市场需求与企业生产能力的纽带，客户订单信息不仅直接与销售、生产和财务相关，而且与企业的计划、规划和战略密切相关，也为调研产品、服务、工程、工艺和设计等需求提供了新途径。

3.5.5 ERP系统的维护管理

工厂维护管理是体现ERP系统的主要特征之一。是企业生产经营正常运行的保障,也是充分体现企业保障系统管理水平的重要标志。

1. 维护管理的内涵

它是以资产、设备信息管理为基础,以工作单的提交、确认、执行、跟踪、关闭为主线,按照缺失处理、计划检修、预防性维修、预测性维护等几种可能,以提高设备的维修效率、降低总体的维护成本为目标,将采购管理、库存管理、财务管理、维护管理集成在一个数据充分共享的信息系统中。从而实现从设备投入使用到设备报废或转让出售的全过程管理。

2. ERP系统的工厂维护管理的作用

在没有实施ERP系统的企业,维护管理方面主要存在信息资源不能全面共享、设备维护与安全保障水平不高、对设备维护重要性的认识与现代化管理的要求之间存在一定的差距,或对现代设备维护管理思想缺乏足够的了解和成本无法实时控制等主要问题。运用ERP系统可以贯彻“以预防为主、维护保养与计划检修并重”的原则,是用好、管好企业设备的根本保证。设备在使用过程中,必然产生技术状况的不断变化和不正常现象,如:松动、干摩擦、声响异常,温度变化等。这些设备的隐患,若不及时处理,就会造成设备过早磨损,甚至发生严重事故。另外,生产过程是连续的,设备在整个工艺流程中起的作用不同,有一台设备坏了,就会影响全过程,就要停产。所以,设备的维护保养,就是通过各种手段使设备在运行中减少发生不利的变化,尽量延长设备的使用寿命,保持设备的良好性能和安全运行状态。因此,要想提升企业生产的可靠性和设备的维护效率,优化备品备件的库存和维护管理的流程,就必须通过ERP系统处理好维护管理存在的主要问题,才能发挥ERP系统的维护管理作用。

(1) 解决设备管理数据共享性。将设备管理单位收集整理的各种设备管理数据,通过ERP系统建立一个共享的数据库,提供及时全面正确的维护管理信息。

(2) 建立设备管理部门和其他部门之间的沟通平台。设备管理、固定资产管理、物资采购管理及工程项目管理都有各自的管理系统,它们相互之间既要有独立运行的专用信息,还要有识别和提供共享的公用信息,消除信息“孤岛”,降低信息沟通成本、并提高企业管理水平。

(3) 解决人工干涉太多或电话沟通过多。由于ERP系统提供的设备管理平台,具有企业内容标准和法则的作用,各个职能部门必须遵照执行,无需重复请示。减少人工干扰,提高运行效率。这样不仅减少了设备管理单位需要安排解决设备日常管理问题、人工记录设备管理数据的问题,而且紧急情况下又要通过电话沟通的方式解决人员问题,避免了企业人力资源的大量浪费、业务数据的大量失真和丢失现象,使各类数据为企业管理提供决策依据。

(4) 重整设备管理规则和管理方法。公司及各部门单位一直致力于包括其设备管理信息系统在内的信息化建设,但由于企业的规模太大,各部门间、甚至各设备管理单位间的管理水平、管理方式的不一致,造成各单位间的设备分类和管理方法的混乱和不一致,从而造成对企业设备管理业绩的考核和评估方法的不一致,影响相关员工的劳动积极性,通过重整设备管理规则和管理方法,使两者统一,避免了规则与方法相矛盾的问题。

(5) 控制企业设备维修成本。保证设备安全稳定运行的前提下降低设备的总体成本,提高设备维修工作效率和设备管理水平,是制造业关注的热点问题,也是 ERP 系统在维护管理发挥作用的主要体现之一。通过 ERP 系统使企业的维护管理真正达到以"预防为主"的管理方式,消除一切无序带来的损失,消除一切突发故障带来的停产和报废损失。

(6) 解决设备管理业务单据在线审批需求。业务单据的手工审批和工作流向会严重影响工作效率,同时,由于业务单据流转过程中的手工存档,也会直接影响到设备管理领导的信息查询的准确性和便捷性,最后影响到业务单据审批的工作质量。

尽管实施 ERP 系统存在很大的风险和挑战。诸如要进行 BPR(企业流程再造),客户服务器环境改善,提升管理系统柔韧性的能力,应付高度复杂性的能力,专业技术人员昂贵的培训费用等。然而,成功实施 ERP 系统还要求除了要有对 ERP 系统的独有技术的掌握外,还要有对于变化多端的业务、通讯和组织管理技巧的多方面的技能。

3. ERP 系统的工厂维护管理的主要功能

ERP 系统的维护管理模块是为生产提供所需的设备性能,非为修设备而修设备。它重视提升设备的可靠度及资产利用率而非仅是维修而已。主要管理思想涉及预防性维修(维护管理)、预测性维护(PDM)、全员维修思想(T 维护管理)、工作单管理、故障分析、BOM、JIT、看板管理思想以及项目管理、预算管理等功能。

(1) 设备台账管理。这是企业设备管理的基础资料,机组设备的完整性和设备基础信息的完整性直接决定了企业设备管理人员使用设备管理系统的积极性和便捷性,因此,ERP 系统的维护管理模块充分考虑到了企业用户的需求,通过系统标准字段或用户自定义字段两种方式来满足企业用户的需求。在维护管理模块中,设备管理所涉及的信息包括:设备分类信息、制造信息、位置信息、技术参数、组织结构、运行状态信息、维修历史数据、图纸文档等内容,同时,维护管理模块还以层次化的形式来管理设备自身的层次关系以及设备的安装位置层次关系。

(2) 可靠性为中心的管理。在维护管理模块中可以记录设备每次故障和维修的信息,并依据用户设定的运算逻辑和 ERP 系统中存在的故障信息,进行设备的故障位置、故障原因、故障种类、影响程序、维修措施等方面的报表分析,为企业的设备管理部门和设备管理领导制定维修策略和大纲提供设备维修的决策和依据。

(3) 预防/预测性维护。在维护管理模块中可以录入设备的标准操作规程,按照国家规定、设备安全要求、设备供应商的建议和企业设备的管理需求,规定检修周期及其每次大修、中修、小修等定期维修的工作内容,以及对机组设备的震动、润滑油品质的在线检测等，从设备预防性和预知性维护两个方面来确保设备的安全运转。

(4) 维修工单管理。工单管理是 ERP 系统维护管理模块的一个核心功能，它是将包括委外工程和维修物资采购在内的采购功能、与物资库存管理和设备维修成本的财务管理连接起来的一个桥梁。工单管理系统的内容是无论普通的事故报告，还是紧急抢修，或者计划性的维护，其所有信息都应该保证完整地记录在工单中，包括所需员工的技能、工具、计划的工作时间、实际发生的工时、维修工序、施工单位、预算控制、计划和实施成本、工期进度、物料消耗、委外工程等内容。每个工单都记载了具体设备具体维修的维修对象、维修人员、维修工具、消耗物料等，通过工单管理，维护管理模块能够统计每次维修活动的维修成本。

(5) 折旧、退役和报废。设备运行过程中需要计提折旧，折旧业务主要在资产会计模块中进行。当设备到了生命周期的后期，需要退役和报废时，可以先在设备维护模块中将设备置于退役或者报废状态，或者转移到报废区。这些调整动作可以作为事件定义的后续工作流，启动资产报废的账务处理，为资产账物相符管理画上一个圆满的句号。

(6) 实物管理和财务管理的一体化。在 ERP 系统的设备管理解决方案中，和企业的实际业务操作一样，针对同一资产，存在侧重价值的资产台账和侧重实物的设备台账，二者的管理细度和侧重点不尽一致。当同时使用 ERP 系统的维护管理模块和固定资产管理模块时，在系统中创建新增的设备纪录时(如工程竣工时)，可以在指定字段中输入其对应的固定资产号，这样，就可以实现固定资产实物管理与财物管理台账的一体化。同时，为了避免因为参数分类不一致而导致双方数据的无法映射，通过维护管理模块的功能配置，可以保证设备和资产的分类有着严格的对应关系。通过设备编号和固定资产号之间的关联，就可以做到设备台账和资产台账的共享信息并达到一致，如其中的所属公司、负责人、成本中心、位置等信息。保持一致的方式可包括实时的同步更新，以及通过工作流实现的可控异步更新。这样实物新增或者变更时，就能够及时地反应到资产台账上。

(7) 报表分析功能。ERP 系统的维护管理模块提供了各种设备维修信息的标准查询和报表统计功能，同时，还为关键用户提供了满足简单个性化需求的报表开发功能。当上述两种方式还是不能满足用户的个性化需求时，ERP 系统允许用户按自己设定的逻辑、由 ERP 系统软件开发人员按其要求的格式开发出所需的统计报表。

(8) 关键绩效考核 KPI。将用户或特定岗位关心的数据、运行状况参数等，在经过统计、比较或计算之后形成指标值，并以各种图形化形式显示给相关用户或岗位。如设备的运行状况、工单的处理情况、库存物资的消耗情况等，并以动态图表的方式表示，提醒用户注意。

4. 工厂维护管理的流程规划

随着设备使用年限的增长，由于磨损、老化而导致停机的风险也将升高，随着公司的发展，如何进行设备运行、维修经验的积累及传递都将成为集团内各公司的关注点。对于公司管理层，如何更直接掌握与设备相关的关键绩效指标，如何更直接地查询备件的去向、当前备件库存、维修工作的直接费用等都是在备件管理中需要解决的问题。

由于设备运行和检修成本占了供电企业运营成本很大的比例,如何运用新的管理思想和新的信息技术手段挖掘潜力,保证电力设备运行发挥最大效益是摆在电力企业面前的现实问题。正确的思路应当是结合国情积极推进新的管理思想和信息技术在生产管理中的运用,以设备为中心,融合先进设备维护理论的维护管理系统在电力行业取得了很好的应用效果,能明显地降低电力企业设备维护的成本。当然,需引起注意的是工厂维护管理系统是一项系统工程,必须改进相应的业务管理流程,其中两点是十分重要的,一是长期的设备运行数据和维护经验的积累,二是与企业自身管理相适应的企业管理模式的改进。

工厂维护管理软件的应用改变了我们传统的设备资产维护方式,它将企业的设备维护活动按照其功能详细地分成了设备点检、保养、维修、库存、采购、成本财务管理等几个方面,从而实现设备资产从采购、运行、维护到报废整个生命周期的管理。所以,在维护管理模块的实施中应做好其核心部分的规划。

(1) 设备点检。为了准确掌握设备的技术状况及劣化程度,对影响设备正常运行的关键部位进行管理制度化、操作技术规范化的检查维护工作称为设备点检。所谓"点",是指设备的关键部位,通过检查这些"点",就能及时、准确地获取设备技术状态的信号。

设备技术状态的检查和监测是指通过人的感官或使用仪器、检测、监视设备在运行过程中出现的异常形态和劣化趋向并预测设备残余寿命的活动。这些活动包括设备日常点检、定期点检、状态监测和故障诊断等,其目的在于早期发现故障征兆和性能隐患,以便及时预防和消除,保证设备正常和安全地运转。同时,又为做好修理准备和安排修理计划提供有利条件。基于此,在维护管理系统中实现设备点检的步骤如图 3-12 所示。

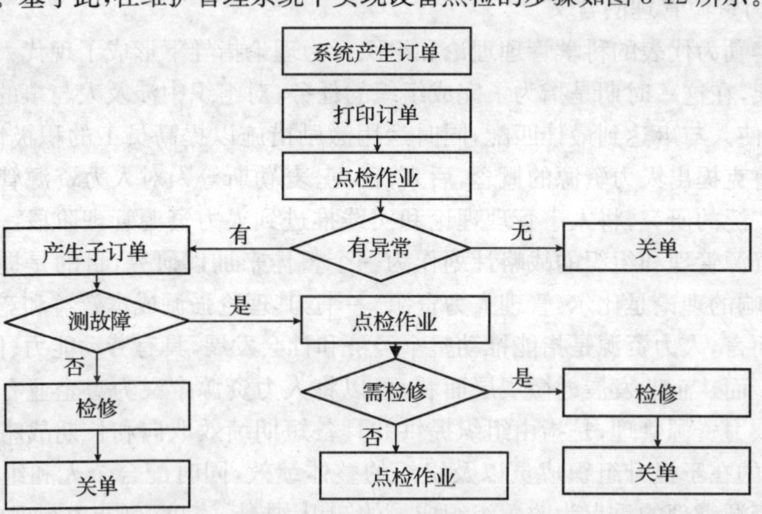

图 3-12 维护管理模块设备点检流程示意图

(2) 预防性维护保养。设备保养功能在工厂维护系统中往往占有重要的地位。设备保养实际上是指维护系统根据设备实际运行情况和具体要求，在满足设定的条件后对操作人员进行设备保养提示，提醒相关人员进行具体的保养操作。

一般设备保养功能可以细分为周期保养和不定期保养。周期保养是指每隔一段固定的时间就会进行设备保养提示，该周期可以依据实际要求改变。不定期保养是指可以设定在某个日期进行设备保养提示，该日期由相关负责人根据实际情况自行设定。

(3) 设备维修。设备维修是整个工厂维护管理的重要内容，设备维修以人力资源、设备台账、备件工具为基础，以作业指导书(SOP)为各项工作的规范，以工单为中心载体来实现设备资产维护。设备维护主要分为纠正性维护和预防性维护，纠正性维护是被动维护，如：缺陷报告、紧急抢修等直接生成工单或通过计划确认生成工单；预防性维护是主动维护，如设备巡检、计划检修(如大修、小修)等通过计划生成工单，再通过工单的批准、执行、报告、分析等，完成设备的维护。

作业指导书是标准维修的工作模板，它辅助检修人员完成检修工作；相反的，检修人员的经验总结又可以丰富和补充作业指导书，最终形成企业的维修历史经验库。作业指导书的制定依据主要是电力企业提供的检修规程、设备的特点及自身的维修经验。作业指导书内容包括检修步骤、需要工种、材料、工具、安全措施等。工单是设备维护的中心载体，工单可以直接填写也可以由预防性维护计划生成，工单内容包括与维修相关的设备技术信息、安全信息、备品备件需求、专用工具、人力、维修成本等信息。工单管理包括对工单生成、审批、执行、反馈全过程进行监督和控制。

3.5.6 ERP 系统的人力资源管理

1. 人力资源管理的含义

在以泰勒为代表的科学管理理论和组织行为理论指导下形成了现代人事管理理论的基本框架，在这一时期是指为了完成组织的任务，对组织中涉及人与事的关系进行专门化管理，使人与事达到最佳匹配，同时运用激励措施以提高员工的积极性和主动性。彼得·德鲁克提出人力资源的概念，后来，巴克、麦勒斯等人对人力资源管理的众多问题进行了广泛的研究，将人事管理理论和实践推进到人力资源管理阶段。许多学者提出把人力资源管理和组织的战略计划作为一个整体来加以研究，目的是提高组织的绩效，最有影响的理论是比尔《管理人力资源》一书，其理论强调成本效益和竞争力。

广义而言，人力资源是指能推动整个经济和社会发展，具有劳动能力、体力、智力的人口总和。而从企业发展的微观层面看，可以将人力资源定义为对企业有价值贡献的人。所谓人力资源管理，是指由组织提供的具备短期绩效取向和长期战略取向的学习活动，其目的在于提升组织成员以及组织的整体绩效，同时配合个人和组织的长期发展。人力资源管理的重点为改善组织成员的知识、技能、态度、创造力与理想等特质，希望更多的组织成员具备组织所需要的上述特质，希望成员的特质能配合组织的需求，持续地补充、提升，以协助组织的管理与发展。

人力资源管理的重要内容之一是员工的教育和培训等。事实上，随着现代社会的发展，教育也日益考虑到人们的工作和职业需要，教育融入工作培训之中。培训是学习知识和技能的手段，也是管理的一部分，管理既考虑长期规划，也考虑短期目标。教育、培训和管理是职业生涯发展以及终身学习的方式及手段。

2. 人力资源管理的职能

人力资源管理主要包括获取、整合、激励、调控、培训和开发等多项基本职能，它们相辅相成、彼此互动的，共同构成完整的、人力资源管理功能体系。

(1) 获取。它主要包括人力资源规划、招聘和录用。为了实现组织的战略目标，人力资源管理部门要根据组织结构确定职务说明书与员工素质要求，制定与组织目标相适应的人力资源需求与供给计划，并根据人力资源的供需计划而开展招募、考核、选拔、录用和配置等工作。显然，只有首先获得了所需的人力资源才能对之进行管理。

(2) 整合。这是使员工之间和睦相处、协调共事、取得群体认同的过程，是员工与组织之间个人认知与组织的理念、个人行为与组织规范的同化过程，使人际协调职能与组织同化职能。现代人力资源管理强调个人在组织中的发展，个人的发展势必会引发个人与个人、个人与组织之间冲突，产生一系列问题，其主要内容有组织同化，即个人价值观趋同于组织理念、个人行为服从于组织规范，使员工与组织认同并产生归属感，群体中人际关系和谐，组织中人与组织的沟通，矛盾冲突的调解和化解。

(3) 激励。它是指为员工对组织所做出的贡献而给予各种奖酬的过程，是人力资源管理的激励与凝聚职能，也是人力资源管理的核心。其主要内容为根据对员工绩效进行考评的结果，公平的向员工提供合理的、与他们各自贡献相称的工资、奖励和福利。这项功能的根本目的在于激发员工工作热情，增强员工满意感，提高其劳动积极性和劳动生产率，增加组织的绩效。

(4) 调控。这是对员工实施合理、公平的动态管理的过程，是人力资源管理中的控制和调整职能。它包括科学、合理的员工绩效考评和素质评估，以考绩与评估结果为依据，对员工进行动态管理，如晋升、调动、奖惩、离退、解雇等。

(5) 培训和开发。这是人力资源管理的重要职能。广义上的人力资源管理包括人力资源数量和质量的管理。对于组织而言，其人力资源数量的管理方法有招聘、保持等。人力资源的质量管理是指对组织内员工素质与技能的培养和提高，使他们的潜能得以充分发挥，最大限度地实现其个人价值。它主要包括组织与个人管理计划的制订、组织与个人对培训和继续教育的投入、培训与继续教育的实施、员工职业生涯开发及员工的有效使用。以往我们在开展人力资源管理工作时，往往只注重员工的培训与继续教育，而忽略了员工的有效使用。事实上，对员工的有效使用是一种投资最少、见效最快的人力资源管理方法，只要将员工的工作积极性和潜能充分发挥出来即可转换为劳动生产率的提高。当员工得到有效使用时，对员工而言，其满意感增强，劳动积极性提高对组织而言，则表现为员工得到合理配置、组织高效运作、劳动生产率提高。

3. 人力资源管理的原则

(1) 要素有用原则。指任何要素人员都是有用的。关键在于知人善用,没有无用之人,只有不用之人。首先,要承认人的能力、知识、价值观是有差异的,也是多元化的。其次,要根据每个人的知识、能力、经验等要素,配置到合适的岗位上。最后,作为管理者要善于发现员工的特点,用其所长,避其所短,关键是将其放到合适的岗位。

(2) 能级层序原则。指具有不同能力的人,应配置在组织中的不同职位上,给予不同的权力和利益,使能力与职位相应,组织结构才会相对稳定。这里的能力不仅指知识、经验,还包括人的道德水平、价值观。

(3) 互补递增原则。指将各种差异的群体,通过个体间取长补短而形成整体优势,以实现组织的目标。主要包括五个方面,即知识互补、能力互补、性格互补、年龄互补、关系互补。

(4) 动态适应原则。指随着时间的推移,员工个体状况年龄、知识结构、身体状况等与组织结构及外部环境科学技术的进步、竞争的加剧等都会发生变化,人力资源管理要适时予以调整,以适应各种变化。这主要包括实施岗位的调整或岗位职责的调整。实施人员的调整,进行竞聘上岗、平行调动实施弹性工作时间,如聘用小时工、临时工等培养、发挥员工一专多能的才干,实现岗位流动,实施动态优化组合,实现组织和机构人员的优化。

(5) 激励强化原则。指对人动机的激发和对人的激励。激励可调动人的主观能动性,强化期望行为,使之适应企业目标,从而提高劳动生产效率。

4. ERP系统中的人力资源管理

人力资源管理是体现ERP系统与MPRⅡ系统不同的主要功能之一,在ERP系统中,人力资源部门的领导可以通过ERP系统的中央数据库进行实时、全面的员工招聘、薪资、培训、人事和考核等管理。

(1) 员工人事管理。翔实记录员工基本信息、家庭和住址信息,实现档案资料电子化管理。同时详尽记录员工人事动态(新进、调动、晋升、降职、离职等)信息,归类存储于相应的信息类型中,为制订员工不同阶段的职业发展规划提供依据。也为提供准确的人力资源现状报表,还为制订激励、考核制度、人力资源合理配置和规划提供数据依据;为制定人才选择战略、人力资源的再开发和再利用,建立识别人才体系提供基础。

(2) 招聘管理。在组织架构中对空缺职位进行维护和查询。ERP系统能生成详细的职位说明和应聘人员主数据,还可以维护和查找合适的应聘人,并生成培训意见。在招聘过程中及时记录应聘人员的信息,当公司决定录取应聘人员后,系统将应聘人的数据转入员工主数据库中。

(3) 培训管理。创建培训课程结构图,为每一课程灵活分配各项资源,如:教师、培训教室等,可按课程编制预算,实行培训成本过账。培训教材可以与公司网络结合,实现E-Learning,还可以与ESS整合实现员工自主报名,自主学习。培训结束后,学员可通过课程评估,完成对教师的考核。教师通过对学员考核,生成相应的资格。

(4) 员工考核。这可根据需求创建各种评估模型，并将评估结果与其他模块自动结成评估系统。评估系统的基本要素是评估过程、评估对象、评估类型和评估标准。评估过程是一个动态的执行过程，存在准备、处理、已完成三种状态；评估对象可以是人员P、用户 US 或 课程 E 等；评估类型可以是单个或复合、记名或不记名；评估标准是数量或质量的等级标准。ERP 系统可以根据管理需求灵活建立各种评估模型，对人员、用户、培训事件等对象进行评估或考核；还具有可操作性强，可独立实施，也与多个子模块进行集成等特点。

(5) 薪资管理。薪资结算时，自动抓取本月考勤核算数据，如加班费、加班补贴、中夜班费等，根据国家规定，设定扣税、病假扣薪比例，根据企业规定，设定各种假别的扣薪标准，如旷工、事假。根据国家和地方的规定，就社会保险和公积金设定不同的扣缴比例，以及相应的扣缴基数(包括上限和下限)。薪资结算完毕，在确认无误后，自动财务过账。当发生薪资基本数据变动或考勤重新核算时，ERP 系统具有自动回溯功能，避免了人事部门大量的人工作业，提高了工作效率。还可以通过严格的系统权限管控，从而确保员工薪资数据更加安全，更加保密，提高员工满意度。

(6) 组织管理。可以有效提升企业内外的综合管理层次，合理考核企业或各部门的管理、生产和作业效率；用户还可以通过图形化工具构建组织结构，创建组织的单元、职位和职务等，准确记录企业组织架构和组织单元的每一次变动，为企业人力资源发展规划提供历史数据。通过职位和职务的设置明确员工的工作职责和范围，为工作分析提供基础，为培训需求的制订提供依据。职位、职务和职位空缺的维护，为招聘提供数据分析，为人力资源合理配置提供参考。组织单位分配成本中心后，其下属组织单位、职位和员工将自动继承成本中心，薪资过账时计入相应会计科目。为职位设定，领导和下属职位(报告结构)设定，通过 Workflow 实施提供基础。

4 传统管理模式与ERP系统管理方式

ERP系统无论是在研发过程，还是其实施过程都是逐步形成的。ERP系统的诞生地美国与中国实施ERP系统的过程存在明显的差异，据大量资料分析表明，美国实施ERP系统往往从时段式MRP开始，经闭环MRP和MRPⅡ后实现ERP系统。中国企业实施ERP系统往往是先实施会计电算化(或称之为会计信息系统)，然后由财务系统与生产系统集成形成MRPⅡ，最后实现ERP系统。目前，运行ERP系统的全部功能并取得显著效益的企业为数不多，有些企业甚至还没有开展企业信息化，大部分企业仅仅应用了部分职能部门管理的信息子系统。在这种环境下，企业必须站在ERP系统的角度，从长远的目标出发，去实现这些功能模块，这样才能避免重复投入，降低成本，提高最终实现ERP系统的成功率。

4.1 进销存子系统与ERP系统的库存管理模块

库存无论是制造业、商业、还是物流运输业都是物流控制的关键，也是维系企业内部正常运行的基础，还是节约与控制企业运行成本的关键，因此，大多数企业开展信息化往往是从库存管理着手，以理顺库存物资现状为起点，跟踪物料变迁为关键，全程记录物料状态为基础，可控、可视、优化物料配置，使其产生最大效益为目标。

4.1.1 进销存子系统

进销存的概念全部地概括了库存管理的内涵与特点，也较正确地表达了库存管理的主要功能，因此，在企业信息化进程中，无论是软件开发商，还是软件用户都有明确的供需要求。进销存子系统已经成为大部分制造企业开展库存管理的现代化管理工具，也是企业尝试信息化的一个侧重点。我国用友、金蝶等大型软件开发均推出进销存管理信息系统。进销存子系统围绕库存管理的进货入库管理、销售出货管理和存货管理，运用信息技术提高管理精度、准确度和及时性。

1. 进货管理功能模块

进货管理是进销存子系统的主要功能模块之一。不仅要明确管理物料来源，而且要把好物料检验入库关，其主要业务的流程如图4-1所示。

进货管理功能模块根据用户的需要可以延伸到采购管理，但其功能主要是围绕进货入库管理，在进货入库工作中不仅要严格按照采购单和签订合同的条款（质量、数量、品名、型号、规格等）免检、抽样检验等要求验收，如果货物不符合要求，即办理退货。验收合格入库后不仅要做好入库登记，更新库存量，及时提供统计报表，还要通知财务部门及时付款。

实际进货处理过程中用户往往要求兼顾采购管理范畴的业务内容，不仅要完整地记录进货相关数据，还要通过进货管理功能模块有效地控制进货业务流程，规范业务处理，主要突出表现在如下几方面。

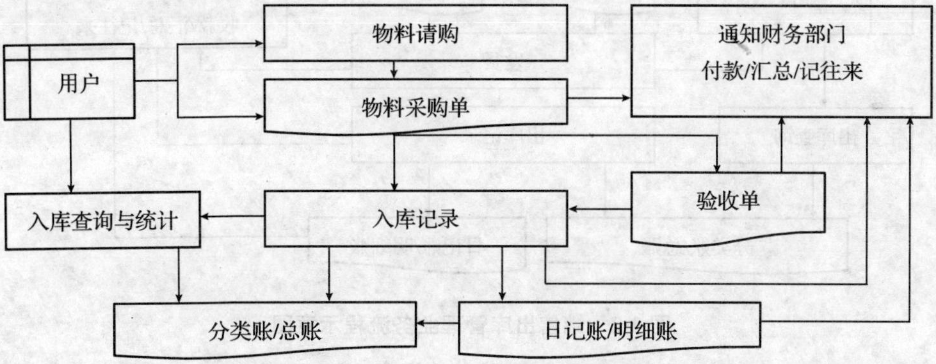

图 4-1　进货管理业务流程示意图

（1）供应商管理。将供应商的基本信息和供货信息建立相应的数据表，并存放到本子系统中，供货源查询和供应商评价提供全面、有效的决策依据，也可直接有效地监控供应商的信誉和能力，有效防范供应欺诈和采购权力滥用。

（2）库存量控制。通过长期库存量时序跟踪分析，系统自动寻找最佳安全库存量和库存时变趋向图，为订货策略的选择提供实际可靠的数据。

（3）规范进货工作流。在信息系统控制下进货业务各个岗位必须按授权和时序操作，无法随意入库，没有订货的物料系统不能接受。强化了作业的程序化、标准化和规范化，全面提高员工的素质。

（4）进货分类管理。根据货源不同严格区分采购入库、调拨入库和其他入库（盘盈、捐物等）类型，并及时给财务部门提供正确实时的数据。

（5）为采购提前期计算提供依据。在库存管理过程中，由于采购涉及到企业外部多种因素的影响，确定物料的采购提前期是一项十分困难的事，通过进销存子系统的进货模块对采购订单与验收入库时间的长期记录，可以从中找出较有效的物料采购提前。

2. 销售出库功能模块

销售出库管理是进销存子系统的三大主要功能模块之一，也是成品库发货管理的主要业务。不仅要明确产品出库去向，而且还要及时与客户沟通、将相关发货信息提供给财务部门，记入应收账款和回收货款，其主要业务的流程如图 4-2 所示。

销售出库管理功能模块以成品库的销售产品为管理对象，在实际应用过程中向物流的两个方向延伸，向前延伸到销售管理，向后延伸到在制品和原材料出库发货管理。

在向后延伸过程中，把下道工序对上道工序物料的需求看成客户需求，这样，在制品与原材料的出库管理与成品库管理模式就没有本质的差别。在发货出库工作中，不仅要严格按照客户订单或内部生产订单审核发货对象的地点、时间、货物、数量、规格等特性，而且还要及时、全面、准确地记录发货情况，及时与客户和财务部门沟通，开出发票，回收货款。如果在发货过程中出现差错，立即启动逆向物流管理体系，回收货物，分析原因，出库后还要做好出库登记，更新库存量，及时提供相关统计报表。

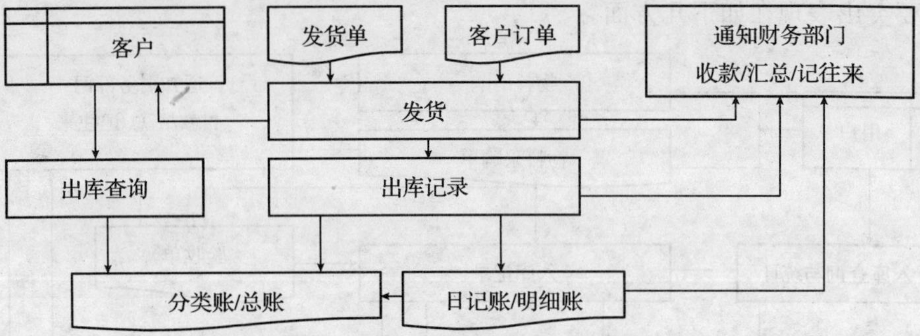

图 4-2　销售出库管理业务流程示意图

在实际发货处理过程中，用户必须与销售管理相结合，其业务内容，不仅要完整地记录发货相关数据，还要通过发货管理功能模块有效地控制发货业务流程，规范业务处理，主要体现在如下几方面。

(1) 客户管理。将客户的基本信息、客户满意度记录、客户反馈意见和客户产品需求等信息建立相应的数据表，并存放到本子系统中，供客户分类和客户满意度测评。

(2) 市场分析。通过记录的历史数据按产品类在时间上、区域上和价格上等多种因素的相关销售分析，从中找出新的市场，进行市场资源优化。

(3) 新品研发。通过客户反馈和逆向物流处理，从中找出产品缺陷或客户新的需求，为新产品研发提供全面、有效的最直接的基础数据。

(4) 规范发货工作流。在信息系统控制下发货业务各个岗位必须按授权和时序操作，无法随意出库，没有提货单指定的物料在系统中不能接受。强化了作业的程序化、标准化和规范化，全面提高员工的素质。

(5) 出库分类管理。根据物料移动的不同性质，严格区分销售出库、调拨出库和其他出库（盘亏、报废和偷盗等）类型，并及时给财务部门提供正确实时的数据。

(6) 退货与返修处理。基于产品数据管理 PDM（Production Data Management，简称 PDM）理念，产品发货是产品前半生命周期和后半生命周期的交接点。实现产品全生命周期管理 PLM（Production Life Management，简称 PLM）必须通过发货跟踪将前半生命周期的基础数据与后半生命周期的基础数据有机地衔接起来，实现真正意义上的产品全生命周期管理。

3. 存货管理功能模块

存货管理是进销存子系统的三大主要功能模块中最简单的功能模块，也是库存管理中最基本的业务。需要十分详细地记录库存每个物料的基本属性和正确地描述实时的库量，其主要业务的流程如图 4-3 所示。

在存货管理中，当一个企业的物料种类繁多时，事先要做好库位定义，明确物料的优先库位。然后对所有物料进行 ABC 分类，把价值高数量少的物料标记成 A 类物料，把价值低数量多的物料标记成 C 类物料，在库存量盘点过程中，重点管理 A 类的物料，盘点次数多，库存记录的精确度高，不允许有误差，而 C 类物料相对盘点次数少。实际库存管理过程中，库存管理员不仅要完整地记录库存相关数据，还要通过库存管理功能模块有效地控制库存管理业务流程，规范业务处理。

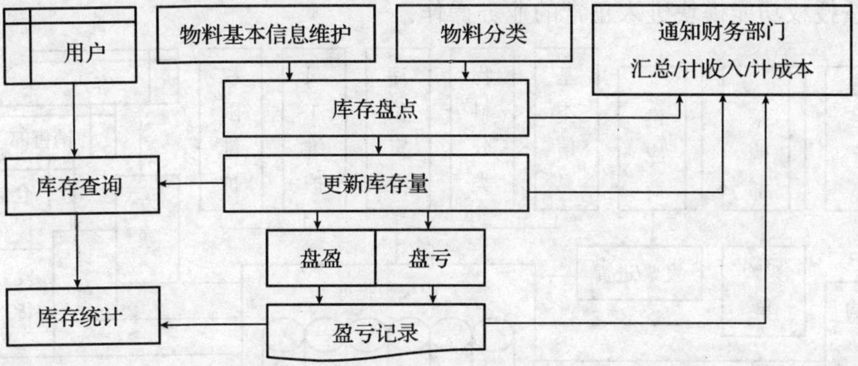

图 4-3 存货管理业务流程示意图

4.1.2 ERP 系统的库存管理模块

在 ERP 系统中，库存管理是整个系统的核心功能与基础数据模块，也是 ERP 系统发展过程中的管理聚集点。ERP 系统起源于库存控制，向与库存相关的各个职能、事务延伸，最终形成今天的集成一体化信息系统。

1. 库存管理业务流程

在 ERP 系统环境下，一切业务操作都是围绕企业总体目标，操作数据均直接面向中央数据库。在库存管理中，各个岗位在系统中的操作权限决定了拥有系统的操作功能。库存管理业务流程伴随物流，将物料状态信息及时传递给相关部门，业务流程如图 4-4 所示。

在 ERP 系统环境下，企业内部与外部的各类用户都是在同一平台下获取信息、输入数据，业务流程完全由 ERP 系统的内部功能控制操作顺序。企业与企业之间各组织结构完全处在同一层面上，所有的信息传递，事务沟通均通过中央数据库，大大减少了部门之间的数据传递和复核工作量，减少了数据传送环节和出错机会，提高数据传递速度，取消部门之间时差和描述事物的不一致性。

从 ERP 系统库存管理业务流程上，不能直接看到业务流程的操作之间时序，但是内部具有与传统业务相同的时序控制功能，相应业务流程系统具有自制规则。

（1）基础数据定义。库存管理的基础数据是 ERP 系统启用的关键。在 ERP 系统中启用库存管理功能模块前，必须在系统初始化时，输入完整正确的库存管理相关的基础数据，才能开展正常的库存管理业务处理工作。库存管理的基础数据除了与其他功能模块相同，并且必须定义企业管理组织结构，岗位设置和人员基本信息外，还要输入库存物料（不同的 ERP 系统软件对物料的名称有些差别，如用友公司的后期软件系统称为存货档案，Fourth Shift 的 MSS 系统称为物料主文件）基本信息和库位定义。在库位定义时，制造业企业将仓库至少分为成品库、在制品库、原料库和废品库，商业部门可分成商品库和废品库，物流企业则按库位地理位置和存放物料的类型分类，有些制造企业将仓库另外增加逆向物流的回收库。在基础数据定义完整正确后，库存管理相关岗位可以按授权功能模块进入正常的业务操作。

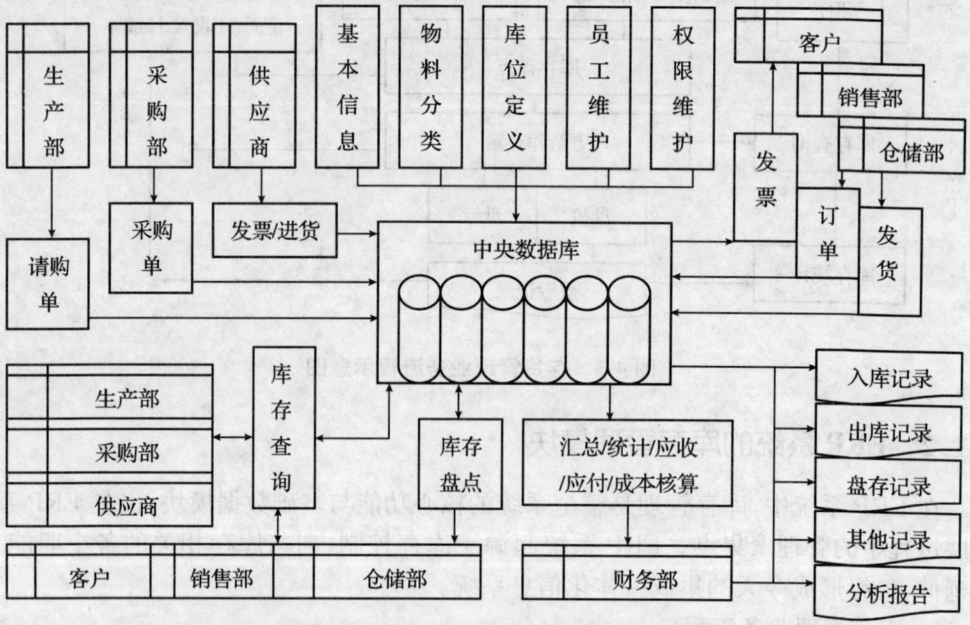

图 4-4　ERP 系统库存管理业务流程示意图

（2）入库操作流程规则。物料进货登录操作是在系统指定库存管理员，对指定物料和指定采购单根据验收合格数量、品名和规格入库分录。一张合格的采购单可以同时采购多种物料，也可以对同一个物料分批入库。系统登录入库物料时，自动复核入库物料是确认的物品和规定的数量，如果物料规格、名称、供应商等基本信息不正确，则系统拒绝接受物料，无法入库，可严格控制入库物品的随意性。

（3）发货操作流程规则。物料发货是在系统提示下进行的，没有销售订单或生产订单，系统无法登录发货物料，在发货登录时，登录物料的基本信息是由系统提供，操作人员只能登录系统指定物料的数量与时间，一次可以同时发出多种物料，也可以一个物料分多次发货。当一个客户订单或生产订单所要的物料发货完成后，系统自动关闭相应订单，订单将退出系统，如果在发货过程中发生错误，需要回收物料，则必须采用物料倒冲处理方式。物料发货操作必须是系统授权指定的库存管理员，并且按系统的提示操作，严格控制发货出库物品的随意性。

(4) 库存操作盘点规则。库存盘点是库存管理的日常工作，库存管理人员根据人员配备情况和物料等级做好盘点计划和实施盘点工作，在库存盘点后及时调整库存量，在登记盘点发生账面数值与实际数值偏差时，必须通过财务系统将非正常出、入库方式修正库存量。这类修改操作不仅通过授权严格控制操作人员，而且必须建立完整的账号和科目。列入相应账务处理系统中。

(5) 查询统计操作规则。ERP 系统中央数据库的数据真实地反映了企业运行状态和运行过程，所有数据均是企业的信息资源，必须加于保护。查询和统计操作直接提供了企业经营状态，所以对进入系统需要查询和统计操作人员加强管理，一方面监控查询与统计操作控制权，严格控制企业信息的外泄。

2. 库存管理功能结构

库存管理功能主要围绕物料的入库与出库操作，针对不同库存货物的种类和库位分别设置出库、入库和查询操作，一个简易的 ERP 系统可以根据用户对库存管理的不同组织方式分别按库位设置功能模块。ERP 系统的功能结构如图 4-5 所示。

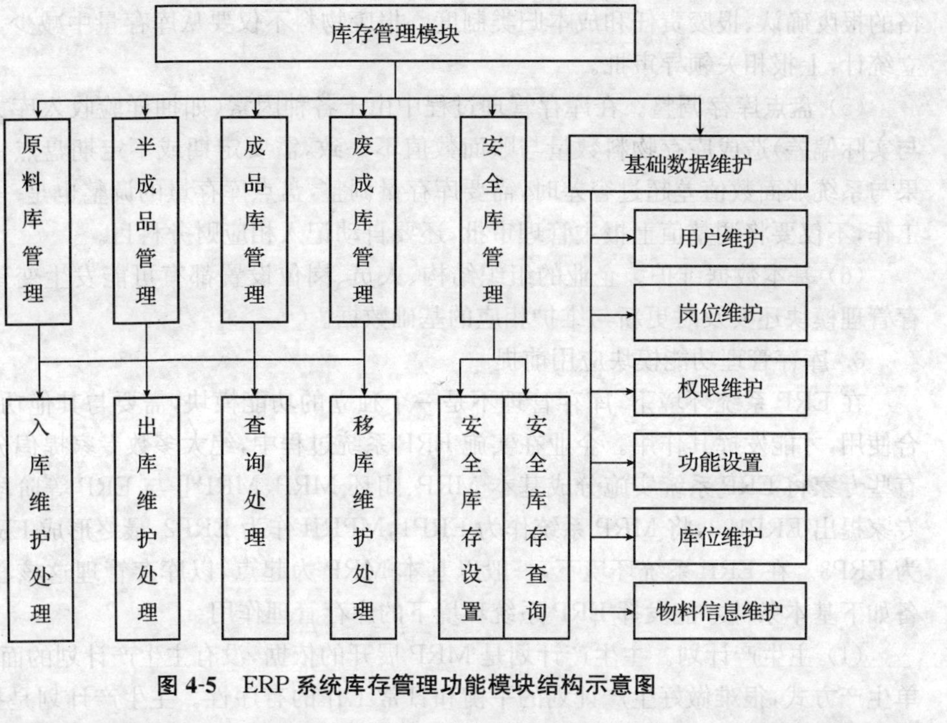

图 4-5 ERP 系统库存管理功能模块结构示意图

库存管理不仅要做好库存物料的存储和保管工作，而且还要及时与供应商、生产部门、财务部门和客户实时沟通。在 ERP 系统库存管理模块中，为各个职能部门提供了实时库存查询功能，通过查询了解物料过去、现在和将来的库存状态。ERP 系统库存管理模块的主要功能如下：

(1) 入库操作功能。无论是原料、成品和废品，还是在制品，在其相应事务处理结束后必须及时入库登录，入库操作是数据输入的过程。在入库物料输入系统时，操作员必须是有权限的，操作内容必须是有依据的，系统严格控制没有凭证的随意入库。因此，入库操作界面打开后需要输入入库物料的相应订单(生产订单或采购订单)号，相应订单号查核正确后才能输入相应数据。

(2) 出库操作功能。在发货事务处理结束后必须及时进行出库登录。出库操作也是数据输入的过程，在出库物料输入系统时，操作员必须有权限，操作内容必须是有依据的，系统严格控制没有凭证的随意出库。因此，出库操作界面打开后需要输入出库物料的相应订单(领料订单或客户订单)号，相应订单号查核正确后才能输入相应数据。

(3) 物料移库功能。物料移库是属于内部库位调整，不涉及到物料耗用和价值的变迁。因此，在移位处理时，指明移出库位编码、移入库位编码和移库物料编码、名称、规格和数据，系统自动更新相应库位物料的数量。移库操作往往是一个物料可以分别存储在多个库位的情况下出现的操作需求。

(4) 报废处理功能。在生产或库存过程中由于各种因素可能会出现物料报废现象。库存管理系统在处理报废物料时，不是简单地将物料从库存中减去，而是有一套严格的报废确认、报废责任和成本归类制度。报废物料不仅要从库存量中减少，而且要独立统计，上报相关领导审批。

(5) 盘点库存调整。在库存管理过程中由于各种因素(如抽样验收入库方式，样本与实际偏差)造成库存物料数量与账面数值不一致，需要定期或不定期盘点，当盘点结果与系统账面数值差超过容差时，需要库存量调整，盘点库存量的调整也是一件认真的工作，不仅要将调整值上报主管理审批，还要自动记入相应财务科目。

(6) 基本数据维护。企业的组织结构、人员、岗位设置都有可能发生变化，使用库存管理模块还要及时更新与维护相应的基础数据。

3. 库存管理功能模块应用前提

在 ERP 系统环境下，库存管理不是一个独立的功能模块，需要与其他功能模块配合使用，才能发挥其作用。企业在实施 ERP 系统过程中，绝大多数专家提倡分步实施。有些专家将 ERP 系统实施分成基本 MRP、闭环 MRP、MRPⅡ与 ERP 等阶段，也有的专家提出 ERP123，将 MRP 系统作为 ERP1，MPRII 作为 ERP2，最终形成 ERP 系统作为 ERP3。在 ERP 系统环境下，一般以基本 MRP 为起点，以库存管理这核心，必须具备如下基本条件才能发挥 ERP 系统环境下的库存管理作用。

(1) 主生产计划。主生产计划是 MRP 展开的依据，没有主生产计划的面向客户订单生产方式，很难做好生产计划的平衡和日常工作的有序性。主生产计划是提高 ERP 系统库存管理系统运行良率的关键之一。

(2) 完整的物料基本信息。物料基本数据的完整性直接影响系统运行的正确性，基础数据一旦发生差错，ERP 系统运行结果将会发生链锁放大效应(即牛鞭效应)，导致系统提供数据无法使用。

(3) 物料清单。实施 ERP 系统下的库存管理功能模块，必须实施基本 MRP。在基本系统中将物料分成独立需求与相关需求，整理出生产物料清单(PBOM)，才能使 ERP 系统的基本 MRP 正常运行。

(4) 明确的岗位职责。库存管理是基本的一个主要功能，其中还包括采购管理、生产管理等功能，必须在网络环境下运行，因此，在同一数据平台下操作，对各岗位的人员需要明确岗位职责，才能确保系统安全。

(5) 明确计划时区。ERP 系统下的库存管理，不仅要记录过去的库存情况和现在的物料库存量，还要按 MRP 原理推算出将来的库存量、可用量，为销售计划提供依据，计划时区是 MRP 展开的重要假设，也 MRP 运行的前提。

(6) 明确的物料提前期。MRP 开展的另一个重要数据是物料的提前期，在 MRP 推算时必须事先确定每个物料的提前期，才能获得该物料在将来时区的需求量。

4. 库存物料订货批量的确定

库存物料的订货批量的确定是库存管理的核心技术，备受理论界和企业界的关注，在实际库存物料订货批量确定时，不仅受库存物料特性和制造企业特性的影响，而且受市场需求量和需求速率等多种因素的影响，因此，库存物料订货批量确定的方法很多，不同的方法往往在特定环境下建立，企业在选择确定订货批量方法时，首先要了解物料特性和企业特性，还要了解订货批量确定方法的前提假设。订货批量确定的方法虽然有许多种，但是订货批量确定的目标是一致的，降低库存成本，确保物料需求量，维持企业正常生产。订货量确定的前提假设可分成先假设固定供应量后确定该供应量的时区数、先假设固定需求时间后确定该时区内的需求量和需求时间与供应量同时确定三类。

(1) 固定订货批量法(Fixed Order Quantity，简称 FOQ)。FOQ 法是属于先假设固定供应量后确定该供应量的时区数，这个订货量是完全凭经验确定的，受人为因素影响。该方法用于 ERP 控制下的所有物料，但是在实际应用中通常只限于订货费用比较大的部分物料，不断改变订货量会引发其他不确定成本的变化(如:运输成本，订货成本等)的情况。假设某物料的订货凭经验确定量是 40，则计划订货量如表 4－1 所示。

(2) 经济订货批量法(Economic Order Quantity，简称 EOQ)。EOQ 也是属于假设固定供应量后确定该供应量的时区数，这个订货量是依据最经济的订货量，假设预计全年净需求量是 R，物料的单价是 C，每次订货费用是 S，物料的保管费占平均库存物料价值的 I 百分数，订货量是 Q。则该物料全年的总费用是物料订货费加物料保管费再加物料的价值，如式 4－1 所示。

$$F=(R/Q)\times S+(Q/2)\times C+R\times C \qquad (4\text{-}1)$$

求 $F(Q)$ 的最小值，得式(4－2)。

$$Q=\sqrt{\frac{2RS}{IC}} \qquad (4\text{-}2)$$

假设某物料的计划的时区单位是月，预计 1～9 时区的净需求量如表 4－1 所示，$S=100$，$C=50$，$I=0.24$，计算得 $Q=58$，则计划订货量如表 4－1 所示。

(3) 固定时区需求量确定法(Fixed Period Quantity,简称 FPQ)。FPQ 法是属于先假设固定需求时间后确定该时区内的需求量,这个时区数是完全凭经验确定的,受人为因素影响。该方法适用于不断改变时间会引发其他不确定成本的变化。假设某物料凭经验确定订货时区是 2,则计划订货量如表 4-1 所示。

(4) 时区订货批量法(Period Order Quantity,简称 POQ)。POQ 法是属于先假设固定需求时间后确定该时区内的需求量。在实际操作过程中,先利用 EOQ 法确定理论订货量 Q,然后求出经济订货次数 $n=R/Q$,最后由全年的时区数 N 除订货次数 n,得到订货时间间隔,某物料的需求情况如表 4-1 所示,则 POQ 计划订货结果如表 4-1 所示。

表 4-1 订货批量计算表

时 区	1	2	3	4	5	6	7	8	9	合 计
预计净需求	35	10		40		20	5	10	30	150
FOQ 计划订货量	40	40				40			40	160
EOQ 计划订货量	58			58				58		174
FPQ 计划订货量	45			40		25		40		150
POQ 计划订货量	85					65				150
LFL 计划订货量	35	10		40		20	5	10	40	150

(5) 按需确定订货批量(Lot For Lot,简称 LFL)。该方法属于同时确定需求时间与供应量,也是一种最简单的订货批量确定方法,即要多少,订多少。这种方法完成贯彻 JIT 的库存控制理念,在实际订货时,适用于物料单价高需求数据少,或需求不连续的物料。当物料供应能力非常强大,随时需要可以随时提供时也可以采用这种方法,LFL 计划订货方法的如表 4-1 所示。

(6) 最小单位费用法(Least Unit Cost,简称 LUC)。该方法属于同时确定需求时间与供应量,既不固定订货时间间隔,也不固定订货批量,而是根据预计的净需求量,从一个时区的需求量开始计算订货费和保管费,并计算出分摊到每个物料的单位物料的费用,取单位物料费用最少的订货量和订货时间间隔为计划订货。根据上述假设,每个物料保存一个时区需要保管费 1 元,则经过推算出第一个时区的最小单位费用的订货量是 45,供两个时区的需求,推算过程如表 4-2 所示。请学员自己推算下次订货时区数和订货量。

(7) 最小总费用法(Least Total Cost,简称 LTC)。该方法也是属于同时确定需求时间与供应量,依据计划期内的订货费用越接近保管费用时,这个计划期内所有批量的订货费用与保管费用之和也越小的原理,先计算出经济单位库存时区量(Economic Part Period,简称 EPP),然后分别计算出随时延伸的物料保管费,取保管费用最接近 EPP 值的订货时区数和订货量。EPP 是指存储一个时区时使订货费用与保管费用相等的量,因此 EPP 的计算方法为 EPP=$S/(R\times C)/12$,根据上述假设 EPP=100/(0.24×50)/12=100。LTC 的计算过程如表 4-3 所示。从表中可知订四个时区的需求量,其保管费更接近 EPP 值，因此，第一时区的订货量是 85。

表 4-2 最小订货批量计算方法

时区数	净需求	存时区	一次订货	保管费	单位保管费	单位订货费	单位费用
1	35	0	35	0	0	2.86	2.86
2	10	1	45	10	0.22	2.22	2.44
3	0	2		10	0.22	2.22	2.44
4	40	3	85	130	1.58	0.18	2.70

注：假设在第一时区订四个时区的需求量 130，则在 130 个中，其中有 35 个是第一时区消耗，没有保存；有 10 个在第二时区消耗，保存了一个时区，需要保管费 10 元；最后 40 个在第四时区消耗，保存了三个时区，需要保管费 120 元，总计保管费 130 元。

表 4-3 LTC 计算过程

时 区	净需求	存放时区数	可能的批量	库存保管费用累计
1	35	0	35	0
2	10	1	45	10
3		2		
4	40	3	85	130
5		4		
6	20	5	105	230

综上所述，某一物料采用不同的订货批量确定方法，订货量与订货时间是不相同的，形成的库存量也不相同。采用 LFL 方法的库存量最小，采用 EOQ 方法计划期内所花费用最小。企业在实际确定订货批量时，还要根据具体的各种订货因素确定。

5. 库存盘点方法

库存盘点是确保库存记录正确最有效的途径。这不仅可以及时发现库存物料与账面记录不一致，找出出错的原因，通过校准消除不准确的记录，而且还可以正确地检测系统运行结果，提高库存管理人员的素质。在 ERP 系统支持下可以取消年度盘点，采用循环盘点，提高库存数据的实时、正确和可靠性。常见的循环盘点方法有 ABC 分类法、分区分块法和存放地点审查法。

(1) ABC 分类法。这种方法不仅用于库存盘点，同时用于物料库存量控制等领域。ABC 分类法是遵循了意大利经济学家 Pereto 的 2:8 定律。将所有库存物料按全年使用价值(用量 * 单价)和各物料使用价值累计值从大到小降序排列，当物料使用价值累计到 80%的对应物料为 A 类物料，由此继续累计到 95%的物料(15%)为 B 类，其余的物料(5%)为 C 类物料。在库存管理过程中对 A、B、C 物料的计量容差和盘点频率不同，可以分别取 0%、2%、4%和每周一次、每月一次、半年一次等。实际上，在确定各物料的盘点时间时，还要充分考虑库存物料种类、数量、分散程度、管理人员能力和预期投入的费用等因素。这种方法理论上科学合理,但当物料存放空间混乱时,盘点记录容易遗漏出错、盘点工作量大等不足。

(2) 分区分块法。为了便于开展盘点工作和盘点记录,往往按库存物理空间分别设定盘点时间,在同一区域的物料一起盘点。因此,这种方法首先要细化库位区域,然后分析各区域内物料的价值、原记录的准确度和区域内物料种类与数量,然后确定各区域物料的盘点频率和盘点计划。这种方法更适用于物料按价值分类按区域存放,既便于准确记录数据,不会造成遗漏盘点或重复盘点,又能提高工作效率。

(3) 存放地点审查法。在库存管理过程中,当物料种类繁多时极易放错位置,影响正常的物料存取和盘点工作。存放地点审查法是通过对所有库位编号和预定义库位物料,然后与实际库存物料记录进行比较,核实其每项物料所在的库位,这种方法简单、快速和有效地核准物料存放地。但不涉及物料库存数量。

在企业库存管理中,物料盘点是一项十分重要的工作,直接影响到 ERP 系统的有效性。周期循环盘点是在 ERP 系统环境下的常用库存管理方法,而盘点方法的选择往往根据企业的实际情况。对于快速周转的物料分区分块法比较有效,对于库位数量多并做好分类库存的物料采用 ABC 分类更加有效,对于仓库建设启用初期或相隔一段时期后运用存放地点审查法可以发现并改正库位物料混乱现象。

6. 虚项物料管理

虚项物料是为了简化物料清单,便于对零杂物料的归类而设立的实际不存在的物料,或往往直接进入生产现场而不需要库存的物料。特别要注意的是虚项物料往往是由一类物料构成的集合体。例如:附件和备件等物料可以作为虚项物料来管理。附件往往由装箱单、各种说明书、合格证,检验证等组成;备件往往是根据产品的易损性和特殊性决定,例如:汽车的备件由工具、轮胎等组成。

(1) 虚项物料的特殊属性。虚项物料必须类同一般物料先在物料主文件是输入。但是虚项物料的提前期和安全库存量一定是 0,订货批量与订货倍数是 1,订货策略采用按需订货,其他属性根据实际情况定义输入。然后,将虚项物料加入到物料清单。在物料清单文件中指明该物料是虚项物料,虚项物料与其父项物料的倍数是 1,数量型是随父项物料,报废率是 0,其他属性按实际情况定义输入。

(2) 虚项物料计划方法。当进行物料需求计划展开时,如果虚项物料的库存量是 0,则可以直接跨过该虚项物料,计算其下层物料的需求量;如果虚项物料具有库存量,则采用用光策略,用毛需求减库存量,求得净需求,再展开该虚项的子项物料。

虚项物料一般不出现在领料单上,除非库存大于 0,所以,在大多数情况下,出现在领料单上的仅仅是它的子项物料。

4.1.3 进销存子系统与 ERP 系统的库存管理模块关系

企业在实施 ERP 系统前应当充分做好 ERP 系统的前期教育,包括以某一职能部门为典例,实施该职能的管理信息子系统。进销存子系统往往是继财务信息系统之后,通常被推进企业信息化的项目关键项目之一，也就是说，ERP 系统的实施是基于进销存子系统的基础上进行的，在这种情况下，企业必须清楚地认识到进销存子系统与 ERP1 或基本 MRP 的联系和区别，这样不仅可以加快企业信息化的进度，减少企业信息化实施过程中的重复投资。还可以提高企业信息化过程中实施 ERP 系统的效率与效益。

1. 进销存子系统与 ERP 系统的库存管理模块的联系

库存管理在 ERP 系统中是一个不能独立运行的功能模块，但是，ERP 系统的实施是以库存管理为起点的。ERP 系统的库存管理与进销存子系统有着密切的联系，如果企业已经实施进销子系统，则为实施 ERP 系统提供了较全面的可以直接引用的物料基本属性数据，也为企业业务流程优化打下了坚实的基础。企业全体员工为了解 ERP 系统提供了实证式前期教育，为成功实施 ERP 系统奠定了基础。进销存子系统与 ERP 系统的库存管理功能模块的联系主要体现在如下几方面：

(1) 物料基础数据的共同性。ERP 系统的物料主文件的绝大部分数据可以从进销存子系统中直接找到，因此，可以通过数据格式的转换从进销存子系统中导出，从而导入到 ERP 系统的物料文件中。

(2) 库位定义的共同性。按企业对物料管理的方式，可以定义两者完全一致的库位。因此，可以把进销存子系统中对库位的定义直接应用到 ERP 系统中。减少重复定义和操作培训成本，提高实施成功率。

(3) 岗位设置的共同性。进销存子系统与 ERP 系统一样，对系统操作人员需要分类、分岗位设置操作权限。

实际上，ERP 系统的库存管理给进销存子系统拓宽了应用平台，提高了库存管理水平，加强了库存控制的时效性。

2. 进销存子系统与 ERP 系统的库存管理模块的区别

进销存子系统是一个可以独立运行的子系统，与 ERP 系统中的库存管理功能模块相比存在明显的差别，主要体现在如下几方面：

(1) 信息的沟通方式不同。进销存子系统基本沿用传统的管理模式，以人工方式为主导的改良方式，各个职能之间仍然按人工业务处理流程方式传递、复核、确认、归档等处理信息。而 ERP 系统方式下各职能部门尽可能地减少信息阶梯式传递，各自直接与中央数据库建立信息沟通，减少信息传递环节，消除信息不一致现象。

(2) 岗位职责差异。进销存子系统运行方式下，相关职能部门的岗位职责仍然沿用传统方式的管理制度。但是，在 ERP 系统运行方式下，各个职能部门的业务活动都必须在 ERP 系统统一指挥协调下开展工作，指令的下达、信息的传递、业务进程反馈和现场跟踪都要通过中央数据库集中处理。因此，岗位职责不仅要加强业务处理考核，还要加强数据输入和处理等工作的考核，要在原有岗位职责基础上进一步明确信息处理职责。

(3) 数据采集的时效性差异。进销存子系统在数据处理过程中可以以会计期，或按天调整数据，对数据的时效性要求不高。但是，ERP 系统的库存管理功能对每个数据的采集要求尽可能与事务处理同步，事务处理与数据采集系统之间的时差直接影响系统的有效性，提高系统应用效益和效率，关键在于缩短这种时差。

(4) 系统应用的广度与深度不同。进销存子系统涉及到物料进货、销售出货和库存管理系统多个职能部门，业务范围广，但对数据处理的要求不同，系统给企业经营的影响也弱。ERP 系统下的库存管理仅集中在库存管理业务，相对涉及面小，但是，库存管理记录的内容不仅反映物料过去与现在的状态，而且还可以反映将来的状态，能为企业的计划、规划、决策提供科学的依据。

3. 从进销存子系统切入 ERP 系统的思路

进销存子系统的应用为企业实施 ERP 系统提供了较坚实的基础，无论在企业信息化知识教育，还是对基础数据的准备都起到举足轻重的作用。开展了进销存子系统的企业十分容易实现 ERP 系统的时段式 MRP 系统，只要把精力集中做好主生产计划的规范、物料提前期的整理、岗位职责的重构、业务流程优化和高层领导的教育等方面工作，就可以做到事半功倍的效果，具体切入方式如图 4-6 所示。

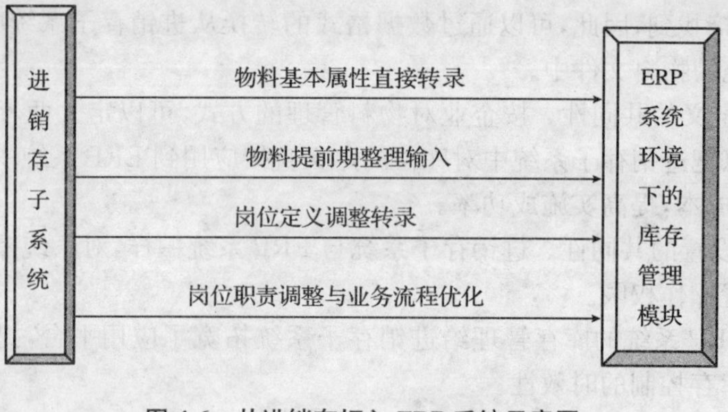

图 4-6 从进销存切入 ERP 系统示意图

进销存子系统不仅可以为 ERP 系统的库存管理模块提供直接相关的数据，还可以给采购管理提供供应商基本情况和供应商品信息、销售管理提供客户基本情况和市场分布情况等直接相关的数据。

4.2 准时化方式与 ERP 系统的生产管理

准时化生产方式是推动日本制造业向前飞速发展和取得超越美国生产效益的当代先进的管理理念、管理技术和管理工具。ERP 系统实施及运行管理过程中常常涉及到 JIT 生产管理思想的冲击，运用 JIT 思想和 ERP 系统工具已经成为现代生产管理发展的总趋势。

4.2.1 准时化方式

上世纪 60 年代以来，以日本丰田汽车公司为代表的准时生产方式(Just In Time，简称 JIT)极大地提高了生产效率。近年来，JIT 不仅作为一种生产方式，也作为一种通用管理模式在制造业、物流业和电子商务等领域得到广泛推行。

丰田汽车公司顺应汽车市场竞争的加剧，面对市场需求多样化和产品质量不断提高与生产成本降低的矛盾日益突出，如何在持续降低产品成本的前提下，有效地组织多品种小批量和高质量产品的生产是制造业面临的严重挑战。日本丰田公司的副总裁综合了单件生产和批量生产的特点和优点，创造了一种在多品种小批量混合生产条件下高质量、低消耗的生产方式即准时化生产。JIT 是将必要的零件以必要的数量在必要的时间送到生产线，并且仅将所需要的零件、所需要的数量、正好需要的时间送到生产工位。从而避免生产过剩所引起的设备、人员、非必须费用等一系列的浪费。

1. JIT 的基本思想

JIT 的基本思想是“恰好在需要的时候，按仅需要的数量生产所需的产品”。以生产各环节的准时为原则，暴露出生产过程中存在的问题，特别是生产过量和其他方面的浪费，然后对制造资源(如：设备、人员与物料等)进行调整与优化，达到降低成本、简化计划和提高可视可控。这是通过严密仔细的生产计划和实时控制及精确库存的管理，以追求生产过程完美的状态，达到无库存，无浪费，库存量达到最小的生产系统。准时生产方式的核心是追求一种无实用库存的生产系统。为采用生产过程“看板”的管理与控制方法，并逐渐形成了一套独具特色的生产经营体系。达到适应多品种少批量生产方式，缩短生产周期，实现消除无效库存，优化生产物流，减少浪费的目的。

2. JIT 的目标

JIT 生产方式的目标是投入最小的成本，获取最大利润，这也是企业经营的最终目标。在上世纪的“福特”工业化生产方式时代，降低成本，提高企业效益主要是依靠单一品种的扩大生产规模来实现的。但是，在剧烈的市场经济环境下，生产方式只能向多品种中小批量方式发展。传统的生产管理方法已经无法满足现代生产管理的需要。因此，JIT 生产方式力图通过“彻底消除浪费”来达到这一目标。在 JIT 生产方式下的浪费，被定义为“只使成本增加的生产活动及相关因素”，也就是说，不会带来任何附加价值的活动。任何活动对于产出没有效益便被视为浪费。其中生产量过剩(即造成库存积压)也被视为浪费。例如：搬运的动作、机器准备、存货、不良品的重新加工等都被看作浪费。同时，在 JIT 的生产方式下，浪费的产生通常被认为是由不良的管理所造成的。比如，大量物料的存在可能是由于供应商管理不良所造成的。因此，为了排除这些浪费，就相应地产生了适量生产、弹性配置作业人数以及保证质量这样三个子目标。

(1) 质量目标。废品量最低：JIT 要求消除各种引起不合理的原因，在加工过程中每一工序都要求达到最好水平。

(2) 生产目标。库存量最低：JIT 认为，库存是生产系统设计不合理、生产过程不协调、生产操作不良的证明；减少零件搬运，搬运量低：零件的搬运是非增值操作，如果能使零件和装配件运送量减少，搬运次数减少，可以节约装配时间，减少装配中可能出现的问题；机器损坏低、批量尽量小。

(3) 时间目标。准备时间最短，准备时间长短与批量选择相联系，如果准备时间趋于零，准备成本也趋于零，就有可能采用极小批量；生产提前期最短，短的生产提前期与小批量相结合的系统，应变能力强，柔性好。当然，不同目标的实现具有显著的相关性。

3. JIT 的实施

JIT 的应用包含了纷繁复杂的内容，其实施方法因企业管理体系与生产方式的差异而不同。但从 JIT 的核心思想出发，以降低企业生产运行成本为目标，JIT 的实施如图 4-7 所示，可以从生产流程化、生产均衡化和生产资源配置合理化三方面着手。

(1) 生产流程化。丰田公司在开展 JIT 时，按生产汽车所需的工序从最后一个工序开始往前推，确定前面一个工序的类别，并依次恰当地安排生产流程。并根据流程和每个环节所需要的库存数量和时间前后，再来安排库存和组织物流。尽可能地减少物资在生产现场的停滞与搬运，促使物资在生产流程上毫无阻碍地流动。实施这种科学合理的生产流程就能做到"在需要的时候，按需要的量生产所需的产品"。对于实施 JIT 的企业来说，各种产品的产量必须能够灵活地适应市场需要量的变比。按 JIT 的思想，生产过剩会引起人员、设备、库存费用等一系列的浪费。要避免这些浪费，就必须实施适时适量生产，只在市场需要的时候，才开始生产市场所需要的产品。

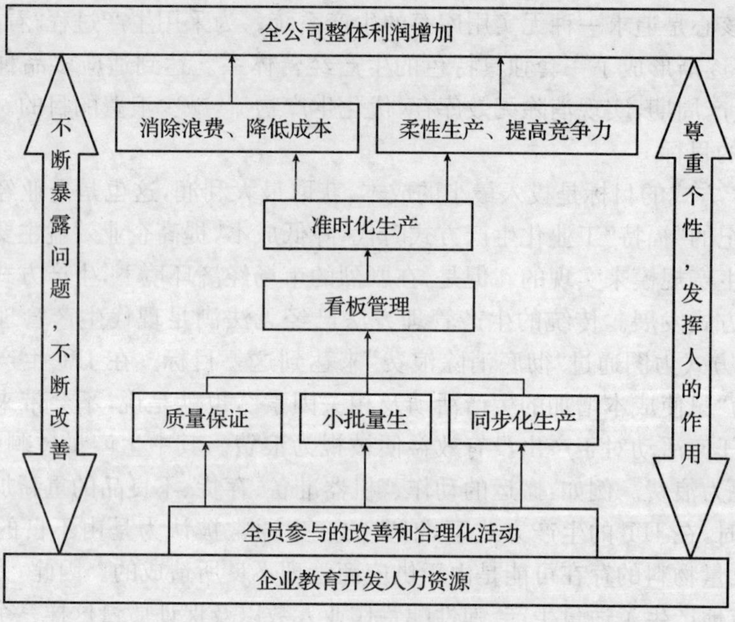

图 4-7 JIT 实施体系示意图

为了实现 JIT 的适时适量生产，首先需要致力于生产的同步化。即工序间不设置仓库，前一工序的加工结束后，使其立即转到下一工序去，装配线与机械加工几乎平行进行。在铸造、冲压、锻造等必须成批生产的工序，则通过尽量缩短作业更换时间来尽量缩小生产批量。生产的同步化通过"后工序领取"这样的方法来实现。后工序只在需要的时间到前工序领取所需的加工品；前工序中按照被领取的数量和品种进行生产。这样，制造工序的最后一道即总装配线成为生产的出发点，生产计划只下达给总装配线，以装配为起点，在需要的时候，向前工序领取必要的加工品，而前工序提供该加工品后，为了补充生产被领走的量，必向再前道工序领取物料，这样把各个工序都连接起来，实现同步化生产。这样的同步化生产还需通过采取相应的设备配置方法以及人员配置方法来实现。即不能采取通常的按照车、铣、刨等工业专业化的组织形式，而按照产品加工顺序来布置设备。这样也带来人员配置上的不同作法，可弹性配置作业人数。降低劳动费用是降低成本的一个重要方面，达到这一目的的方法是“少人化”。所谓少人化，是指根据生产量的变动，弹性地增减各生产线的作业人数，以及尽量用较少的人力完成较多的生产。这里的关键在于能否将生产量减少了的生产线上的作业人员数减下来。具体方法是实施独特的设备布置，以便能够在需求减少时，将作业所减少的工时集中起来，以整顿削减人员。但这从作业人员的角度来看，意味着标准作业中的作业内容、范围、作业组合以及作业顺序等的一系列变更。因此为了适应这种变更，作业人员必须是具有多种技能的“多面手”。

(2) 生产均衡化。生产均衡化是实现适时适量生产的前提条件。所谓生产均衡化，是指总装配线在向前工序领取零部件时应均衡地使用各种零部件，生产各种产品。为此在制订生产计划时就必须加以考虑，然后将其体现于产品生产顺序计划之中。在制造阶段的均衡化是通过专用设备通用化和制定标准作业来实现。所谓专用设备通用化，是指通过在专用设备上增加一些工夹具的方法使之能够加工多种不同的产品。标准作业是指将作业节拍内一个作业人员所应担当的一系列作业内容标准化。

生产中将一周或一日的生产量按分秒时间进行平均，所有生产流程都按此来组织生产，这样流水线上每个作业环节上单位时间必须完成多少何种作业就有了标准定额，所在环节都按标准定额组织生产，因此要按此生产定额均衡地组织物质的供应、安排物品的流动。因为 JIT 生产方式的生产是按周或按日平均，所以与传统的大生产、按批量生产的方式不同，JIT 的均衡化生产中无批次生产的概念。

标准化作业是实现均衡化生产和单件生产单件传送的又一重要前提。丰田公司的标准化作业主要是指每一位多技能作业员所操作的多种不同机床的作业程序，是指在标准周期时间内，把每一位多技能作业员所承担的一系列的多种作业标准化。丰田公司的标准化作业主要包括两个内容：标准周期时间、标准作业顺序、标准在制品存量，它们均用“标准作业组合表”来表示。

(3) 资源配置合理化。资源配置的合理化是实现降低成本目标的最终途径，具体指在生产线内外，所有的设备、人员和零部件都得到最合理的调配和分派，在最需要的时候以最及时的方式到位。

从设备而言，设备包括相关模具实现快速装换调整，例如，丰田公司发明并采用的设备快速装换和调整的方法是 SMED 法。丰田公司所有大中型设备的装换和调整操作均能够在 10 分钟之内完成，这为“多品种、小批量”的均衡化生产奠定了基础。

在生产区间，需要设备和原材料的合理放置。快速装换调整为满足后工序频繁领取零部件制品的生产要求和“多品种、小批量”的均衡化生产提供了重要的基础。但是，这种烦琐的领取制品方式必然增加运输作业量和运输成本，特别是如果运输不便，将会影响准时化生产的顺利进行。合理布置设备，特别是 U 型单元连结而成的“组合 U 型生产线”，可以大大简化运输作业，使得单位时间内零件制品运输次数增加，但运输费用并不增加或增加很少，为小批量频繁运输和单件生产单件传送提供了基础。

就人员而言，多技能作业员（或称“多面手”）是指那些能够操作多种机床的生产作业工人。多技能作业员是与设备的单元式布置紧密联系的。在 U 型生产单元内，由于多种机床紧凑地组合在一起，这就要求并且便于生产作业工人能够进行多种机床的操作，同时负责多道工序的作业，如一个工人要会同时操作车床、铣床和磨床等。

4.2.2 ERP 系统的生产管理

生产管理是 ERP 系统的核心功能子系统，它将企业的整个生产过程有机地结合在一起，使得企业能够有效地降低库存，提高效率。同时将原本分散的生产流程通过 ERP 系统有机地连接起来，也使得生产流程能够前后连贯地进行，从而使生产全过程不出现脱节，耽误生产交货时间。

生产管理将由涉及到的生产计划、生产调度和生产现场控制等功能组成，生产控制管理是一个以计划为导向的先进的生产、管理方法。首先，企业确定它的一个总生产计划，再经过系统层层细分后，下达到各部门去执行。即生产部门以此生产，采购部门按此采购等等。生产管理过程如图 4-8 所示。

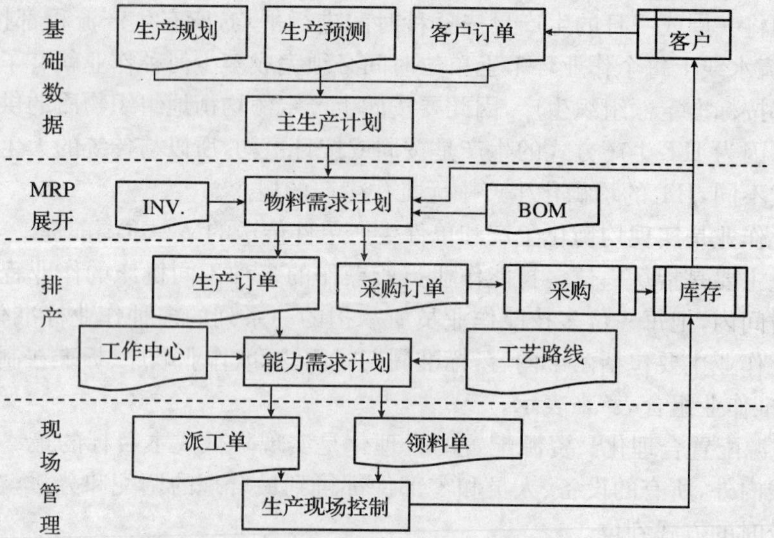

图 4-8 ERP 生产管理流程图

1. 生产计划

生产计划在企业运行管理中也常常被称为“排产”。它是将销售部门的客户需求细划成可执行的生产活动，从企业的宏观到微观可分成生产规划、主生产计划、物料需求计划和能力需求计划。不同层次的计划对象、计划时间长短、计划细度和计划依据是不同的，从 ERP 原理可知，生产规划的对象是产品类，规划时间一般是 1～2 年，规划的依据不仅涉及到企业经营规划的目标，而且还涉及到企业主营业务的市场发展趋势和企业内部的生产能力。而生产能力计划则按 MRP 开展的制造物料的需求量和需求时间，计算出每个工作中心的生产负荷，提供生产调度依据，自动产生生产过程中的派工单、领料单和所需额定工时数，为计算人工费用、材料费用和制造费用提供计划成本信息。

(1) 主生产计划(Master Production Schedule，简称 MPS)。这根据生产计划、预测和客户订单的输入来安排将来的各周期中提供的产品种类和数量，它是将生产计划转为产品计划，在平衡了物料和能力的需要后，精确到时间、数量的详细的进度计划。是企业在一段时期内的总活动的安排，是一个稳定的计划，是根据生产计划、实际订单和对历史销售分析得来的预测产生的。计划管理系统融先进的管理思想于软件设计之中。通过主生产计划和物料需求计划 MRP，帮助企业解决需要生产什么和在什么时候生产，以及相关的需要什么物料，在何时购买等问题，从而达到降低库存、提高服务水平(及时交货)的目的。

(2) 物料需求计划(Material Requirement Planning，简称 MRP)。在主生产计划决定生产多少最终产品后，再根据物料清单，把整个企业要生产的产品数量转变为所需生产的零部件数量，并对照现有的库存量，按照零件提前期和批量策略，产生各车间自制件的零件生产作业计划，外购件采购计划。

(3) 能力需求计划。在得出初步的物料需求计划之后，将所有工作中心的总工作负荷，在与工作中心的能力平衡后产生的详细工作计划，用以确定生成的物料需求计划是否是企业生产能力可行的需求计划。能力需求计划是一种短期的、当前实际应用的计划。

2. 生产调度

企业拥有的各种资源(人力、财力和设备运行状态等)都时刻在发生变化，市场对企业的需求也每时每刻都在发生变化。无论计划如何精细，还需要根据实时动态信息进行调整，生产任务的调整也称为生产调度。生产调度不仅在企业内部各工作中心之间存在，还存在于工作中心内部的各生产订单之间，甚至存在于供应链上企业之间加工件或产品的转包。一般研究的生产调度主要是指企业内部的工作中心之间或工作中心内部各生产订单之间的调度。但是，随着信息技术的普及推广和供应链理论的广泛应用，市场竞争的加剧，企业之间的生产协作更加紧密。

1) 工作中心之间生产任务的调整

在 ERP 系统运行环境下，生产管理完全依托 CRP 运算的结果进行调度。ERP 系统中 CRP 生成的各工作中心负荷图直接地、简洁地描述了各工作中心在将来计划期内各时区的负荷情况，生产调度人员根据对应工作中心的生产能力采用不同的调度策略。

在实际 ERP 系统环境下，各工作中心的负荷与对应能力一致的理想情况是很少出现的，两者往往不一致。负荷与能力存在差异时，根据差异的大小确定是否需要调度，这个差异阈值称为容差。容差越小调度越频繁，容差能力越低，对管理的要求越高。在实际生产调度决策中，容差值的确定与 ERP 系统时区划分大小也直接相关，时区单位越小，灵敏度越高，容差越小，管理越精细。在 ERP 系统实施过程中时区单位、调度容差和管理水平要相协调，才能使 ERP 系统正常运行，提高 ERP 系统实施的成功率。

(1) 负荷超过能力的调度策略。当 CRP 运算结果发生工作中心的负荷大于能力，已经超出容差时，必须选择相应的调度策略解决能力不足问题。通常采用的策略可以增加能力或减少负荷，使二者趋于平衡。

增加能力可以采用加班、增加人员和设备等策略，在选择策略时还要根据具体情况，当这种超负荷是临时的情况时，宜采用加班策略，如果是长期超负荷情况时，则宜采用增加人员或设备的策略，长期加班，不仅增加人工成本支出，更主要的不利因素是直接降低产品生产质量和员工的积极性。

减少负荷可以采用转包和转给同类其他负荷不足的工作中心等策略。企业生产调度首选的策略是尽可能地调整到同类负荷不足的工作中心，当企业内部工作中心之间无法协调消化时，才考虑部件、或部分订单转包。当采用转包策略时，必须严格把好质量、交货期和数量关，转包不能转移责任。

(2) 能力超过负荷的调度策略。当 CRP 运算结果发生工作中心的能力大于负荷，已经超出容差，即负荷严重不足时，必须选择相应的调度策略解决负荷不足问题。通常采用的策略往往可以降低能力和转移能力，使其趋于平衡。

降低能力最直接的方法是裁员。裁员的策略往往适用于在相当长的一段时间内都会出现负荷严重不足的情况，这种情况的发生可能是由于企业内因导致，也可能是企业的外因导致的。例如，当前世界制造业受到美国"次贷"危机的影响，往往裁员。

转移能力是当负荷不足是临时性时采取的调度策略，人力资源的频繁调整也会形成很高的人力成本，不如将富余的人员进行培训学习，进一步提高员工的技能，更好地为下阶段的生产服务。

在生产管理过程中，不论负荷与能力处于什么状态，不断寻找生产过程工艺、流程、工序和生产组织等各环节中存在的问题，进行工艺革新、业务流程优化，资源配置优化是生产管理永恒追求的目标。

2) 工作中心内生产之间的调整。在 ERP 系统运行环境下，一个工作中心完全有可能同时接受多个生产订单，因此需要确定哪个订单先加工，确定订单加工顺序的策略往往是先计算该订单未完成工序的情况来确定作业优先级，优先级高的先加工。确定作业级的方法有最早订单完工日期、紧迫系数法和最小单个工序平均时差等方法。

(1) 最早订单完工日期。这种方法最简单实用，订单的优先按订单中工序完工日期的前后，完工日期在前，则优先级高。例如，A_1 订单当前未完成工序按 CRP 要求在 2009 年 2 月 10 号完工，A_2 订单当前未完成工序按 CRP 要求在 2009 年 2 月 6 号完工，则 A_2 订单的优先级高于 A_1 订单，先安排 A_2 订单上线生产。

(2) 紧迫系数法。这种方法是先计算订单未完成工序的紧迫系数，紧迫系数值越小，则优先级越高，越早安排上线加工。紧迫系数的计算方法如式(4-3)

$$C_r=(D_i-D_0)/T \tag{4-3}$$

式中：C_r：紧迫系数，D_i：需用日期，D_0：系统当前日期，T：订单剩余的计划提前期。

当 C_r 小于 0 时，表明该订单已经无法按正常计划日期完工，已经出现了拖期现象；当 C_r 在 0 至 1 之间时，表明剩余时间已经不够了；当 C_r 等于 1 时，表明订单计划提前期与实际剩余时间一致，能安计划完工；当 C_r 大于 1 时，表明实际剩余时间超过订单计划提前期，还有时间余量，可以先安排其他订单。

(3) 最小单个工序平均时差。这种方法是先计算订单未完成工序的最小单个工序平均时差，最小单个工序平均时差值越小，则优先级越高，越早安排上线加工。最小单个工序平均时差的计算方法如式(4-4)

$$\mathrm{LSP0}=(D_i-D_0-T)/\mathrm{N} \tag{4-4}$$

式中：LSP0：最小单个工序平均时差，D_i：需用日期，D_0：系统当前日期，T：订单剩余的计划提前期，N 还需要的加工工序数。

当 LSP0 小于 0 时，表明该订单剩余时间不够了，已经无法按正常计划日期完工，已经出现了拖期现象；当 LSP0 等于 0 时，表明订单计划提前期与实际剩余时间一致，能安计划完工；当 C_r 大于 0 时，表明实际剩余时间超过订单计划提前期，还有时间余量。

在选择优先级计算方法时，如果两个订单生产相同物料，则选择最早订单完工日期方法最简单、直接；如果两个订单生产物料不同，但其加工工艺的复杂程度相近时，可以采用紧迫系数法；否则采用最小单个工序平均时差更合理。当两个以上订单都有剩余时间时，采用最小单个工序平均时差更好。

4.2.3 准时化方式与 ERP 系统的生产管理关系

更多学者把 JIT 与 ERP 的生产管理方式看成是两种不同的管理模式，JIT 称为“拉式”管理模式，而 ERP 称为“推式”管理模式，实际上这两种生产管理模式既有区别，但有密切的联系。

1. JIT 与 ERP 系统的生产管理模式的区别

起源于日本丰田公司的 JIT 与起源于美国的 ERP 系统的生产管理模式在管理理念、管理方式和过程控制等方面有明显的差异。

(1) 生产活动的起因不同。在生产活动过程中，JIT 的生产活动完全起因于需求，根据下道工序对物料所需要的时间和数量组织生产，由需求激活生产活动，追求精益求精，消除一切浪费，实现其经营目标。而 ERP 的生产活动完全根据主生产计划、BOM 和库存控制确定所有相关物料的生产计划，相应工作中心按计划组织生产，生产完成后按期入库，以物料的库存状态控制物流，因此，ERP 生产活动起因于主生产计划，要求主生产计划正确、可靠。

(2) 生产物料的控制方式不同。JIT 方式对生产物料的控制在上道工序的工位(或工作中心)，只有当下道工序需要时才被领 f 用，物料的库存费用由上道工序所在的工作中心承担，不按需求的多生产或少生产完全由上道工序所在部门负责。在 ERP 系统环境下，各工作中心以 ERP 系统的计划为主线，按该计划组织生产，物料入库标志生产任务的完成，物料的库存记录是物料控制的关键之一。

(3) 生产任务控制方式不同。JIT 采用"看板"方式执行生产任务，对生产物料需求以板的形式表达出来，生产以板上填写的内容为依据。在这种方式下既可以采用人工方式进行生产管理，也可以借助计算机建立生产管理信息系统，由信息系统实时更新生产任务。但在 ERP 系统环境下，处于同一实时更新系统下运作，必须借助计算机系统建立生产集成管理信息系统，在信息系统的统一协调下执行生产任务。

(4) 生产目标实现方式不同。在 JIT 方式下生产目标是一切活动的最优，在理论上消除一切浪费，实现零库存。在 ERP 方式下生产目标是通过控制库存物料的有效性，在确保正常生产的前提下尽可能降低库存量，以均衡生产为主要目标，通过平衡生产，提高资源的利用率，发挥生产资源的作用，提高企业经营绩效，降低生产成本。

2. JIT 与 ERP 系统的生产管理模式的共同点

JIT 与 ERP 系统虽然具有许多明显的差异，但从管理目标、管理对象、管理本质等方面来看具有很大的相通性，实现 JIT 管理思想的企业，实施 ERP 系统更能体现 ERP 系统的效益，ERP 系统更能为 JIT 提供有效的手段。

(1) 管理目标相同。无论是 JIT 生产管理模式，还是 ERP 系统生产管理模式，其目标都是通过提高企业库存物料的周转率，降低生产成本，充分发挥企业制造资源作用，优化企业资源配置，以达到提高企业的竞争能力的目标。

(2) 管理对象相同。无论 JIT 是采用"拉"式管理思想，还是 ERP 采用"推"式管理思想，其管理对象都是生产物料，而且都是在生产物料的上下道工序之间。不管 JIT 采用"取货"方式，还是 ERP 采用送货方式，都是追求物流加速，其管理目标都是既不希望停留在上道工序，也不希望停留在下道工序，希望保持生产物料畅通。

3. JIT 与 ERP 系统的生产管理模式的内在联系

JIT 与 ERP 系统的生产管理模式没有本质的差别，只是生产管理的形式、手段和控制方式的差异，在实际生产管理过程中也不存在不同管理模式的适用条件、环境和企业类型的要求，也就是说，能采用 JIT 的企业，同样可以运用 ERP 系统，用 ERP 系统的企业同样可以贯彻 JIT 管理思想。而且一个企业是完全可以同时使用 ERP 系统和 JIT 管理思想。有些学者把 ERP 手段、JIT 思想相融合称为 ERPⅢ。把 JIT 中的生产现场管理的"看板"，换成 ERP 系统中的"电子板"，通过 ERP 系统把 JIT 的管理思想推广到其他管理范畴。

4.3 供应链管理与 ERP 系统的采购管理

ERP 系统有效地集成企业内部各种资源的信息，通过信息处理优化资源配置，降低成本、提高效率，但是随着产品市场竞争的加剧，一个企业孤军奋战是无法抵抗组织起来的企业联盟。供应链管理成为现代企业管理提高竞争力的有力武器，而且，ERP

系统集成的信息如果不走出企业，在市场环境下提供运用，只能是市场环境下的信息孤岛。不仅信息利用率低，而且企业对市场的响应受到限制。

4.3.1 供应链管理

1. 供应链的内涵

供应链(Supply Chain，简称 SC)的概念最早出现在上个世纪 80 年代，它是在“供应链”理论基础上提出的，但到目前为止还没有形成统一的定义。有些学者认为 SC 是包括供应商、制造商、销售商在内，涉及物流、资金流、信息流的企业网络系统。从以买卖双方关系的视角，表明供应链是组织之间的一系列交易活动构成的交易关系，并且这种交易关系将最终增值于产品和服务。也有学者认为，供应链是通过价值增值过程和分销渠道控制从供应商的供应商到用户的用户的整个过程，它始于供应的源点，终于消费的最终用户。我国学者对供应链的认识也不尽相同，有的学者认为供应链是围绕核心企业，通过对信息流、物流、资金流的控制，从采购原材料开始，制成中间商品以及最终产品，最后由销售网络把产品送到消费者手中的供应商、制造商、分销商、零售商，直到最终用户连成一个整体的功能网链结构。也有的学者认为，供应链是原材料供应商、零部件供应商、生产商、分销商、零售商、运输商等一系列企业组成的价值增值链。

供应链的内涵表明这是一个跨组织、跨职能的网链，其中存在着信息流、物流、资金流，并且以快速提供满足客户需求的产品为目标。随着以 Internet 为核心的信息技术的持续迅猛发展和应用，当前以电子商务为主体的信息技术越来越多地应用到供应链管理当中，形成了电子化供应链(Electronic Supply Chain)。电子化供应链是一个虚拟网络的通讯和运作中枢，连接供应商、商务伙伴和客户像一个内聚的协同实体。一个虚拟能动的供应链网络是一个或多个企业一系列的价值增值过程，随着供应商信息流物流的开始到消费者结束

2. 供应链管理的特点

供应链管理是一种集成的管理思想和方法，它强调企业之间的合作，通过合作完成从供应商到最终用户的物流计划、控制和资源配置等职能，并能够从整体上降低组织成本、提高业务管理水平和经营效率，达到价值增值的目的。其本质是优化业务流程，提高企业核心竞争力。

(1) 供应快速反应。它涉及企业及时地满足客户需求的能力，无延迟地满足客户需求的水平，即实现从订货期到交货期的时间最短。

(2) 供应成本最低。它是指实现供应链活动的总成本最低，运输、仓储、库存、制造等各方面活动均以供应链整体最优为原则，而不是某方面或供应链中个别成员的成本最低。

(3) 供应质量全面保证。供应链上所有成员共同努力，承诺在整个供应链活动过程中随时随地保障产品的零缺陷。

(4) 供应柔性好。实现整个供应链系统对外界突发变化的迅速适应能力，而且能对系统自身出现的危机和问题很快地加以辨别、排除和恢复，以保证系统的正常运行。

3. 供应链管理的层次关系

供应链管理体系比较复杂，可以分成企业间、企业中部门间和企业中生产工序间的三个不同层次的供应链，如图 4-9 所示。

图 4-9　供应链的层次关系

企业之间以核心企业为主体，以供需关系为纽带，形成宏观的供应链，这层供应链将涉及到核心企业所在的行业和主营产品形成的不同行业。从产品核心企业的供需双向进一步向外延伸，即深入到供应商的供应和客户的客户，将形成更加复杂的供应网。随着信息技术的飞速发展和 ERP 系统的普及应用，供应网的理论与方法逐步得到应用。

企业中生产部门与采购部门，生产部门与销售部门之间同样存在着供需关系，这种供需关系的确立是固定不变的（企业之间的供需关系是不固定的），物流、资金流（往往被忽视）和信息流的可控性强。提高供应链管理意识和加强企业内部供应链管理的主要目的在于更加明确企业各部门之间的职责，更有效地控制成本。

在生产部门内部工序间同样可以看成是供需关系，贯彻 JIT 的生产管理思想，实现精益生产方式的关键是要分清工序之间的生产成本责任，消除一切浪费的最有效方法是把工序之间的物流同样用供应链的管理思想控制生产。

4. 供应链管理研究的发展趋势

供应链管理的研究受到持续和广泛的关注，从提出供应思想至今其发展已经经历了四个阶段，1960 年至 1975 年被称为早期库存推动阶段，该阶段的核心思想是销售由库存推动；1975 年至 1990 年被称为中期的企业内部集成阶段，该阶段的核心思想是企业生产由客户需求拉动；上世纪 80 年代后期至 90 年代中期被称为供应链的初级阶段，1989 年 Stevens 首次提出了供应链管理的概念，在该阶段，供应链上各企业间利益冲突较多，尚没有形成有效协调机制。上世纪 90 年代中期以来被称为协调发展阶段，供应链上各节点企业不仅认识到协作的重要性，而且着手实施能提高供应链整体绩效、各节点间协调关系的实际措施。供应链管理理论与方法仍处于快速发展阶段，新的理念和技术不断涌现，正在向集成化、敏捷化和虚拟化发展。

(1) 供应链的集成化。集成供应链（Integrated Supply Chain，简称 ISC）是克服原有的采购、生产、销售之间的障碍，将企业内外供应链在功能、流程上进行整合，力求达到整个供应链全局的动态最优目标。目前，企业都已经意识到供应链管理是一种集成管理的思想与方法。根据约束理论，系统各个部分的最优之和不等于系统的整体最优。也就是说，如果把一个供应链看作一条由多个环节组成的链条，供应链的整体产出取决于链条的强度，只要有一个环节薄弱(瓶颈环节)，整个链条就是薄弱的。供应链通过链中节点企业之间的合作，实现物流、信息流、资金流在整个链条上的高效流动，实现流之间更好的协同运作，是发挥出强大的整体竞争优势的关键。因此，只有单个成员企业之间通过集成形成有效的协同时，整个供应链的效率才能达到最优，它所创造的价值才能达到最大。供应链集成可以分为企业内部和企业间两个不同的层次集成。

①企业内的集成。目标是克服企业内功能边界，与跨越供应链的独立成员的业务流程的管理和再设计活动密切相关(例如：功能集成、内部流程的合理化、内部信息系统的集成)。

②企业间的集成。目标是克服各个企业的边界，与集成的最初范围即“企业间的动态集成”和集成的高级范围即“整个供应链集成”相关。

企业内的集成是企业间集成的前提条件，企业间的集成是供应链进一步深入发展和产生供应链管理效益的关键。

(2) 供应链的敏捷化。敏捷供应链(Agile Supply Chain，简称 ASC)，即以核心企业为中心，通过对资金流、物流、信息流的控制，将供应商、制造商、分销商、零售商及最终消费者用户整合到一个统一的、无缝化程度较高的功能网络链条，以形成一个极具竞争力的战略联盟。多数情况下，敏捷供应链是一个动态的系统，具有灵活、动态的组织结构，强调通过利益共享和风险共担来实现企业间的精诚合作，强调联合竞争、共同盈利的合作机制。它将各企业的优势力量集成在一起，形成具有快速响应能力的动态联盟，并具有可重构、可重用、可扩充能力。敏捷供应链区别于一般供应链的特点在于，敏捷供应链可以根据动态联盟的形成和解体(企业重组)进行快速的重构和调整。敏捷供应链管理的根本目标在于通过对供应链中的物流、信息流、资金流进行有效地计划、协调和控制，促进供应链中各实体间，及实体内部各部门间商务过程的协同运作。敏捷供应链中的商务过程一般需要跨越分布于各地的多个环节，且生命周期不同、变化性大，管理和控制的难度很大。因此需要引入网络协同商务过程管理与控制思想，并在计算机系统的支持下对整个商务过程进行监督、控制、跟踪与考核，加强过程中各环节之间的协同管理，保证按时、按量地完成任务。供应链要想实现真正意义上的敏捷性，依靠信息网络技术强有力的支撑，必须拥有三个显著特性：市场灵敏性、过程集成、动态联盟(也可称为虚拟企业、扩展企业)。

(3) 供应链的虚拟化。虚拟供应链是基于全球化的虚拟企业依赖快速的信息技术支持和服务而建立的动态供应链。虚拟供应链使各企业摆脱供应链上的从属地位，供应链合作伙伴感到平等和安全。耐克公司和戴尔公司就是两个运用全球虚拟供应链运作成功的典范。虚拟供应链可看作是合作伙伴基于专门的中立的信息服务中心，为提高技术支持和服务而组建的动态供应链。信息服务中心为供应链的建立和运作提供技术支持，但作为供应链合作伙伴参与供应链的运作与管理。

与传统供应链比较，虚拟供应链有以下特点：

①传统供应链相对固定，而虚拟供应链是动态的。

②传统供应链一般是围绕核心企业的扇形结构，而虚拟供应链是网状结构，它更有利于供应链的优化。

③传统供应链由核心企业提供技术支持和服务，虚拟供应链是由专门的中立的信息服务中心提供技术支持和服务。这样，既有利于提高服务质量和效率，降低供应链运作成本，又使供应链合作伙伴感到平等和安全。建立虚拟供应链要注意：

①贸易伙伴间的协调合作，要建立一个全面的评估系统对每个贸易伙伴所起的作用做出正确的评估，在此基础上优化配置供应链带来的利益，从而使那些为了整体利益牺牲自身利益的企业得到补偿。

②培育、保持、提高企业的核心能力。企业具有核心能力是实施虚拟策略的前提条件。只有那些拥有核心优势的企业才可能找到合作伙伴，并在供应链中长久发展，达到分工合作、优势互补的目的。

③加强企业间的信息交互，建立高效的信息传递网络，从而使虚拟供应链的运作模式标准化、程序化和规范化。

4.3.2 ERP 系统的采购管理

MRP 运行将产生生产订单和采购订单，生产订单是生产作业管理的依据，也是组织生产，进行生产调度的依据。采购订单与生产订单的作用相似，是 ERP 系统的采购管理的重要依据之一。制造企业的生产起点是采购结束。生产必须经过采购，获取所需要的各种材料和外购件。采购管理与生产管理在 ERP 系统下具有很大的相似性，这两类订单的执行、跟踪和考核过程相似。但是，也存在本质的不同，首先是订单的可控性存在明显的差异，采购任务的完成，不仅取决于企业内部的采购部门，还取决于材料供应商和物流公司等多方的主观与客观的因素，因此，采购提前期不仅较长，而且可控性差，生产的生产周期在很大程度上受采购提前的影响。

1. ERP 系统采购管理内容

外购物料的价值与费用在很大程度上影响到企业成本，影响到产品的价格和市场竞争能力，采购管理直接影响到企业经营能力。采购管理的主要内容有货源调查、供应商评价、采购计划确认、签订采购合同、采购过程跟踪和采购验收入库等工作，其业务流程如图 4-10 所示。

(1) 货源调查。企业所外购物料时，首先要了解物料的来源，开展货源调查，货源调查应当广泛收集该物料的品名、型号、规格、供应商和供应能力等信息，并建立供应商供货基本数据库，将供应商的代码、名称、地址、联系电话、联系人；能提供的商品名称、规格、供应方物料代码；商品的价值、可供批量、质量、折扣、付款方式要求、货币种类、运输方式、交货方式、交货地点；供应商信誉记录、售后服务等记录入数据库中。并将调查结果提交主管工作领导，特别是新的供应商在建立供货关系之前还需要对供应商进行审核。只有审核通过的，或已经建立供货关系且信誉好的供应商，才可以直接进行签约谈判或商谈订货合同。

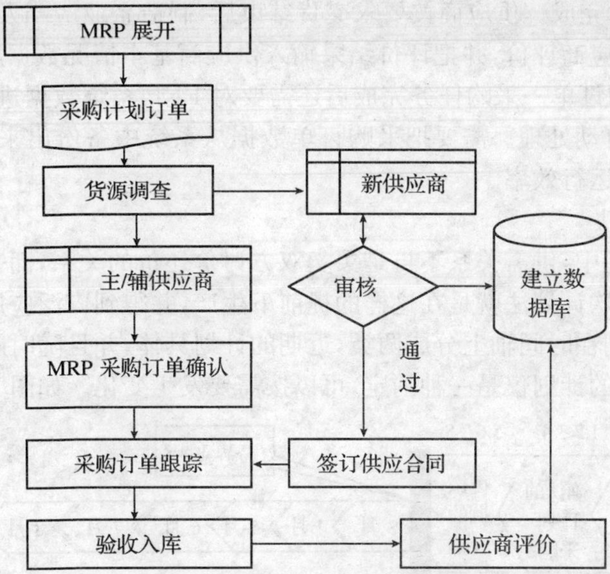

图 4-10 ERP 采购管理流程图

(2) 供应商评价和询价。供应商信息的获取可以有专人负责收集，也可以通过企业门户网站，让供应商按要求自己填报输入。在实际供应过程中往往一种物料可能有多家供应商能够提供。因此，供应商的评价一方面是为采购选择供应商提供较完整的决策依据，另一方面是为已经提供物料的供应商对供货情况进行综合评价。供应商的评价是一项十分复杂的工作，首先要确定评价指标（例如物料的等级、价格、服务响应、质保期和交货时间等），在确立了评价指标体系后再确定评价方法，确定指标之间的权重和扶植之间的关系，最后，决定评价结果的分类，把符合要求的供应商提交领导审核。

(3) MRP 采购订单确认。确认采购订单不仅是将采购订单的状态从 1 逐步改成 3，而是审核 MRP 计划采购订单的需求量和需求时间，并根据企业实际生产、库存现状进行调整，同时还要明确采购订单执行的供应商。

(4) 供应合同的签订。在确定了物料需求量与需要的交货日期后，必须尽早签订供货合同，在实际操作过程中，对供应商的选择是有一个期间的，一般情况下已经事前明确了主供应商和后备供应商，而且与供应商签订供货协议、合同和其他条款是固定期间的。企业确定供货需求后，直接通知供应商。供应合同的变更和签约是新一轮选择供应商或发生突发事件，如：市场价格波动和企业供货能力变化等因素，才会重新签订合同。

(5) 采购订单跟踪。及时与供应商沟通，了解供货进展情况，当发生意外事件时，及时进行调整。跟踪采购订单执行过程的发货、运输、检验、入库和付款等情况，并及时、全面地记录相关信息，协调采购过程中出现的各种意外情况。

(6) 验货入库。验货入库是采购管理最重要环节，根据采购订单记录验收情况，做好出现不合格物料时的退货、补料、返工和与生产部门沟通等工作。验收结果往往十分复杂，处理方式也是各种各样，验收工作直接影响到库存物料库存量的正确度。

(7) 采购订单完成。供应商按要求交货结束后，制造企业应当及时结算各种费用，兑现付款，进行供应商评价，并把评价结果输入供应商基本情况数据库中。

(8) 关闭采购订单。采购任务完成后还需要对 ERP 系统数据进行处理，这种处理往往可以设置成自动处理。需要把采购订单数据从系统中备份出来，减少系统占用存储空间，提高系统运行效率。

2. 采购计划法

现代采购管理中，供需关系不再是买卖双方讨价还价的关系，而是一种长期合作的利益双赢关系，采购计划法就是在这样的提前下生产，并得到广泛应用。采购计划法的思想是将采购计划在时间轴上分成两类，近期的计划具体，并且随时间离当前日期越近越固定不变，远期的计划仅是一种约定，可以按需要发生变化。如图 4-11 所示。

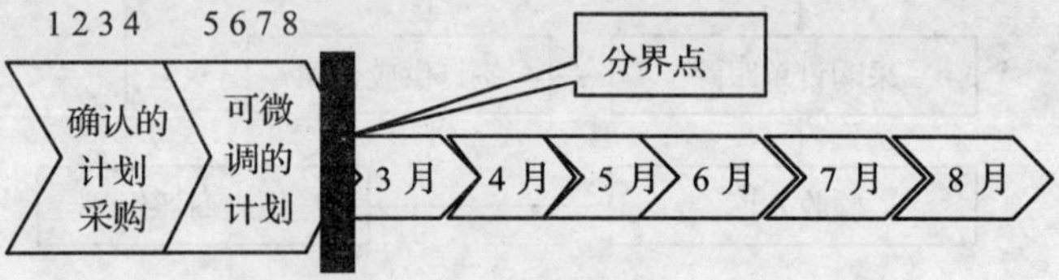

图 4-11 采购计划法示意图

在采购计划法中近期与远期分界点的确定不仅是一个难点，而且具有很大的经济性。这个分界点定得时间越长，对供应商越有利，供应商具有充足的时间准备；时间越短，供应商的压力越大，当时间长度小于供应物料的生产周期时，供应商必须提前组织生产，一旦物料需求方发生变化，供方无法及时响应，如果突然减少需求，则会造成供方库存积压。因此，采购计划法执行的关键在认真商定计划分界时间点。这个时间点的确定将涉及到供需物料的价格和优惠条款。

4.3.3 供应链管理与 ERP 系统的采购管理的关系

供应链管理与 ERP 系统的采购管理具有密切的相关性。一般看来，ERP 系统的采购管理立足于企业内部的物料需求，以制造企业为出发点，供应链管理是 ERP 系统的功能延伸，立足于企业之间的协调，是在 ERP 系统层面之上。

1. SCM 与 ERP 的集成关系

采购管理作为企业内部信息流、物流、资金流的源头，ERP 系统将整个企业内的相关部门通过信息共享有机地集成为一个整体。并且对人们已习惯的原有工作方式与工作流程进行重新改造和设计，提高采购管理的效率，实现企业资源最大限度地发挥作用。企业通过 ERP 系统逐步向企业外部供应链上有效集成，达到与供应商建立长期牢固的合作关系的目的，优化了企业的采购管理。总之，通过 ERP 系统在企业内外两方面的集成，提高了企业采购管理的应用效率，集中体现了采购管理与 ERP 集成的一体化思想。

随着市场经济的建立,市场竞争日趋激烈,经济环境及用户需求的不确定性大大增加,物流、采购、供应链管理系统 SCM 能够随着发展和变化不断修正和强化计划的内容,直至计划执行的最后时刻。企业从整个市场竞争与社会需求出发,整合、优化供应链上的企业内部各个部门、材料供应商等各种资源,实现了社会资源的优化、重组,大大提高了企业采购活动中物流、资金流与信息流的运转效率,消除了众多的中间冗余的环节,从而减少流通成本,并提高企业的应变能力。

综上所述,SCM 和 ERP 是采购管理的发展和互补,SCM 侧重于企业外部的资源集成,ERP 系统是侧重企业内部的集成,这两种管理思想的目标是一致的,都是通过资源集成、优化、控制达到提高管理效率与效益的目的。因此,制造企业提高采购管理的渠道有多种方式,可以着手于 SCM 或 ERP 系统实施,逐步形成一个共识,即 SCM 与 ERP 系统的集成。这种 ERP 与供应链系统的有效集成,把企业与供应商良好地连接起来,并通过信息网络融为一体,目的是在激烈的市场竞争环境中求生存和发展。这大大提高了企业采购管理的效率,给企业带来了显著的利益。企业采购管理中实现 ERP 的有效集成,消除了采购的许多冗余的中间环节,减少了浪费,避免了延误,具有良好的社会效应。一方面采购管理通过 ERP 系统在企业内部的有效集成,实现了企业物流、资金流以及信息流的有机集成。另一方面。SCM 作为对 ERP 的补充,使得企业能够评估供应链中的各个环节、事件和客户需求变化对企业的影响,从而在市场竞争中掌握先机。在供应商伙伴选择方面,通过 SCM 与 ERP,可以实现成本控制,优化网上采购与跨企业的采购管理和供应链协调,解决中国企业目前面临的快速响应市场能力弱、企业协作能力差、难以形成区域性产业链等问题。

2. SCM 与 ERP 的交集关系

SCM 的计划决策支持功能依赖于 ERP 决策支持数据(如订单数据、库存数据等)的支持。ERP 就是通过企业内部的人财物管理与产供销的有机结合,实现内部资源的优化配置。SCM 则是通过对顾客需求的准确预测,来及时调节供应链上各个环节的操作以实现企业上下游间的协同运作。因此,在业界有一种主流观点认为,ERP 是 SCM 成功之母。原因很简单,攘外必先安内。如果企业内部没有理顺,尚处在一种剪不断、理还乱的状态,何来的时间、精力顾及外部?内部关系尚难调整,更难调整相关企业了。另有业界专家指出:如果供应链中各个上下游企业的 ERP 没有做好,那只会形成一个个信息孤岛,而 SCM 的有效实施是建立在连贯的信息传递基础之上,供应链上单个企业的信息化只能造成“孤掌难鸣”的尴尬局面。而且,SCM 基于经验的预测来自于对历史数据的科学分析,而这些分类整理的历史数据需要 ERP 来提供。离开了 ERP,SCM 只能是“空中楼阁”。

ERP 和 SCM 事实上是个交集,相交的那部分是企业内部的产供销,未相交的 ERP 部分是企业内部的人财物管理,而未相交的 SCM 部分则是供应链中企业与上游供应商的采购管理和企业与下游分销商的销售管理。

在交集中 SCM 偏重于计划,更类似于人的大脑,它主要规划什么时候购入原材料、找谁买、什么时候出货。而交集中的 ERP 侧重于执行,更类似人的手脚,由它去执行采购计划、跟踪订单及货到付款等执行层面的事。

3. SCM 与 ERP 的应用各具企业类型特色

对于大型企业尤其是制造型企业而言,ERP 先行不失为明智之举。众所周知,大型企业由于跨行业、多元化经营等特点,管理上容易失控。受“大企业病”的影响,企业内部的工作流程纵横交错,极不清晰。生产指令受庞大的指挥系统、重复的办事机构及拖沓工作作风的影响无法有效传达和快速执行。这时即使企业有 SCM,它也只能在一旁看着干着急。因为 ERP 所管辖的库存出不了货,SCM 的营销系统无法启动,只能眼睁睁地看着商机从眼前流失而扼腕叹息。然而如果制造型大企业上了 ERP,效果就不一样。因为 ERP 能够规范工作流程,将每一道工序以责、权、利的形式明晰到每一个人的身上,将工作指标与业绩考核紧密结合。责任推诿和工作拖沓的现象因此减少。ERP 将人财物的管理与企业内部的产供销有机结合,通过科学的决策和规范的流程来优化员工的行为,由此达到向上游供应商有效传达采购计划、向下游经销商及时提供货物的目的。这时候的 ERP 与 SCM 可谓是相辅相成,相得益彰。

另一个值得关注的群体是中小企业。面对 ERP 和 SCM,这些企业该如何抉择呢?每一个小企业都是从夹缝中艰难崛起。面对众多强大得足以令人窒息的对手,小企业只要在经营上稍有闪失,它就会淹没在历史的洪流中。准确预知并及时满足客户需求是小企业的生存之道。而这正是 SCM 的强项。因此,对小企业而言建立一个庞大而复杂的 ERP 系统是不现实和不经济的,上 SCM 当然比上 ERP 更容易提升它的竞争力。无论是在企业高速发展期间还是在利润增长遭遇“瓶颈”的时候,降低成本和提高客户满意度都是企业亘古不变的话题,而这正是 SCM 能解决的问题。但 SCM 的应用不可能一蹴而就。目前绝大部分企业受困于财力物力的缺乏,不可能打造全线的 SCM,需要以自己的企业为核心分段实施,将供应链中采购和销售两个环节分隔开,一端做好后再谋划另一端。至于具体实施哪一端,则主要取决哪一端易为该企业操控,能让该企业有效整合该供应链端的资源,为其带来最大化利益。

4.4 客户关系管理与 ERP 系统的销售管理

客户关系管理是企业现代营销管理的新理念,企业可以通过 ERP 系统延伸到客户的客户,发挥企业联盟的作用。企业实施 ERP 系统后,要想在营销管理上进一步提高管理水平,必须应用客户关系管理思想与方法,才能更好地发挥 ERP 系统的作用。

4.4.1 客户关系管理

从 2001 年客户关系管理理念被引入中国以来,各个行业、不同企业便跃跃欲试,纷纷加入到客户关系管理系统的开发和应用的行列当中。那么,到底什么是客户关系管理系统,它能帮企业做什么,是怎样做到的,其发展前景将如何?

1. CRM 的内涵

客户关系管理(CRM)是一个获取、保持和增加可获利客户的过程。CRM 是一套先进的管理系统及技术手段,它通过将人力资源、业务流程与专业技术进行有效地整合,最终为企业涉及到客户或消费者的各个领域提供完美的集成,使得企业可以更低成本、更高效率满足客户的需求,并与客户建立起基于学习型关系基础上的一对一营销模式,从而让企业可以最大程度地提高客户满意度及忠诚度,挽回失去的客户,保留现有的客户,不断发展新的客户,发掘并牢牢地把握住能给企业带来最大价值的客户群。究其实质,CRM 是一套全新的管理理念,强调把客户作为自身经营的核心,全心全意地为客户服务,围绕着客户来开展业务。作为一种新的经营管理哲学,对其内涵,可以从不同角度、不同层次来理解。CRM 在整个客户生命周期中都以客户为中心,简化了各类与客户相关联的业务流程(如销售、营销、服务和支持等),并将其注意力集中于满足客户的需求上。CRM 作为一种新的经营管理哲学,其内涵意义丰富。它通过不断地改善与管理企业销售、营销、客户服务和支持等与客户关系有关的业务流程并提高各个环节的自动化程度,来缩短销售周期、降低销售成本、扩大销售量、增加收入与盈利、抢占更多市场份额、寻求新的市场机会和销售渠道,最终从根本上提升企业的核心竞争力,使得企业在当前激烈的竞争环境中立于不败之地。CRM 将先进的思想与最佳的实践具体化,通过使用当前多种先进的技术手段最终帮助企业来实现以上目标。

CRM 是一种以"客户关系一对一理论"为基础,旨在改善企业与客户之间关系的新型管理机制。"客户关系一对一理论"认为,每个客户的需求是不同的,只有尽可能地满足每个客户的特殊需求,企业才能提高竞争力。每个客户对企业的价值也是不同的,通过满足每个客户的特殊需求,特别是满足重要客户的特殊需求,企业可与每个客户建立起长期稳定的客户关系,客户同企业之间的每一次交易都使得这种关系更加稳固,从而使企业在同客户的长期交往中获得更多的利润。

CRM 系统的宗旨是:为了满足每个客户的特殊需求,同每个客户建立联系,通过同客户的联系来了解不同客户的不同需求,并在此基础上进行"一对一"个性化服务。

2. CRM 的核心管理思想

CRM 是以客户为中心,客户的客户为前提。企业营销建立在双赢的基础上,通过 CRM 企业不仅能建立新的客户关系,维系旧的关系,同时更好地为客户提供经济、有效的全方位服务。

(1) 客户是企业发展最重要的资源之一。企业发展需要对自己的资源进行有效地组织与计划。随着人类社会的发展,企业资源的内涵也在不断扩展。早期的企业资源主要是指有形的资产,包括土地、设备、厂房、原材料、资金等。随后企业资源概念扩展到无形资产,包括品牌、商标、专利、知识产权等。再后来,人们又认识到了人力资源是企业最重要的资源。到了工业经济时代后期,信息又成为企业发展的一项重要资源,由于信息存在一个有效性问题,它只有经过加工处理变为"知识"后才能促进企业发展,为此,"知识"成为当今企业发展的一项重要资源。在人类社会从"产品"导向时代转为"客户"导向时代的今天,客户的选择决定一个企业的命运。因此,客户已经成为当今企业最重要的资源之一。在许多行业中,完整的客户档案或数据库就是一个企业颇具价值的资产。

(2) 对企业与客户发生的各种关系进行全面管理。企业与客户之间发生的关系,不仅包括单纯的销售过程所发生的业务关系,如合同签订、订单处理、发货、收款等,而且也包括在企业营销及售后服务过程中发生的各种关系。企业服务人员对客户提供关怀活动、各种服务活动,其服务内容、服务效果的记录等,这些都是企业与客户的售后服务关系。对企业与客户可能发生的各种关系进行全面管理,将会显著提升企业营销能力、降低营销成本、控制营销过程中可能导致客户抱怨的各种行为,这是 CRM 系统的另一个重要思想。客户关系管理又是一种旨在改善企业与客户之间关系的新型管理机制,它实施于企业的市场营销、销售、服务与技术支持等与客户相关的领域。

(3) CRM 是一种经营哲学。客户关系管理首先是一种经营哲学,是一种管理理念,而不是一种数据库的应用。企业在发展的过程中,必须明确谁是我们的客户,如何定义客户关系,如何正确对待我们的客户。而 CRM 的核心思想就是将企业的客户(包括最终客户、分销商和合作伙伴)作为最重要的企业资源,通过完善的客户服务和深入的客户分析来满足客户的要求,保证实现客户的终身价值。现在是一个变革和创新的时代,比竞争对手领先一步,而且仅仅一步,就可能意味着成功。业务流程的重新设计为企业的管理创新提供了一个工具,在引入客户关系管理的理念和技术时,不可避免地要对企业原来的管理方式进行改变,创新的思想将有利于企业员工接受变革,而业务流程重组则提供了具体的思路和方法。在信息时代,仅凭传统的管理思想远远不够,互联网带来的不仅是一种手段,更重要的是它触发了企业组织架构、工作流程的重组以及整个社会管理思想的变革。所以,客户关系管理是一种经营哲学。

3. CRM 系统主要功能模块介绍

CRM 软件的基本功能包括客户管理、联系人管理、时间管理、潜在客户管理、销售管理、电话销售、营销管理、电话营销、客户服务等,有的软件还包括了呼叫中心、合作伙伴关系管理、商业智能、知识管理、电子商务等。下面着重阐述系统功能。

(1) 客户管理。主要功能有:客户基本信息;与此客户相关的基本活动和活动历史;联系人的选择;订单的输入和跟踪;建议书和销售合同的生成。

(2) 潜在客户管理。主要功能包括:业务线索的记录、升级和分配;销售机会的升级和分配;潜在客户的跟踪。

(3) 联系人管理。主要作用包括:联系人概况的记录、存储和检索;跟踪同客户的联系,如时间、类型、简单的描述、任务等,并可以把相关的文件作为附件;客户内部机构的设置概况。

(4) 时间管理。主要功能有:日历;设计约会、活动计划,有冲突时,系统会提示;进行事件安排,如约会、会议、电话、电子邮件、传真;备忘录;进行团队事件安排;查看团队中其他人的安排,以免发生冲突;把事件的安排通知相关的人;任务表;预告/提示;记事本;电子邮件;传真。

(5) 销售管理。主要功能包括:组织和浏览销售信息;对销售业务给出战术、策略上的支持;对地域(省市、邮编、地区、行业、相关客户、联系人等)进行维护;把销售员归入某一地域并授权;地域的重新设置;根据利润、领域、优先级、时间、状态等标准,用户可定制关于将要进行的活动、业务、客户、联系人、约会等方面的报告;提供类似 BBS 的功能,用户可把销售秘诀贴在系统上,还可以进行某一方面销售技能的查询;销售费用管理;销售佣金管理。

(6) 电话营销和电话销售。主要功能包括:电话本;生成电话列表,并把它们与客户、联系人和业务建立关联;把电话号码分配到销售员;记录电话细节,并安排回电;电话营销内容草稿;电话录音,同时给出书写器,用户可作记录;电话统计和报告;自动拨号。

(7) 营销管理。主要功能包括:产品和价格配置器;在进行营销活动(如广告、邮件、研讨会、网站、展览会等)时,能获得预先定制的信息支持;把营销活动与业务、客户、联系人建立关联;显示任务完成进度;提供类似公告板的功能,可张贴、查找、更新营销资料,从而实现营销文件、分析报告等的共享;跟踪特定事件;安排新事件,如研讨会、会议等,并加入合同、客户和销售代表等信息;信函书写、批量邮件,并与合同、客户、联系人、业务等建立关联;邮件合并;生成标签和信封。

(8) 客户服务。主要功能包括:服务项目的快速录入;服务项目的安排、调度和重新分配;事件的升级;搜索和跟踪与某一业务相关的事件;生成事件报告;服务协议和合同;订单管理和跟踪;问题及其解决方法的数据库。

(9) 呼叫中心。主要功能包括:呼入呼出电话处理;互联网回呼;呼叫中心运行管理;软电话;电话转移;路由选择;报表统计分析;管理分析工具;通过传真、电话、电子邮件、打印机等自动进行资料发送;呼入呼出调度管理。

(10) 合作伙伴关系管理。主要功能包括:对公司数据库信息设置存取权限,合作伙伴通过标准的 Web 浏览器以密码登录的方式对客户信息、公司数据库、与渠道活动相关的文档进行存取和更新;合作伙伴可以方便地存取与销售渠道有关的销售机会信息;合作伙伴通过浏览器使用销售管理工具和销售机会管理工具,如销售方法、销售流程等,并使用预定义的和自定义的报告;产品和价格配置器。

(11) 知识管理。主要功能包括:在站点上显示个性化信息;把一些文件作为附件贴到联系人、客户、事件概况等上;文档管理;对竞争对手的 Web 站点进行监测,如果发现变化的话,会向用户报告;根据用户定义的关键词对 Web 站点的变化进行监视。

(12) 商业智能。主要功能包括:预定义查询和报告;用户定制查询和报告;可看到查询和报告的 SQL 代码;以报告或图表形式查看潜在客户和业务可能带来的收入;通过预定义的图表工具进行潜在客户和业务的传递途径分析;将数据转移到第三方的预测和计划工具;柱状图和拼图工具;系统运行状态显示器;能力预警。

(13) 电子商务。主要功能包括:个性化界面、服务;网站内容管理;店面;订单和业务处理;销售空间拓展;客户自助服务;网站运行情况的分析和报告。

4. 客户关系管理的发展趋势

(1) 深化分析功能。分析功能的深化将扩展企业对客户的理解,客户细分将变得更为重要,而CRM将为企业战略决策提供重要的数据基础。企业能快速收集、追踪和分析每一个客户的信息,进而了解整个市场走势,并确切地知道谁是客户、谁是客户的客户、什么是客户的需要、客户需要什么样的产品和服务、如何才能满足客户的要求以及满足客户要求的一些重要限制因素等。细分客户,做到对每位客户心中有数,真正满足客户的要求,将有利于进一步提升企业核心竞争力。

(2) 加强知识管理。知识管理将成为企业前端管理的重要组成部分。客户为中心的管理思想的实现,是建立在现代信息技术之上的,没有现代信息技术,就无法有效地实现客户为中心的管理技术。为了实现这种管理技术,企业必须对智能化的客户数据库进行有效的开发和利用。这种开发的基础与核心技术就是信息和知识的分析处理技术,因为只有经过分析和处理的信息,才是企业需要的知识

(3) 融合供应链管理。CRM的发展将融合供应链管理,成为企业和客户、代理商以及供应商进行信息沟通的渠道。CRM系统作为ERP系统中销售管理的延伸,借助Internet Web技术,突破了供应链上企业间的地域边界和不同企业之间信息交流的组织边界,建立起了企业自己的网络营销模式,CRM与ERP系统的集成运行,才真正解决了企业供应链的下游管理,将客户、经销商、企业销售部全部整合到一起,实现企业对客户个性化需求的快速响应。

4.4.2 ERP系统的销售管理

客户是企业的重要资源之一,ERP系统不仅具有独立的营销管理模块功能,而且对营销计划、执行数据和客户基本数据进行管理。

1. 销售管理系统

销售作为企业产品进入市场的出口,资金回收的入口,直接影响着企业的利润。销售管理的好坏对企业全局有直接影响,销售是企业活动的出发点,对企业的技术、生产、财务、人事等各项管理都有决定性的作用。然而,众多企业都面临着销售问题,传统的销售管理模式存在诸多弊端:销售信息滞后、销售人员垄断市场信息、销售机会难以把握、简单重复作业、内部信息不畅、客户信息散乱、客户满意度低等。在企业的ERP系统中,销售管理系统是企业与外部客户的接口。它是实现企业资金转化和体现企业经济和社会价值的重要桥梁,为企业的再生产提供资金保障。同时,它提供的销售计划、市场预测也是企业制订生产计划的重要依据。销售管理系统是企业降低销售成本、保证生产计划的合理性以及提高客户服务水平的重要工具。

2. ERP销售管理的主要功能

ERP销售管理的主要功能包括:销售市场分析管理、销售价格管理、销售计划管

理、销售订单管理、销售发货管理和销售服务管理等。

(1) 销售市场分析管理。销售市场分析管理包括销售统计分析和销售预测分析。销售统计分析主要是对各种销售信息进行汇总统计分析;销售预测分析则是利用有关预测方法和销售统计分析信息,对市场信息进行预测,以指导企业今后的销售活动和企业的生产计划。

(2) 销售价格管理。销售价格管理包括定价管理和价格折扣管理。定价管理是指制定出相应的科学合理的价格;价格折扣管理则是在定价的基础上,企业根据市场条件的变化来调整价格。

(3) 销售计划管理。按照客户订单、市场预测情况和企业生产情况,对某一段时期内企业的销售品种、各品种的销售量与销售价格做出计划安排。

(4) 销售订单管理。根据客户需求的信息、交货信息、产品的相关信息及其他注意事项制定销售订单;通过考察企业生产可供货情况、产品定价情况和客户信誉情况来确认销售订单;将销售订单信息传递给生产计划部门(以安排生产),并密切跟踪销售订单的执行状况。

(5) 销售发货管理。销售发货管理的功能是按销售订单的交货期组织货源,下达提货单,并组织发货,然后,将发货情况转给财务部门。

(6) 销售服务管理。为客户提供售前、售中和售后服务并进行跟踪。销售部门解答售前客户对产品的技术咨询,跟踪合同、了解订单的交货情况及客户对产品质量、交货期的满意程度,提供售后服务支持,并向质量部门和技术部门提供产品的售后质量记录。

3. ERP 销售系统业务流程

销售管理是 ERP 系统的重要环节,尤其在现在市场驱动生产模式下,客户订单确定了生产规模和生产任务,企业以销售为龙头。销售管理的业务十分复杂,在此仅讨论报价、订单管理和发货等主要业务流程。

(1) 报价管理是销售管理的核心业务,在 ERP 系统中直接起到与联系客户,反映企业服务能力的窗口作用,其业务流程如图 4-12 所示。

报价管理处理报价单的跟踪和审核作业,提供与销售相关的信息,以便能够有效地掌握销售的报价、及时控制报价的连续性及审核过程,并进行主动跟踪催促成成交的目的。

①报价单输入。在获得客户订货信息后,系统查询该客户或料品的报价历史资料,自动调用比较准确的成本数据,再加上必要的利润、税金等成为报价的底线;然后再根据设定的价格策略而制作报价单。

②报价单审核。由销售主管对报价单进行报价确认,未确认的报价单需要进行修改,已确认的报价单授权相关人员进行审核处理。

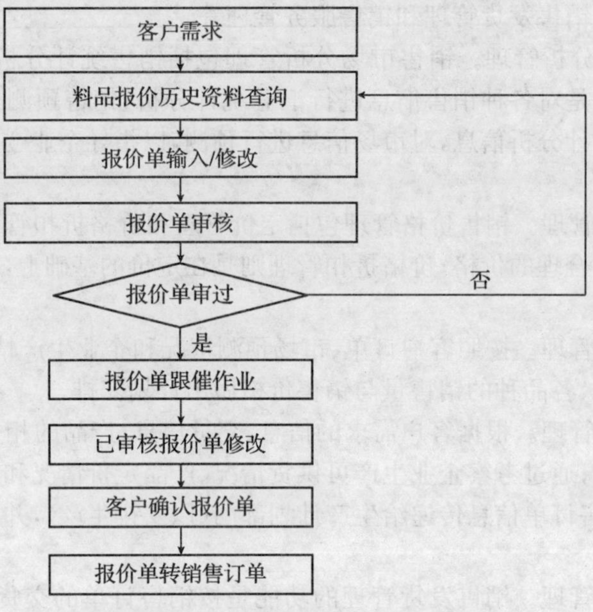

图 4-12　报价管理日常业务流程图

③报价单跟催作业。对客户订货信息进行及时跟踪处理，对客户的回应及时纪录和响应，提高销售成功率和客户服务水平。

④报价单跟催查询。业务员或销售主管可以根据需要按照跟催日期和业务员进行报价单跟催资料的查询。

⑤已审核报价单修改。如果客户对报价有异议，经双方协商，可以对已审核报价单的内容进行修改。

⑥报价单客户确认处理。价格不再变化时的报价单需要经过客户确认，确认后的才能转为销售订单。

⑦报价单转销售订单。报价单经过审核和客户确认后，就可以转为正式的销售订单，避免二次录入的工作量。

(2) 销售订单管理子系统。销售订单主要内容：订单号、客户代码、订单类型、订单内容(产品规格、节余数量、订购数量、价格、需求日期、交运日期、以及是否要交税、是否单独装运的要求等)、有关日期信息(订货日期、登记日期以及最后更改确认日期)、有关交运的信息(运输地点、所有权变更地点、运输路线等)、与客户有关的信息(客户采购号、采购者姓名等)以及其他信息(销售地区代码等)。销售订单自输入系统后，便跟踪产品销售的整个过程，直至完成全部业务处理。销售订单管理日常业务处理流程见下图，主要业务内容如图 4-13 所示。

①销售订单输入。销售订单既可以由客户确认的报价单生成，也可以在获得客户订货信息后，人工输入销售订单。

②销售订单审核。信用审核、技术审核、生产审核。

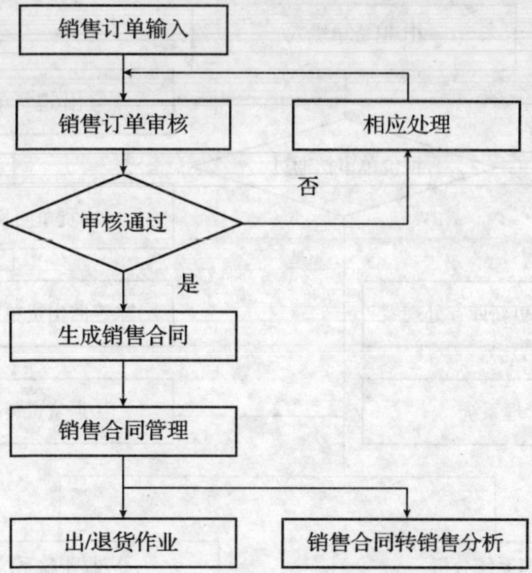

图4-13 销售订单管理日常业务处理流程图

③生成销售合同。在全部审核合格时生成销售合同，否则与客户进行沟通，修改初步订单，重新进行审核。

④销售合同管理。包括：有关查询、有关报表以及合同跟踪等。其中合同跟踪管理特别重要，是企业按合同组织生产的基础。客户需求在产品的生产过程中有可能发生变化，如客户要求延期交货、订货数量调整、客户希望提前交货等。因此，必须始终跟踪销售合同，根据变化对合同进行及时变更。以正确反映客户的需求，提高客户服务水平。

⑤销售合同转销售分析。已确认的销售订单及时转入分析系统，为销售分析提供原始数据。

⑥销售订单关闭。对以出货完毕的销售订单，系统将自动于出货后，进行各料品的自动关闭。

(3) 销售发货管理是企业的日常业务，销售发货管理的功能是按销售合同的交货期组织货源，并按期发货，最后将发货情况及时转给财务部门，其业务流程如图4-14所示。

①出货单输入。出货单输入时，系统首先检查客户的信用余额。根据销售合同出货时，如果出货数量超越了允许上限或允许下限，或者库存量不足，系统予以提示。

②出货批次更新库存处理。系统提供两种出货更新库存的方式：立即更新库存和批次更新库存。

③出货单回执联维护。从开出出货单始到客户收到货物(签回回执联)可能存在时间差，系统提供了对出货状况的查询功能。

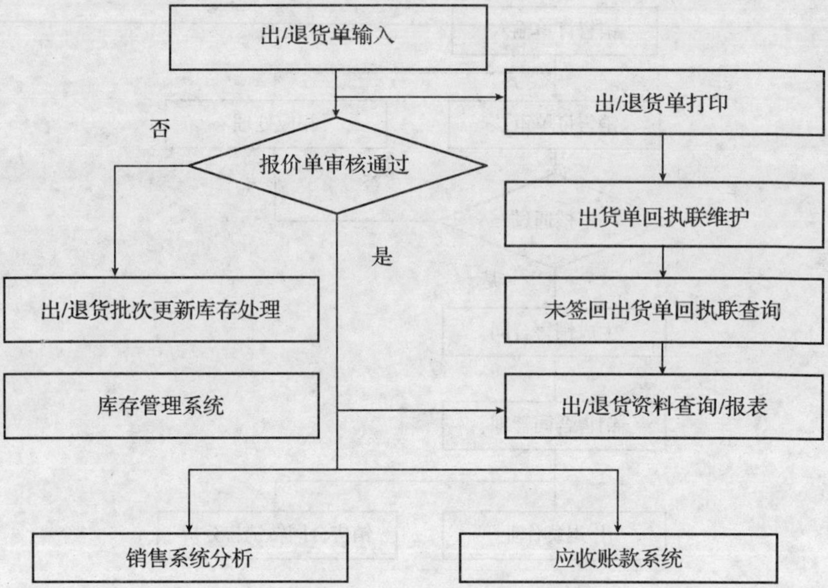

图 4-14　发货管理日常业务流程图

④出货资料查询。对系统内的出入库资料，系统提供多角度查询功能。

⑤销售分析系统。出退货数据应及时转入销售分析系统，为销售分析提供原始数据。

⑥应收账款系统。出货以后，需根据出货签回做应收账款的转账处理。既可以在出货的同时进行现结收款，也可以由出货单生成应收账款，而后在应收款系统中进行收款处理。

4. 销售管理系统的发展趋势

销售管理作为企业经营和运作的一项重要内容，是企业实现利润和经营目标的主要手段。近年，一些有用的 IT 工具，如多媒体、Internet 等，应用到销售管理中，为企业发展提供十分有利的机遇，传统的销售管理正逐渐向以客户为中心的网络销售方向发展。销售管理系统的发展趋势主要体现在以下三个方面：

(1) 在电子商务(E—Commerce，简称 EC)方面，由于 Internet 技术的发展，在内部工作和业务流程的控制方面，企业将会主动地大量采用电子商务模式进行交流。企业各种对外活动也已延伸到 Internet 上，企业管理软件应当支持 Internet 上的信息获取以及网上交易的实现。

(2) 在 CRM(客户关系管理)方面，随着市场竞争的日益激烈，不同企业的产品和服务本身已很难分出绝对优劣，而把客户、供应商以及合作伙伴连成一体的供应链已经成为企业与企业之间竞争的核心。

(3) 在决策支持方面，随着人工智能和数据挖掘技术的发展与应用，销售管理系统还要增加新的模块，例如预测，为企业高层决策者服务，为他们的宏观决策提供科学依据。

4.4.3 客户关系管理与 ERP 系统的销售管理的关系

1. 客户关系管理与 ERP 销售系统对企业资源配置的作用不同

ERP 销售系统有效地解决了企业内部资源优化配置问题,但没有把客户和市场的信息及时纳入企业集成化供应链管理之中。CRM 系统与 ERP 销售系统各自独立,造成了企业内、外部之间物流、信息流和价值流相互交换的脱节,使企业前后台成为各自独立的信息孤岛,生产与决策部门得不到有力的信息支持。为了及时、准确地把握市场脉搏,满足客户个性化需求,最大程度地降低生产成本,企业必须充分利用外部资源——客户信息等资源,来为企业发展服务。以往几乎所有的 CRM 系统都主要针对供应链的下游,即销售客户,而忽略了对上游供应商的管理。实际上,对于企业,尤其是制造业来讲,上游供应商对企业经营起着更加重要的作用。因为在制造业企业中,原材料成本占企业生产成本的 30%以上。如果可以对上游供应商和下游客户实现统一、有效的管理,则必将在很大程度上降低企业采购成本以及库存管理成本,从而大大增加企业收益。所以,这里所讲的客户关系管理 CRM,可以说是扩展式的 CRM(Extended CRM,简称 ECRM),因为它并不仅仅只对下游客户进行管理,还包括对集成化供应链的上游供应商的管理。从某种意义上来讲,供应商也是企业客户,它与销售客户共同构成了企业重要的外部资源。

ERP 的销售系统在一般情况下,仅仅对客户信息进行简单登记,不但数据不详,而且很少对得到的客户信息进行分析,导致了大量数据浪费。而作为企业解决方案的客户关系管理 CRM 集合了当今最新的信息技术,包括 Internet 和电子商务、数据仓库和数据挖掘、专家系统和人工智能、呼叫中心等等,获得了丰富的客户信息数据,并利用相应的数据挖掘等技术,为企业行为提供强大的决策支持。因此,依靠一定的技术和管理途径,通过以交叉或重叠功能为集成点的系统信息集成方法,按照强项功能覆盖弱项功能及保证信息完整性的原则。

2. 客户关系管理与 ERP 销售系统的整合

相互紧密关联的企业内、外部资源决定了 CRM 与 ERP 是相辅相成、不可分割的,二者在数据信息传递方面存在着相互支持、相互依赖的关系。ERP 销售系统为 CRM 的数据仓库提供了丰富的数据支持,而 CRM 的分析结果和对市场发展的预测为 ERP 的销售系统提供了决策数据。因而 CRM 可视为 ERP 的发展和延伸。而客户关系管理系统集合了企业外部所有资源(包括客户、供应商、市场等信息),因而应称之为企业外部资源计划(Enterprise Outer Resources Planning ,简称 EORP)。事实上,整合企业内、外部资源,建立以网络化管理为支持的企业前台 ERP 与后台 CRM 的集成系统,使企业与合作伙伴以及客户集成在同一电子商务平台上,才是企业实施 CRM 与 ERP 的正确之路。

进行客户关系管理是现代企业发展的需要。企业在实现管理中通过与客户交流,建立客户档案和实质性关系,可以从中获取大量针对性强、内容具体的市场信息与客户知识，为企业战略决策提供依据，为企业降低生产成本、提升客户价值，增加企业收益提供重要决策支持。ERP 与 CRM 的集成已经成为企业面临的重要课题。但是企业要建立起以客户为中心的企业文化需要一个过程，它不仅要求企业的经营战略围绕它来规划，最终将涉及到企业的人员、流程及技术等要素的综合转变，尤其是企业管理领导层思想（如经营观念、服务意识）的转变。

4.5 会计电算化与 ERP 系统的财务管理

成功实施 ERP 系统的企业大部分都经历会计信息系统应用的尝试。会计工作是事实上的信息系统，因此，企业在开展会计电算化工作，实施会计信息系统时往往既不存在工作方式上的障碍，也不存在业务流程的瓶颈，而是极容易融入到传统会计工作中，提高工作效率，加快数据处理速度，确保数据处理的正确性。会计信息系统的实施往往是 ERP 系统实施的准备，也是企业开展信息化工作的准备，以至于规模以上企业已经不存在不应用会计信息系统的情况。

4.5.1 会计电算化

会计工作实际上是一项会计信息处理工作，会计信息系统（AIS）是处理会计业务的专用应用软件，它是属于企业管理信息系统中一个子系统，实现会计日常事务处理工作的电算化和财务管理工作的电算化。它可以进一步划分成固定资产核算、工资核算、成本核算、材料核算、销售核算、账务处理、成本管理、资金管理和利润管理等功能模块。

1. 会计电算化的内涵

1954 年，美国通用电气公司首次利用电子计算机计算职工薪金的举动，引起了会计数据处理技术的变革，开创了利用计算机进行会计数据处理的新纪元。1979 年长春第一汽车制造厂工资核算系统的设计与实施，成为我国会计电算化发展过程的一个里程碑。1981 年 8 月，在财政部、第一机械工业部、中国会计学会的支持下，中国人民大学和长春第一汽车制造厂联合召开了“财务，会计，成本应用电子计算机问题讨论会”，第一次提出了“会计电算化”的概念。（会计电算化的基本含义是指将电子计算机技术应用到会计业务处理工作中，应用会计软件指挥各种计算机设备替代手工完成或者手工很难完成、甚至无法完成的会计工作的过程）。会计电算化以后，会计处理技术发生了质的飞跃，这种变化不仅影响到会计实务，也对某些传统的会计理论产生了很大的影响。

随着会计电算化事业的不断发展，会计电算化的含义得到了进一步的延伸，他不仅涉及到会计信息系统（会计核算、会计管理、会计决策等）的理论与实务研究，而且还融进了与其相关的所有工作，如会计电算化的组织的培训，会计电算化制度的建立，计算机审计等内容。现在，大家普遍认为，会计电算化是现代会计学科的重要组成部分，他是研究计算机会计理论与计算机会计实务的一门会计边缘学科。

会计电算化是以电子计算机为主的当代电子技术和信息技术应用到会计实务中

的简称。它是用电子计算机代替人工记账、算账、报账，以及替代部分由人脑完成的对会计信息的分析和判断的过程。会计电算化是会计发展史上的又一次重大革命，它不仅是会计工作发展的需要，也是国民经济和科技发展对会计工作提出的要求，是时代发展的需要。

一个完整的会计信息系统应当由会计核算、财务管理和财务决策支持等功能构成。会计部门作为进行经济核算的职能部门与企业的其他部分有着密切的关系。它接受、传递和处理大量的资金运动的数据。这样就造成了会计信息系统是一个十分复杂的程序系统。

2. 会计电算化作用

会计电算化是一门融电子计算机科学、管理科学、信息科学和会计科学为一体的交叉学科。其主要任务是研究如何在会计实务中应用电子计算机，以提高会计核算和管理水平。会计电算化在经济信息管理诸领域中处于领先和核心地位，在整个企业的管理信息系统中，被称之为会计信息系统。它是一个组织处理会计业务，并为人们提供会计信息的实体，它通过收集、加工、存储、传送和利用会计信息对经济活动进行控制。具体说来，会计电算化具有如下功能：

(1) 促进会计工作规范化、科学化和现代化。采用计算机进行会计核算，就对会计数据来源提出了一系列规范化的要求。会计数据在电算化处理过程中始终由计算机控制，数据输出由计算机打印，使会计信息做到了规范化、科学化和现代化，解决了手工操作中不规范、易出错、易遗漏等问题。

(2) 促进会计人员职能转变。会计工作电算化后，会计信息由计算机处理，大大减轻了会计人员的劳动强度，使会计人员从繁杂的简单重复劳动中解放出来。这不但提高了会计工作的效率，而且会计人员可以腾出更多的时间和精力参与经营管理。以某企业为例，会计核算由计算机处理后，会计人员有了充分时间去做两头的工作，一是深入生产第一线了解生产经营的实际，及时组织节约控制，二是加强经营分析预测，参与经营决策。电算化前后会计人员的岗位和工作内容有了很大变化。

(3) 促进会计理论研究和会计改革工作的不断发展。会计电算化不仅是会计核算手段和会计信息处理技术的变革，它还有利于将现代化的管理思想和管理方法引进来，建立预测、决策和管理控制系统，更好地为管理服务。

会计工作不但要对经济活动有事后核算和分析功能，而且要发展为进行事前预测和事中控制，这就可利用电子计算机及时处理技术，运用生产过程自控原理，把计划、预算或定额各项数据输入并存储在计算机中，作为标准项。当实际业务发生后，再把实际数据及时输入计算机，自动与计划、预算或定额标准项对比，如有偏离，及时输出信息，对受控系统进行调节，以保证计划、预算或定额的正常实施。为加强预测和决策功能，还可建立决策支持系统。该系统以三库为基础，即在日常核算基础上建立的数据库；把量本利分析、线性规划、价值工程、投入产出、回归分析等方法以数学与程序存入计算机，建成方法库；对各项经济业务，在因素分析的基础上，运用方法库中的方法和数据库中的数据形成各种数学模型，建成模型库。通过数学模型求解，取得各种不同实施方案的预测数据，进行分析对比，为领导决策提供科学依据，为会计理论研究提出更科学的依据。

(4) 为实现管理信息系统奠定基础，就企业而言，50%以上的会计信息是一个综合性指标，具有涉及面广，辐射和渗透性强的特点。会计电算化以后，会计信息就能及时、准确、适用地反映企业的经济活力，从而形成会计信息系统。会计信息系统是企业管理信息系统中较大和主要的一个子系统，它能完成向企业外部报告财务状况和经营成果；在企业内部起到反映内部经营管理的作用，这为建立企业管理信息系统奠定了坚实的基础。

3. 会计电算化软件结构

会计电算化软件是单位实现会计电算化后进行会计财务处理的工具，应当符合国家会计准则、会计制度和会计法的规范要求。其功能模块结构主要分财务管理与会计核算两部分，如图 4-15 所示。

会计核算是会计电算化的主要部分，我国大部分会计软件公司推出的会计软件都具有这些功能，会计核算软件不仅功能类同，而且其结构也类同。具有账务处理模块、工资核算模块、材料核算模块、销售核算模块、固定资产核算模块和成本核算模块等功能。

(1) 账务处理模块。这是会计核计的核心模块，涉及到会计软件的其他模块应用。在企业开展电算化工作过程中往往首先启用账务处理模块，因此，账务处理模块设置独立运行的系统，实现账务处理的数字化。但是，仅实现账务处理数字化工作，不能很好地发挥会计电算化软件的作用，会计信息不能得到充分利用，只能是传统方式下的电算化改进。账务处理模块实现了日记账、分类账、总账的电算化和建立、维护会计科目，这是会计电算化的初级阶段。

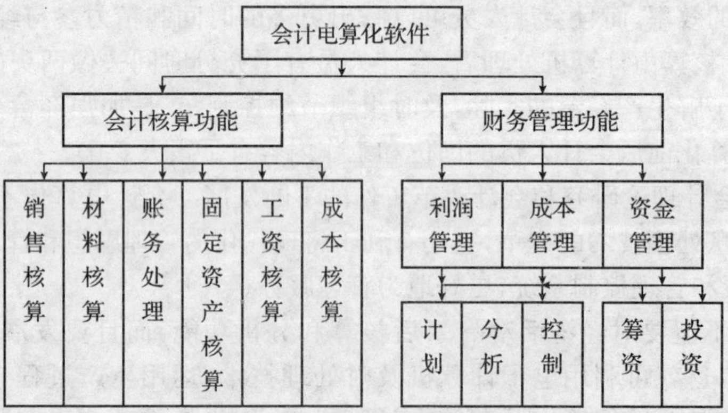

图 4-15　会计电算化软件功能结构示意图

(2) 工资核算模块。记录企业员工日常工作考勤、工资档案、代扣金，每月进行个人工资结算，产生工资表、工资分配表和机制凭证，并自动转入个人银行账户和成本核算系统。

(3) 材料核心模块。按生产过程中的各种用料记录，库存记录和生产完工情况，分别核算已用的实际材料成本。自动产生相应的报表和机制凭证，并转入成本账务处理模块和成本核算模块。

(4) 销售核算。记录、汇总、分类销售活动中的各种费用。自动产生相应的报表和机制凭证，并转入成本账务处理模块和成本核算模块。

(5) 固定资产核算。完整地记录企业拥有的资产，并按国家有关政策和企业选定的折旧方法，进行折旧计算，自动产生相应的报表和机制凭证，并转入成本账务处理模块和成本核算模块。

(6) 采购核算。记录、汇总、分类采购活动中的各种费用。自动产生相应的报表和机制凭证，并转入成本账务处理模块和成本核算模块。

在会计电算化软件中不同财务管理软件，其功能具有很大的差别。这些差别不在于功能类别，而在于功能模块的性能上。所有财务管理软件都会具有资金管理、成本管理和利润管理，但是管理的深度和广度具有很大的差别。在实际应用中财务管理软件所起作用的差别更大。财务管理软件是否被启用，使用效果往往受多方面因素的影响。

4.5.2 ERP 系统的财务管理

ERP 以财务会计管理为核心，是一个财务会计导向的全面企业集成系统，管理整个供需链上的各个实体的价值，实现对制造、财务、客户、分销和供应商的业务流程管理。是依托信息技术等手段，实现企业内部资源的共享和协同，克服企业中的官僚制约，使得各业务流程无缝平滑地衔接，从而提高管理的效率和业务的精确度，提高企业的盈利能力，降低交易成本。

1. ERP 系统财务会计管理

在 ERP 系统运行环境下，所有业务都在同一个数据平台下运作，所有的业务部分已经不再是传统意义上的单一功能的职能部门，而是相互制约、相互联运。尤其是财务管理部门，不再仅有事后的记账、对账、算账、复核、备查和报告功能，而是参与到企业的生产经营活动中。事前计划不单独针对财务部门，而是针对企业的所有职能管理工作都要做好事前的计划、事中的控制和事后的分析。财务部门要为其他部门的事前计划、事中控制和事后分析提供财务会计信息，其他管理部门也要及时为财务管理部门提供实时的企业经营运作基础数据，ERP 系统的财务管理结构如图 4-16 所示。

(1) 应收账款。大多数情况下，财务部门以销售发票为依据记应收款。客户可以在 ERP 中，提取销售发票记应收款，并根据客户账期，生成应收款的到期日。但是对于某些客户未授予信用额度，执行款到发货制度，在客户先支付货款之后，再向客户发货，当销售发票开给客户之后，由财务部门将销售发票与预收款进行核销。在产品供不应求的情况下，有时会先收到部分预收货款，然后再向客户发货，当销售发票开给客户之后，由财务部门将销售发票与预收款进行核销，并将剩余金额挂上应收款。

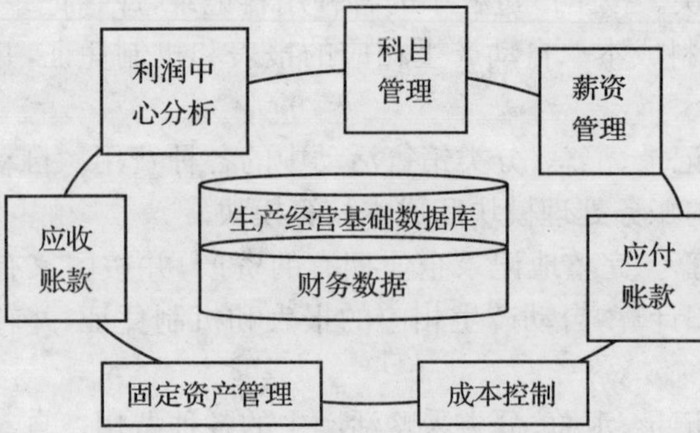

图 4-16　ERP 系统财务管理结构示意图

在人工模式下，销售部门与财务部门往往各自登记应收款帐，两者之间存在时间差和数据差异。实施 ERP 系统的应收款管理之后，销售部门与财务部门可以时时共享到应收款余额表，并能根据应收款到期日提前催款。这也解决了财务部门与销售部门的应收账款信息传递和对账问题，使整个公司能有一套完整及时的应收款账与客户对账。

(2) 应付账款。通常情况下，供应商先送货入待检库，检验合格之后，根据检验结果通知供应商开票，系统能够建立供应商送货明细、入库单与采购发票之间的关系。财务部门根据采购发票挂应付款，可以根据入库日期加上账期形成应付款的到期日。对于外协结算的应付款，采购物料到外协工厂做加工，并跟外协工厂确定加工件的价格，当外协工厂送回完工件待检库，检验合格之后，根据检验结果通知外协工厂结算开票。有时还会出现采购辅料挂应付款、临时付款计划、直接输入应付款和正式付款计划等情况。系统自动统计出每个月各个供应商已开票到期应付款、已开票未到期应付款、未开票到期应付款、未开票未到期应付款、预付款余额，企业可以在以上五个余额统计基础上，决定下个月向各个供应商的计划付款金额。对于某些已经到期的应付款，由于退货、索赔或其他双方未明确的原因，决定暂不向供应商付款，此时，用户可以及时在系统中输入“暂估扣款”项目和金额，从而支持采购部门同财务部门更好的共同管理供应商的应付款，降低付款风险。

在人工模式下，企业往往被动受到供应商的催款，采购部门和财务部门也不能非常清楚的与供应商进行每一笔应付款的确认和核对，也不能很好的做到对供应商的按时付款，甚至有部分又提前支付供应商货款。实施 ERP 系统应付款管理模块后，可以准确得到每个供应商的应付款信息，并且能准确知道每一笔应付款的到期日，从而对应付款进行有效控制和管理，防止应付款提前付款。通过付款计划模块，可以维护互利的供方关系，树立企业在供应商的良好信用。

(3) 资金计划的编制。财务部门负责制定资金计划，但资金计划不仅是财务人员的事情，需要各个部门参与配合。资金计划的编制往往意味着对企业每一项经营活动的规则，因此要把资金计划与其他部门的经营活动有效结合起来。一般来说，企业以月为单位来编制资金计划表，最长可以编制六个月的资金计划，但是只有当月的资金计划是相对精确，其他月份是作为未来资金预测的依据。当一个月结束之后，以当月实际结果作为下个月资金计划的新起点顺延编制下月的资金计划，误差和变动情况得到及时纠正，资金计划的实用性就很强。

(4) 科目管理。根据国家的有关法规、制度，确认、定义、修改科目。在一般情况下，一级科目是由会计制度明确规定，二级科目建议设置，三级科目根据实际需要确定。科目管理是以“级长”的方式控制的，级是指分级数量，长是指科目的长度。科目编号是一个层次结构，以一级科目为根，二级科目为枝，三级以下的科目为分支或叶。添加新科目只能在底部的树叶上，当一个叶科目新加下级科目后，则该科目的余额要转移到下级科目，中间级科目的结余是由系统自动生成的。

3. 实施 ERP 系统对企业财务管理的影响

ERP 系统的运用改变了传统的财务管理模式，改变了资金流始终滞后于物流和事务流的局面，财务管理部门与实际运行状态更加实时、准确、有效，财务系统真正意义上成为企业经营控制系统的重要组成部分，会计信息更有说服力。

(1) 管理内涵影响。ERP 扩大了财务管理的内容，在传统工业经济时代，经济增长主要依赖厂房、机器、资金等有形资产。而知识经济时代，企业资产中以知识为基础的专利权、商标权、计算机软件、人力资源、产品创新等无形资产所占比重将大大提高，无形资产将成为企业最重要的投资对象之一。然而，由于无形资产确认、计量的困难，传统核算型软件受到很大限制，进行财务决策时也很少考虑这些无形资产。ERP 系统除了财务系统外，还包括供应链管理、客户关系管理、人力资源等子系统，可以从各方面对这些无形资产进行分析、预测，丰富了财务管理的内容。

(2) 会计信息质量影响。ERP 系统突出了财务管理的整体性，获取信息的时效性和信息服务全面性，ERP 系统除了提供必须的财务报表外，还能提供多种管理性报表和查询功能，并提供易于使用的财务模型和分析模块，更全面地提供财务管理信息，为战略决策和业务操作等各层次的管理提供服务。ERP 系统可以方便地通过初始化工作规范业务，设置计量，自动生成相应的机制凭证，实现全程自动跟踪记录，完成相应的计算处理，生成用户需要的各种报告。ERP 系统提供的会计信息确保可靠性、及时性、完整性和关联性，保障了财务管理所需信息的质量。

(3) 生产经营的一致性影响。ERP 系统有机结合财务管理与生产管理，充分发挥计划与控制作用。生产经营系统在正常运行情况下，通过制造原理和财务规则，很容易驱动会计核算系统的正常运行。生产人员与财务人员在生产经营过程中，面对相同的事物，从不同角度描述、分析、筹划和控制，生产者用侧重于物料的计量单位，财务人员则侧重于用货币单位表示物料的价值。因此，在 ERP 系统中生产经营子系统比以往任何时候都更为有效可信，所以，财务会计子系统将会得到一套比以往任何时候都更为有效的数据作为工作的基础。

(4) 成本核算影响。ERP 上线后，可以细化成本核算，加强成本管理。系统带给成本管理的直接影响是需要建立完整的标准成本体系。将公司所有物料的收、发、存都采用标准成本核算，对产成品的直接材料消耗定义物料清单。成本核算对象进一步细化，按物料编码核算成本，通过子库存转移实现同一法人内部物资转移，成本费用控制高度集中。同时还能适时监控采购物资的实际采购价格，及时了解公司各项大宗原材料等市场信息，促进采购成本降低，保证公司成本、利润核算更加真实、科学、准确。

(5) 资金管理模式影响。作为公司的管理者，必须时时关心整个公司的资产流动性，防止发生公司整体的支付危机。在现实情况下，大型企业发生财务危机甚至倒闭，很多是由于资金的周转不灵。ERP 资金管理的两个重要功能，即自动实时生成现金流量表和利用内部银行结构对企业的资金使用情况进行量化考核，可以使集团总部作为投资中心，进行资金的合理分配与运用。ERP 资金管理模块中的资金预测功能加强了企业对中短期现金流量的预测，能及时预警，保证公司的顺利运作。

(6) ERP 系统与 ABC 成本法相结合得到了广泛的应用。随着 ERP 系统的广泛应用，越来越多的企业利用 ERP 系统的集成性，将 ABC 成本法融入整个财务管理系统，成本动因数据可以自动从 ERP 系统中的其他相关模块中获得，比如销售、采购、生产、人力、财务等，使得 ABC 成本法能在企业中得到很好的应用。

4.5.3 会计电算化与 ERP 系统的财务管理的关系

从实施 ERP 系统对企业财务管理的影响可以清楚地看到，ERP 系统全面地提高了财务管理水平，使财务管理部门提供的会计信息更加实时、有效，资金管理与其他事务处理可以同步监控。现代化的财务管理应充分利用及时更新的数据信息，对企业各个环节进行实时监控，有效发挥财务预警功能，当出现危机前兆时即向决策者做出反应，及时纠正，使企业风险降至最低。如今，ERP 在我国企业信息化管理中已处于核心支撑地位。ERP 的引入带来了企业管理的深刻变革，特别是对处于企业管理核心地位的财务管理提出了新的要求。

(1) 成本核算应更准确精细。成本核算关乎财务管理工作的成败。在 ERP 系统的支持下，企业各个部门实现了充分的信息共享。有别于传统财务管理，财务人员可以了解到采购、生产、库存、销售各个阶段的详细数据，因而，对于每一作业的进行，财务管理都应进行相应的反映，进行阶段的成本核算，提高成本数据的精细程度和准确性，从而使财务控制与财务监督更加有效。

(2) 风险防范应更有效。ERP 系统使企业管理实现了信息化，使企业信息数据实时更新成为可能。因此，现代化的财务管理应充分利用及时更新的数据信息，对企业各个环节进行实时监控，有效发挥财务预警功能，当出现危机前兆时即向决策者做出反应，及时纠正，使企业风险降至最低。

(3) 预算管理应更全面。ERP 系统为企业的预算管理提供了更加强大的技术支持，企业各业务部门的负责人，可以随时看到它所应承担的各项费用情况，在会计期间的任何一天，都可以获得截至当时的利润情况表，并且与预算进行比较。ERP 的这种技术支持，不但使经营者可以根据预算对经营策略做出及时调整，使预算管理真正落到实处，而且为预算编制积累了更加丰富的历史数据。因此，在 ERP 系统支持下，一方面预算管理应发挥事前、事中和事后全面控制作用；另一方面，预算管理应在丰富历史数据的基础上，做好各产品、各业务、各部门、各地区的预算工作，使预算编制更全面，财务管理更科学。

（4）资金管理应更严格。企业财务管理的核心是资金管理，是对资金流的集中管理与控制。ERP 系统在实施过程中对企业的业务流程进行了重组，充分实现了信息共享，减少了采购、销售与财务之间的穿梭往来。ERP 系统下的财务管理，应充分利用财务与其他业务之间数据信息的联通，提高管理效率。对资金的管理从传统的事后算账、做账、统计、结算向前推进，使之贯穿于企业业务流程的每一个环节。从市场调查、产品开发、洽谈合同收取订单开始，就应充分考虑企业的资金问题，做好资金计划，全面分析项目的盈利能力，减少漏洞，保证企业经济效益的最大化。另外，企业财务人员应充分利用 ERP 系统提供的数据资源，尽最大可能实时关注每个客户的财务状况，为客户建立更为详细的信用档案，在进行是否发货的资金审核时，尽最大可能减少人为判断的随意性，并根据客户具体的信誉情况设计出更为适合的收账政策，提高资金使用效率。

（5）财务分析应更及时。作为财务管理重要组成部分的财务分析，是以财务报表为基础的。财务报表是否及时详尽，在相当程度上将影响到财务管理的有效性。在传统财务报告体系中，财务人员只在年终编制年度财务报表。改进的财务报告虽然增加了中期的财务报表，但依然不能满足日益激烈的竞争下企业财务管理的需求。由于 ERP 系统的支持，企业的数据库中存储了大量数据信息。在这种情况下，通过不同的报表处理模块，以不同的核算方式和计算方法，可以随时获取基本财务报表、地区销售状况报表、特定产品的利润报表等各种形式的详尽的财务报表。财务人员应充分利用 ERP 系统提供的这一便利，随时更新各类财务报表，进行及时的财务分析，为企业决策提供更具实效性的资料。

4.6　全面质量管理与 ERP 系统的质量管理

全面质量管理（Total Quality Management，简称 TQM）是一种现代的质量管理方法，推行全面质量管理对于企业提高自身素质，增强竞争力意义深远，其主张全员参与，全面控制，预防为主，防检结合，用数据说话，并要求质量管理作业规范化和标准化。ERP 质量管理的思想符合全面质量管理的理念，其优势体现在信息化全面质量管理的全过程，利用计算机技术使信息数字化、可视化。信息时代信息的重要性是毋庸置疑的，而信息的方便查询、快速反馈，企业内实现信息的共享，企业间的信息通信，都随着计算机技术、ERP 平台、网络技术的发展成为可能。

4.6.1 全面质量管理

全面质量管理理论的诞生是质量管理史上伟大的里程碑。全面质量管理理论在全世界范围内的传播、应用及发展，充分表明了它的思想、原理和方法对于各国质量管理的理论研究和实际应用的指导价值。

1. 全面质量管理的含义

全面质量管理的概念和思想诞生于美国，费根保姆和朱兰做出了杰出的贡献。1961年，美国通用电气公司总裁费根保姆在他的著作《全面质量控制》中给全面质量管理下的定义是："全面质量管理是为了能在最经济的水平上，并考虑到充分满足用户要求的条件下进行市场研究、设计、生产和服务，把企业内各部门的研制质量、维持质量和提高质量的活动，构成为一种有效的体系。"全面质量管理理论在美国取得了令世人瞩目的成就。

在 ISO 8402－1994 标准中对全面质量管理的定义是："一个组织以质量为中心，以全员参与为基础，目的在于通过让顾客满意和本组织所有成员及社会受益而达到长期成功的管理途径。"

综合上述两个定义来看，全面质量管理的内涵是全员通过有效的质量体系对质量形成的全过程和全范围进行管理和控制，并使顾客满意和社会受益的科学方法和途径，具有先进的系统管理的思想，并强调建立全面的有效的质量管理体系以使顾客和社会受益。

2. 全面质量管理的特点

全面质量管理是从过去的事后检验，以"把关"为主，转变为以预防改进为主。强调找出影响质量的各种因素，抓住主要矛盾，发动各部门全员参加，运用科学管理方法和程序控制所有具体的生产经用活动；在工作中将过去的以分工为主转变为以协调为主，使企业成为一个紧密的有机整体。全面质量管理的特点可以归纳为四个方面，即全过程的质量管理、全面的质量管理、全员参与的质量管理和采用科学的、多种多样方法的质量管理。

(1) 全过程的质量管理。全过程的质量管理是指决定产品质量的不仅是生产终端的检验把关，更重要的是产品生产的整个过程。全面质量管理的范围包括从市场调查开始，到产品设计、生产、销售等，直到产品使用寿命结束为止的全过程。全过程的管理充分体现了质量管理工作必须贯彻预防第一的客观要求，把管理的重点从单纯的事后检验转到事先控制上来，消除产生不合格品的种种隐患，形成一个生产合格产品的生产经营系统。另外，还要对产品形成以后的过程以及使用过程进行质量管理，形成一个综合性的质量管理体系。

(2) 全面的质量管理。全面的质量管理这一特点要求企业不能仅仅追求产品的最终质量，而是应该追求广义质量的提高。这种广义的质量不仅包括产品的质量，还应包括过程质量、工作质量、服务质量；不仅要对产品性能进行管理，也要对产品的可靠性、安全性、经济性、时间性和适应性进行管理。总之，全面的质量管理是对各个方面的质量进行的管理。

(3) 全员参与的质量管理。由于全面质量管理是对全过程和全面质量进行的质量管理，所以全面质量管理不仅是质量管理部门的事，也不仅涉及到设计、生产、供应、销售、服务过程中有关的人员，而是企业中各个部门所有人员的事。产品的质量是企业各部门、各环节的全部工作的综合反映，企业里任何个人或是任何一个环节的质量都会对产品的质量造成不同程度的影响。因此，全员参与的质量管理要求企业全体人员都来参加，并在各自有关的工作中参与质量管理工作。

(4) 采用科学的、多种多样方法的质量管理。随着科学技术的不断发展，对产品质量、服务质量提出越来越高的要求，影响产品质量的因素也越来越复杂。既有物质的因素，又有人的因素；既有管理因素，又有技术因素；既有企业内部因素，又有企业外部因素；既有人们的心理因素，又有自然环境因素。要把这一系列的因素系统地控制起来，全面管理好，生产出高质量的产品，提供优质服务，光靠单一的管理方法是行不通的。这就要求任何活动都要遵循 PDCA(计划、实施控制分析)循环的工作程序，并且广泛地运用科学的、多种多样的方法，如专业技术、管理技术、数理统计、运筹学、电子技术基础等，按照客观规律办事，进行科学的管理，综合治理，才能真正取得实效，真正做好全面质量管理工作。

3. 全面质量管(TQM)理的基本理念

经过几十年的发展，全面质量管理也得到了进一步的深化。从 20 世纪 80 年代后期以来，全面质量管理由早期的 TQC(全面质量控制)演变为 TQM(Total Quality Management)。TQM 的实质是以顾客满意、附加价值和持续改善为核心的一种全面的经营管理理念。全面质量管理是一种科学的管理系统，它是一种从全局出发进行质量管理的，突出从系统和全局出发、以为顾客服务为本、预防为主、不断改进、用事实和数据说话、突出质量与经济的统一并突出质量经营。全面质量管理带动了企业的各项管理工作，必将成为企业管理活动的中心环节。TQM 的核心理念包括一下三个方面：

(1) 顾客满意。顾客即所提供产品的接受者，可以是组织内部的，也可以是组织外部的。全面质量管理本着为顾客服务为本的精神，以预防为主、不断改进，通过全员的参与和全过程的质量管理提高产品和服务的质量，增加客户满意度。

(2) 附加价值。TQM 改变以前的事后控制为以预防改进为主，通过事前的分析预测使企业减少浪费；另外，通过要求任何活动都要遵循 PDCA 循环的工作程序来不断提高企业产品的质量，创造新价值，故 TQM 用最小的投入获取最大的功能价值，追求组织最大的经营绩效和个人最大的工作绩效。

(3) 持续改善。TQM 通过建立以 PDCA 循环为基础的持续改善的质量管理体系，使企业以质量为中心并且不断改进，生产出高质量的产品，提供优质服务，通过让顾客满意和本组织所有成员及社会受益而达到长期的成功。

4.6.2 ERP 系统的质量管理

质量管理是由质量策划、质量控制和质量改进三个互相联系的阶段所构成的一个逻辑过程。ERP 是一个建立在信息技术的基础上，以系统的管理思想为企业提供决策、计划、控制与经营业绩评估的全方位、系统化管理平台。它代表现代企业的运行模式，反映时代对企业管理调配资源、最大化地创造社会财富的要求，ERP 中包含着最先进的管理思想和方法，能帮助企业建立一套符合市场经济体制要求的现代管理模式，为企业深化改革提供强有力的支撑。质量管理是 ERP 系统的重要组成模块，是质量管理在信息技术上的应用，其目标是通过管理水平的提高使企业获得最佳的经济效益。

1. ERP 系统的质量管理

ERP 系统中的信息，不仅包括了质量检验的各种数据、报表，也包括了国际国内技术标准、活动和配方，还涵盖了产品质量形成过程中的设计、制造工艺、采购、设备、加工制造、工序控制、销售、售后服务等多个环节的内容。ERP 系统将质量管理渗透到了 ERP 实施的全过程中。就因为 ERP 中保存了质量管理全过程的实时数据与信息，使得销售信息、生产信息、检验信息、成本信息和相互相关的数据能够检索传递，且做到方便快捷。

根据质量管理的特点，质量管理系统在结构上分为三层结构即计划层、管理层和执行层。在此结构中，下一层接受上一层下达的计划或命令，然后向其下层传达命令，并向上层反馈质量信息。这种结构使得各层能充分利用有关信息完成各自功能，能快速响应和实时控制，易于修改和扩充，易于满足质量管理的可塑性、正确性以及与其他部门的依托性要求。依据这些特点质量管理系统可以归结为下述三大功能子系统。

(1) 质量规划子系统。确定企业的产品质量目标和质量方针；对影响产品质量的关键因素以及关键工序监控点进行界定；确定企业员工的质量操作规范和质量手册；其他相关质量管理文档的拟定等。

(2) 过程质量管理子系统。产品质量形成并贯串于产品全生命周期，因此过程质量控制即是实现对产品形成过程的各个阶段的质量控制和管理，包括产品设计质量的管理、产品制造质量的管理、采购质量以及售后服务质量的管理等。

(3) 质量评价子系统。对产品的过程质量活动进行分析、评价与反馈，诊断质量异常和波动的外在和内在因素，追溯过程质量缺陷的来龙去脉，实现对下层的质量指令传达和对上层的质量反馈，并将质量改进措施付诸实施，以获得质量水平的持续改善。

2. ERP 系统中质量管理模块的划分

系统管理包括对系统的权限管理和系统运行状态的实时监控。

基础数据管理是系统健壮运行的基础，包括质量故障模式及分类代码、质量监控点设置、质量检验操作规范和参考指标值等等。

质量标准管理负责对企业的质量文档和标准进行规范化管理，提供对这些文档的检索和归档等管理。

质量计划管理制定企业的短期和中长期目标、编制各种质量检验计划，质量控制计划，零部件进货检验计划和需求计划等。

质量检验管理对质量监控点的数据进行采集，包括手工录入和在线采集，完成对质量样本数据的预处理分析。

质量评价与分析控制利用一些控制工具实现对过程的质量实时监控；对过程质量的症状进行诊断；对工序能力指数的控制与调整；对质量改进方法的分析和评价等。

4.6.3 全面质量管理与 ERP 系统的质量管理的关系

全面质量管理是对公司努力提供能够满足客户需要的产品和服务的文化、态度和组织的一种描述。这种文化对公司运营中的各个方面都提出了质量的要求，从一开始就要正确地运作，从根本上杜绝过失和浪费。为了能够在最经济的水平上，并考虑到充分满足顾客要求的条件下进行市场研究、设计、制造和售后服务，企业内各部门的研制质量、维持质量和提高质量的活动成一体的一种有效体系。全面质量管理的目的是质量改进，通过质量计划、控制和改进，采用连续的滚动 PDCA 循环，以人为中心，通过对全企业、全员的管理不断提高企业整体素质。

TQM 与 ERP 两个体系都是现代管理思想发展的产物，其适合的领域、服务对象都是从制造业开始然后扩展到其他行业和部门。二者有许多相同点或相似点：

从应用目标上看，二者都是通过管理水平的提高获得最佳的经济效益。贯彻 TQM 标准的目的是加强产品质量的全过程控制，规范企业的全部业务流程，提高产品质量；引入 ERP 旨在实现企业资源优化和管理流程规范化，促进管理水平升级，增强企业核心竞争力。

从促进企业改革的作用上看，二者都能促进企业转变经营机制，建立现代企业制度。两个系统的运行都能带来企业组织机构的重组和业务流程的优化，自然会在企业内部产生“权利和利益的转移”。其运行过程和结果易于得到客户的认同，产生良好的效应。

从实施措施上看，二者都强调企业领导在实施过程中的重要作用，强调全员参与和持续改进，注重全员培训，倡导团队精神。

有效地将二者结合起来会起到相互促进、相得益彰的效果。

ERP 质量管理的思想完全符合全面质量管理的理念，其优势突出体现在将全面质量管理的全过程信息化，利用计算机技术信息数字化、可视化。ERP 的质量管理主要体现在集成化的优势上，对企业质量管理的整个过程提供集成，从采购供应商的开发和认证，原材料的检验、生产过程的检验集成化控制、产品完工检验、检验与测量仪器的计量管理和产品的出货检验到质量的统计、分析等，都提供了先进、快捷的方法与手段。但它与 TQM，ISO 9000 不能等同或代替，ERP 质量管理着重在于数据，他们之间是相互促进、相互补充的关系，也就是说，ERP 的质量管理提高了企业质量管理的效率，提高了质量控制的响应速度。ERP 系统的质量管理具有整合性、系统性、灵活性、实时控制性等显著特点。

1. ERP 实现了全面质量管理的信息化。

ERP 是企业信息化建设中比较先进成熟的软件系统，它不仅是一种先进的管理程序和手段，实际上也体现了当代最先进的管理思想和管理理念。ERP 建立在信息技术基础上，以系统化的管理思想，为企业决策层及员工提供决策运行手段的管理平台。它整合了企业管理理念、业务流程、基础数据、人力物力、计算机硬件和软件于一体的企业资源管理系统。物流管理、生产管理、销售与分销、财务管理、质量管理、设备管理、人力资源、项目管理、基金管理等模块是 ERP 的核心组成部分，且质量管理模块与物流管理、生产管理、销售与分销、财务管理是集成在一起的。因此，企业实施了 ERP，ERP 就实现了质量管理的信息化。

2. ERP 提高了全面质量管理水平

ERP 系统的完整作业数据链，全面地记录产品质量形成全过程。通过 ERP 系统数据的查询、统计、挖掘可以从中提炼出质量关键点和质量责任。

(1) 检验指令自动产生，提高工作效率。ERP 系统将质量管理功能联结到了产品设计、采购、库存管理、生产和销售管理等所有业务过程。在许多检验环节，检验指令都可以在相关业务中自动产生，系统可以根据采样规则自动计算抽样数量。例如，在采购过程中，采购部门对采购订单收货后，系统就会产生检验指令，质量检验部门就可以依据检验指令检验并记录检验结果。采购部门不用再人工填送报检通知单；在生产过程中，生产计划一下达，系统就会自动产生工序检验指令，为检验部门科学、合理安排检验工作提供了依据。

(2) 可快速查寻各类数据，检验数据实现共享。ERP 系统在一个统一的平台上收集、保存所有的检验数据，对检验数据的管理更加精确、科学。

(3) 采用 SOC(System On Chip)控制特性，可对各类数据进行统计分析。SPC(Statistical Process Control)控制图可以科学地区分出产品质量随机波动与异常波动，从而对生产过程的异常趋势提出预警，以便生产管理人员及时采取措施，消除异常，恢复过程的稳定，从而达到提高和控制质量的目的。

4.7 人力资源管理信息系统与 ERP 系统的人力资源管理

人力资源是企业的重要资源之一，而人力资源管理也是 ERP(企业资源计划)系统的一个重要组成部分。长期以来，企业在全面开展信息化工程实施过程中，人力资源管理往往作为一个孤立的系统，不仅管理效率低下，而且实时、准确性也差，人力资源管理信息系统只有与 ERP 系统集成和联动运行，才能使 ERP 系统成为真正意义上的全部企业资源管理计划系统。

4.7.1 人力资源管理信息系统

最初企业管理者为了减轻企业工资核算繁琐的手工操作，开发了考勤管理、工资核算系统，以后逐步发展成人力资源管理信息系统。目前，大部分人力资源管理信息系统的水平也只停留在分散运行的模式上，并不能为企业的决策提供有效的服务。

1. 人力资源管理信息系统结构

一般的企业人力资源管理系统基本上管理静态数据和半固定数据，主要功能包括：员工基础信息管理、日常考勤管理、工资核算管理、人事档案管理四个功能模块，如图4-17所示。

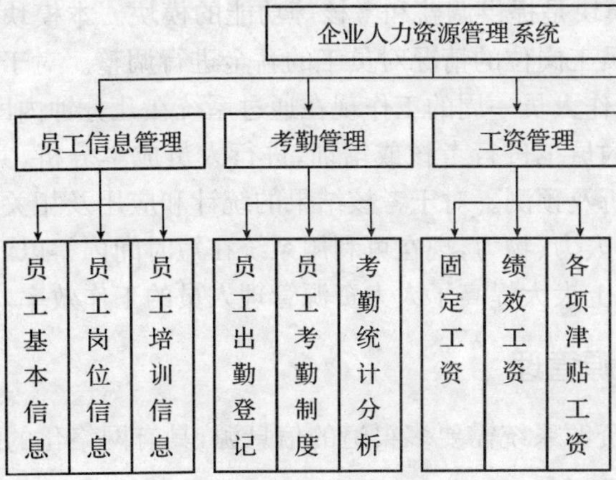

图 4-17　企业人力资源管理系统功能

2. 人力资源管理信息系统的主要功能

人力资源管理信息系统的主要功能是实现人力资源管理部门的日常信息处理工作，其主要功能如下：

(1) 员工信息管理。员工信息管理采用主从关系的形式涵盖了员工的基本信息、职称、学历、经历、职务、岗位等信息。新员工可以在信息管理界面注册，输入自己的基本信息。系统提供给员工自定义查询的功能，员工可以对自己的个人资料进行编辑和修改。管理人员可分别以性别、学历、专业、职称等不同的角度查询与分析企业内工作人员的基本资料，根据人员的实际情况进行岗位调整，并上传到人事管理模块。

(2) 考勤管理。考勤管理主要是帮助人事部门与其他各部门主管以更便利、更清楚的方式查询该部门员工记录，处理员工的刷卡异常，及时掌握员工的出勤情况，并把这些实际出勤记录进行记录，为工资管理系统计算加班费、请假扣款、轮班津贴、休假奖金等提供依据。同时也为人事部门及时掌握员工的基本情况提供依据。

(3) 工资管理。工资管理是对劳动工资信息进行及时、有效管理的一个模块。这个模块包括管理人员的工资管理、技术人员的工资管理和生产工人的工资管理。考虑到企业自身的特点，企业的员工工资管理系统应体现以下几个方面的内容。

第一，工人的工资主体是绩效工资。由于不同产品工序的标准作业时间各不相同，一般是从生产工艺规程的工序流程中直接获取工序的标准作业时间，并换算成对应工序的工时定额。工人的工时定额随着产品品种的更换而频繁变化，工人的工资也应适应这种频繁的变换;第二,管理人员和技术人员的工资不是固定不变的。企业产品的季节性很强,并且由于交货期的限制,经常会安排加班生产,相应的管理人员和技术人员就会经常随生产工人一起加班,其工资数额也发生相应的变化;第三,尽管企业的产业形式正从传统的劳动密集型向科技密集型转变,但其工艺流程决定了其产品质量易受人为因素的影响,其影响程度较高。这就要求工资管理系统应依据受影响产品的实际情况和所承担的责任来制定员工的业绩工资。

(4) 人事管理。人事管理模块是提供调薪和考核等功能的模块。本模块可以根据员工基本信息模块上传的关于员工岗位的情况对员工的薪金进行调整。对于应聘人员资料的查询及筛选,以前两个工作人员一周的工作现在通过系统在几分钟内即可完成。拥有权限的用户可对各种级别的员工进行考核或培训,进行人员成本分析,并对过去、现在和将来的人员成本做出分析及预测。对于考核结果的统计和应用及相关人事报表的生成等,以前需要耗费大量的人力、物力,现在可利用系统在短时间内得以解决,同时可保证信息的准确性,从而总体上大大提高了人力资源管理人员的工作效率。

4.7.2 ERP 系统的人力资源管理

在 ERP 环境下,企业人力资源系统需要多渠道的信息源,具有网络化的数据分布特点。

1. 技术与管理重点

在将 ERP 技术导入人力资源管理信息化这一过程,务必解决好人力资本与生产、销售、运输、质量控制、会计核算等环节物力资本的对接、配比和衔接问题,既要考虑人力资源管理模块的特性,又必须统筹规划人力资源的开发与管理,在开发企业人力资源管理信息系统时,首先要重点解决以下几个方面的技术问题。

(1) 需求分析与功能抽象技术。系统功能分析、体系结构的初步确定,可以通过问卷调查等方式进行调查,并且这一部分工作要尽可能做到完整,需要整理出详尽的需求分析报告。然后再根据需求分析报告绘制业务流程,建立数据模型,即将用户的需求转化为数据库设计专用的语言与流程,清晰的反映数据之间的传递关系。此阶段是整个系统开发的基础,在以后的开发过程中还需要根据实际需要来不断完善。

(2) 数据库建模技术。建立较大型的数据库和对远程数据进行访问是系统开发的关键。数据库应能把企业人力资源所需的信息转化为数据,并建立起基本的数据框架。采用最常用的 SQL Server 2000 数据库工具建立数据库,能满足多用户数据访问的要求。数据库应该具有强大可靠的各种功能,保证系统数据的安全性和可靠性。

(3) 客户机/服务器体系结构技术。企业人力资源管理系统应该是能在局域网内外畅通应用的软件,核心是多用户共享数据信息,因此建立合理的多用户共享大型数据库是开发本系统的又一关键所在。为了能使多用户共享数据,采用客户机/服务器体系结构可较好地满足应用程序处理的需求。实际构建时由数据库服务器和客户机组成局域网,网络可以响应用户在数据库中的查询处理,并且能在数据库服务器的管理下实现多用户更新。

(4) 打造信息采集、信息反馈平台。以工作分析为基石，贯穿企业职能部门、顾客、上级主管部门、市场竞争者以及利益相关者多方位的信息流，以业务流量为工作量化之依据，以企业业务流程某一环节层面变化态势为方向目标，综合考虑部门设置、岗位配置、任职条件、人才聘用、人才储备、培训开发、业绩评估、薪酬管理、激励措施、劳工关系等，充分实现信息共享。

(5) 借助 ERP 系统的快捷性为员工提供增值服务。ERP 技术的导入显而易见地能使人力资源管理者从操作的低效率解脱出来，对相关信息的录入、取舍、处理、组织等体现出划时代的快捷性。从发展趋势上看人力资源运作重点将从行政事务管理向企业战略伙伴方向转移。

2. ERP 系统人力资源管理思想

ERP 系统整合了包括人力资源在内的企业各种资源，人力资源是企业最宝贵的资源，在 ERP 中称为人力资源管理系统。人力资源管理系统涵盖了人力资源管理的各个方面，包括招聘、合同档案、培训、绩效考核、社会保障、薪资和考勤管理等等，也是在传统人事管理的基础上扩展了新的功能，完善了管理体系。并同 ERP 中的财务、生产等系统一道组成高效高度集成的企业资源管理系统，这不仅减轻了企业人力资源部门工作人员的劳动强度，提高了人力资源的工作效率，还为企业决策层提供了决策支持，它带给企业的不仅仅是效率上的提高，也是管理观念的转变。

3. ERP 在人力资源管理信息系统中的应用

ERP 系统下的人力资源管理不仅拥有全部传统意义上的人事管理、工资管理的功能而且还具有制定职务模型，进行人员成本分析、编制对手企业人员、组织结构的多种方案。

4. ERP 在人力资源管理信息系统实施中应注意的几点问题

(1) 企业有稳定的人力资源管理体系。企业需要有扎实稳定的管理体系，保证各项命令都能认真贯彻执行，只有这样才能让每位员工在企业里安心工作并施展才华，促进企业不断成长。在这样的前提下可以考虑进一步的信息化。

(2) 确保充足的资金支持。人力资源管理信息化需要大的资金投入，没有坚实的经济基础做后盾，信息化的实现是不可能的。企业应利用自己的优势，在遵循国家法律的前提下，积极稳妥地多方筹集资金，投入到这一庞大而复杂的工程。

(3) 企业人力资源管理人员应具备相当的业务水准与操作技能。既要有人力资源开发与管理知识和实务经验，又同时具备 ERP 系统的操作技能，即复合型人才。人力资源信息化要求管理人员遵循一定的规范如实做好对工作步骤和流程的记录工作。

(4) 个体员工的关注和支持。人力资源管理信息化不只是人力资源部门的事情，需要生产、研发、财务等部门的协助和配合。作为企业领导者，要以发展的眼光看到它能给企业未来壮大集聚的巨大效益，积极给予支持，加大资金投入，配备合适人员。对于企业其他员工，也要充分认识到信息化给自己带来的实惠，通力配合人力资源部门信息化改革。

人力资源管理软件的导入及运用无疑给企业带来了前所未有的便利与效率，但是管理毕竟是出自实践的，如何将软件和企业自身管理调度之特点尤其是自身人力资源管理结构及流程恰当结合起来，最大限度地发挥其功能，这是解决问题的重心所在。企业要因地制宜，量力而行，选择合适的途径获取人力资源管理软件，提高效率，坚持以人为本管理思想，重长期规划和持续发展。

(5) 要从推进企业的人力资源管理规范化着手，并与企业的人力资源战略结合起来。企业应该在咨询公司的帮助下完善人力资源的规范行为与流程。先进的人力资源管理信息系统是以先进的人力资源管理思想为指导的。首先也应该让员工接受这些先进的管理思想。目前国内的人力资源软件公司非常多，几乎没有一点人力资源管理背景的人也在从事开发工作，这并不是说明人力资源管理软件的门槛很低，而在于我们企业客户对软件的要求很低，依然用 HHMIS 的眼光来看待 ERP 软件，软件应用还处于相当低的层次。这样的软件对于提升人力资源管理水平是毫无实际意义的。

(6) 注重长期规划，实现持续发展。很多企业在导入人力资源管理信息化后往往产生一劳永逸的思想，忽视后期规划和发展。其实成功的人力资源管理信息化建设是需要长期给予关注和规划的。只有审时度势地不断改进它的工作，才有可能将它对企业潜移默化的影响转化成持续的经济效益。

4.7.3 人力资源管理信息系统与 ERP 系统的人力资源管理的关系

近年来，企业内部的人力资源越来越受到企业的关注，被视为企业的资源之本。在这种情况下，人力资源管理作为一个模块，被加入到 ERP 系统中，组成了一个高效的、具有高度集成性的企业资源系统。人力资源管理成为 ERP 系统体现其功能特点的重要组成部分，ERP 系统也为提高人力资源管理水平，充分发挥人力资源管理作用，优化配置人力资源起到积极作用。

从形式上看，人力资源管理信息系统与 ERP 的人力资源管理模块没有明显的功能差异，都是管理信息系统应用软件，具有几乎相同的功能结构，都在完成公司日常的人力资源管理信息处理工作，但是，二者具有本质上的差异。主要体现在如下几方面：

(1) ERP 系统消除了传统人力资源管理中各职能部门、人力资源管理部门与其他职能部门之间的信息阻塞，各自为政的信息孤岛现象。极大地提高了信息的利用率，使企业的职位、岗位管理从初步到具体，从定性到定量。

(2) 通过 ERP 系统实现了人力资源管理部门内部的集成一体化管理，尤其是对员工的多方位多视角的考察、培养和提升具有科学依据，能及时归纳、总结和提炼全面正确的相关信息。

(3) 通过 ERP 系统可实现企业岗位规划、计划、考核和控制，及时总结、分析企业岗位状态，职位状态，技能状态和培训状态等动态、有效的信息。

企业信息化工程或制造业信息化工程不是一蹴而就的，实施 ERP 系统也是同样的道理，必须遵循诺兰模型逐步扩展与完善。一个企业在实施 ERP 系统前必须开展管理信息系统子系统的尝试，才能全面开展信息化工作。无论企业原有基础在那一方面，都可以作为 ERP 系统实施的起点，通过 ERP 系统扩展到其他管理，如图 4-18 所示。

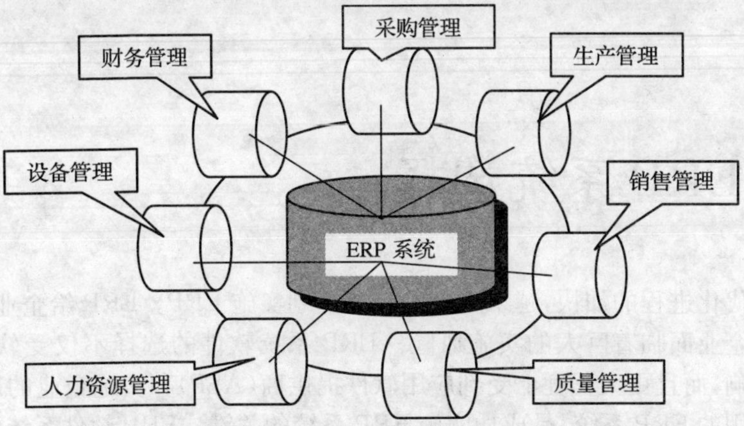

图 4-18 传统信息系统与 ERP 系统关系

5 ERP 系统选择

随着现代化进程的加快，越来越多的企业计划实施 ERP。ERP 给企业带来高收益的同时也使企业面临着巨大的实施风险。ERP 系统软件的选择不仅受软件本身功能与性能的影响，而且更大程度上受到应用软件提供商(ASP)和实施企业的影响，如何选择实用和适用的 ERP 系统，是成功实施 ERP 系统的关键。ERP 软件系统的选型工作，也是企业在决定实施 ERP 后遇到了第一个现实问题。它属于整个 ERP 项目的前期项目规划阶段，是降低整个 ERP 系统实施风险的起点和关键。

5.1 ERP 系统选择与选择评价原则

在 ERP 系统软件选择前必须理清思路，明确目标。你要 ERP 系统干什么？ERP 系统能为你干什么？制定 ERP 系统软件选择原则是选好软件的关键之一。

5.1.1 ERP 系统选择原则

在制定选择原则时往往要根据企业信息化的现状和 ERP 系统软件的可选实际，适合性、相兼性和成熟性是最基本的原则。

1. 最适合原则

软件选型不是选最贵、功能最全的软件，而是某一特定的企业选择对该企业最为适用的软件。软件功能需要适合企业的生产类型、企业需求、战略目标等。因此，被选上的并非一定是最优的，但被选上的对该企业来说应该是最优的。

2. 管理理念相容原则

ERP 系统是一套蕴含先进管理思想的软件工具，企业借助上 ERP，吸收先进思想是必要的。但这种管理思想产生的文化与企业原来的企业文化发生冲突时，必然不利于 ERP 系统的成功实施。企业应选择与其管理理念相容的 ERP 系统。

3. 成熟性原则

应选择成熟的、流行的技术和产品，重点考察是否有成功的用户、是否有系统化的完整解决方案，不要选择未经实践证实的产品。选择成熟的产品，可以减少实施的不可预见性，降低实施风险，有效防止投资失误。

5.1.2 评价指标体系建立的原则

ERP 评价体系受到业界的广泛关注。从 ERP 系统功能与性能角度我国在 2003 年发布了《制造业信息化工程 2003 年度应用软件产品测评规范》，从 ERP 系统实施应用的角度研究 ERP 实施应用评价成果更丰富，美国 Oliver Wight 咨询公司已经建立了完整的《Oliver Wight ABCD 检测表》，并进行反复修订，发展至今已经推出了第三版 ABC 检测表。我国政府上世纪 90 年代推出了《中国企业信息化指标体系》。这些标准与测评方法为 ERP 系统软件选择评价提供了较全面的理论依据。但是 ERP 系统的选择本身的复杂性、动态性、涉及学科交叉性和前沿性，企业在实际开展 ERP 系统选择时必须制定适应本企业的选择原则。

1. 务实原则

遵循求真务实的原则，全面评价企业信息化实际状况。寻找真正适合企业管理模式、业务特点和企业目标，切合本企业现状的软件，例如库存压力较大的企业，关键指标应是库存资金占用率、在库资金占用降低率。

(1) 切实评价实施企业的实际运行状态，企业信息化现状，企业发展战略和企业信息化工程目标。

(2) 切实评价软件开发商和软件提供商提供软件的实际功能与性能，不是简单地听介绍，图文演示，而是切入模拟操作。

(3) 切实评价软件提供商提供软件的实施状况，实施成功案例的评价是关键之一，而且以寻找具有同行业、同规模、同主营状况的成功案例为佳。

2. 时效原则

从管理的时效性原则来看，必须在企业信息化进程时间轴上设定不同时期的评价指标，对各类指标设置不同的数据源和不同的分析方法，实现 ERP 系统实时、同期、趋势等指标信息的管控。例如在企业信息化的初级阶段，主要开展单元信息化工程，选择 ERP 的某些功能模块尝试，在企业信息化的发展阶段，选择 MRPⅡ为核心的软件产品，在企业信息化的集成阶段，才真正选择较完整的 ERP 系统软件产品。

(1) 评价企业信息化实时状况，给出企业信息化发展阶段，为选择适用的软件产品提供理论依据。

(2) 评价软件开发商软件产品的实时状况，评价软件的集成和独立运行能力，以及数据、业务和作业流程的集成接口的可行性。

3. 层次性原则

评价指标的设置应能准确反映各层次之间的支配关系，各指标有明确内涵，按照层次递进的关系，组成层次分明、结构合理的评价体系。从管理的层次性原则来看，建立 ERP 掌控企业管理的关键点和与核心流程有针对性的指标，例如计划管理体系、财务管理体系、质量管理体系等的不同管理层面，基层业务管理人员、中层管理人员、高层管理人员的不同管理层次，集团化、多工厂、多部门的不同管理渠道。从多视角、多节点的进行比较分析，确保各项指标的科学合理性。

4. 科学合理性

反映系统实施状态的指标往往可以从许多方面获取，但是某一方面的指标只能侧重描述单个影响因素，指标的选取必须遵守科学合理的原则，既能体现显性特征，又要能体现隐性特征。

5. 动态实时性

实施过程始终在动态地发生变化，尤其是 ERP 系统实施过程。企业、软件供应商等在实施过程中都存在一个磨合过程，通过实施互相了解，共同提高，不断明确需求，评价指标的设计，数据采集针对实施过程的不同阶段也应当动态变化。

5.2 ERP 系统选择过程

ERP 系统选择是一个十分复杂的过程，对 ERP 系统软件的正确评价是 ERP 系统选择的重要依据，做好 ERP 系统选择工作，是确保 ERP 系统实施成功的基本保障。

5.2.1 软件选型的组织与目的

1. 建立软件选型组织

ERP 系统的选择是一项十分复杂的工作，涉及面广，对企业影响深远，必须建立 ERP 系统软件选型小组。软件选型小组人员中应该包括企业高层领导、企业各 ERP 使用部门领导、ERP 项目总负责人、需求功能调查员。建议由选型小组的组长担任 ERP 项目总负责人。选型小组建立以后需要定期开会讨论选型事宜，负责选型的全过程。

2. 明确软件选择目的

彻底调查自身的需求，尽可能收集关于供应商和软件系统的资料是正确选择的基础，在收集企业需求时应当从如下几方面着手。

(1) 各个部门需要处理的业务需求。如有关业务的数据流入、业务数据处理方式(处理步骤、处理点等)、业务数据流出的情况。尤其注意产品的结构特点、物料管理特点、生产工艺特点与成本核算特点。再根据各项业务需求，识别出企业需求的分类级别，如重点要求、一般要求或可有可无的需求等。

(2) 考虑用计算机处理的业务数据的软件使用权限的设置。有时企业的权限需求很特殊，例如，不只是对功能的控制权限有要求，而且对字段、甚至对字段内容的控制权限也有要求。

(3) 业务报表需求。企业的报表形式非常丰富。需要对报表需求列出清单，标识出必要需求、一般需求或最好需求等。调查企业现有数据接口。企业在以前可能已经有各种各样的信息系统，如 CAM、CAI、CAD、PDM、DSS 等。因此，要考虑这些数据的传输问题。

(4) 收集关于软件供应商和软件系统的资料。这方面的资料可以有如下方式获取：

下载 Internet 上软件供应商放在网站上的软件试用版；察看网站上的行业解决方案和论坛上相关帖子；考察已成功实施 ERP 的同行兄弟企业；翻阅相关报纸和参加博览会。

5.2.2 画软件选型目标结构图

画软件选型目标结构图的作用是建立统一评估标准的基础。只有有了选型目标，才能在其中识别出可以作为"标的物"的评估因素，使选型小组成员重新思考企业需求、公司战略和文化。在建立目标的过程中软件选型小组通过不断讨论思考，既要考虑到自己企业资源的限制又要考虑到企业的需求，协调项目选型小组的意见并使其统一。

画目标结构图可以采用从上至下分解的方法。软件选型的总目标是"选择最合适的 ERP 软件"，而要想达成这个目标必须从两个方面考虑"选择最适当的 ERP 软件"和"选择最好的 ERP 供应商"。好的供应商必须有良好的信誉、良好的技术能力、优质服务。诸如此般，将层次建立下去，每一个层次的建立都是深入化思考的结果。最终形成软件选型基本目标结构图，如图 5-1 所示。

在制定标的结构图时，需要考虑企业的特殊目标，如企业类型、企业文化差异，结合企业需求及战略，应该在基本目标上增添某些特殊目标。还要考虑企业生产类型的不同对标的的影响，例如：不同制造行业生产工艺特点的不同，将形成不同的特殊目标，如表 5-1 所示。

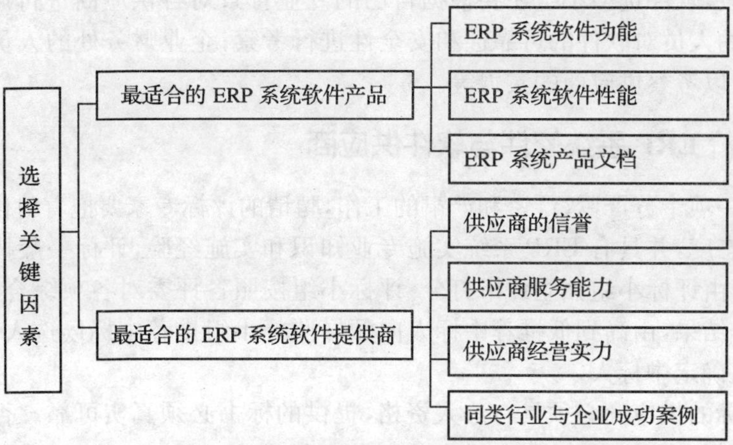

图 5-1 软件选型基本标的结构示意图

选择软件的过程也是企业选择今后采用何种管理思想的过程。ERP 软件承载的是目前最先进的管理思想。管理相容原则要求企业在考虑企业文化的前提下选择包含有相容管理思想的软件。

表 5-1　不同生产类型的特殊标的

模　块	离 散 型	流 程 型
BOM	层次多且复杂	扁平且简单，配方安全性、安全性要求高的企业无准确 BOM
工艺路线	多种选择	固定，由流程确定
主生产计划	单件计划	流程计划
车间管理	实时跟踪	实时跟踪、动态调整、控制纠偏
计量转换	简单，多为“件”	复杂，包括多计量转换、多包装转换、效能转换
设备管理	全生命周期管理	专用设备及装置管理、考虑三废处理、清洁生产问题

5.2.3　邀请软件供应商

在做完前面的工作后，就到了招标阶段。可以选择性邀请软件供应商，要求供应商提交初步的项目解决方案，从中挑选 3～4 个进行后面的选型评估。对于参加复选的软件供应商要求提交详细的项目计划书并召开讨论会，讨论企业最关键的流程、特殊的功能要求、重要的软件模块要求等。要求各供应商进行现场演示，演示时最好运行企业自己准备的数据。

这一阶段，软件选型小组还要根据自己的专业背景对各供应商进行调查。如企业计算机中心的人员对软件的可靠性和安全性进行考察；企业财务处的人员收集供应商的财务报表，以考察供应商的实力等。

5.2.4　评价 ERP 系统软件与软件供应商

评标是一项十分严紧、严密和严肃的工作，聘请的评标专家要抱着对供应商和实施企业负责的态度，并具有 ERP 系统实施专业知识和实施经验，评标一般按综合因素打分(百分制)，由评标小组独立评审打分，评标小组按照各评委对各项综合因素打分(平均分)的记分结果，由高到低推荐中标人向领导监督小组推荐中标候选人，经领导监督小组讨论后，确定中标人。

参加投标的供应商必须具有法人资格，提供的标书必须真实可靠。否则作废标剔除，不参加评标。

评委在评标之前，必须认真阅读标书文件，了解项目对供应商和实施企业对技术方案的要求，然后对照标书文件细则逐一查验供应商提供的标书内容，并给出客观公正的得分，评分过程评委独立工作，不受任何其他因素影响。

标书内容一般分两大部分，第一部分是供应商的资质，经营状况和服务承诺等商务标，要评价投标人的资质、荣誉及信誉、销售业绩及专业能力、类似项目成功案例、技术人员状况及参加本项目人员资质状况和自主创新能力。第二部分是 ERP 系统软件型号、版本号、性能指标及功能响应状况、安装调试、系统集成方案、数据备份、软件升级情况、项目实施工期、售后技术支持能力及维护能力、服务承诺要求、培训方案及计划、有价值优惠条款和价格的评价。

5.2.5 评价结论、签订合同

评标领导小组根据评委评出的结果，从高分到低分提交一个中标人和后备人。然后进入合同洽谈期，合同的洽谈是在标书文件和投标标书的基础下，不影响工期和质量的前提下，对未明确的问题进一步商讨。企业方需根据筹备工作中对本企业的各项管理业务的需求分析及新系统功能规划设计报告，同 ERP 系统实施公司进行具体的商讨。当然，实施公司的技术人员与咨询顾问也会提出他们的系统解决方案及各模块业务功能的规划、调整、增加或剪裁等等。双方的管理人员、技术人员应共同探讨，以决定本次实施项目可以真正实现的具体内容和目标（只能是对未了明细的修正）。作为项目实施及验收的目标和依据，此项工作非常重要。另外，拟定的合同条款须尽可能具体。比如：合作方人员的哪些现场工作要计算费用，不同资历条件、不同等级的实施顾问的服务天数及费用；在各模块实施过程中的企业配合需求，具体分工与职责皆应明确定义。还有，软件商对其系统升级的优惠条件及有效期限，对系统 Bug 的免费修改期限等等。企业与供应商的实施项目经理应参与具体的细节洽谈。

5.3 ERP 系统方法

5.3.1 建立 ERP 系统选择评价指标体系

2003 年我国发布了《制造业信息化工程 2003 年度应用软件产品测评规范》，这是国家制造业信息化工程标准化工作的重要组成部分。制定本规范旨在为制造业信息化工程 2003 年度应用软件产品测评工作的开展提供技术指导和技术规范支持，实现对制造业信息化工程应用软件产品的公平、公正、科学、客观的评价。

本规范共分三部分，其中第三部分规定了 ERP 软件产品测评的基本功能、扩展功能、性能和用户文档四个方面的测评指标，并对 ERP 软件产品测评的结果以及基本功能、扩展功能、性能和用户文档指标的测评结果给出了评定细则。

1. 功能测评指标

功能测评指标分为基本功能测评指标和扩展功能测评指标，见附录 A 表 A.1，带有★号的为基本功能指标，其他为扩展功能指标。

(1) 基础数据管理。全面测评 ERP 系统运行的基础数据可操作性和完整性。

①物料清单(BOM)数据。即：测评产品结构数据的生成与维护。在工程变更时能够对 BOM 进行修改，提供修改方法，或者从 E-BOM 生成(或建立)M-BOM 功能。例如：单级 BOM 展开、多级 BOM、单级 BOM 反查、多级 BOM 反查；产品结构数据复制：利用已有的产品结构，通过复制，建立新的类似产品的 BOM。

②工艺路线数据。建立项目和需求资源关系的工艺路线基本信息文件，维护工艺

路线基本信息文件(工作中心、工序数据),如工序数据管理,工时定额维护,批号追踪,工作中心维护。

③财务数据。测系统是否有会计科目管理、会计期间管理和凭证类型管理功能。

会计期间指人为规定的会计信息的提供期限。可以定期反映企业的经营成果和财务状况,向有关方面提供会计信息,会计核算应人为地把持续不断的企业生产经营活动划分为一个个首尾相接、间距相等的经营期间。

(2) 生产管理。测评 ERP 系统具有生产管理功能情况。

①主生产计划。测是否具有主生产计划编制、主生产计划调整、MPS 粗资源平衡、主生产计划反馈与查询等功能。

②物料需求计划。测 MRP 计划自动生成、编制与调整(顺排或倒排 MRP 计划等);物料需求计划可行性和平衡分析(包括独立需求和相关需求的可行性与平衡分析);物料需求计划;计划生产订单等的查询;计划生产订单确认、计划请购单确认、拖期订单报告等功能。

③能力需求计划。测能力需求计划计算、能力负荷计算、车间部门负荷及工作中心负荷等的计算功能。

④生产订单管理。测生产订单维护、查询;生产订单标准成本重估;生产订单的下达;生产订单缺料报告;生产领料单的生成、维护、审批等功能。

⑤生产作业管理。测作业计划的编制与维护;调度计划编制与维护;作业计划查询、作业计划统计等功能。

⑥生产工序管理。测工序转移、启停和完工处理;工序进度查询、反馈;工序异常处理与报告(例如拖期报告、返工报告、废品报告、停工报告等)功能;

⑦生产统计。测关键工作中心效率报告、生产订单效率报告、员工效率报告、返工报告、生产计划完成情况统计功能。

(3) 采购管理。测评 ERP 系统具有采购管理功能的情况。

①采购计划管理。测采购计划编制与维护、请购单管理等功能。

②供应商管理。测供应商等级分类;供应商信息定义;供应商信息维护、查询等。供应商评定审核管理功能。

③采购订单管理。测供货信息管理;采购订单维护;到货、退货处理;订单统计查询等功能。

④价格管理。测物料定价因素、价格变更的程序、最高单价控制、询价管理功能。

⑤到货/验收管理。测到货管理功能、验收入库的管理、收货方式、退货管理功能。

(4) 销售管理。测评 ERP 系统具有销售管理功能情况。

①销售预测。测提供销售量的预测、预测订单管理功能。

②销售计划。测销售计划编制与维护(销售年、月计划);部门销售计划、推销员销售计划编制与维护功能。

③询价与定价管理。测价格管理、价格策略管理、下达报价单为销售订单功能。

④销售合同管理。测销售合同编制与维护；合同发货、结案管理；销售明细账查询、合同的执行情况、拖期情况查询等功能。

⑤客户管理。测客户信息收集与分类、客户信息分析与查询功能。

⑥查询统计。测销售欠款查询、售后服务分析、销售计划完成情况分析功能。

⑦分销管理。测销售订单、配货方案功能。

⑧退货管理。测退货作业管理、销退账务处理、退货流程控制功能。

(5) 库存管理。测评 ERP 系统具有库存管理功能情况。

①入库管理。测库存属性设置、采购入库管理、生产入库管理、调入入库管理功能。

②出库管理。测销售出库管理、生产出库管理、调出出库管理、批次处理和转库处理功能。

③盘点与结转。测库存盘点、库存结转等功能。

④库存分析。测库存变动情况分析、库存物料 ABC 分类管理、库存预警(例如库存超期报警、库存越限报警、库存进价超限报警等)功能。

⑤库存查询。测库存月报表查询与输出、物料收发台账查询、物料入库和出库登记表输出与查询、库存情况查询等功能。

(6) 财务管理。测评 ERP 系统具有财务管理功能情况。

①总账管理。测记账凭证输入和登记、日记账、明细账、总分类账、其他报表编制等功能。

②应收账。测应收款管理、欠款客户管理、支票管理、发票管理等功能。

③应付账。测应付款管理、供应商管理、支票管理、发票管理功能。

④成本核算。测标准成本计算、实际成本计算、产品成本分析、目标成本分析、产生成本有关报表功能。

⑤固定资产管理。测固定资产账目、固定资产变动处理、固定资产折旧、固定资产账表查询等功能。

⑥工资管理。测工资核算、工资分配等功能。

⑦财务报表。测损益表、资产负债表、现金流量表功能。

(7) 质量管理。测评 ERP 系统具有质量管理功能情况。

①检验标准管理。测抽样标准维护、检验标准维护、质量标准体系管理、供应商认证功能。

②检验计划管理。测进货检验计划、生产零件检验计划、装配过程检验计划、产品检测检验计划功能。

③检验过程管理。测进货检验、过程检验、成品检验、出货检验功能。

(8) 设备管理。测评 ERP 系统具有设备管理功能情况

①设备维护及运行。测设备维修记录、设备保养记录、设备运行记录、设备事故记录；设备精度检测、设备台账维护功能。

②设备维护计划。测维修计划维护、保养计划维护功能。

(9) 人力资源管理。测评 ERP 系统具有人力资源管理功能情况。

①人事管理。测员工基本信息、人事状况统计表、人事变动管理、教育、培训、社保管理与劳动合同管理功能。

②人力资源战略。测人力资源计划、人力成本预算管理功能。

③职务职能管理。测组织结构设计、岗位信息管理功能。

(10) 系统维护管理。测评 ERP 系统具有系统维护管理功能情况。

①系统权限管理。测权限定义与维护、权限分配、角色管理功能。

②数据维护。测数据导入导出、数据库备份与恢复功能。

还要测评 ERP 系统对于财务管理、人力资源管理、设备管理以及质量管理，是否可以有各种不同的具体实现方法，既可以是由 ERP 软件单独实现，也可以由 ERP 软件与其他专业软件相集成的专业模块来实现。

2. 性能测评指标

性能测评指标反映了 ERP 系统软件在不同环境、条件下能保持正常运行或软件产品具有的能力。

(1) 可靠性。测 ERP 系统能屏蔽用户操作错误；运行错误不会导致系统异常退出；操作权限控制安全可靠；具备数据备份及数据恢复能力；软件能进行输入有效性检查；无损坏数据软件的现象；提供运行日志管理；与其他软件的兼容性(安装运行后对系统中其他程序不产生破坏性的影响)；系统故障恢复(网络中断、断电后自动恢复)；系统运行稳定能力。

(2) 易用性。测 ERP 系统具有的菜单、工具栏随所进行的操作变化；具有联机帮助功能；对用户操作的实时引导；界面风格简洁一致，布局合理；软件具有可配置能力(例如显示界面、显示格式、报表格式等可以调整)；软件易安装能力。

(3) 集成性。测 ERP 软件系统各模块之间应实现数据共享、ERP 系统各业务流程的集成、与 CAD 系统的集成、与 CAPP 系统的集成、与 PDM 系统的集成、与 SCM 的集成、与 CRM 的集成能力。

(4) 可扩展性。测 ERP 系统具有数据结构可修改扩充、系统功能可配置能力。

3. 用户文档测评指标

用户文档测评指标反映了 ERP 系统软件提供用户资源的完整、规范和标准等特征。

(1) 用户文档完整程度，测随 ERP 系统软件产品的用户文档是否参照国家标准《GB/T 8567—1988 计算机软件产品文件编制指南》中用户手册的内容编写，并保证内容的完整性；用户文档中是否包括全部软件功能、业务流程和计算过程的说明；是否可以提供在线帮助。

(2) 描述与实际功能的一致性。测随 ERP 系统软件产品用户文档描述的功能与软件实际功能是否保持一致。

(3) 用户文档的易理解程度。测随 ERP 系统软件产品用户文档的文字描述是否条理清晰、易于理解；用户文档对关键重要的操作是否配以例图说明；用户文档是否采用了中文编写;对主要功能和关键操作是否提供应用实例。

(4) ERP 软件系统实施指南。测随 ERP 系统软件产品的用户文档中是否提供 ERP 软件系统实施指南或类似文档,其中是否包括规划、开发、实施、运行、评估等内容,以便为实施和应用 ERP 系统提供详细的指导。

5.3.2　开展 ERP 系统选择评价

ERP 系统的评价是 ERP 系统选择的一个关键工作,对 ERP 系统评价的真实、客观和准确直接影响到 ERP 系统选择的结果,评价 ERP 系统必须做好充分准备,认真、规范、严谨,做到公正、公平和公开。

1. 建立 ERP 系统软件评价小组

众所周知,ERP 系统评价是 ERP 系统实施项目的前期筹备工作。评价的正确性是整个 ERP 系统实施项目能否取得成功的重要前提之一。由于 ERP 系统的复杂性、动态性和实施企业的个性化,必须建立 ERP 系统软件评价小组,要请熟知 ERP 系统原理,具有 ERP 实施经验,了解被实施企业背景的人员组成。可以由实施咨询顾问、企业管理专家、信息系统分析员和软件工程师等组成。

2. 管理业务需求分析

企业实施 ERP 系统往往是分步实施,不可能一步到位,一步到位的思想在企业信息化过程中是不现实的,也是无法做到的。一个企业无时无刻不在发生变化,ERP 系统需要与企业同步成长,选择 ERP 系统也必须适应企业的需求确定关键指标。开展管理业务需求分析是评价 ERP 系统并给出结论的关键工作之一。

3. 裁选评价指标

制造业信息化工程 2003 年度应用软件产品测评规范的第三部分是 ERP 系统评价指标体系,不仅明确了评价 ERP 系统功能与性能的指标,而且给出了评价指标的权重和计算方法,是 ERP 系统评价的指导文件。但是,在实施 ERP 系统评价时,还需要根据企业的实际需要对评价指标进行裁减,按实际需要选定评价指标。

4. 确定评价指标取值方法

ERP 系统的功能与性能指标大部分是定性指标,要给 ERP 系统软件给出综合评价结论,必须要对这些定性指标进行量化,然后对指标值累计得分与分级阈值得到结论。

在我国制造业信息化工程 2003 年度应用软件产品测评规范中将被测软件不具备本规范规定的基本功能项;被测软件在基本功能的测评过程中发生了一项或多项可重复出现的严重问题和配套的用户文档与被测软件不相符的作为关键因素。并对关键因素作出明确定义。例如重复出现的严重问题是指下列情况之一。

(1) 被测基本功能项不能正确实现。

(2) 被测数据处理错误。

(3) 主业务流程出现断点。

(4) 软件错误导致死机。

(5) 软件错误导致数据丢失。

(6) 软件错误导致系统无法运行。

(7) 系统操作响应时间过长,在 1 分钟以上。

(8) 系统存在严重的安全漏洞。

对指标测评的结论分通过与不通过两种,有被测软件缺少规范规定的基本功能项,或者出现了一项或多项可重复出现的严重问题,或者出现了一种或多种配套的用户文档与被测软件不相符的情况之一者,评定为“不通过”。未出现上述情况的,评定为“通过”。

对各项扩展功能测评指标的结果只能评定为“无此功能”、“通过”和“不通过”三种结论。对各级性能指标的测评采用评分方式,各级性能指标测评结果为 10 分制分值。测评人员应对每一项无下级指标的性能指标进行测试,并依据测试完成情况与预期效果之间的差异,按照表 5-2 中的评分细则的规定对该项性能指标进行评分。

表 5-2 性能指标权重值

一级指标	满分	权重	测评总分
可靠性	10 分	0.5	10 分
易用性	10 分	0.3	
集成性	10 分	0.1	
可扩展性	10 分	0.1	

5. 开展测评数据收集

在确定了评价指标、指标取值方法和评价小组人员后,需要开展认真负责的 ERP 系统软件评价测试,测试每一个功能、性能,记录测试结果,在测试时,还要注意测试环境,例如:数据库的记录数,并发用户数据和网络结点数等情况。

6. 选择评价方法

评价方法的不同会严重影响评价结果,有时甚至会给出相反的结论。因此,评价方法的选择要综合考虑各种意见,在开展评价时做好准备。评价方法有许多种,可以用累计总分法,也可以用加权平均法,还可用模糊评判法和遗传算法等方法。累计总分法比较简单,广泛被采用,这种方法对参加评价的指标同等重要,我国制造业信息化工程 2003 年度应用软件产品测评规范中对功能指标的测评可以采用 Oliver Wight 测评方法。2003 年度应用软件产品测评规范中 ERP 系统性能评价指标权重,如表 5-3 所示。

7. 计算评价指标和综合评价值

根据选定的评价方法和收集到的现场测评数据,进行计算,结出综合评价值。

8. 给出评价结论

根据综合评价值和评价结果分级数据比较,得出最后的结论,在为 ERP 系统选择评价时,往往不是仅按 ERP 系统的功能与性能进行决策,而是还要考虑其他多种因素,ERP 系统的功能与性能是其中关键因素之一。

表 5-3 ERP 性能测评及指标权重

一级指标	二级指标 权重	二级指标 指标内容	预期效果	评分细则 细则	NO	YES	初始
可靠性	若出现死机、数据处理错误、主业务流程断点、软件错误导致数据丢失、软件错误导致系统无法运行，则可靠性为 0 分						
	0.15	屏蔽用户操作错误	可以屏蔽用户操作错误，不会引起系统异常退出	每出现一次未屏蔽用户操作错误，扣 1 分			10
	0.2	运行操作错误不会导致系统异常退出	应该提示错误原因	每出现一次异常退出，扣 2 分			10
	0.1	操作权限控制安全可靠	具有创建、删除、修改用户信息及口令管理的功能	只测是否通过	0	10	
	0.1	具有数据备份和恢复手段	软件应提供数据备份和恢复手段	只测是否通过	0	10	
	0.1	能进行输入有效性检查	能排除不符合要求的输入数据或给出提示	每出一次错误，扣 1 分			10
	0.1	无损坏数据软件的现象	不会引起软件、系统的损毁	出现一次损坏现象，可靠性为 0 分			10
	0.1	提供运行日志管理	是否具有运行日志管理功能，对日志可以进行查看分析、备份存档	只测是否通过	0	10	
	0.05	与其他软件的兼容性	安装运行后对系统中其他程序不产生破坏性的影响	每出一次兼容性错误，扣 2 分			10
	0.05	系统故障恢复	网络中断、断电后自动恢复	每出一次错误，扣 3 分			10
	0.05	稳定性	是否出现死机、异常退出现象	死机一次可靠性为 0 分			10
易用性	0.05	菜单、工具栏随所进行的操作变化	无效的菜单项应变灰或隐藏	每出一次未变灰或隐藏现象，扣 0.5 分，扣完为止			10
	0.3	应具有联机帮助功能	功能所对应的操作都有相应的联机帮助	对“功能测试”所列的操作，如无联机帮助扣除 0.5 分，扣完为止			10
	0.05	对用户操作的实时引导	对用户的每一步关键性操作都有相应的提示	每出一次未提示现象，扣 0.5 分			10

续上表

一级指标	二级指标		预期效果	评分细则			初始
	权重	指标内容		细则	NO	YES	
易用性	0.2	界面风格应该简洁一致，布局合理	术语是否统一	每出现一次不一致的情况扣 0.5 分			10
			对话框颜色等是否一致				
			按钮大小、颜色是否一致				
	0.15	软件具有可配置能力	例如显示界面、显示格式、报表格式等可以调整	具有报表调整功能 5 分，格式调整 3 分，显示界面调整 2 分			
	0.15	软件易安装	是否具有直观的安装引导界面和安装说明	按照说明出现安装错误为 0 分，不出错 10 分			
集成性	0.4	ERP 软件系统各模块之间应实现数据共享		只测是否通过	0	10	
	0.35	ERP 系统各业务流程的集成		只测是否通过	0	10	
	0.05	与 CAD 系统的集成	是否具有 BOM 表的导入功能等	只测是否通过	0	10	
	0.05	与 CAPP 系统的集成		只测是否通过	0	10	
	0.05	与 PDM 系统的集成		只测是否通过	0	10	
	0.05	与 SCM 的集成		只测是否通过	0	10	
	0.05	与 CRM 的集成		只测是否通过	0	10	
可扩展性	0.6	数据结构可修改扩充		只测是否通过	0	10	
	0.4	系统功能可配置	能够通过自定义实现一些客户个性化需求	只测是否通过	0	10	

注：一级指标的取值满分均是 10 分

6 ERP 系统实施

实施 ERP 系统是一项技术复杂、投资大、对管理组织、内部机制、企业文化、决策方式、管理思想等都将会造成深刻影响的系统工程，它将改变人们的工作方式方法，直接影响企业内部的工作流程、物流、资金流，影响企业对这些流程的可控性、企业经营的透明度和企业经营信息的作用，改变企业工作岗位设置和岗位管理制度等。成功实施 ERP 系统必须要遵循系统工程的思想，并把实施 ERP 系统的过程看成伴随企业成长的过程，ERP 系统管理思想与企业传统理念磨合过程，两者共同争取不断适应新环境、政策、市场、能力、资源等多种动态变化因素的影响。以 ERP 原理、管理信息系统和企业信息化的理论为基础，用简单的、有效的、实用的技术解决动态、多变、复杂的 ERP 系统实施中遇到的各种问题。使 ERP 系统实施成本低、见效快、易掌握、理解和推广应用。

6.1 ERP 系统实施方法

国内外 ERP 系统软件研发与供应商对 ERP 系统的实施作了较深入的研究，形成了各自的实施方法，具有较明显的特色。

6.1.1 SAP 的实施方法与过程——ASAP

SAP 公司成立于 1972 年，总部位于德国沃尔多夫市，是全球最大的企业管理和协同化商务解决方案提供供应商、全球第三大独立软件供应商。在 SAP R/3 的咨询与实施过程中，广大 SAP 实施顾问通常采用线性 ASAP(Accelerated SAP)方法，ASAP 是 SAP 公司为使 R/3 项目实施更简单、更有效的一套完整的快速实施方法。ASAP 优化了在实施过程中对时间、质量和资源的有效使用等方面的控制。ASAP 主张基于过去的 SAP 实施项目经验加速当前 SAP 系统的实施过程，并且希望能够进一步改善当前系统的性能。ASAP 提供面向过程的、清晰、简明的项目计划。在实施 R/3 的过程中提供一步一步的指导。ASAP 快速实施方法共有 5 个步骤：项目准备、业务蓝图、实现过程、最后准备、启动技术支持，在 ERP 实施过程中，这 5 个步骤必须严格按顺序进行。对于每一个实施阶段，SAP 都定义了目的、完成的具体任务、采用的方法、工具、标准等。

1. 项目准备(Project Preparation)

这一过程最重要的工作是项目计划,项目计划的关键是确定项目的范围,要根据需求和能力制定合理的计划。主要工作有:建立项目组织、确立项目日程安排、项目队伍培训、网络环境和硬件准备、项目启动。

2. 业务蓝图(Business Blueprint)

这一阶段就是对企业需求进行分析,设计一个理想管理蓝图,再基于现在的需求和未来理想设计一个具体的目标,以及实现这一目标所需的工具、方法、组织结构、数据转换方式等,这一阶段是整个 ERP 项目的关键。主要工作有:业务流程现状分析(组织结构、流程)、未来业务确定(组织结构、流程)、确立项目文档标准、SAP 系统安装、管理层批准业务蓝图。

3. 实现过程(Realization)

把企业想实现的管理思想、管理理念、管理准则、考核标准、组织配置等放入系统中去,通常这部分工作完成之后,ERP 的基本模型就出来了。主要工作有:系统基本配置、项目组的高级培训、流程测试、设计接口和报表、系统测试确定与完善、外部接口及报表开发方案、建立用户权限和系统管理机制、准备最终用户培训。

4. 最后准备(Final Preparation)

将一些必要的数据放入系统中,检验系统运行结果(即系统测试),这部分工作完成之后,系统就可以上线运行并启动技术支持。主要的工作有:确定配置系统、最终用户培训、基本数据准备、初始数据的准备、上线计划设计。

5. 上线与技术支持(Go Live and Support)

系统上线;不间断的支持;持续的业务流程优化,项目评估及回顾。

值得强调的一点是,完成的项目实施必须具备高质量的文档,但传统的实施有时又会因为过多的文档整理而造成费用的增加。ASAP 的指导思想是:按照文档生命周期的长短赋予其重要性,对于生命周期长的文档相应的多投入力量。ASAP 并不是一个简单的方法,它是一个体系结构,支持这一体系的是一系列的方法论、工具、实施路线图、方案库、系统配置指南,此外还有基于管理理念的开发模型,基于角色的培训等内容,所有这些组成了 ASAP 体系。

6.1.2 Oracle 实施方法——PJM/AIM

Oracle Applications 是一套建立整体解决方案的方法,主要是由 AIM(应用系统实施方法论)和 PJM (整体项目管理方法论)等各自独立的方法论组成。这些方法论可以提高工作效率及项目实施质量。顾问在项目实施过程中,将用 Oracle Applications 实施方法论及实施工具来帮助实施,并将此方法论技术作为技术转移的一部分。

PJM——项目管理方法论:项目管理方法(PJM)的目标是提供一个主框架,使其能够对所有项目用一致的手段进行计划、评估、控制和跟踪。AIM——应用系统实施方法论:AIM 分为以下七个阶段:

1. 建立实施策略

本阶段主要从商务和技术上来计划项目的范围，并确定项目的目标。这个阶段的工作，包括建立由公司主要领导为首的项目实施领导小组和各部门有关人员参加的项目实施小组，并开始对员工进行初步的业务管理观念和方法培训。具体制定出企业实施应用管理的策略和目标。

2. 业务流程分析

本阶段主要是定义项目的内容，即对现行的管理进行仔细地回顾和描述，从而认识项目的业务和技术上的具体要求。一般在这个分阶段要编写一个项目定义分析报告，可以更多的是借助于 IPO 图的形式来描述目前的流程，并从中找出希望改进的地方，为进一步解决方案的设计创造条件。为此，需对项目实施小组的成员进行比较系统的业务管理的概念和 Oracle 系统软件功能层次的培训。

3. 设计解决方案

本阶段主要是对上阶段形成的业务分析流程，结合业务管理的基本概念和具体的软件功能，逐项进行回顾、分析，以便对目前每个管理业务流程，提出解决方案。解决方案也许是直接可以套用 Oracle 应用系统中某些功能，也许是对现行管理流程做一些改进，也可能是对软件系统做一些必要的二次开发。这时一般应编写项目说明书之类的文档，作为一个里程碑也作为建立系统的设计任务书。

4. 建立应用系统

本阶段需根据前一阶段拟订的方案，对管理上（或组织上）需改进之处制定改进方案，包括调整分工、规范流程、统一方法、标准信息编码等。从软件来讲，系统初始化设计及二次开发工作可开始进行。这样建立起一个符合企业管理思想的应用系统。此时大量的基础数据的整理工作也将着手进行。

5. 文档编码

在建立应用系统的同时，除了必须对软件进行二次开发，按软件工程要求提供必须的文档以外，对管理要改进的流程及方法等方面，也必须编写或修改原来的制度、职责、流程图。这时，系统一旦已建立起来，可着手对最终用户的主要应用进行培训。

6. 系统切换

为了减少系统实施时的风险，各职能部门分别按照自己的日常业务活动，参照已文档化的流程，运行计算机系统进行测试，以证实其系统是基本可行的。这时才开始正式向新系统输入数据、创建初态、定义参数、开始运行。为了保证切换的成功，这时项目领导小组要求及时地发布许多指令，来逐步地进行系统地切换。一般来讲，能有一个新老系统并行的运行期间，风险可更小些。

7. 运行维护

在并行一段时间后，事实证明系统是安全、可靠、可行的，那么可以正式投入运行。并在运行中作好有关的记录和报告，并及时地发现运行中的问题，以便进行维护和提高。

6.1.3 Kingdee Way 方法论——"金手指六步实施法"

金蝶公司经过多年的实践与改进，也总结了一个实施方法论——Kingdee Way。它是金蝶公司自 2000 年推出的具有品牌效应的系统实施方法——"金手指六步实施法"的新发展。Kingdee Way 实施方法论的指导实施顾问使项目管理结构更加标准化，为项目各个阶段设立优先顺序并描述最佳实践，可以达到组织期望成果的可预见性和可重复性，以及对整个资源的有效利用。

Kingdee Way 实施方法论的总体指导思想是在过程中要有遵循创新性（Innovation）、实用性（Usability）和快速性（Speediness）原则，ERP 系统的实施既体现业内最先进的方法论构架体系特性，又具有金蝶的差异化特点；既具有理论战略指导意义，又具有实战指导；充分体现公司产品策略和市场策略的快速配置、快速实施、快速应用、快速见效。

Kingdee Way 实施方法论体系架构由策略层、操作层和支持层三层组成。策略层是 Kingdee Way 的创新性体现，同时也是服务差异化的体现。内容包含基于快速实现目标的许多实施策略，例如通过经典规程库和经典报表库来快速匹配客户的流程需求和报表输出需求的快速实施策略。通过模块成熟度分析表来评估全盘实施的快速评估策略。操作层的内容包含项目管理的方法和工具，根据业内 PMI 的 PMBOK 知识体系，对 ERP 项目实施的整个生命周期进行合理科学的划分，按路线图（ROADMAP）指引的方式清晰定义项目管理方法的 6 个实施阶段，其整体路线图如图 6-1 所示。每个阶段包括明确的任务、阶段交付物和里程碑，同时还包括每个阶段所用到的实施工具，例如预制模板和培训讲义等实施工具。支持层内容包含知识库，其中包括经典规章程序、经典报表库、模块成熟度评估表、行业解决方案、成功案例分析、实施经验共享等。金蝶 Kingdee Way ——"金手指六步实施法"分项目定义、业务蓝图、蓝图实现、上线准备、系统上线和项目验收交付六个步骤。

1. 项目定义

项目准备；项目实施调研；指导顾客建立项目组；制定实施目标、策略和计划；召开项目启动大会。

2. 业务蓝图

由实施顾问对企业进行 ERP 理论及标准产品培训；在顾问指导下进行经典理论规程的学习研究和现行业务流程整理；制定企业新系统业务蓝图方案。

3. 蓝图实现

准备业务仿真系统的静态数据和业务数据；仿真运行关键业务流程；确定基于系统的业务蓝图；制定客户化方案；制定系统数据准备方案、系统上线方案。

4. 上线准备

安排数据准备工作；指导数据准备；检查数据准备；准备安全、有效的网络硬件和软件环境；完成企业信息化应用策略与规程的建立；完成最终用户的培训。

5. 系统上线

定义上线计划、系统初始化培训确认、执行初始化、系统初始化确认。

6. 项目验收交付

确认模块和系统实施和应用成果、确认企业在项目实施周期内所做的实施工作、进行项目总结、为引入售后服务做好铺垫工作。

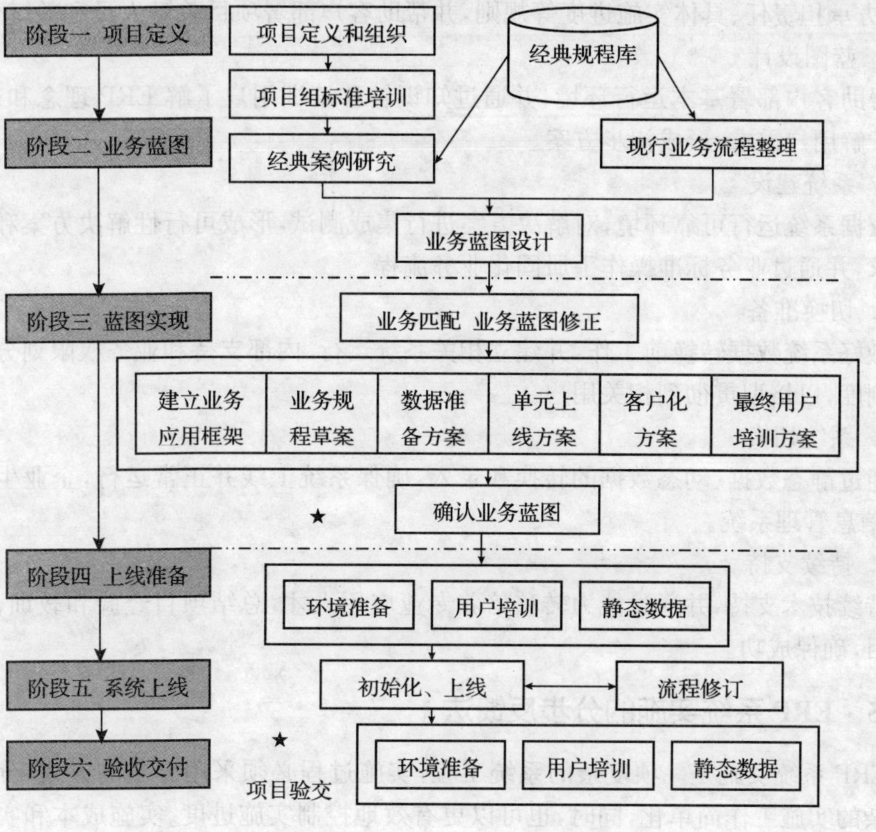

图 6-1 Kingdee Way 六步法整体路线图

6.1.4 用友 ERP 实施方法论

成功的实施离不开科学的实施方法论的指导，用友的实施方法论贴近用友软件，规定了实施项目小组双方的责任和权利、行动规范、实施工具、项目管理规范等涉及实施流程全方位的内容，用友的顾问在方法论的指导下为客户提供高效可靠的实施服务。经过数十万用户的成功经验的证明，用友的实施方法论有效的降低了实施风险、缩短了实施周期、保证了实施质量，最大限度的保障了系统的实施成功率。他规定了项目规划、蓝图设计、系统建设、切换准备、系统切换和持续支持等用友实施标准流程，每个阶段都明确了实施目标、工作内容、交付成果和风险控制等，以确保各个阶段“里程碑”的顺利完成，随着里程碑的推进，整个实施项目将成功交付。

1. IT 咨询

帮助用户明确实施 ERP 整体规划，确定实施目标、任务、时间、负责人和预算，形成项目解决方案。

2. 项目规划

在此阶段成立双方项目小组，并通过实施主计划书的形式规定项目范围、实施步骤、双方承担责任、具体实施进度等规则，并帮助客户部署项目关键人员和关键任务。

3. 蓝图设计

帮助客户部署基本运行环境，并通过知识转移培训用户了解 ERP 理念和产品，进一步了解用户需求，形成初步方案。

4. 系统建设

依据系统运行可靠环境，对解决方案进行集成测试，形成可行性解决方案和二次开发需求，并通过业务标准操作手册固化业务流程。

5. 切换准备

做好系统数据转换前工作，并建立相关系统运行、内部支持和业务权限划分等系统管理制度，以培训贯彻到相关用户。

6. 系统切换

通过静态数据、动态数据的转换和录入，确保系统上线并正常运行，企业生产进入 ERP 信息管理系统。

7. 持续支持

持续技术支持，并通过能力转移培养专业应用人才，总结项目经验和教训，共同验收项目，确保成功。

6.1.5 ERP 系统实施的分步反馈法

ERP 系统实施是一项复杂的系统工程，实施过程必须采用分步的方式，分步实施使复杂的实施工作简单化，同时，也可以更有效地控制实施进度、实施成本和实施所需的各种资源。

1. 分步反馈实施法原理

实施 ERP 系统不仅是配置软件系统，而且要增加、更新系统设备。硬件和软件的采购、安装、调试是一个技术问题，可以在信息系统供应商的支持下，在短期内完全按计划实现，但是，企业文化的转变、管理模式的改变、人们对新环境的接受、适应和新思想、新方法的认知都会有一个过程。为此，ERP 系统实施分步是将项目全过程按如图 6-2 所示模型运作。

在这个实施模型中，每个项目都要通过计划、执行、测试、反馈四个环节，在每个环节上分别有相关的组织起到关键性的作用或完成关键性的工作。在项目计划的制订与调整时，信息技术的咨询公司应当起到关键的作用，为正确制定或修整计划进行全面的指导；在项目执行过程中，系统供应商应当起到关键性的作用，供应商将提供硬件设备和软件系统，并负责全面的安装调试；在项目监测过程中，信息化工程监理公司应当起到关键性的作用，承担项目验收标准的制定、测试、分析、诊断等任务；项目实施小组参与项目的各个阶段工作，但是在信息反馈过程中应起到关键的作用，全面地负责项目阶段性总结，并实时反映在项目实施过程中遇到的各种困难，研究解决问题的方案或提出修改计划的建议。ERP 系统实施的每一步都必须在这四方面的全力合作下，针对主体企业的 ERP 系统实施需求不断滚动向前发展。

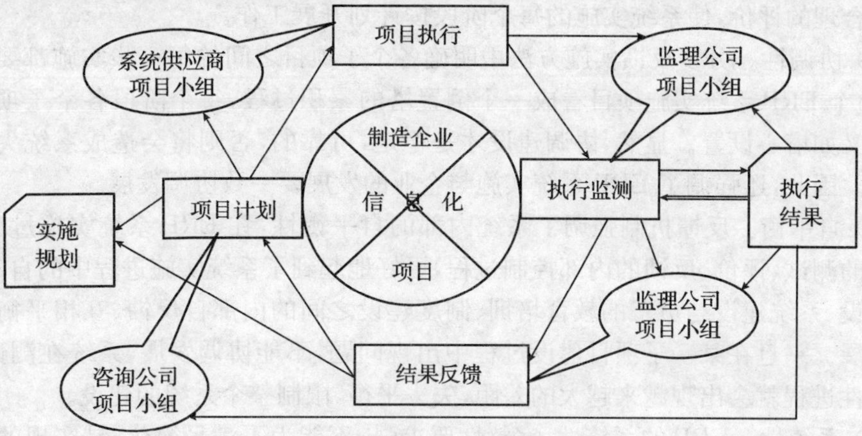

图 6-2 ERP 系统实施反馈模型

ERP 系统实施的原动力是企业宏观发展的战略目标需要。企业要在市场竞争中求生存和发展，必须不断地提高企业的内部活力和外部竞争力。要充分考虑企业实施 ERP 系统的效果和企业在信息化过程中的适应力、融合度，在实施 ERP 系统过程中及时反馈实施结果，盲目加快实施进程，其结果只能是背道而驰。分步反馈过程在内部形成一个闭环结构，具有自适应、自平衡功能，在外部受到实施规划与实施结果的双力作用，实施结果是反馈与系统协调可持续发展的关键因素，其结果可能加速实施进程，也可以调整实施的侧重点，甚至减少企业 ERP 系统实施的投入，调整企业内部机制，优化企业的资源配置，提高企业的综合实力，促进先进制造技术的引进、改造和提高等基础性设施建设。

2. 分步反馈实施法的特点

ERP 系统实施的方法有许多种，每种方法的共同点都是坚持分步实施，逐步完善。这不仅是由于人们 ERP 系统的原理、应用和认识有一个过程，而且实施 ERP 系统无论对任何企业都存在很大的风险，对企业来讲是一次尝试，是一种战略性投资建设，必须首先积累经验，然后加大加快实施进程。分步反馈实施法不仅强调实施过程中的分步，并且将复杂的信息化工程分成四个重要的建设项目，强调每个建设项目内部的分步方法、反馈机制和各个建设项目之间的内在联系，分步反馈法的主要特点如下：

(1) 项目性。分步反馈实施方法将复杂的 ERP 系统实施工程分解成若干个建设项目，明确了实施过程的组织和责任，使结构复杂的大系统简化成简单的子项目，便于整个系统实施的管理、计划、跟踪、监理、考核、测评、反馈和提高。

(2) 反馈性。反馈是实施过程中的关键，没有反馈的实施方法会积累实施过程中遗留下来的不足，积多成害，冲击系统的正常运行，甚至造成信息系统失败，而本方法不仅强调各个子项目之间的内部反馈，自检、自评每一步实施的效果，并把测评结果及时反馈到下一阶段的工作中，及时发现问题，提出解决方案，在实施过程中不留隐患，而且还强调了各个子项目之间的反馈机制，从系统总体出发，测评每个阶段的工作效果，给出科学合理的评价，使系统实施的每个阶段按计划开展工作。

(3) 协调性。分步反馈实施方法中明确各个子项目之间的每一步实施都要协调建设，把整个 ERP 系统实施项目看成一个倒置塔的累积过程，每个阶段各个子项目的建设程度又如塔心设置。显然，协调建设才是稳定，可靠的，否则将会造成系统失去平衡而失败。因此，还强调了 ERP 系统实施与企业的发展要一致协调发展。

(4) 自平衡。反馈机制强调了系统内部的自平衡性，在 ERP 系统实施过程中，对每一步的测试、评价、反馈的内部控制过程，更好地起到了系统实施进程中的自动平衡。数据建设、系统建设与员工的教育培训、制度建设之间的内部自反馈、互相平衡协调地向前发展。一旦在某一子项目建设过程中出现问题，不能协调发展，系统在测试、评价时阶段性进程就会出现越来越大的差距，失去平衡，限制整个系统的建设。

(5) 系统性。ERP 的系统性、完整性要求强，不能为了满足简化、易实现的原则而忽视了系统性，把整个系统分裂实施，造成系统内部各个部分之间的不协调。分步反馈实施从系统内部、外部充分体现了系统的关联性、整体性和完整性等系统的特征，确保 ERP 系统实施的系统性。

(6) 可操作性。高可操作性是分步反馈法的特点之一。首先，分步将复杂的 ERP 系统实施分解成简单的子项目，容易组织、落实子项目责任人，分别完成各自的任务，其次，各个子项目内部分阶段，明确了项目建设过程中的工作重点、要点和考核的主要指标。反馈机制的建立，在各个子项目内部有机地结合起来，承前启后，滚动发展，各个子项目之间相互协调，自平衡与外部相协调。

6.2 ERP 系统实施规划

在 ERP 项目实施周期中，前期的总体规划阶段往往是一个容易被忽视的重要阶段，许多项目失败，就在于不顾企业自身的条件和需求，不合时宜地上了 ERP 系统，造成目标模糊不清，期望值不切实际，实施人员调配不力，遇到困难不知所措，在实施过程中迷失方向。

6.2.1 ERP 系统实施规划的任务与原则

ERP 系统实施规划通常是指长期、宏观的计划，是属于高层决策问题，是关于企业信息化发展的战略。企业信息化的发展应当服从于企业发展，企业信息化的规划是企业规划的一个重要组成部分，不能脱离企业的总体规划。

1. ERP 系统实施规划的任务

在 ERP 系统实施过程中人们通常仅凭传统的经验，简单地看成经过选购软件、安装系统、调试验收、投入运行工作的顺序就完成了系统实施工作。没有很好地规划，就草率上马，往往造成巨大的经济损失。规划实际上是成功实施的基础和保障，要重视 ERP 系统实施项目的规划，明确其任务内容，落实工作。ERP 系统实施规划的主要任务是明确系统目标、ERP 系统实施项目建设时间和对相关资源的需求。ERP 系统实施规划的过程如下：

(1) 建立 ERP 系统实施项目领导小组和 ERP 系统实施项目系统小组。组织落实是 ERP 系统实施项目实施的关键性起步标志。无组织的信息系统建设 ERP 系统实施项目只能是支离破碎的归属于某一部门的子系统，无法达到一体化的集成系统要求。ERP 系统实施项目领导小组必须以被实施企业的高层管理人员为主，外聘专家、软件公司技术人员和相关监理人员只能作为顾问参与系统小组，实施过程中的重大决策必须由企业领导决定，并付之实现。领导小组的组长关系到 ERP 系统实施项目实施的成功率，领导的重视是成功的保障，这也是中国国情现状特点。组长必须拥有人事调动权、资金使用审批权和系统实施进程控制能力。ERP 系统实施项目系统小组承担 ERP 系统实施规划和阶段性实施工作。因此，ERP 系统实施项目系统小组人员必须建立一支系统的队伍，拥有各方面的技术人员。在组建系统小组时，特别要注重培养被实施企业的技术人员，被实施企业应当有各种层次的技术人员或必须培养各种层次的技术人员，确保 ERP 系统实施项目实施后的正常运行和管理工作开展。系统小组组长必须在本组内具有最高的技术权威，肩负着 ERP 系统实施规划和阶段性实施工作的主要责任。

(2) 总体调研。要制定出科学合理的 ERP 系统实施项目实施规划，必须正确全面地了解企业的现状，才能把握未来的发展战略。

ERP 系统实施项目实施过程中的调查方法通常分为初步调查和详细调查。因为总体调查是从企业长期发展战略的宏观层面上了解 ERP 系统实施发展战略方向和目标、环境约束和达到的指标。所以在战略管理层面上做详细的调查，在作业层面上做初步调查。调查工作是在系统组组长的负责下开展，并写出详细的调研报告。

(3) 建立规划矩阵。ERP 系统实施项目的实施将涉及到众多因素，如何有效地充分利用资源，发挥制造企业的自身优势，提高企业的市场竞争力是衡量 ERP 系统实施项目实施是否成功的主要方面。要使制造企业信息化发展战略与企业发展战略协调发展，实现信息化促进企业发展，必须要有科学的发展观和可持续发展的理念，从繁杂的各种因素中寻找最佳解决方案，首先建立规划矩阵，规划矩阵是多维的空间，矩阵的解也是多目标的。而且不能简单地把这些目标转移汇聚成总目标，通过这个总目标来筛选最佳方案。应当将这些目标作为决策方案的理论依据提供给 ERP 系统实施项目实施领导小组。

(4) 制定 ERP 系统实施项目实施的总体方案。通过规划矩阵的求解，制定出一个理论上可行的逻辑方案，这个方案在时间上、空间上、技术上、企业资源配置上给出一个初步的总体结构和 ERP 系统实施项目实施阶段性进度计划，勾画出制造企业信息化的长期发展战略目标、指标和相应措施。

(5) ERP 系统实施项目可行性研究。对勾画的 ERP 系统实施项目总体方案应当从技术、经济、环境、可持续性等方面进行可行性研究分析。结合企业发展规划和现状、生产能力、产品质量和社会需求、政府政策约束等，选择最佳的方案。

(6) ERP 系统实施项目审批。制造企业的信息化工程涉及到企业的生死存亡，在技术高速发展、市场激烈竞争的今天，企业必须参与竞争、不断成长，信息化不再是要不要搞，能不能搞的问题，而是企业要生存、发展必须要实施信息化。如何根据企业的现状和发展战略，最大程度地降低成本，获取最大效益的信息化实施研究的关键技术问题，也是摆在企业领导者面前选择的重大决策问题。因此，ERP 系统实施项目实施规划必须由企业高层领导亲自审核、决定，主要审核信息化能否实现提高企业的核心竞争能力。

2. ERP 系统实施规划的原则

在 ERP 系统实施项目实施规划过程中应当遵循“总体规划、分步实施、协同发展、经济实用”的原则，针对信息化程度不同的企业，根据企业现状在 ERP 系统实施项目实施规划时，还应当同时考虑实施 ERP 系统实施项目的功能性、效率性、方便性、可靠性、安全性、可维护性、完整性和稳定性等原则。

(1) 总体规划原则。项目实施的规划要站得高、看得远，立足现状、展望未来。ERP 系统实施项目实施规划要服从企业发展规划，同时还应当重视信息化给企业的发展带来的新机遇、新问题，要从企业发展、社会发展的总体角度去研究、制定 ERP 系统的实施规划。

(2) 分步实施原则。ERP 系统的实施是一个渐进过程或阶段性飞跃突变，不可能一步到位。追求最先进、最完美的程度是不现实和不经济的，今天的先进将是明天的基础。技术方法、管理思想都在不断向前发展，分步实施不仅适应社会的进步、企业的发展，而且符合 ERP 系统实施的发展规律。

(3) 协同发展原则。企业信息化涉及到制造技术、管理技术、信息技术等众多技术，是一个集成一体化复杂的大系统。因此，企业信息工程往往受到各种因素的制约，片面发展、提高某一方面的技术不能达到预期的效果，协同发展是要求企业信息化过程中各种技术之间的协同发展，企业发展与社会进步的协同发展。

(4) 经济实用原则。以效益驱动、示范、推动企业信息化是 ERP 系统实施成功的重要标志之一，遵循经济实用原则是实现这一目标的重要手段，为此，应当以精益思想做好 ERP 系统实施项目建设规划、ERP 系统实施项目投资规划、人员培训规划、系统网络、硬件和软件规划和资源配置规划等每一个规划，不断降低成本，提高效益。

6.2.2 ERP 系统实施企业现状调查与信息化发展水平测试

ERP 系统将制造技术、信息技术和管理技术等各种相关技术集成在一起的一个复杂的综合集成系统。这不仅能有效地反映企业各种资源的现状，而且能计划、配置、协调和利用企业的各种资源，充分发挥企业各种资源的作用，而且能有效地控制资源的利用。将企业的运作现场、管理水平、技术应用有机地结合起来，协调配置，使企业不仅在管理上不断提高服务水平和市场竞争能力，而且提高企业新产品的开发能力、新材料、新工艺的应用能力，不断提高制造企业的生产率，提高产品质量和制造过程柔性化，制造组织国际化，实现异地制造、网络制造和网格制造。

1. ERP 系统实施规划调查

在实施 ERP 系统实施时，要搞清楚企业在发展、竞争过程中遇到了哪些主要困难亟待解决，其中有没有可以通过建设 ERP 系统能解决的情况。通过 ERP 系统解决企业遇到的困难所需要的各种资源是否具备，如何优化资源的利用，采用最佳的解决方案，同时投资少、时间短和见效快。

2. 企业信息化发展水平测评

企业信息化发展过程都会经历单元信息化、集成信息化和社会信息化三个时代，每个时代都有起步、增长、控制和成熟四个阶段。企业在信息化建设过程中必须沿着这三个时代向前发展，信息化发展时代不能跳跃突变，只能从一个时代走向下一个时代。但是在每个时代内部的各个阶段之间是可能会产生跳跃式突变，要根据企业内部条件和外部的环境因素来决定。事实上，要测评企业在信息化发展过程中哪个时代是比较容易的，而要具体明确在该时代的哪个阶段相对较困难，这不仅是因为各阶段之间的模糊性，技术的交叉性和综合性，而且信息系统应用程度也存在着不稳定性。测评企业信息化发展水平是制定 ERP 系统实施规划的重要依据。

6.2.3 ERP 系统实施规划方法

ERP 系统规划的方法有许多种，这些方法通常都是将企业规划的方法运用到 ERP 系统开发建设中来，没有充分考虑制造企业信息化实施项目的特殊性、动态性和时效性，更不能适应其制造企业信息化实施过程中相关管理技术、制造技术和信息技术的协调性和综合性，仅仅是随着企业的发展而制订出相关 ERP 系统建设发展的规划。实际上，制造企业信息化建设的规划受到企业战略规划限制，同时更深刻地促进整个企业的发展。也就是说，企业发展战略规划应当充分考虑信息化建设将产生的效果，应当站在更高、更长远、可持续的科学发展观的角度来制定企业战略规划和 ERP 系统实施规划。

ERP 系统是管理信息系统的一个典型大型系统软件，因此，其实施规划方法可以采用管理信息系统规划方法，管理信息系统的规划方法主要有 20 世纪 70 年代美国哈佛大学 William Zani 提出的关键成功因素法(Critical Success Factors，简称 CSF)、William King 提出的战略目标集转化法(Strategy Set Transformation，简称 SST)和 IBM 公司提出的企业系统规划法，还有企业信息分析法与集成技术、投入/产出分析、投资回收法、征费法、零线预算法和阶石法等方法。其中关键成功因素法和战略目标集转化法在管理信息系统规划中应用较普及。这类方法简单、实用，而且更容易结合企业实际情况，遵守管理信息系统规划的一般原则。但是，其理论性不强，对项目实施规划过程及规划结果没有规范严密的推导论证，受人为因素的影响较大。

1. 关键成功因素法

在 ERP 系统实施规划过程中利用关键成功的决策变量来表示确定 ERP 系统实施成败的因素。其方法，首先要了解企业的目标，然后从中识别出关键成功的因素（变量），再建立系统的性能指标体系和标准，建立数据字典，通过性能指标测量来判别各因素是不是关键的成功因素，为企业高层领导规划决策提供依据。该方法以影响信息系统成败的关键因素为研究对象，分解这些因素，以提出解决关键因素的方案为目标，开展信息系统的规划工作。这在信息系统规划中抓住了主要矛盾，在高层应用一般效果较好，高层领导往往涉及到的问题大部分是关键因素，而中层领导和基层领导大部分时间处理和解决的是日常事务及大量的结构化决策。

2. 战略目标集转化法

这个方法首先要识别组织的战略集。考查该组织是否具有明确的战略性长期计划。如果没有，则要构建成这类战略集合。将与企业有关的各类人员、各类组织的目标、使命及战略构成战略目标集，并得到企业高层领导的确认。然后，从这一集合中找出信息系统的目标、约束及设计原则，将这一集合转化成信息系统战略。这一方法构建正确的组织目标集本身是一件十分困难的事，规划过程太简单，不具体，可执行性差。

3. 企业系统计划法（BSP）

BSP 方法是把企业目标转化为信息系统战略的全过程。基于用信息支持企业运行的思想，先自上而下识别系统目标，识别企业过程、识别数据，然后再自下而上设计系统，以支持目标。进行 BSP 工作是一项系统性工作，要很好地做准备工作，准备必要的条件。如果准备不充分，仓促上阵，结果欲速则不达，危害整个工程。

4. 目标优化法

根据 ERP 系统实施项目期望解决的问题，列出规划矩阵，通过数学方法求解矩阵获得 ERP 系统实施规划理论方案，供规划小组研究决定。

1）项目实施规划矩阵建立方法

规划矩阵的建立是整个项目实施规划的关键性工作。在规划一个 ERP 系统实施项目时，首先根据调查测评的结果初步确定 ERP 系统实施在当前所处的程度，初步确定该企业在下一阶段 ERP 系统实施的总目标，然后，确定实施项目的具体子目标、任务和实施顺序，形成了项目实施的初步方案。

（1）确定规划目标和约束条件。制造企业信息化实施工程的目标设置是关系到企业在将来一段时间内发展与生存的关键性工作，直接影响到 ERP 系统实施的成功与失败。因此，目标的设置必须与企业发展相协调，必须由企业总经理亲自来抓。

①目标设置。确定 ERP 系统实施规划目标不是简单地选定信息系统结构、功能、性能、费用和时间等要素。应当首先遵循关键成功因素法的思想，从企业规划目标着手分析实现这些目标的约束条件，解析如何以最少的投入，最快的速度、最高的效益、最先

进的技术和理念实现这些目标，提取出在企业发展过程中哪些问题是必须通过信息系统解决，哪些问题可以通过信息系统解决，也就是说，从企业规划中列出由信息化手段达到企业目标的各项子目标，由这些子目标组成信息化的总目标。在 ERP 系统实施过程中必须明确信息化不是目的，而是手段，是为了达到企业规划的目标而采用了信息化的手段，在信息化规划时这一根本性的原则不能混淆。不要为了信息化进行信息化工程建设，明确信息化建设是为企业解决发展过程中的一系列瓶颈问题。信息化手段应用得当同时为企业规划目标的实现提供了前所未有的途径，加快了企业发展进程，提高了企业规划目标设置的力度。相反，也会深刻地影响企业的发展，引起管理混乱、负债加重、失去信心、市场竞争力下降，严重的会导致企业无法生存。

在设置 ERP 系统实施的目标时，首先根据对企业现状测评的结果，确定信息化建设的总目标，即信息化发展过程中所划分的时代和阶段。并将信息化工程总目标分成 ERP 化和制造数字化两个子目标。根据我国 2003 年对企业信息化测评指标的规定，将 ERP 化分成 10 个子目标，对应 10 个功能模块，制造数字化分成 6 个子目标，对应 6 个功能模块。

②约束条件。确定了 ERP 系统实施总目标后，具体分析这些目标是由信息系统的哪些功能实现，通过实现信息系统总目标的活动识别，列出各项活动，并对这些活动进行提炼、组合，合并重复活动，最后确定各个活动所涉及的信息系统功能模块，各功能模块的性能要求和相应的约束条件。在设置信息系统子目标时，还应当包括企业服务的质量、服务范围；企业涉及的政策、法规；企业的人员、组织；企业发展的可持续性、绿色环保性、经济性、效益等多方面的因素。

在对每个子目标识别约束时，最直观、简单的方法是识别各个子目标原有的基础，各个对应功能模块性能的高低程度。我们把信息化工程建设目标的三个时代对应着各个功能模块性能的高中低三个不同的层次作为参考依据。当总目标高于子目标功能模块的性能层次时，将产生更加强烈的制约，使总目标更难实现，降低了子目标对总目标的贡献率。通过约束系数来描述，如表 6-1 所示。

表 6-1　约束系数

序号	约束条件	约束系数
1	功能模块性能小于总目标	0.4
2	功能模块性能等于总目标	1
3	功能模块性能大于总目标	1.2

(2) 设置目标权重的优先权。ERP 系统实施是一个十分复杂(有 10 个 ERP 功能模块、6 个制造技术功能模块)的大系统，在初步确定信息化总体发展目标后，更加困难的是如何确定各个子目标，以及各个子目标的权重和优先顺序。通常我们把 ERP 系统实施中的 ERP 化子系统和制造数字化子系统作为项目实施的子目标，各个子系统的功能模块作为对应子目标的下层子目标，这样形成了三级层次的目标树。第一层总目标

为实施 ERP 系统实施；第二层分别是实施 ERP 化与制造数字化；第三层是第二层的子目标。

设第二层子目标对应的权重用 W 表示，第三层子目标的权重用 R 表示，那么显然决定目标总排序的权重为：

$$\begin{cases} W=[W_1,W_2] \\ R=[R',R''] \\ R'=[R_1,R_2,R_3,R_4,R_5,R_6,R_7,R_8,R_9,R_{10}] \\ R''=[R_{11},R_{12},R_{13},R_{14},R_{15},R_{16}] \\ T=[W_1\cdot R',W_2\cdot R''] \end{cases} \tag{6-1}$$

一级子目标的权重进行两两比较，则可以得到比较矩阵 A

$$A=\begin{bmatrix} W_1/W_1 & W_1/W_2 \\ W_2/W_1 & W_2/W_2 \end{bmatrix} \tag{6-2}$$

上述 A 矩阵中，具有如下的特点：

$$a_{i,j}=\begin{cases} 1, & i=j \\ 1/a_{j,i} & \\ a_{i,k}/a_{k,j} & \end{cases} \tag{6-3}$$

由 6-2 式两边乘 W 得，$A\times W=W$。则：

$$(I-2A)\times W=0 \tag{6-4}$$

我们可以通过 Delphi 法，根据管理人员的经验、管理环境约束等情况来确定系数矩阵 A。在排序时，往往采用子目标对总目标的贡献率大小，然后进行分等级，等级可分成 5 级、7 级或 9 级，根据子目标估计的细度来确定。

当 A 已知时，由式 6-4 可以求得线性方程的根 W 的值，获得一级子目标的权重系数值。

使用同样的方法，对二级各子目标的权重进行两两比较，同样可以得比较矩阵 A’：

$$A'=\begin{bmatrix} R_1/R_1 & R_1/R_2 & \cdots & R_1/R_{16} \\ R_2/R_1 & R_2/R_2 & \cdots & R_2/R_{16} \\ & & \vdots & \\ R_{16}/R_1 & & \cdots & R_{16}/R_{16} \end{bmatrix} \tag{6-5}$$

由 6-5 两边同乘 R 得 $A'\times R=R$，则：

$$(I-A')\times R=0 \tag{6-6}$$

$$\begin{cases} (1-a'_{1,1})R_1+a'_{1,2}R_2+\cdots+a'_{1,16}R_{16}=0 \\ a'_{2,1}R_1+(1-a'_{2,2})R_2+\cdots+a'_{2,16}R_{16}=0 \\ \cdots \\ a'_{16,1}R_1+a_{2,16}R_2+\cdots+(1-a'_{16,16})R_{16}=0 \end{cases} \tag{6-7}$$

由(6-7)、(6-6)两式可求出 R 的值。有了 R 的值和 W 的值，就可以由式(6-3)直接求出 T 的值，T 值的大小反映了各个子目标在系统总目标中的权重，也是对总目标的影响程度。

在系统规划时，为了方便操作，简化计算，各子目标的权重值的计算过程由系统辅助功能模块内部完成，系统通过专家访谈、专家等级、系统约束、预定目标基础数据的输入，自动将各子目标对总目标权重进行预测，分解。然后根据各个子目标的权重进行聚类，给出理想的逻辑预测方案。

2) 系统开发顺序选择方法

(1) 总目标效益函数

通过规划矩阵和目标权重设置，我们可以得到规划总目标效益函数：

$$\begin{aligned} F &= T \times O \\ &= \sum_{i=1}^{n} t_i O_i \end{aligned} \qquad (6\text{-}8)$$

式中 t_i 是第 i 个子目标的权重，O_i 为第 i 个目标的对总目标的贡献值。这里 $t_i \times Q_i$ 值的大小反映了子目标对总目标的贡献大小，因此也由此值确定子目标的优先排序。

各个功能模块之间存在着密切的互相作用，这种作用产生的效果往往更加强调功能模块间的协调性和相互依赖性，任一个功能模块的过分弱小，不仅对信息系统目标实现的贡献小，而且还会产生负作用，造成信息系统实施的阻力。在实际信息化实施过程中，各个功能模块之间的依存和协调产生的效果通常是一个能量的积累过程，不会直接地简单显露出来，而是当达到某一状态，在某种复杂因素的驱动下激活产生突变(这里把这种现象称为涌动)。因此我们在确定信息系统目标值时，不能简单地设定一个静态的数值，而是要根据这一目标实现的相关功能的信息化程度指数来确定。

(2) 子目标函数

设第 i 个目标受 m 个功能支持。则 O_i 的值为：

$$O = W \times V^T \qquad (6\text{-}9)$$

$$V = [V_1, V_2, \cdots, Vm]$$

$$W = \begin{bmatrix} w_{11} & w_{12} & \cdots & w_{1m} \\ w_{21} & w_{22} & \cdots & w_{2m} \\ & & \vdots & \\ w_{m1} & w_{m2} & \cdots & w_{mm} \end{bmatrix} \qquad (6\text{-}10)$$

式中：

W_{ij} 是各功能之间相互作用影响矩阵，当 $i \neq j$ 时，表示功能模块之间的相关作用，W 矩阵具有如下性质：

$W_{ii} = 1$，即自相关值为 1。

$W_{ij} = W_{ji}$，作用与反作用相等。

$W_{ij} \in [0 \sim 1]$，功能模块之间的相关值取 0～1 之间的值，当两功能模块之间无关时，取 0，各功能模块自身的相关值取 1。

在确定 W 矩阵时为了简化处理过程，请企业各级管理人员，系统分析员和有关专家根据企业管理体制填写功能模块相关表，分别用：×表示紧密相关；X 表示一般相关；空白表示无关；功能模块自相关用★表示。

在数据处理时建立一个数据库，分别将各种人员填写的结果保存，并分别用如表 6-2所示的相关度替换。

取加权平均或平均值，得到 W 矩阵各元素的值。

V_i 取两种数据，单独处理，提供两种判别依据。

其一，取功能模块的信息化建设目标与现状指数差平方。这是系统内部协调性指标。其二，取功能模块信息化建设目标指数。

表 6-2　相关度值

序　号	相关类型	相关值
1	★	1
2	×	0.75
3	X	0.4
4	空白	0

(3) 功能模块开发顺序选择方法

首先将表 6-1 中的各功能模块的性能数值化，三个层次分别取不同的指数值。要求性能高功能模块取 4、要求性能中功能模块取 2. 要求性能低功能模块取 1。

然后，根据制造企业信息化建设目标与现状的功能模块性能，分别定义两组 V_i 的值，由式(6-9)求出两 O_i的值，由(6-3)式计算出两种 T 矩阵的值，最后由式(6-8)求出各个功能模块对总目标的两组贡献值 $t_i \times Q_i$。

由上述求出的两种 t_i按从大到小依次排列，根据企业的实际情况，将信息化工程分成两期或三期完成，也就是将系统的功能模块分成两类或三类，分值最高的类作为第一期工程，分值最低作为最后一期工程完成。这样形成了系统中各个功能模块的开发顺序，产生信息化规划的初步逻辑方案，并由系统分析员确认。

6.2.4　ERP 系统实施规划报告

规划报告是 ERP 系统实施规划结果的正式书面材料，通常也称为 ERP 系统实施总体初步方案。它是企业在规划期内实施 ERP 系统的纲要性文件，将指导企业不断深化企业信息化建设，提高企业信息化水平。这一报告最终要提交 ERP 系统实施领导小组初审，企业的高层主管领导终审，获得企业高层领导批准后存档，并遵照执行。可见，ERP 系统的实施不能脱离实施规划，实施规划必须要具有高度的可行性。

实施规划报告直接关系到 ERP 系统实施的成败，在一般情况下，企业必须邀请具有 ERP 系统实施经验的咨询公司或高校研究机构负责完成 ERP 系统实施规划。报告主要内容如下：

1. 企业现状和需求基本情况

正确刻画企业现状和需求是正确制定实施规划的基础。企业现状描述不仅仅是对企业信息化装备状况、信息技术人员结构、信息技术水平、信息系统拥有状况和信息系统应用效果等信息系统直接相关的状况，而且还需要概要性地描述企业的规模、性质、所属行业、生产特征、产值、财务状况、营销模式、营销渠道、覆盖范围等基本情况，要以调研报告的形式反映企业的实际情况和用户需求。用户需求是通过调研、汇集、分类、合并、识别和清洗出企业各职能部门对 ERP 系统的需求，用户需求的确定往往需要经过培训、调查、识别、描述、求真、调整与整理等各环节。当 ERP 系统实施处于起步阶段时，用户没有完整的信息化知识，无法提出正确、合理、有效的需求，这时首先要对用户进行培训，宣传、教育，让用户更多地了解 ERP 系统的原理、功能、性能、作用和要求，才能更好地配合 ERP 系统实施的需求分析。

2. 企业信息化现状测评

企业信息化现状测评是在广泛调查、详细分析的基础上，根据企业信息化发展过程测评指标采集企业信息化功能、性能和应用三方面的指标值，按企业信息化测评方法计算出该企业的综合指数得，依据测评结果初步确定企业所处的信息化时代和相应阶段。为制定该企业的 ERP 系统规划目标和建立规划矩阵提供科学依据。

3. ERP 系统实施规划矩阵

根据企业信息化现状和实施 ERP 系统的需求，以及企业信息化建设发展规律理论和 ERP 系统规划方法，列出企业发展所面临的主要问题和对 ERP 系统实施期望解决的问题，依此析取出实施 ERP 系统的子目标和总目标。实施目标的确定也可以从企业各基层职能部门到企业高层决策部门之间往返多次协商确定。但是，规划矩阵的目标和问题的分解与综合所需时间必须明确限定，才能按期完成规划任务，写出规划矩阵。

4. ERP 系统实施顺序

通过规划矩阵的分析、处理、求解，给企业信息化发展战略规划中将要实现的各系统功能和目标要明确时序。明确时间、任务、功能、目标(考核指标)、经费、负责人及单位，给出按季的甘特图。ERP 系统实施规划的时序图中的任务不仅涉及信息系统的购买、安装、准备、试运行、切换和维护计划等工作，而且还必须包括企业信息化的培训计划，装备采购、安装与调试计划，旧系统改造(环境、硬件、软件和数据)计划，信息化工程施工计划，工作岗位设置与调整计划，管理制度调整计划，业务流程重组计划和资金使用计划。

5. 资源配置情况

要全面地描述将来 ERP 系统实测、掌控的资源和需要的资源情况，反映资源利用情况。

6. 可行性分析

ERP 实施规划方案需要从技术层面、经济层面、组织管理层面、企业外部宏观发展和企业内容基础条件变化等多个角度分析其可行性。同时，需要评估实施 ERP 系统对企业发展存在的潜在风险和产生的直接与间接经济效益。

6.3 ERP 系统实施过程

ERP 系统的实施是企业信息化工程建设的关键，直接影响到企业信息化工程建设的成败。目前，理论界、企业界都在寻找符合企业实际的 ERP 系统实施方法，ERP 系统实施方法是当前研究的热点课题，具有重大的理论意义和实用价值。2003 年 863CIMS 的主题项目，专门设立了《适合中国国情的 ERP》的专题研究。面对我国 ERP 系统实施成功率低、见效慢、投入大等问题大部分学者纷纷从实施主体企业、软件供应商和实施环境等方面反思，寻找其原因。设法通过解决实施过程中遇到的各种问题，试图提高 ERP 实施成功率。

6.3.1 ERP 系统实施原则

ERP 系统实施历时长、影响面广，是企业的全面革新。因此，在 ERP 系统实施过程中应遵守如下相关原则，才能提高 ERP 系统实施的成功率，最大程度地降低实施成本。

1. 时效原则

ERP 系统实施过程中难以控制的因素之一是时间问题。墨菲定理告诫我们，信息系统项目往往实施时间会比预计的长得多。有效地控制好实施时间是成功实施 ERP 的重要因素之一。实施时间的长短事实上与项目预定的目标、企业原有的基础、实施组织领导、对实施难易程度估计和准备等因素有直接的关系。在确定项目实施时间时不能太长，也不能太短。实施过程有许多工作要做，而且对主体企业而言往往是第一次，没有经验。时间太短，工程无法按期完工，影响系统实施质量；时间拖久了，使人感到气馁和失望，成功的机会将会锐减。

实施时间必须根据项目预定的效率和效益目标，以及企业原有的人、数据和装备等基础条件来制定。项目的效率和效益是实施规划已经确定了的，并得到专家审核通过、领导批准同意的目标，在实施时已经明确。需要注意控制的问题是这一目标不能随意更改，必须有一个相对稳定的目标。但是，事实上由于主体企业对信息化实施过程是第一次，存在着许多尝试性的工作，在实施过程中探索、积累经验，未知的情况常有发生。项目目标的稳定性和时间的稳定性、预见性都是相对的，实施过程中要有计划、有控制、有分析、有提高和改进的过程。同时还要有处理突发事件的能力、机制和思想准备。

2. 关键因素原则

抓好 ERP 系统实施的关键因素，可以达到事半功倍的效果。因此，ERP 系统实施过程中的每一个阶段，每一个环节都必须搞清影响实施成功的关键因素。ERP 系统实施的每一个项目成败的关键因素都会涉及到人、财、物。但是，ERP 系统实施过程中对人、财、物有着特定的要求。

人是 ERP 系统实施过程中最重要的因素。ERP 系统的服务对象是人，ERP 系统采集的数据大部分是由人提供，ERP 系统的运行管理还需要人的管理、控制、维护，

ERP 系统产生的信息仍然需要人利用，通过利用信息才能使 ERP 系统发挥作用，信息才能成为资源。ERP 系统是一个人机系统，在这一系统中人起到主导作用。实施 ERP 系统是对人所处工作环境、所执行工作方式的一场革命，企业各级人员必须对 ERP 系统实施有充分的理解。应当通过学习不断提高业务工作能力，适应快速发展的需要。ERP 系统实施过程中人的因素中企业的高层领导是最关键的因素。高层领导的参与程度、中层领导的积极配合程度是 ERP 系统实施成败的风向标。高层领导不参与，或不支持，中层领导不配合，其结果必然失败。高层领导必须亲自抓 ERP 系统实施项目的建设。

财是 ERP 系统实施成功的保障，量力（财力）而行是 ERP 系统实施过程中在规划时，首先要考虑的重要问题。经济性、高效性往往与实用性密切相关，在 ERP 系统实施方案可行性研究时，从经济上测评系统是否可行是其中的一个重要指标。在整个项目实施过程中要加强资金管理，其中包括资金使用的计划、记录、控制和分析等工作。

物是 ERP 系统实施成功的基础。在 ERP 系统实施过程中，对物的理解不能局限于有形的物质，支撑 ERP 系统运行的软件、数据、管理技术所包括的体制、思想、方法、模型等都是保证 ERP 系统正常运行的基础设施。技术的先进性不仅体现在有形的物质装备（生产设备、生产线）中，更主要体现在人们对技术的理解、掌握和运用中。在 ERP 系统实施过程中要抓好制度建设、数据标准化、规范化、通用化建设。

3. 分段实施原则

ERP 系统实施是一个持久的过程，随着企业的成长，需要不断提升企业信息化的程度，ERP 系统在不同的阶段发挥着不同的作用，将会产生不同的效果。ERP 系统实施往往涉及到整个企业的各个方面。企业采用分段实施，既能稳步实现系统总体目标，又能明确现阶段的工作重点，还能降低 ERP 系统实施的复杂性。因此，企业基础条件、实施目标、针对企业信息化发展的动态需求，都要作好分阶段实施的计划，并具体地贯彻到实施过程中。ERP 系统的实施由点到面，由底向上，不断扩展、不断提高，从企业的业务层向决策层发展，由结点企业的信息化向供应链上的企业信息化，实现网络制造、网格制造、异地制造、世界级制造，不断提高信息的共享性，增加信息资源的经济价值。

4. 科学的发展观

信息技术、制造技术和管理技术都在动态地向前发展，ERP 系统实施要坚持科学的发展观，无论在 ERP 系统实施规划、计划和执行过程中坚持发展是永恒的，而不变是暂时的道理。企业的环境和内部机制都在变化之中。因此，ERP 系统必须适合这种变化，尤其是我国企业管理体制、人文思想、文化习俗更加体现出多变的特点和需求。把管理模式、管理体制、管理方法、管理思想融入 ERP 系统中，信息系统的结构、体系、功能、各种流程都要满足动态发展的需要。ERP 系统实施方法要充分体现求同存异的理念，符合科学的发展观，使 ERP 系统与企业具有相同的生命力。

6.3.2 ERP 系统实施过程

对 ERP 系统实施方法的认识人们已经基本上达成了一致的共识:“在信息系统实施与运行管理过程中三分技术,七分管理,十二分的数据”。信息系统实施的成败,领导是关键、资金是保障,实施过程中必须要开展 BPR,重视基础数据的建设,人员的培训要与实施同步进行,而且明确了实施 ERP 系统是企业的一场革命。ERP 系统是现代管理思想的体现,企业的管理制度、管理方式和企业文化、员工的工作方式、习惯等对 ERP 系统的实施都受到制约,ERP 系统的实施要经过教育、立项、组织,然后才能实现其规划方案,持续不断改进。

1. 教育

ERP 系统实施的教育分三类,实施前教育、实施中教育和实施后教育。实施前的教育也称为先行教育,往往采用聘请专家来企业讲座。实施中和实施后的教育也称为技能培训,往往选派一部分信息管理人员参加高校、咨询公司或软件提供商组织的专业培训。然后,由信息管理人员回企业培训企业内部员工。

(1) 先行教育。先行教育是在 ERP 系统实施项目实施确定之前开展的教育工作。先行教育的主要对象是企业的高层领导。通过教育让企业领导对信息化工程有一个共识。了解信息化工程的意义、作用、概念等基本知识。例如:什么是企业信息化,企业信息化的作用,企业信息化的形式,企业信息化的特点,成功实施企业信息化的关键因素,ERP 系统实施的基本方法,领导如何实施 ERP 系统及其在实施过程中的角色。ERP 系统的实施会增加哪些成本,如何通过 ERP 系统实施产生效益等基础知识。只有企业的高层领导认识到企业信息化是制造企业解决众多的生产经营障碍的最佳方法,是制造科学管理的必由之路,企业信息化才会有出路,才能开展正确的实施工作,人员、资金和设备的投入才能得到保证,高层领导才会积极参与信息化工程的建设中来,并亲自监督信息化工程实施计划的执行,协调各部门之间的矛盾,信息化工程实施才有一个良好的开端。

先行教育也可以面向企业管理操作层的各部门负责人,使其了解信息化是现代管理新方法,是提升企业综合竞争实力的有效途径,也是企业战略性发展的方向。没有实施信息化,企业在将来的竞争中将处于劣势,不能全面、正确、及时地获得企业内外的信息。信息资源缺乏会造成竞争实力锐减,甚至于被市场淘汰。

(2) 教育与培训。国外对培训含有教育(education)和训练(training)两重含义。前者侧重于哲理和概念,讨论 ERP 系统的原理和运行机制,如何运用 ERP 系统解决经营生产业务中发生的问题,主要说明“为什么要这样做,有什么必要,有什么效益”,是一种面向业务的培训。后者侧重于应用方法,主要说明“怎样做”,是一种面向软件的培训。一般安排在“教育”之后,结合 ERP 软件的实施进行。要知其然,还要知其所以然。只有明了“为什么做”,才能创造性地去处理“怎样做”。

ERP 同手工管理的一个主要区别之一在于它是一种规范化的系统,它要求各级管理人员有严肃的工作作风，要求各个岗位人员都要用严谨的态度对待各种信息。在ERP模式中，每一项数据、名词和术语都有严格的定义，每一项事务处理都有严格的程序。它要求每个人员不仅知道本岗位的工作要求，也要了解本岗位的工作质量对其他岗位工作的影响，要求人人都从全局和系统的观点来理解和做好本职工作。只有各个岗位人员对ERP都有了系统的理解和统一的认识，明白了实施ERP系统的必要性和目标效益，通过培训转变员工的态度，实施中才能齐心协力，步调一致。ERP软件的功能再强，还要靠人去运用。

所以说，不能把培训简单地看成一次知识转移的过程，而且更重要的是转变观念的思想变革过程。当然，对于不同层次人员其培训内容的重点是有区别的，现分别讨论如下：

①企业高中层经理人员。对于各级一把手，侧重在于供应链管理和ERP系统的原理和管理思想的培训，一般可以不谈过细的细节，若有兴趣也可以继续参加实施小组的培训。但是对项目实施中高中层经理人员必须关注的问题，应交代清楚。对实施过程中可能遇到的问题，如何判断是非，以及高中层经理人员应承担的责任和起到的作用，也要明白无误。这是项目前期阶段要进行的培训。在系统实施后期，要向高中层经理人员讲解如何查询所关切问题的操作方法，以及显示屏幕上各种信息数据的意义。

②项目实施小组成员。在所有培训工作中，对项目实施小组的培训是非常关键的。因为实施小组的成员，来自各个业务部门，有向基层部门贯彻落实不可推卸的责任，还有担任企业内部教员进行广泛普及的义务。项目实施小组的成员不仅要接受高中层经理人员的培训内容，而且还要对软件功能和操作非常熟悉，尤其重要的是能够自己或帮助别人用ERP系统解决企业的实际问题。

③部门业务人员。对业务部门管理人员的培训内容，应当基本上和项目实施小组人员的培训内容相同。每位成员不但对涉及本身业务的内容要非常精通，而且对相关业务也必须全面了解。只有从业务流程来理解ERP系统，才能理解一个部门的业务同全局的关系，才能理解每个员工自身工作同上下游流程作业的关系。

④系统员和程序员。系统和硬件的配置和维护，是培训IT人员的主要内容。当然，也应当对供应链管理和ERP系统最基本的原理有所理解。各类人员培训的内容、培训时间、教员等说明，如表6-3所示。

对于教育培训阶段的评估，由于这一阶段贯穿系统实施的整个过程，因此，一般采用在每次培训后，采用学员考核的方式进行评估。

2. 立项

ERP系统实施项目的立项是关键，立项意味着将明确了下一阶段的实施目标、预计费用和期望的效率、效益。在立项之前首先要进行论证，全面地考察项目的成本、效益和潜在的影响。立项工作一般要经过论证、立项、批准，项目才能生效。

(1) 论证。项目论证涉及到整个项目的决定性因素。论证一般需要聘请咨询公司或高校信息化专家的指导，在专家们的帮助下对企业的基础设施、经济实力、投资成本、预期效益和成本回收期等全面论证，确保项目顺利实施。在项目论证时，对咨询专家的建议要十分重视,并对提出的质疑要有解决方案和足够的思想准备。在传统的信息化实施过程中项目的论证是以企业为主体,专家为指导,特别是软件供应商的参与对论证结果起了太重的作用。

(2) 立项与批准。项目论证工作是一项关键性的工作,也是一个反复修改提高、完善的过程。在实施项目论证时,系统分析员与企业管理人员必须经过多轮次的协商,最后项目方案供企业领导审批,审批通过才完成了立项工作。领导在立项审批时要抓住主要问题,审核方案的可行性、时效性和对人员调动及思想工作的难易程度,审核项目的培训计划、投资计划、项目进度计划、目标实施计划等初步的实施计划。

表 6-3　培训计划表

层 次	培训对象	培训内容	时 间	地 点	教 员	备 注
1	企业高层管理项目领导小组项目实施小组	供应链管理、ERP 原理和管理思想、项目管理与实施方法	1～2 天	企业外某处全脱产培训	咨询公司培训机构	项目前期阶段培训
2	实施小组成员	上述三项、内部集成与管理思想、计算机技术	10～20 天 2～3 天	企业内或企业外某处全脱产培训	同上软件公司企业信息主任	同上购买软件以后
3	系统员	ERP 系统管理	7～20 天	企业内	软件公司	
4	职能组成员	基本内容同层次 2 一业为主,兼顾全局	10～20 天	企业内	实施小组成员	
5	操作人员	软件应用	根据需要反复多次	企业内	实施小组成员	
6	继续培训	基本同层次 5	有计划、有重点分批多次			

3. 组织

确定信息化工程实施项目的同时要落实信息化工程的相关组织和负责人,使信息化项目在组织上得到保证,确保人才的需求和对人员结构、技术结构、知识结构的合理协调。在信息化工程实施过程中对企业原有的组织必须开展 BPR,从确保流程畅通的角度认真研究组织的内涵、本质、性质、任务、范围、职责。特别是必须先建立信息化实施项目小组。

(1) 成立项目小组和项目指导委员会。项目小组人员大部分是信息系统未来的接管者。因此,项目小组必须包括信息系统各个层次的用户。项目小组负责具体的实施工作,其主要工作内容有:制定实施计划、实施计划、记录、报告计划执行进度及存在的问题,提出解决问题的建议,分配企业已有的资源。

实施计划要求足够详细。时间要明确到天,任务要明确到人。必须做到参与项目的每个人都落实到每天的工作内容。

信息化实施是一个十分复杂的工作，还需要成立项目指导委员会。项目指导委员会对项目计划的执行情况进行定期审查，及时解决问题、协调矛盾，确保项目的实施顺利进行。项目指导委员会对项目实施关键路径上的任务出现严重拖期的情况时，应当考虑：可否重新安排企业现有资源以保证项目的使用、可否从企业外部获得资源、项目所要求的任务是否都是必要的、是否重新计划项目的某一部分？解决上述提问实际上是调节工作量、时间和资源的问题。当项目负责人无法确认时，召开项目委员会会议决定，一般情况下项目指导委员会每个月至少开一次会。

(2) 确定全职项目负责人。项目负责人是项目成败的关键人物。通过项目负责人带领全体项目组人员按期、按质、按量地完成预定的任务，达到预定的目标。因此，企业项目负责人首先考虑企业的最高领导，即企业的核心人物总经理或副总经理。项目组的负责人在企业必须拥有决定权，不能遇事还需要请示、讨论、等候答复。这样信息系统肯定无法按期完工，在信息化实施过程中肯定会遇到事先没有考虑到的各种问题。项目负责人遇事要果断。在项目负责人的人选上，不宜选用单纯技术专家，更不能选用外来人员或计算机系统人员。从表面上看，这些人员都具有技术、经验的优势，能有效地解决信息化实施过程中的主要技术问题。但是，事实上信息化工程是管理系统，是对企业资源的有效控制、分配，在系统中人是关键，系统是基础，系统不成功的关键因素是人而不是设备或技术。

一个好的项目负责人具备以下条件：专职、来自企业内部、具有企业运营某个方面的经验、是企业内有影响的而不是无足轻重的人物、在企业内工作了相当长时间受尊重的管理者。

4. ERP 系统选择

ERP 系统选择就是选择适合企业行业的 ERP 软件及供应商。软件选型过程是实施 ERP 几个最重要的阶段之一，因为这直接决定了整个项目的成败。由于实施 ERP 系统投资数额大，一旦一种软件包选定后就很难在转向另一个，因此，这要求“第一次就做好”，而绝不容许有差错。企业在选择软件时，最主要的是看软件是否适合企业行业的特点，有多少成功的先例。要突出“适用的就是最好的”的原则。当然，所谓“适用”，是兼顾了近期和远期发展的要求，不是只看眼前。

选择软件实质上是选择提供软件的合作伙伴的问题。企业要发展，对 ERP 化会不断提出新的要求。信息技术和软件研发也在发展，不断提供新的功能。因此，企业和软件供应商需要建立一个长期合作的良好关系，才有可能共同发展。除此之外，还要考虑以下一些因素。

第一，如何看待软件产品，对软件产品可以从以下几个方面来看：

一看功能，选择软件首先要注意软件的功能，一般可以从以下几个方面来观察：

(1) 软件必须正确描述企业的物流，必须能够确切表述产品结构。

(2) 软件必须正确描述企业的资金流。

(3) 软件必须满足企业组织机构和相互关系的特点。

(4) 其他注意事项,包括以下与功能相关的问题:

①软件必须是成熟的,企业如果甘当软件公司的“试验品”,通常是要冒风险的。

②软件必须满足企业要求,过多的二次开发,会影响实施进度,同时会增加实施成本和风险,不利于软件升级,甚至影响同软件供应商的长期合作。

③软件必须满足企业今后的业务流程重组。

④软件不仅满足企业特定事务处理的功能,还必须提供各种分析,如数据挖掘、辅助决策和优化的功能。

⑤软件的操作界面友好,转换敏捷方便,能够体现业务流程顺序。

⑥软件必须提供各种报表(不仅是财务)用户化生成的功能。

二看技术,软件功能的实现,很大程度上受采用技术的限制。换句话说,先进技术是为了实现管理需要的功能而存在的。如果管理有所需求,但是缺少必要的技术,软件系统就无法实现所需的功能。管理需求、信息技术和软件功能三者之间的关系,依然是管理驱动。为实现必要的功能,软件需要具备的主要技术有以下一些方面:

(1) 能否支持供应链管理和电子商务。是否基于 Web(Internet),是否采用适应计算机和网络通信技术的发展的通用标准。

(2) 能否支持在线分析处理(OLAP),数据库是否开放。提供不同层次的决策分析功能。

(3) 能否支持业务流程优化和重组,软件开发是否采用基于组件的开发技术或基于工作流程设计的开发技术。适应企业的业务流程重组和组织机构的调整变动。

(4) 权限设置技术是否可靠,是否可以定义到任意字段或最小对象,满足安全保密的要求。

(5) 系统安全和恢复。

(6) 软件开发工具。开放和易用。

(7) 原有资源的保护问题。

第二,如何看待实施服务

实施服务主要包括实施前的售前咨询以及实施后的售后服务,这里着重讨论售后实施服务,可以从两方面来考察。

一看实施服务的实力。当 ERP 项目的售后服务和实施由软件公司担任时,考察其支持实力尤其重要。国内外软件供应商都会有一批优秀的实施支持顾问,但更重要的是看具体派什么人来担任本项目的工作,实施服务工作的好坏最后要落实到具体的人,要了解今后是谁来做具体的实施。

二看文档齐备。所谓文档包括用户手册、培训教材、帮助文件、学习光盘等。一个成熟规范的软件供应商应当具备成套的文档资料。这里强调文档齐备,是出于“企业主体意识”的原则,是为了企业能够长期自主地掌握软件的使用。

三看软件的价格。当前国内外 ERP 软件的价格千差万别,相当混乱,甚至无法通过价格来判断是否“物有所值”。在这种无序的竞争环境下,企业可以从以下几个方面来应对价格问题：

(1) 明确软件提供的功能能否满足企业的需求，选择的标准重点在能否解决管理问题。

(2) 运用投资效益分析的方法，判断投入与产出的关系。

(3) 明确提供服务的质量。

千万不要把价格作为选择软件的首要标准或唯一标准，一定要参照上述各个方面，综合考虑。有可能的话，成立一个专门的评估委员会来进行上述工作效果的评估，委员会应当包括各个部门的人员(最终用户)，高层管理人员(尤其是 CIO 或是 CEO)和咨询人员(软件专家)。

5. 实现

分阶段实施已经成为 ERP 系统实施的公理，在管理技术与信息技术集成上由 MRP、MRPⅡ、到 ERP 和电子商务，向 ERPII 发展。在 ERP 系统的实施的某个项目从准备到切换也是逐步完成，需要经过数据准备、管理制度完善、业务流程管理、信息系统配置、计算机试点、模拟试点、现场试点，最终进行系统切换，新系统投入运行等各个阶段。

1) 数据准备

在运行 ERP 系统之前，要准备和录入一系列基础数据，这些数据是在运行系统之前没有或明确规定的，故需要做大量分析研究的工作包括一些产品、工艺、库存等信息，还包括了一些参数的设置，如系统安装调试所需信息、财务信息、需求信息等。只有充分了解了 ERP 原理、方法，并经过培训后理解了各项数据的作用和需求后才能开始准备数据。数据准备包括数据的收集、分析、整理和录入等项工作，处理需要专门的人员外，还应该应用专业的软件。

(1) 数据准备的要求。数据准备的要求是及时、准确和完整。企业中有很多现成的数据，不需要过多加工就可以直接使用，如材料消耗定额、供应商档案等。还有的数据需要经过重新分解或组合，如工艺过程卡、物料清单、产品结构图等。还有相当一部分是现行管理中没有使用的数据，如各种编码，包括物料号、货位、工作中心的划分等。甚至有的数据需要组织几个部门共同参与确定。

(2) 保证基础数据的质量。实现 ERP 系统对于企业来说是一项耗用大量资金和时间的工程，需要企业倾注大量的时间和精力。基础数据的质量和良好的维护是成功的先决条件，基础数据有错误就会导致整个系统失败。为保证基础数据的质量，企业要切实做好以下几点：

①定义关键的数据元素，如物料代码、工艺路线、物料清单、工作中心、订货策略、项目类型和损耗率等。

②数据导入之前，将计算机系统的信息需求与信息使用者的需求进行核对，是每个人提前知道什么信息是有用的、报告是什么样的，如果有问题应及时解决。

③定义要装入计算机系统的全面信息和信息来源。有些信息是不可缺省的，而有些信息是可有可无的。确定所用的数据项需要有专门的人或部门负责。

④指定特定的数据录入人员。

⑤有些数据元素不是常数，时常会变化，其变化情况必须在计算机系统里得到反映，对此要通过定期检查来实现。

操作数据是管理和控制企业运作的基础。将这些数据装入计算机的先后次序由计划使用它们的时间来确定。

在对这一阶段的工作进行评价的过程中，主要是收集一些基本数据，主要考察这些数据的合理性、准确性和完整性。

2）系统配置

所谓系统配置就是为 ERP 系统配置适合其运行的软件、硬件及其他的运行环境。主要的工作中心就是构建企业系统运行的网络环境，包括相关软硬件的购置、安装。这个阶段的工作依据是系统实施前期规划阶段所作的系统实施计划、可行性分析报告以及所选择的 ERP 系统的运行配置要求。本阶段的评价工作在于：软硬件购置方案的科学合理性及其经济效益，系统运行网络环境的性能，系统安装计划的可执行性及安装文档的完备性等方面。

3）计算机试点

计算机试点的目的是确保软件能在计算机上正常运行。并且通过试点，让企业的系统操作人员和系统管理人员对系统的功能更加了解，计算机试点的参与人员主要是系统管理员和数据处理人员。在计算机试点时可以采用系统自带的教育模拟企业数据，首先作演示性质的操作表演，然后进行实际练习操作。一般情况下，计算机试点工作在购买信息系统软件前在软件提供商那里就开始了。应当先了解系统的总体功能及操作界面。

4）模拟运行

实施 ERP 这样一个大型的信息系统，涉及企业所有的主要业务部门，关系到各个业务流程细节，想不“排练”一下就拿到实际中去应用，是带有极大风险的，这种风险对于中小企业来说，往往是灾难性的。不论是哪个模拟阶段，都要事先拟出模拟提纲，记录模拟过程和结果，寻求正确的运行方法。总之，要建立模拟运行档案，作为项目管理的阶段成果，供下一步改进工作的依据。这也是项目管理中文档管理的重要内容。通常，实施 ERP 系统有以下几个模拟运行层次：

（1）软件功能模拟运行（原型测试）。软件功能模拟运行的主要目的是弄清楚软件的全部功能、信息的集成程度以及各个参数之间的关系及相互影响，一种数据的准确程度对其他数据的影响。学会使用软件的各种指令、功能，测试软件的运算速度；深入理解 ERP，列出现行管理流程同软件系统的流程之间的差异，分析差异，确定进一步解决方案；弄清楚软件各种报表的作用，学会运用系统提供的报表来分析问题和决策；发现容易混淆的观点，在扩大培训时重点讲解，作为编制企业内部案例式教材的依据。

软件功能模拟必须是各个功能模块同时进行，这是一次系统的测试，各功能模块单独运行不能掌握模块之间的系统关系。在分模块实施的情况下，会有这样的不足。模拟运行由项目经理亲自主持，全体项目小组成员参加。

(2) 实战性模拟运行。所谓实战性模拟运行是切换至 ERP 系统前的运行，一般仍由项目小组成员在计算机房进行，也叫会议室模拟(Conference Room Pilot)运行。模拟运行的主要目的和做法是：测试用户化的系统，把经营管理中的实际数据输入到系统中，进一步验证，直到确认符合管理需求，可以放心地实际应用为止；检查数据的准确性和合理性，确定系统运行用到的各种参数；调整和确定各种凭证和报表；编制实施 ERP 的工作准则与工作规程，测试文件的实用性，补充完善，提交审批通过后执行；根据模拟结果的要求，制订企业管理改革措施。

模拟结果要使 ERP 系统真正运行起来，使企业全体员工亲眼目睹 ERP 模式的做法和实效。

5) 现场试点

计算机试点与模拟试点都采用假设的企业数据运行，往往是按预先约定的管理模式运行系统，一般不会出现问题，系统的运行也是在培训专家的指导下开展，一般都会正常，异常都是人们操作失误造成的，很容易发现问题的原因和提出正确的解决方案。但企业的管理模式、管理制度、企业文化、生产的产品和企业所属行业的差别都会遇到上述试点中没有发生的各种问题。现场试点采用企业真实的数据，真实的操作环境、真实的约束，并且操作人员各自独立操作、执行信息化环境下的规章制度，遇到问题独立解决。虽然现场试点仍然没有正式启用系统。但是，信息系统的运行与实际企业系统同步。现场试点也称为试运行，参加试点的职能部门的工作量是新旧系统工作量的总和，员工会付出更大的人力和精力。因此，现场试点的时间要尽可能短，降低成本，减少员工的工作量。

6) 系统转换

现场试点一旦成熟，立即进行系统转换，停止旧系统的运行，启用新系统。系统转换过程越短，成本虽然低，但是风险大。为了降低成本，避免风险，往往要做好大量的准备工作。基础数据准备、教育培训准备、系统测试准备尤其重要，这关系到系统能否转换成功。系统能否转换，主要考察试运行过程与结果，如果系统试运行稳定，结果正确，表示系统稳定、可靠，可以转换。否则，系统不稳定或不可靠，不能转换。

系统转换是系统实施的关键性工作，系统在什么时间转换，以什么方式转换，需要经过信息化委员会审批同意。系统转换不仅仅是企业管理工作方式转换、管理制度转换，而且是一种体系向另一种体系的转换。在转换过程中要做好整个转换的准备、记录、分析等工作。新系统的计划、控制、分析、督查等配套要完善。特别是信息系统的跟踪、监控、维护工作要跟上。

7) 运行维护阶段

一个新系统被应用到企业后，实施的工作其实并没有完全结束，而是转入到系统运行日常维护和做相关记录与报告，以及需要对系统实施的绩效进行评价，还有就是根据需要做下一步的后期支持阶段。这是因为有必要对系统实施的效果作一个小结和自我评价，以判断是否达到了最初的目标，从而在此基础上制定下一步的工作方向。还有就是由于市场竞争形势的发展，将会不断有新的需求提出，再加上系统的更新换代，主机技术的进步都会对原有系统构成新的挑战，所以，无论如何，都应该在巩固的基础上，通过对企业 ERP 系统实施的业绩评价，制定下一目标，再进行改进，不断地巩固和提高。当前，国内外对于 ERP 系统应用绩效评价的研究，不管是评价思想、指标体系，还是评价方法和模型，都有其一套成熟的评价标准体系。因此，这个阶段的评价工作不是本文研究的重点。

综上所述，ERP 项目实施的全过程可以看成前期工作、准备工作和切换运行三个阶段，每个阶段由若干项具体内容，如图 6-3 所示。在 ERP 的前期工作过程中重点在企业诊断、需求分析和软件选型，在实施准备阶段的工作重点在系统软件、硬件的选购、安装、调试和数据准备，特别是数据准备繁杂、时效性强，需要认真仔细地查核。

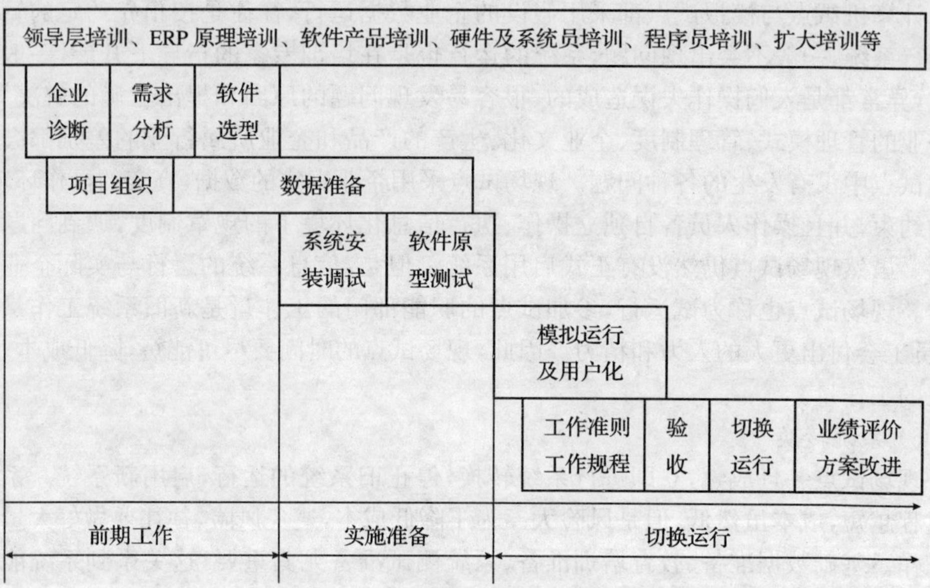

图 6-3　ERP 实施进程示意图

6.4　ERP 系统实施过程评价系统

对 ERP 系统实施测评分成实施前、实施中和实施后的三种测评。实施前的测评目的主要是为了正确、全面、客观和科学地了解企业信息化水平，为制订 ERP 系统规划方案提供理论依据，为提高 ERP 系统实施成功率提供基础；实施中的测评是目前研究的难点，这不仅在 ERP 系统实施过程中由于企业性质、企业文化、企业主营业务、企业管理制度、企业规模等因素造成 ERP 系统实施的多变、动态和复杂性，而且对 ERP 管理思想、方法和软件功能性能等诸多理论还没有统一定论，因此既没有测评的标准，也没有权威的标的，另外测评结果的权威性也不够，本书重点讨论实施中的测评。实施后的测评是目前研究成果最多，从政府的宏观经济层面到企业的应用层面，而且这类测评方法普遍应用。事实上，通过对 ERP 系统实施前、实施中和实施后的全过程测评研究，可以为 ERP 系统实施提炼出有效、简便的测评方案，对成功实施 ERP 系统起到保驾护航的重要作用。

6.4.1 ERP 系统实施后评价方法

ERP 系统实施的绩效从不同的角度往往测评的结果存在着很大的差异。从 ERP 系统实施的软件公司、被实施企业和地方政府不同的角度，对 ERP 系统实施的绩效的测评指标和追求的目标不同。一般情况下，测评对象是企业，企业的各种效益是综合因素的结果，往往受到企业外部市场环境的影响很大，无法简单地从企业整体中剥离出 ERP 系统单独产生的效益，因此对 ERP 实施效益的评价存在着很大的争议。目前常用的评价方法是 ABCD 测评法、平衡卡法和模糊综合评判法等。

1. ABCD 检测表

ABCD 检测表是由美国 Oliver Wight 于 1977 年提出的，是企业实施信息化绩效评价最有影响力的常用方法，至今已经进行了 4 次改版，检测的内容越来越完善、全面。第 4 版检测表已经不再是一个测评表，而是一个复杂指标体系。在测评前首先根据企业的规模和信息化程度进行设计、选定测评指标。对测评的每个指标均分成 4 个等级，并明确了每个指标的不同状态的取值方法，然后累加各个指标得分，给出综合得分，由这个分值判别企业信息实施绩效处在 A、B、C、D 中哪一个状态。

ABCD 检测表的发展由第一版改进到现在的第四版，经历了从简单到复杂的过程。在第四版中明确了测评内容、方法、评分标准和等级判别方法。从理论上看简便、易懂，但是在实际操作过程中，企业由于缺乏企业信息化的专业知识，对检测表提出的问题或者不能正确回答，或者在信息化过程中根本没有记录相应的数据，通过第三方的专家来评判，存在很大的片面性。

2. 平衡记分卡法

平衡记分卡法是罗伯特·卡普兰与戴维·诺顿发明的用于评价组织中系统性能的方法。平衡记分卡法是从组织的多战略目标中抽象出来的多个具体指标，如财务指标、客户指标、学习与创新指标，以及企业内部流程指标，集合起来形成一个指标体系。平衡记分方法明显优于采用一个或一种类型指标的评估方法，它把多个指标整合起来，综合用于评估过程。

平衡记分卡不是指标体系的简单综合，而是从空间立体的角度审视企业信息化的绩效，不仅通过指标较全面地反映了企业信息化的状态，而且，较深刻地描述了信息化企业的内部机制变化，能够更确切地表达企业信息化本质。但是，由于企业信息化基础不同，信息化对企业的影响也不同，信息化绩效评估不仅影响企业直接的经济效益，而且会影响更深远的企业战略目标的实施，企业竞争优势的发挥、竞争能力的提高和产品的潜在市场能力的增强。因为这种综合素质的提高存在着滞后性,平衡记分的结果只能是反映企业当前的各种指标值。

3. 模糊综合评判法(Fuzzy Comprehensive Evaluation,简称 FCE)

模糊综合评判法是在 L. A. Zadeh 提出模糊集合概念的基础上,引用模糊数学理论,评价受多种不确定因素的影响对象。用隶属函数作为桥梁,将不确定性在形式上转为确定性,即将模糊性加以量化,从而为模糊不确定性问题的解决提供了有效的数学工具。目前模糊综合评判法已经在综合评估与决策、模糊规划、模糊可靠性分析、模糊控制等领域得到了广泛的应用。模糊综合评估法 FCE 能较好地用于涉及多个模糊因素的对象的综合评估方法。

在复杂的系统中,需要考虑的因素往往很多,因素还要分成若干层次,形成评判树状结构,对各层次的因素划分评判等级,各层次划分的评判等级数目应相同,上一层次与下一层次划分的评判等级要有单一的对应关系,以便数学处理运算,并确定各因子的隶属函数,求得各层次的模糊矩阵。评判顺序为:首先进行最低层次的模糊综合评判,其次由最低层次的评判结果构成上一层次的模糊矩阵,再进行上一层次的模糊综合,依此,自下而上逐层进行模糊综合评判,可得到系统总体的综合评判结果。

6.4.2 ERP 系统实施过程评价指标

ERP 系统实施过程中的评价是对企业在信息化实施过程中采取跟踪评价的方法,对实施过程中每个环节实施状态的评价,指导企业在 ERP 系统实施过程中少走弯路,降低成本、提高实施成功率。

1. ERP 系统实施过程评价指标体系

ERP 实施过程测评的对象和测评过程具有很强的特殊性,测评的结论无论对企业,还是对 ERP 系统实施承包商都具有特别的重要性。因此,在设置评价指标时,必须遵守科学合理性、简单易用性、动态实时性、多目标平衡性、环境适应性和双方互利性原则。

(1) 指标选取依据。应当从实施企业和项目实施承包商双方的角度、从有利于 ERP 系统实施目标实现角度、从企业基本条件和外部环境等多方面综合因素的交叉、融合、渗透、隐含、突发等现象作为设置测评指标的依据。

(2) 指标体系的确定。根据 ERP 系统实施过程测评的指标设置的原则和依据,针对 ERP 系统实施过程中不同的建设项目分别建设不同的测评指标。

①数据建设测评指标　数据建设过程测评可分数据建设准备测评、静态数据建设测评和动态数据建设测评三阶段。数据建设准备是前提、静态数据是基础、动态数据是关键。这三个阶段测评的指标如表 6-4 所示。

②系统建设测评指标　系统建设过程测评分成网络工程测评、系统安装测评、系统测试测评、系统切换测评和系统管理测评。在系统建设过程中,只有前一个阶段的测评结果良好,才能进入下一个阶段的实施,否则,会造成故障隐患。系统建设测评指标如表 6-5 所示。

③人员教育和培训测评指标　企业信息化过程是对整个企业全体员工进行教育、培训的过程，人的观念、工作方式都必须与 ERP 系统实施环境下的管理理念相协调，ERP 系统实施的过程也是传统与现代管理思想相交融的过程，只有通过磨合，才能使信息系统发挥作用。人员教育与培训十分重要，但教育与培训过程的测评却十分困难。这不仅是由于知识本身的显性、隐性和突发性等特点，而且由于人们掌握知识过程的隐秘性和集聚性，很难用简单的方法反映教育与培训的成败。

表 6-4　数据建设测评指标

数据建设准备	静态数据建设	动态数据建设
1. 数据建设规划可执行性指数	1. 数据建设完成率	1. 数据建设完成率
2. 数据建设计划可执行性指数	2. 数据正确率	2. 数据实时性指数
3. 专职数据员比例	3. 数据容错率	3. 数据正确率
4. 专职数据员能力	4. 数据可恢复性指数	4. 数据容错率
5. 数据流程合理性指数	5. 数据可靠性指数	5. 数据可恢复性指数
6. 数据字典完整性指数	6. 数据安全性指数	6. 数据可靠性指数
7. 原始数据记录能力	7. 数据真实性指数	7. 数据安全性指数
8. 原始数据正确率	8. 数据复杂性指数	8. 数据利用率
9. 原始数据的完整性指数		9. 数据查询速度
		10. 数据处理速度

人员教育培训过程的测试不是简单地测试受教育者接受知识的程度，而是在 ERP 系统实施过程中更深层次地测评 ERP 系统实施理念在企业中的认知程度和应用程度。在 ERP 系统实施过程中对教育与培训的测试方法和内容如表 6-6 所示。

表 6-5　系统建设测评指标

网络工程	系统安装
1. 网络建设计划可执行性指数	1. 安装计划可执行性指数
2. 计划完成率	2. 安装文档完备性指数
3. 通信正确率	3. 安装质量指数
4. 网络专职人员指数	4. 安装纠错率
5. 通信速度指数	5. 存在问题严重性指数
6. 网络工程文档完备性指数	

系统测试	系统切换	系统管理
1. 测试实例代表性指数	1. 系统切换稳定性指数	1. 系统运行稳定性指数
2. 测试过程规范性指数	2. 系统切换规范性指数	2. 系统一年内无故障时间
3. 测试文档资料完整性指数		3. 系统运行维护费用点投资比重
4. 测试结果正确性指数		4. 系统运行人员指数
5. 测试人员水平指数		5. 运行记录完整性指数

在 ERP 系统实施全过程，高层领导对 ERP 系统实施的态度是信息系统成败的风向标，教育与培训测试离不开高层领导、全体员工对 ERP 系统实施的认知和应用需求，离不开实施过程的技术人员队伍建设，拿什么来保证 ERP 系统实施人员呢？全体人员的共同努力是不可忽视的重要力量。正确的实施规划、周密的实施计划和严格的实施步骤是系统成败的关键。虽然在实施过程中对教育与培训的测试内容基本相同，但对测试的结果要求不同。后一阶段的测试结果应当比前一个阶段的综合得分高一个层次才是正常，否则，应当查找、分析原因，提出可执行的解决方案。

表 6-6　人员教育与培训测试指标

实施前	实施中	实施后
1. 高层领导信息化认知指数	1. 高层领导信息化认知指数	1. 高层领导信息化认知指数
2. 信息化思想应用指数	2. 信息化思想应用指数	2. 信息化思想应用指数
3. 员工掌握信息化知识指数	3. 员工掌握信息化知识指数	3. 员工掌握信息化知识指数
4. 员工受信息化教育指数	4. 员工受信息化教育指数	4. 员工受信息化教育指数
5. 信息化系统队伍结构指数	5. 信息化系统队伍结构指数	5. 系统运行队伍结构指数
6. 项目负责人权威性指数	6. 信息化实施计划执行指数	

④制度建设测评指标　制度建设的测评比 ERP 系统实施教育与培训测评更困难，健全和完善企业管理制度是提高企业核心竞争力的主要途径。企业管理制度的建设是因时、因人、因地、因环境的不同动态变化的。测试 ERP 系统实施过程中的制度建设主要指标，如表 6-7 所示。

表 6-7　ERP 系统实施制度建设测评指标

指　标	说　明
1. 规章制度的完备性指数	职能部门、岗位职责；领导、员工职责的制定合格率(参照企业管理手册)
2. 实施管理制度指数	信息系统运行组织级别、运行操作制度和维护管理制度
3. 规章制度执行指数	企业规章制度执行率
4. 制度创新能力	ERP 系统实施过程中制度的修改调整量
5. 新制度执行能力	新制度从下达到执行时间效果

⑤实施状态综合测评指标　实施状态综合测评指标是反映 ERP 系统实施过程状态，是由 ERP 系统实施过程测评各方面的指数组成。

实施状态综合测评指标 $=K_1\times$ 数据建设测评指标 $+K_2\times$ 系统建设测评指标 $+K_3\times$ 人员教育和培训测评指标 $+K_4\times$ 制度建设测评指标

2. 数据测评指标量化方法

在 ERP 系统实施过程测评中指数数据很多是无法直接采集的，必须将原始数据进行加工处理形成相关的指数值。在此以数据建设测评指标数据的采集方法与加工过程为例，其他子项建设的测评指标数据采集与评价的过程与方法相同。

1）数据建设准备情况测评指标（DT）

数据建设准备是数据建设重要的前期工作，直接影响到ERP系统实施的顺利开展。测评ERP系统实施数据准备的主要指标主要包含数据建设规划与计划的可执行性指数，该指数不仅反映在企业信息化实施前对数据建设的重视程度，而且反映了规划与计划数据建设目标与现状的差距；数据员数量、能力，该指数描述在数据建设过程中对数据组织、数据采集、数据处理和数据分析的综合水平；数据流程的合理性和数据字典的完整性指数，不仅反映了数据建设前期的工作难度和工作量，同时体现了数据准备工作已达到的状况；原始数据的正确率、完整性和记录能力指数，描述了数据建设前期准备工作对信息系统实施的有效性程度。对原始数据的正确、完整要求高，一般整体上达到92％为合格，95％为良好，特种物料、数据要求必须达到100％。

数据建设规划可执行性指数（DT_1）＝企业现阶段可以采集的数据量（SD0）／ ERP系统实施规划方案中提出的总体数据量（SD_1）

数据建设计划可执行性指数（DT_2）＝企业现阶段可以采集的数据量（PD0）／ 本工期ERP系统实施计划方案中提出的总体数据量（PD_1）

专职数据员比例（DT_3）＝专职数据员人数／数据录入员人数

专职数据员能力（DT_4）＝专职数据员文化程度指数／数据录入员文化程度指数

其中：文化程度指数＝无学历人数×0.5＋高中或中专人数＋大学本科及以上人数×1.8

数据流程合理性指数（DT_5）＝无缺陷的2层数据流程图数/2层数据流程图总数

数据字典完整性指数（DT_6）＝数据字典数据总量／应有数据类型总数

原始数据记录能力（DT_7）＝已经记录的原始数据种类数／应该记录的原始数据种类数

原始数据正确率（DT_8）＝正确记录的原始数据种类数／应该记录的原始数据种类数

原始数据的完整性指数（DT_9）＝原始数据种类数／应该记录的原始数据种类数

2）静态数据建设（DS）

在数据建设过程中往往先静态、后动态，静态数据建设水平直接影响到动态数据建设，如果没有做好静态数据建设就不能盲目地进入动态数据建设，否则不仅动态数据无效、数据可利用率低，而且造成数据混乱。静态数据测评的主要指标有数据建设完成率，描述在数据建设过程中对系统所涉及到的数据特征分析工作的完成情况；数据正确率，这是指在已经建立的数据表中抽样本数据与原始记录进行比较，正确数据占样本的比例；数据容错率，这是指选的信息系统对输入数据识别错误码能力的测度，反映能否拒绝错误数据输入；数据可恢复性指数，这是指当系统发生故障、损坏等异常情况时，数据可恢复程度；数据的可靠性、安全性、真实性和复杂性指数，这些指标很难定量测评，往往通过用户问卷抽样调查方法获取测评数据。

数据建设完成率（DS_1）＝已定义数据种类数／系统数据种类数

数据正确率（DS_2）＝录入样本正确数据量／样本数据总量

数据容错率(DS_3)＝能容错数据种类数 / 输入数据种类数

数据可恢复性指数(DS_4)＝可恢复数据数 / 数据总数

数据可靠性指数(DS_5)＝可靠数据样本数 / 总调查样本数

数据安全性指数(DS_6)＝安全数据样本数 / 总调查样本数

数据真实性指数(DS_7)＝真实数据样本数 / 总调查样本数

数据复杂性指数(DS_8)＝复杂数据样本数 / 总调查样本数

3）动态数据建设(DD)

动态数据建设的完成标志着 ERP 系统实施进入试运行和实用阶段，对数据的测评更加复杂，考察的属性更多，动态数据建设测评的主要指标分别是动态数据建设完成率、数据正确率、数据容错率、数据可恢复性指数、数据可靠性指数、数据安全性指数、数据真实性指数、数据利用率、数据查询速度、数据处理速度。动态数据建设完成率是按工程预定的数据输入、处理功能模块的设计完成并调试成功的数据量；数据的正确率、容错率、可恢复性、可靠性、安全性、真实性的指数数据采集方法与静态数据的采集方法相同；数据利用率是数据被调用、查询、生成报表数据的使用程度；数据查询速度指数是在特定数据量的情况下查找一条记录的速度达到期望的程度，如果查找时间比期望时间短，则取 1；数据处理速度是在特定数据量的情况下完成某项数据加工处理的速度达到期望的程度，如果处理所需时间比期望时间短，则取 1。

数据建设完成率(DD_1)＝已定义数据种类数 / 系统数据种类数

数据正确率(DD_2) ＝录入样本正确数据量 / 样本数据总量

数据容错率(DD_3)＝能容错数据种类数 / 输入数据种类数

数据可恢复性指数(DD_4)＝可恢复数据数 / 数据总数

数据可靠性指数(DD_5)＝可靠数据样本数 / 总调查样本数

数据安全性指数(DD_6)＝安全数据样本数 / 总调查样本数

数据真实性指数(DD_7)＝真实数据样本数 / 总调查样本数

数据利用率(DD_8)＝可用数据量 / 总数据量

数据查询速度指数(DD_9)＝查询速度 / 期望查询速度

数据处理速度指数(DD_{10})＝处理速度 / 期望处理速度

6.4.3 ERP 系统实施过程评价方法及其实现

企业信息化实施测评实时性强、正确性要求高，测评对象动态变化。因此，必须采用更加科学合理的测评法，研制实时测评的软件系统。

1. ERP 系统实施过程测评方法

企业信息化实施测评内容多，内部关系复杂。测评结论不是采用简单的综合评判方法，而是采用如下的操作过程。

(1) 确定测评对象。不同的测评对象需要采集不同的数据，寻找不同的专家和用户，进行访问、咨询和调查采集数据，为测评提供更加全面、合理、公正的依据。测评对象是评价指标体系设计的依据，也是评价目标制定的依据。

(2) 确定测评指标。不同测评对象，不同实施阶段的测评指标体系的构成不相同，需要根据测评对象的实施现状对指标进行调整，明确实施阶段的测评指标。

(3) 确定指标权重。指标的权重反映了相关指标在测评过程中的重要程度，直接影响到评价的结论与效果。权重的计算十分复杂，通常采用层次分析法、聚类法等多元分析工具，随着信息技术的广泛应用，计算机的普及，计算工作量和计算精度要求已经不是数据处理的关键，权值确定的关键是算法。目前在数据处理中常用的权值计算方法有模糊评判法、三角基模糊评判法和信息熵等。

2. ERP 系统实施过程评价实现

(1) 建立模糊评判模型

①假设：已知评价指标集：$X=(x_1, x_2, \cdots, x_n)$；评价集：$Y=(Y_1, Y_2, \cdots, Y_m)$；权重集：$W=(w_1, w_2, \cdots, w_n)$；三者存在关系：$Y=W^T X$。其中，$x_1, x_2, \cdots, x_n$ 是 n 个评价因素；$y_1, y_2, \cdots, y_m$ 是 m 个软件供应商的评价，w_i 为指标集 X 中因素 x_i 所对应的权，满足 $\sum_{i=1}^{n} w_i = 1$。

设评价指标集 $X=\{C_1, C_2, \cdots, C_n\}$ 分成 s 个子因素集 $B_1, B_2, \cdots, B_s$，其中 $B_i=\{C_{i1}, C_{i2}, \cdots, C_{in}\}$，且满足：

$n_1+n_2+\cdots+n_s=n$；

$B_1 \cup B_2 \cup \cdots \cup B_s = X$；

对任意 $i \neq j$，$B_i \cap B_j = \phi$

②权重的计算。先建立权重矩阵，指标体系有三层，分别是 A、B 和 C。设 B 层次中 B_k 与下一层 C 中的 $C_1, C_2, \cdots, C_n$ 元素有关联，于是每个 $C_i (i=1, 2, \cdots, n)$ 在 B_k 中占有一个权重 w_{ki}，n 个 w_{ki} 构成权重向量 w_k：

$w_k=(w_{k1}, w_{k2}, \cdots, w_{kn})$

两元素的权重之比记为 $a_{ij}=w_{ki}/w_{kj}$，关于 a_{ij} 的计算可根据表 6-8 提供的比例尺度来确定。因此这 $n \times n$ 个权重比就构成了 B 层次中 B_k 元素的两两比较评判矩阵 A_k。

表 6-8 相对比较比例尺度

A_{ij}^k	1	3	5	7	9
A_{ji}^k	1	1/3	1/5	1/7	1/9
C_i 比 C_j	同等重要	稍微重要	重要	非常重要	绝对重要

根据所考虑问题的具体情况，还可以将 C_i 比 C_j 比较等级在此 5 级基础上扩展为 9 级，即在 1、3、5、7、9 间分别插入 2、4、6、8。

$$A_k=\begin{bmatrix} a_{11}^k & a_{12}^k & \cdots & a_{1n}^k \\ a_{21}^k & a_{22}^k & \cdots & a_{2n}^k \\ & \vdots & & \\ a_{n1}^k & a_{n2}^k & \cdots & a_{nn}^k \end{bmatrix}=(a_{ij}^k)_{n\times n} \tag{6-11}$$

然后，计算权重矢量。由评判矩阵 A_k 各元素之间的相对重要性，计算单层元素相对于上层关联元素的绝对权重。根据矩阵理论，求解方程 $A_w w_k = \lambda_{max} w_k$ 得出的特征向量 w_k。其中 λ_{max} 为矩阵 A_k 的最大特征值，w_k 为相应的特征向量。

设 $w_k=(w_{k1},w_{k2},\cdots,w_{kn})$，将其归一化处理得到 $w_k'=(w_{k1}',w_{k2}',\cdots,w_{kn}')$ 即可作为权重向量，其中：

$$\lambda_{max}=\frac{1}{n}\sum_{i=1}^{n}\frac{(aw_k)_i}{w_k}=\frac{1}{n}\sum_{i=1}^{n}\frac{\sum_{j=1}^{n}a_{ij}^{k}w_{kj}}{w_{ki}}$$

$$w_{ki}'=\frac{w_{ki}}{\sum_{j=1}^{n}w_{kj}} \tag{6-12}$$

最后进行一致性检验。评判矩阵一致性是指要求矩阵元素满足 $a_{ij}\times a_{jk}=a_{ik}$。为了避免评判矩阵偏离一致性过大，需对矩阵的一致性指标 C_i 进行检验。

$$C_I=\frac{\lambda_{max}-n}{n-1} \tag{6-13}$$

一阶或二阶比较矩阵具有完全一致性。对于二阶以上的比较矩阵，计算随机一致性比例，即 $C_r=C_i/R_i$。当 $C_r<0.1$ 时，认为评判矩阵的一致性可以接受；当 $C_r>0.1$ 时，需对评判矩阵进行修正。平均随机一致性指标 R_i 如表 6-9 所示。

表 6-9　平均随机一致性指标 R_i

矩阵阶数	1	2	3	4	5	6	7	8
R_i	0	0	0.52	0.89	1.12	1.26	1.36	1.41

③综合指标计算，假定已经计算出第 $k-1$ 层上 n_{k-1} 个元素相对于总目标的权重向量 w_{k-1}^1，第 k 层上的 n_k 个元素对 $k-1$ 层上第 j 个元素权重向量设为：

$$w_j^{(k)}=(w_{1j}^{(k)},w_{2j}^{(k)},\cdots,w_{nk}^{(k)})^t \tag{6-14}$$

其中不受 j 支配的元素的权重为零。令：

$$W_k^{k-1}=(w_1^{(k)},w_2^{(k)},\cdots,w_{n_{k-1}}^{(k)}) \tag{6-15}$$

这是一个 $n_k\times n_{k-1}$ 的矩阵，表示 k 层上元素对 $k-1$ 层元素的分配权重，那么第 k 层上元素对总目标的合成权重向量为：$W_k^1=W_k^{k-1}\cdot w_{k-1}^1$。

所以，综合各层的权重矩阵，可以得到 n 层递阶结构的指标因素层相对于总目标层的合成权重矩阵：

$$W_n^1=\prod_{2}^{i=n}W_i^{i-1}=W_n^{n-1}\cdot W_{n-1}^{n-2}\cdots W_3^2\cdot W_2^1 \tag{6-16}$$

(2) 模糊评判　建立一个评判结论等级集合和指标直隶度系数矩阵，然后根据测评指标采集到的数据计算评判等级矩阵，并排列输出各种可能的相关值。考虑到很多指标是定性的，难以定量化，所以通常采用模糊数学理论，考虑主观评价等软信息。对企业被选择的电子商务方案中建立综合评价选择的多层次模糊决策数学模型。多层次模糊综合评价(Fuzzy Comprehensive Evaluation，简称 FCE)是对受多因素影响的事物做出全面评价的一种十分有效的多因素决策方法。其步骤如下：

①设 U 是因素集，按一定的方式将 U 中元素分组。设 U 中元素分成了 k 组：

$$U=\bigcup_{i=1}^{k}U_i\text{，且 }i\neq j\text{ 时，}U_i\cap U_j=\varnothing$$

$$U_i=\{u_{i1},u_{i2},u_{i3},\cdots,u_{in}(i)\}(i\leqslant k)$$

$$U=\{U_1,U_2,\cdots,U_k\}$$

称 U 为较高层次的因素集，$\forall i\leqslant k$，U_i 为较低层次的因素集。在本文中将性质相同的因素分为一组，共有五组，即：成本、效益、安全性、易用性、易维护性，这五组是高层次因素。其中对成本、效益、安全性又进行了细分，总共为四层。所以对 U_i 进一步划分为

$$Ui=\bigcup_{s=1}^{t}U_{is}\text{，且 }s\neq t\text{ 时，}U_{is}\cap U_{it}=\varnothing$$

$$U_{is}=\{u_{is1},u_{is2},\cdots,u_{isn(i)}\}(s\leqslant t)\qquad(t\text{ 为 }U_i\text{因素所分成因素集组的总数})$$

$$U_i=\{U_{i1},U_{i2},\cdots,U_{it}\}$$

②设 $V=\{v_1,v_2,\cdots,v_m\}$ 为评价集。

不论对哪一层、哪一个因素进行评价，评价集 V 是不变的。先对最低层次因素集 $U_{is}=\{u_1^{(is)},u_2^{(is)},\cdots,u_{ns}^{(is)}\}(i=1,2,\cdots,k)(s=1,2,\cdots,t)$ 的 n_i 个因素进行单因素评判，即建立模糊映射

$$\underset{\sim}{f}_{is}:U_{is}\rightarrow\zeta(V)$$

$$u_1^{(is)}\rightarrow\underset{\sim}{f}_{is}(u_1^{(is)})=(r_{11}^{(is)},r_{12}^{(is)},\cdots,r_{1m}^{(is)}),$$

$$u_2^{(is)}\rightarrow\underset{\sim}{f}_{is}(u_2^{(is)})=(r_{21}^{(is)},r_{22}^{(is)},\cdots,r_{2m}^{(is)})\text{，得单因素评判矩阵为}$$

…

$$u_{ns}^{(is)}\rightarrow\underset{\sim}{f}_{is}(u_{ns}^{(is)})=(r_{ns1}^{(is)},r_{ns2}^{(is)},\cdots,r_{nsm}^{(is)}),$$

$$R_{is}=\begin{bmatrix}r_{11}^{(is)} & r_{12}^{(is)} & \cdots & r_{1m}^{(is)}\\ r_{21}^{(is)} & r_{22}^{(is)} & \cdots & r_{2m}^{(is)}\\ & \vdots & & \\ r_{ns1}^{(is)} & r_{ns2}^{(is)} & \cdots & r_{nsm}^{(is)}\end{bmatrix}\tag{6-17}$$

由于各种因素所处的地位不同，作用也不一样，当然权重也不同，因而评判也就不同。专家对定性指标的 m 种评判并不是绝对地肯定或否定，因此评判应该是 V 上的一个模糊子集给每一层的因素分配权重。

设 $U_{is}=\{u_1^{(is)},u_2^{(is)},\cdots,u_{ns}^{(is)}\}$ 的权重为：

$$A_{is}=(a_1^{(is)},a_2^{(is)},\cdots,a_{ns}^{(is)})(\sum_{j=1}^{ns}a_j=1)$$

求得综合评判为：

$$A_{is}\circ R_i=\underset{\sim}{B}_{is}(i=1,2,\cdots,k)(s=1,2,\cdots,t)\tag{6-18}$$

③再对第二级因素集 $U_i=\{u_1^{(i)},u_2^{(i)},\cdots,u_{ni}^{(i)}\}(i=1,2,\cdots,k)$，做综合评判。依此类推，

设 $U_i=\{u_1^{(i)},u_2^{(i)},\cdots,u_{ni}^{(i)}\}$ 的权重为 $A_i=(a_1^{(i)},a_2^{(i)},\cdots,a_{ni}^{(i)})(\sum_{j=1}^{ni}a_j=1)$，单因素评判矩阵为

$$R_i=\begin{bmatrix} r_{11}^{(i)} & r_{12}^{(i)} & \cdots & r_{1m}^{(i)} \\ r_{21}^{(i)} & r_{22}^{(i)} & \cdots & r_{2m}^{(i)} \\ & & \vdots & \\ r_{n_{i1}}^{(i)} & r_{n_{i2}}^{(i)} & \cdots & r_{n_{im}}^{(i)} \end{bmatrix}$$ 则求得综合评判为

$$A_i\circ R_i=\underset{\sim}{B_i}\quad (i=1,2,\cdots,k) \tag{6-19}$$

④最后对第一级因素集 $U=\{U_1,U_2,\cdots,U_k\}$，做综合评判。

设 $U=\{U_1,U_2,\cdots,U_k\}$ 的权重为 $A=(a_1,a_2,\cdots,a_n)$，且 $\sum_{i=1}^{n}a_i=1$，总体评价矩阵为

$$R=\begin{bmatrix} \underset{\sim}{B_1} \\ \underset{\sim}{B_2} \\ \vdots \\ \underset{\sim}{B_k} \end{bmatrix}$$ ，求得最后综合评判为 $A\circ R=\underset{\sim}{B}$ (6-20)

$\underset{\sim}{B}$ 即为最终选择电子商务方案的依据，如果对评价集中各个元素赋予具体的值，则可计算出每个方案的 $\underset{\sim}{B}$ 值，从而以各个方案 $\underset{\sim}{B}$ 值大小决定采用何种方案。

在该模型中，对于定性的、难以量化的指标，采用专家打分或投票法得出该指标在评价集上的隶属度。而对于定量的经济指标可采用隶属函数确定其在评价集上的隶属度，隶属函数如下：

$$R_{ij}=\begin{cases} 0 & \text{当 } x_{ij}\leqslant x_{\min} \\ \dfrac{x_{ij}-x_{\min}}{x_{\max}-x_{\min}} & \text{当 } x_{\min}<x_{ij}<x_{\max} \\ 1 & \text{当 } x_{ij}\geqslant x_{\max} \end{cases} \tag{6-21}$$

式中 x_{ij} 为该收益指标的实际收益值，$x_{\min}$ 为该项指标收益值最不满意的上限，$x_{\max}$ 为该项指标收益值最大满意度的下限，R_{ij} 为第 i 项指标属于第 j 评价等级的隶属程度，由上述公式可知 $R_{ij}\in[0,1]$。对于成本性指标，隶属函数为

$$R_{ij}=\begin{cases} 1 & \text{当 } x_{ij}\leqslant x_{\min} \\ 1-\dfrac{x_{ij}-x_{\min}}{x_{\max}-x_{\min}} & \text{当 } x_{\min}<x_{ij}<x_{\max} \\ 0 & \text{当 } x_{ij}\geqslant x_{\max} \end{cases} \tag{6-22}$$

式中 x_{ij} 为该成本指标的实际支出值，$x_{\min}$ 为该项指标支出值的最大满意度的上限，$x_{\max}$ 为该项指标支出值的最不满意度的下限，R_{ij} 为第 i 项指标属于第 j 评价等级的隶属程度。同样，由上述公式可知 $R_{ij}\in[0,1]$。

对于安全性中的破坏力一些指标，它和成本指标一样，属于逆指标。也就是值越大，满意度越低。因此，破坏力的一些定量指标可以采用成本指标确定隶属度的方法来确定其隶属度。

(3) 定性指标的处理方法　实际测评过程中经常会用到定性指标和定量指标。定性指标往往带有模糊性，很难精确分析。

①基本思想　通常先对指标的评价分为若干个等级，然后采用模糊数学中的隶属度函数转化为一个介于 0～1 之间的值。对于某一个指标的评价可以分为(V_1, V_2, V_3, V_4)4 个等级，然后分别计算出每个指标对应于评价等级的隶属度($\alpha_1, \alpha_2, \alpha_3, \alpha_4$)其中 $\alpha_1+\alpha_2+\alpha_3+\alpha_4=1$ 且 $0 \leqslant \alpha \leqslant 1$。这样，定性指标就可以转化为定量指标，便于处理和运用模型。然而通常情况下，由于人的大脑判断事物的模糊性和不确定性，以及决策问题的复杂性和评判人员的喜好等原因，决策提供的评价可能不采用精确的数值来描述，而给出模糊信息。对于定性指标往往不能精确地转化为某一个数，只能确定这个数的区间，并且最可能的值是 M，最小值是 L，最大值是 U。因此每个定性指标都可以用一个三角模糊数(L,M,U)表示，如图 6-4 所示。

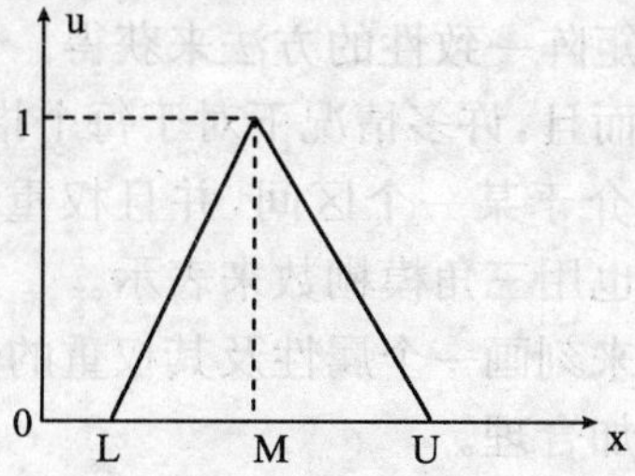

图 6-4　三角模糊示意图

对于三角模糊数 $p=(L,M,U)$ 其隶属度函数 $U(x)$ 可以表示为

$$u(x)=\begin{cases}\dfrac{x-l}{m-l}, & l<x<m \\ 1, x=m & \\ \dfrac{u-x}{u-m}, & m<x<u \\ 0, & \text{其他}\end{cases} \tag{6-23}$$

三角模糊数的几何意义就是对某个指标的评估范围落在区间 (L,M,U) 之间，并且最可能的值或者称期望值是 M(隶属度为 1)，最悲观的估计值是 L，最乐观的估计值是 U。在三点之间的值的隶属度为上面的函数所示。因此，从直观上可以看出，三角模糊数能表达出每个决策者的悲观程度。

②三角模糊数主要运算法　则　设 $p_1=(L_1, M_1, U_1)$，$p_2=(L_2, M_2, U_2)$

$$p_1 \oplus p_2=(L_1+L_2, M_1+M_2, U_1+U_2)$$

$$p_1 \otimes p_2=(L_1 \times L_2, M_1 \times M_2, U_1 \times U_2)$$

$$\lambda p_1=(\lambda L_1, \lambda M_1, \lambda U_1)$$

$$p_1^{-1}=(L_1^{-1}, M_1^{-1}, U_1^{-1})$$

对于每个定型化的评估指标，决策人员分别进行评价，得到一个语意化的评估等级，不妨设每个指标的评价等价可以分为 5 级，(很高，较高，一般，较低，低)或(很好，较好，一般，较差，差）。每个语意等级变量对应的评估得分可以转化为一个三角模糊数(L,M,U)，同时规定$0\leqslant L\leqslant M\leqslant U\leqslant 1$。语意等级变量和三角模糊数之间的转化如表6-10所示。

表 6-10 语意变量与三角模糊数的转化

很高	很好	(0.8,0.9,1.0)
较高	较好	(0.6,0.7,0.8)
一般	一般	(0.4,0.5,0.6)
较低	较差	(0.2,0.3,0.4)
低	差	(0,0.1,0.2)

③权重的确定方法　通常，对于每个指标权重的确定采用层次分析法中的先构造两两比较判断矩阵，然后检验矩阵一致性的方法来获得。但是如果指标比较多，工作量就非常庞大，可操作性不强。而且，许多情况下对于每个指标权重的分配往往不能精确为某一具体数字，只能知道它介于某一个区间，并且权重取某一个数的概率最大。这样，对于每个指标的权重我们也用三角模糊数来表示。

综上所述，用三角模糊数来刻画一个属性及其权重的值，更能反映决策的不确定性和决策者的主观性，使模型更加合理。

(4) 熵权法　熵原本是一热力学概念，它最先由申农(C. E. Shannon)引入信息论。根据信息论的基本原理，信息是系统有序程度的一个度量，而熵是系统无序程度的一个度量，二者绝对值相等但符号相反。

①假设　如果系统可能处于多种不同状态，而每种状态出现的概率为$p_i(i=1,2,\cdots,m)$，则该系统的熵就可定义为

$$P_{ij}=r_{ij}/\sum_{i=1}^{m}r_{ij} \tag{6-24}$$

显然，当$p_i=1/m(i=1,2,\cdots,m)$，即每种状态出现的概率相等时，熵取最大值为

$$E_{\max}=\ln m \tag{6-25}$$

②计算熵　若设有m个等待评价的单位，n个评价指标，则有原始指标数据矩阵$R=\{r_{ij}\}_{m\times n}$，对于某个指标r_j，有信息熵为

$$e_j=-k\sum_{i=1}^{m}p_i\ln p_{ij} \tag{6-26}$$

不难理解，如果某个指标的信息熵e_j越小，就表明其指标值的变异程度越大，提供的信息量越大，在综合评价中所起的作用越大，则其权重也应越大。反之，某指标的信息熵e_j越大，就表明其指标值的变异程度越小，提供的信息量越小，在综合评价中所起的作用越小，则其权重也应越小。所以在具体分析过程中，可根据各个指标值的变异程度，利用熵来计算出各指标权重，再对所有指标进行加权，从而得出较为客观的综合评价结果。

③计算权重　第j项指标的差异系数$g_i=1-e_i$，当指标g_i越大，指标越重要。

定义权数：

$$W_j = \frac{g_j}{\sum_{j=1}^{5} g_j} \tag{6-27}$$

W_j 就是用熵权法确定的权重。

计算每个科技合作模式的综合得分 Mj 为

$$M_j = \sum_{i=1}^{4} W_i \times F_i \tag{6-28}$$

(5) 评判结果分析

分别对上述评价方法利用历史分别进行计算，把得到的结论与历史事实进行比较，分析各方法获得结论的合理性、正确性、稳定性和可能性，从中选择最佳的方法作为 ERP 系统实施过程测评方法。评判过程的计算、检验和结论的输出，均由测评系统软件实现。

7 我国 ERP 系统实施典型案例

7.1 江苏利锡拉链股份有限公司 ERP 系统实施成功之路

江苏利锡拉链股份有限公司在实施 ERP 系统过程中遇到的理念、技术、管理和习俗等一系列问题，公司高层领导不仅从解决管理问题着手，而且站在企业发展战略角度，排除万难坚持一把手负责 ERP 系统实施，借助 ERP 系统将一个名不见经传的乡镇小企业，跨越提升成拉链制造业的龙头企业。

7.1.1 实施 ERP 系统前存在的主要问题

江苏利锡拉链股份有限公司是江苏利锡公司和无锡利锡公司两个独立核算单位，已经使用了两套小灵童财务软件。因此，运行于江苏利锡公司营销计划部、生产经营理部、尼龙仓库和树脂拉链仓库的“进销存”软件是由另一家公司开发维护。江苏利锡公司财务应收应付数据能传递到“进销存”软件数据库中使用。“进销存”软件是运用 FoxPro 数据库系统开发的，网络平台为 NetWare V3.12，工作站端应用软件运行于 Windows V3.2 环境下。

江苏利锡公司绝大部分订单经营销计划部评审后录入“进销存”软件，由生产经营部运行相应功能模块后分解订单中的产品后打印备料单和施工单经人工传递到各生产车间安排生产。江苏利锡公司和无锡利锡公司的绝大部分仓库入出库单据由两台联网微机运行处理。该软件应用较为简单，且集成性差，当订单输入系统时，只能产生车间的备料单和施工单，未考虑到比较重要的库存因素，也未产生相应的采购计划。初期应用软件的使用，减轻了财务人员和业务人员的部分工作量，让江苏利锡公司管理层对计算机辅助企业管理有了一定的感性认识。积累了大量的客户信息和产品数据。可是，“进销存”软件是基于 FoxPro 数据库系统运行，随着数据量的增加，这一系统效率和响应时间已达到不能接受的程度。

1. 营销计划

在实施 ERP 系统前，营销计划部存在的问题主要有：

(1) 信息共享不及时。各个子系统之间(财务系统与进销存系统)独立运行,形成了信息孤岛。

(2) 投料时,有个放大百分比。由于目前是一个固定的百分比,造成有的拉链品种放大比例不合理。不但多耗用了原材料,同时也产生了最终产品的呆料。据生产经营管理部统计,当时库存呆料的 30%是由此造成的。

(3) 对车间、仓库反馈的信息没有统一的规范。

(4) 对各车间计划的执行考核不严,使各车间之间计划的衔接不良,造成加班、等工待料等情况的时常发生,甚至造成拖单。

由于上述种种问题,因此,生产经营管理部对车间、仓库管理力度和深度不够。

2. 品质管理部

在实施 ERP 系统前,品质部存在的问题主要有:

(1) 检验信息的收集和检验单据传递是依赖于人工,所以存在部门之间反馈较慢,单据易丢失等情况。如发生品质不合格而拒收,检验单据又较慢传递至营销计划部,将会影响客户订单的按时开工,使交货拖期。

(2) 目前公司对客户的颜色需求积累不够,同时对客户的调色配方档案收集整理也不够,从而出现染色上的问题,影响生产、产品质量和交货期,染色问题是江苏利锡公司中影响生产、产品质量和拖单的主要原因。

3. 供应部

在实施 ERP 系统前,供应部存在的问题主要有:

(1) 供应部与仓库两部门之间的信息沟通较差,造成采购员对供应商送货时间、送货材料品种、规格、数量的了解不及时,供应部获取对材料入库的信息滞后,无法及时了解仓库对材料拒收的原因。

(2) 供应部的付款计划编制依靠手工完成,并且付款金额与采购、发票金额不完全一一对应,若公司往来款项频繁,应付账款欠款较多,对供应部或财务部与供应商的对账工作会带来不便。

4. 生产车间

在实施 ERP 系统前,生产部存在的问题主要有:

(1) 车间组织生产时,不用营销计划部下达的流转号,而用客户名称,使生产管理上显得不规范不统一。

(2) 车间在制品管理较乱,虽有专职物料管理员管理,但物料的收发并不做账。

(3) 车间与仓库之间信息共享不好,如车间收到施工单时,首先要到仓库查看是否有料。

(4) 各车间的生产信息反馈不统一。

(5) 产品最终检验设置不合理,应在关键工序处设置检验岗位。

5. 仓库

在实施 ERP 系统前,仓库管理过程中存在的问题主要有:

(1) 各仓库的出入库手续和原始凭证不唯一。

(2) 台账分类还不细致。

(3) 不能及时反映库存信息,因目前各仓库是每月底汇总一次,然后记分类台账和填写汇总表。

(4) 库存信息传递不及时、不规范、不合理和不全面,如车间完工入库,仓库填写"产品入库单",其中一联送生产经营管理部,作为工时统计,但为何不送营销计划部,营销计划部是管理生产计划的,他应该掌握库存信息,不管是生产入库还是生产领用,这不合理;外购入库,填写材料入库单,也不送交营销计划部,对外购物料的信息,营销计划部就缺少,这不全面;而仅仅通过"产品入库单"来反映库存信息的话,这肯定是不规范和不及时的。

(5) 库管员记账不规范、不统一,如车间退料,有的仓库管理员是做产品入库事务,这会造成统计口径不一和偏差,因产品入库在生产经营管理部是要统计工资的。

(6) 销售出库,业务员应根据成品库的现有量开"调拨单",而不应按客户的订单量开"调拨单"。

(7) 仓库的定义和划分并不合理,如东分厂的装配库,既有原材料(锌合金),又有半成品、外协件。在管理上既要对外(外协厂),又要对内(车间和供应部)。

(8) 仓库基础管理较差,管理制度不全。

7.1.2 企业改革的方向和预期目标

通过江苏利锡公司 14 年来的发展变化,企业深深意识到:当前,大多数企业家是经验型的管理者,他们的经验、方法和原则在运用过程中被各级管理层(有意或无意)重新定义与传达,所产生的累计误差足以造成企业不能按最高决策层的意图来运营,并最终导致企业效益下降。经验固然很重要,但是,只有当经验与知识有机结合,再被归纳整理和重新定义,并运用高科技手段加以实现和运用的时候,才能真正提高企业的管理效率和经济效益。

企业是否能寻找到一种为企业提供整体管理的工具,采取正确的措施,提高企业的竞争能力和应变能力?

回答是一定有的,就是实施 ERP 系统。但是,企业如何去选择适合企业自身管理基础的 ERP 系统呢?这是一个令很多企业家感到困惑和忧虑的问题。认真做好 ERP 系统项目前期咨询,选择合适 ERP 系统平台和实施队伍非常关键。

1. ERP 系统项目实施前的咨询

1999 年 1 月 4 日,公司与北斗集成系统(无锡)有限公司合作,这是一家台商独资企业,定位于 ERP 系统的咨询和顾问服务。实际上,在本公司与这家公司合作之前,公司领导对 ERP 系统是不清楚的,至于 ERP 系统的成本与效益、实施过程及 IBM 的小型机系统等等就更不清楚了。在这家公司咨询顾问的帮助下,公司领导才对 ERP 系统及其相关问题有了相当的认识和了解,通过北斗公司《企业资源计划系统实施建议书》

的启示，初步领会了企业资源计划的管理思想，认识了《开思/ERP 系统》的系统功能，特别是对同行的考察和比较，方向更明确了。

2. 江苏利锡公司实施 ERP 系统预期目标

通过半年多来有关 ERP 系统的考察、调研，企业领导逐渐形成了实施 ERP 系统的预期目标：以人为本，以订单为中心，以生产流程为基础的三大目标。人是企业中最宝贵的资源，要充分有效、淋漓尽致地发挥这一资源的作用，企业管理最基本的一条就是要做到奖惩分明，要做到奖惩分明就必须奖惩依据准确。比如多生产一条拉链他就知道多获得多少报酬，及时追回一笔应收账款他就知道获得多少薪水，相反，多生产一条次品或废品拉链他也知道罚多少款，挽追回甚至损失一笔应收账款他也知道扣多少。因此，实施 ERP 系统的第一个预期目标就是要做到系统数据采集准确、及时，数据经过加工后的信息丰富而有效，确保以人为本。

订单是任何企业赖以存在和发展的命脉。目前，江苏利锡公司日接订单量在 60 张左右。江苏锡利公司正在拓展欧美市场，希望订单的利润再高一些。一个企业一是要确保合理的订单量；二是要将订单的产品保质保量地生产出来；三是还要及时将应收账款收回企业。企业的资本在这三个大的过程中经历了三个形态：货币资本、生产资本、商品资本。商品资本与货币资本的差额便是企业的利润。由于企业的一切活动都是围绕订单而运作，因此，实施 ERP 系统的第二个预期目标就是要做到客户资料的积累分析，订单所需原材料采购量、库存量、原材料损耗量的预算合理，产成品成本核算准确并有效分析客户的回款情况。确保以订单为中心，做到"单单清"。

企业的生产流程的组织是产品生产是否及时，也是产品质量的保障。企业的生产流程是否科学合理、流畅与生产计划、车间管理、设备管理、质量管理、生产能力紧密相连，所以，实施 ERP 系统的第三个预期目标就是要确保生产流程的合理布局。

江苏利锡公司的 ERP 系统应该是：

①信息入口点越少越好——确保信息源的唯一性；

②操作越简单越好——确保系统操作快捷简便；

③系统查询越丰富越好——确保系统功能覆盖整个企业的生产和管理。ERP 系统就是企业实现科学管理的手段。

7.1.3 江苏利锡公司实施 ERP 系统的顾虑

1. 实施 ERP 系统资金投入与产出的顾虑

根据北斗集成系统（无锡）有限公司所提交的《企业资源计划系统实施建议书》（第二稿），ERP 系统项目运用 IBMAS/400 小型机实现整个江苏利锡公司人、财、物、产、供、销、工作流及电子商务的全面管理需 200 万元人民币的资金投入。去掉工作流、电子商务及不适合江苏利锡公司的部分功能模块也需 160 万元的资金投入。

江苏利锡公司高层领导已经认识到上一个 ERP 系统项目确实要投入大量的资金，但江苏利锡公司在目前投入这项资金是否适合？如果投入 200 万建设一座拉链厂，购置的厂房、设备看得见，摸得着。如果投入 100 多万搞 ERP 系统，能否得到相应的回报？

2. ERP 系统实施队伍能否迅速将江苏利锡公司的业务驾驭的顾虑

江苏利锡公司的产品就是人们日常生活中司空见惯的拉链，看似简单，但当看见一卷卷的丝被织成长长的织带，锌合金被模具铸就成一框又一框的拉头、拉片时，就可以深切地感受到拉链生产工艺要求是如此的高。更何况江苏利锡公司每天要承接 60 张大大小小的订单，日产近二十万条拉链。可以想见，江苏利锡公司生产、管理、核算业务会有多么的繁杂。所以，要想 ERP 系统准确、高效地为企业服务，ERP 系统实施队伍就必须迅速了解利锡业务并客户化，专业厂商的 ERP 系统才能成为利锡的 ERP 系统。ERP 系统实施队伍能达到这一要求吗？

3. 实施 ERP 系统的结果是胜少败多的顾虑

企业领导一面理解北斗集成系统（无锡）有限公司所提交的《企业资源计划实施建议书》，并听取北斗公司有关专家意见，了解 ERP 系统在其他企业实施和运行效果，另一方面还从其他媒体了解国内其他地区 ERP 系统使用情况。结论是实施 ERP 系统的结果胜少败多，比例为 10：90。

4. 江苏利锡公司实施 ERP 系统后能否有效运行的顾虑

由于江苏利锡公司整个管理层的平均文化程度不太高，总经理仅有初中文化水平面，因此企业始终担心 ERP 系统的最终使用效果。企业领导曾提出："你们北斗公司和开思公司实施完成后的利锡 ERP 系统能否像傻瓜照相机一样：设计和制造复杂，但使用简单。"

5. ERP 系统非得使用 IBM 的 AS/400 小型机吗？

方案给企业配置的服务器 AS/400170 需要近 40 万人民币，而普通的服务器只需 10 万左右。北斗公司咨询顾问解释："一个企业实施了全面的计算机管理，系统的安全性至关重要。一个企业运用计算机后呈现出勃勃的生机，如果说系统中流动的信息是企业的血液的话，那么系统中的数据处理主机便是企业的心脏。所以，网络系统中的主机选型非常重要"。而其他公司却跟企业说："你江苏利锡公司根本用不着买小型机的，别上当"。真的吗？《江苏利锡公司实施 ERP 系统评估报告》提出决策依据：北斗公司鉴于企业这么多疑问和顾虑，他们 1999 年 7 月上旬向企业提出：邀请上海开思公司两名实施顾问与北斗公司的顾问共同组成"江苏利锡公司实施 ERP 系统评估小组"，在江苏利锡公司配合下提交一份《江苏利锡公司实施 ERP 系统评估报告》供江苏利锡公司高层领导决策。

该报告充分地分析了企业管理的现状、实施 ERP 系统与流程规范的关系、实施 ERP 系统的优势和效益、实施 ERP 系统的进程，从中可以充分地看到了：ERP 系统实施后对江苏利锡公司管理的推动作用，他们组成的这支队伍的综合素质令企业放心。报告结论为："通过此次调研分析，我们认为江苏利锡公司高层领导高度重视 ERP 系统项目对 ERP 系统实施成功将起到决定性作用。如果在 ERP 系统实施过程中，严格执行'《开思/ERP 系统》实施进程'，江苏利锡公司实施 ERP 系统预期目标不仅可以完全达到，而且会成功地进入'10%的行列'"。

由此，企业才下定决心投入巨资(240 万人民币)实施 ERP 系统项目。

7.1.4 实施进程规划与 ERP 系统培训

1. ERP 系统实施计划

根据有关合同要求整个江苏利锡 ERP 系统项目划分为三期工程。第一期为基础应用：到 2000 年 10 月完成系统控制模块、库存管理模块、销售管理模块、采购管理模块、账务处理模块、财务报表模块、应收管理模块和应付管理模块实施应用；第二期为高级应用：到 2001 年 4 月完成生产数据模块、主生产计划模块、物料需求模块、能力需求模块、车间作业模块、设备管理模块、固定资产模块、成本核算模块、工资核算模块、质量管理模块实施应用；第三期为全面集成应用：到 2002 年 6 月完成市场管理模块、票据管理模块、人力资源模块、经营决策与分析、工程流管理、电子商务实施应用。

由北斗公司和上海开思公司组成的顾问团队于 1999 年 12 月下旬到企业们公司开始了深入的业务调研分析。

2. 全体管理人员计算机操作培训

2000 年 1 月，企业邀请北斗公司专家选择晚上 6 点至 9 点的时间进行计算机基础操作培训。这次培训企业借用了锡山市高级中学计算机房和设备，要求包括仓库保管员在内的所有管理人员都必须参加。

实施小组成员 ERP 系统原理和实施方法培训

按照实施计划和分工，上海开思公司的实施顾问将为江苏利锡公司 ERP 系统实施小组成员提供 2 天的 ERP 系统原理、开思/ERP 系统实施方法和企业管理基础数据整理的方法培训。

江苏利锡拉链股份有限公司的 ERP 系统项目自启动至今已有约二个月，在这段时间中，通过项目实施小组中开思、北斗、利锡三方人员的共同努力，项目进展取得了一些成绩，同时在实施过程中由于经验不足，沟通的次数不够，因此在项目进程中也产生了一些问题。

问题一：由于沟通不够，江苏利锡的实施人员常常不能提前得到开思实施顾问即将在利锡公司开展活动的详细内容，因此有时不能清晰地理解工作的目的、需要达到的效果等，未能有效地提前做好各项准备工作，在事后的工作安排中显得比较匆促，对工作最后通牒的效果可能有一些不利的影响。这主要是由于在工作的实施阶段。三方受经验所限，对工作方法的理解有误、沟通的次数和手段都较缺乏。随着双方的寸步合作，默契程度会增强。

问题二：培训的效果得不到保证。培训工作是整个项目实施过程中非常重要的一环，需要贯彻整个项目实施的始终。但以目前来看，培训是进行过了，但培训对象是否基本上掌握了大部分培训内容尚不得而知。

最终于 2000 年 4 月中旬，开思将企业 ERP 系统小组全体成员送到上海开思公司进行为期一周的集中培训，基本解决了企业所提出的问题，收到良好效果并为今后实施工作的开展奠定了基础。

3. 江苏利锡《开思/ERP 系统》实施调研报告

2000 年 1 月份，由上海开思公司为主完成的《江苏利锡〈开思/ERP 系统〉实施调研报告》摆在了企业的面前。

江苏利锡拉链股份有限公司的开思/ERP 系统项目正式启动后，开思公司及北斗公司的实施人员根据《江苏利锡拉链股份有限公司实施 ERP 系统评估报告》，在前阶段调研成果的基础上，于 1999/12/27 至 1999/12/30 到企业现场对江苏利锡拉链股份有限公司的各主要部门——营销计划部、生产经营管理部、供应部、仓库和车间以及财务部的具体业务进行了较为全面深入的调研，本调研报告就是基于以上所有交流提出的企业调研结果分析方案。在调研提纲的解答过程中，公司副总经理、相关业务部门的经理和骨干业务人员、以及总经理助理等人员给予了大力支持和配合，使得项目调研工作得以顺利进行。

通过这份调研报告，企业认识到：开思公司及北斗公司已经较为全面了解了江苏利锡拉链股份有限公司（包括与德国合资的无锡利锡拉链股份有限公司）的业务管理现行状况，为江苏利锡拉链股份有限公司提供了一个科学、合理、可行的解决方案，使企业的管理水平得到提高，业务流程的规划更为合理、有效。企业的各级领导和相关业务人员对它进行了认真讨论，了解了现行业务与开思/ERP 系统之间的差异，经过反复协商、调整，形成调研报告的第二稿、第三稿……最终就开思的建议方案达成一致意见。由此，江苏利锡公司和无锡利锡公司计算机企业资源管理系统的实现目标明确了下来，后续的实施工作将以此为蓝本进行展开，尽量减少和避免实施过程中出现争议，保证项目实施工作的顺利进行。因此，企业对实施 ERP 系统建立了充分的信心和决心。

4. ERP 系统原型测试与测试报告

2000 年 4 月末，上海开思公司给企业提交了《江苏利锡拉链公司开思/ERP 系统测试方案》。

企业在全面推行《开思/ERP 系统》系统之前，需要进行原型测试，这是从现行管理模式转到 MRPⅡ模式的重要环节。这同企业开发新产品一样，也要经过设计、批产等阶段。在一般的计算机软件项目的开发实施中，原型测试也是对系统是否满足设计及使用要求的重要测试步骤。该原型测试过程跨度了 5 至 8 月份整整 4 个月的时间，ERP 系统项目最艰难困苦的时期出现了。第一，企业的管理人员开始面对真实的 ERP 系统操作，难免生疏，不习惯；第二，由于有的管理人员已经操作习惯原来的信息系统，总是从表面上自觉不自觉地比较两个系统的差异，看到的全是 ERP 系统的不足；第三，ERP 系统的运用将会改变原有的流程即工程方式方法，甚至各部门相互配合协作的随意性必须消除，造成管理人员思维方式极大的“不便”；第四，由于基础数据量太大，是各部门准备录入计算机的，数据很难完全正确，将模拟订单输入 ERP 系统检测结果却是大相径庭。

随即北斗公司撰写了《江苏利锡公司开思 ERP 系统一期模块试运行前的评估报告》:"自江苏利锡拉链股份有限公司 ERP 系统项目于 1999 年 12 月末启动以来,在上海开思软件有限公司指导及其实施顾问的辛苦劳动、北斗集成系统(无锡)有限公司给予有效的配合下,江苏利锡拉链股份有限公司 ERP 系统项目实施小组做了大量艰难细致的工作,到目前为止已完成第一期原型测试计划,拟准备第一期软件试运行。为了上海开思软件有限公司实施顾问和江苏利锡拉链股份有限公司 ERP 系统项目实施小组对项目现状有一个清晰的认识和评价,北斗集成系统(无锡)有限公司对项目实施过程中所表现出来的问题做出评估,便于'三方'更有效地去开展工作,特撰写这一评估报告。"

该报告客观公正地分析了问题的现状和产生的原因,提出了合理的解决方法。报告结论:"通过对江苏利锡公司 CASE/ERP 系统一期模块试运行前的评估、分析,我们认为,只要开思、北斗、利锡三方加强沟通,各负其责,能按照预先制定的阶段性计划及时进行验收、控制,一期模块的试运行、正式运行切换,甚至二期、三期的实施就一定能够成功,江苏利锡公司实施 ERP 系统预期目标不仅可以达到,而且会成功地进入'10%的行列'。"

该报告协调了"三方"人员的工作方法和思路,又一次鼓起了企业实施 ERP 系统项目的信心。由此企业领导产生了一个理念:实施 ERP 系统不仅需要决心和信心,还要有极大的耐心。

北斗公司与企业领导一道就业务流程做了大量艰苦的分析整理和规范工作,按照合理化、标准化、自动化的思路形成了公司新的业务流程。企业决定:2000 年 9 月 1 日试运行。

"三方"人员为了能够顺利试运行,有关人员加班加点地清理核对原始数据给企业留下了难忘的印象。企业花了两个月的试运行后,第一期项目顺利上线运行,甩掉手工操作,为鼓舞实施 ERP 系统士气奠定了坚实的基础。

5. 江苏利锡拉链公司 Internet 应用需求

同年的 4 月份,企业完成了 AS/400 的升级事宜。目前,生产计划软件的改造和试运行已经完成。

7.1.5 江苏利锡拉链股份有限公司 ERP 系统实施结果分析

虽然,企业内部都运用上了 ERP 系统,但是企业在国内设立的八个办事处还不能直接运用 ERP 系统处理业务,所以企业又提出了各办事处要通过 Internet 来应用 ERP 系统的需求。如果实现 Internet 连接,企业的信息化改造将向知识经济时代迈出一大步。

1. 收获

企业已经深刻认识到 ERP 系统的底蕴还能够运用到企业管理的各环节,既能够借助于 ERP 系统充分下放责权调动各级管理者的主观能动性又不失控制能力(无论企业在企业内部还是出差在外),既能够以客观的数据事实奖惩员工又能够利用 ERP 系统引导下级管理者提高管理水平……目前，已经利用 ERP 系统的实施改造了原有“泥土味”非常浓郁的管理基础，创造了一个相对高水平的管理平台为企业人才的新陈代谢寻找到了合适的时机和武器，原有不适合企业发展的管理者被换了位置或者退休，在企业中奋斗过几年又充满生机活力的人才被充实到了较高层次的管理岗位，从而留住了他们并给予展翅的空间，为江苏利锡公司在信息时代的再次腾飞奠定了坚实的基础。

2. 建议

企业高层决策者真要借助于 ERP 系统来提升自身管理，首先必须选择好一个 ERP 系统的咨询顾问公司进行有效地沟通，把你的想法和困难跟他们交流以便帮助分清主要矛盾和次要矛盾，哪些问题可以借助于信息化解决，哪些问题只能通过管理制度来解决；然后在他们的帮助下选择一套合适的 ERP 系统和实施团队；其次，企业高层决策者对 ERP 系统实施要建立必胜的信心、决心和耐心，对合作伙伴也要有包容的心态和宽容的胸怀。

7.2 钱潮轴承有限公司 ERP 系统实施效果分析

钱潮轴承有限公司在企业信息化建设过程中，针对生产、销售和成本等人工管理模式下存在的问题，分析问题产生的原因，提出了以 ERP 系统为纽带集成企业种类资源，集中统筹规划、计划、控制，不仅提高了管理效率，而且产生了巨大的经济效益。

7.2.1 钱潮轴承有限公司背景

钱潮轴承有限公司是 2003 年根据万向集团的整体产业结构发展需要而设定的轴承产业公司，以浙江万向特种轴承有限公司为主体，下辖淮南万向特种轴承公司、淮南钱潮轴承部件有限公司、江苏万向龙山轴承公司、万向轴承宁波工厂等全资企业。

公司专业生产圆锥滚子轴承、圆柱滚子轴承、球轴承、微型轴承、汽车水泵轴连轴承、超精密高速磨头主轴轴承、汽车水泵总成等系列产品，并重点向系列化、高精尖产品方面发展，相应形成全球 OEM 市场和售后服务。

公司自行研制生产的“QC”品牌精密双列圆锥滚子轴承 E97106E、513016 汽车轮毂总成、超精密级高速磨头主轴轴承等五大系统产品被列为国家级重点新产品；浙江万向特种轴承有限公司被认定为国家重点高新技术企业；2001 年，浙江万向特种轴承有限公司率先通过美国 UL 公司 QS9000 体系认证，2003 年江苏万向龙山轴承公司、万向轴承宁波工厂、淮南万向特种轴承公司也均顺利通过 QS9000 体系认证。

公司引进德国、意大利、英国等生产流水线和技术检测手段，设备先进，工艺成熟，产品精度高、噪声低、寿命长、可靠性好，并有多项产品被列为国家级重点新产品。公司产品广泛应用于汽车、轿车、拖拉机、矿山机械、纺织机械、机床等领域，配套领域广阔，产品远销美国、加拿大、意大利、德国、澳大利亚、日本、中东等国家和地区。

7.2.2 钱潮轴承有限公司信息化之路及现状分析

钱潮轴承的领导层很早就认识到企业信息化工作的重要性，早在 1999 年，就开始和浙江某大学合作利用软件进行企业的管理，是轴承行业中企业信息化工作的先行者。经过几年的摸索和实践，也取得了一定的成果，由于许多关键问题没有解决，系统也存在许多问题，目前除市场部的一部分功能在使用以外，整个系统的绝大部分还处于瘫痪状态，生产、仓库(成品仓库除外)还处于人工管理状态，钱潮轴承的人工管理模式在生产、市场方面都存在诸多问题。

1. 企业信息严重不准确

在人工管理的模式下，生产和销售过程中的大量信息，由于人工处理工作量大，因而常常出现小的差错，这是很正常的，一个人出一点错不可怕，但是企业众多的员工，20%的人出一点错误，日积月累，导致企业信息严重不准确，时间长了，问题越来越大，最后人人都知道企业某个地方存在问题，但是由于处理的工作量很大，再加上由于企业发展带来生产繁忙，问题一拖再拖，最后导致不可收拾局面也是常常发生的。

2. 企业内部存在信息沟通不畅、信息孤岛现象

在人工管理模式下，企业各方面的信息沟通效率低下，从仓库到供应商，从生产到销售等诸多方面，导致生产过程中原材料、半成品及成品积压严重，例如：市场和生产信息不畅，常常导致客户已经取消的订货，生产部门继续生产；成品仓库的库存信息不畅，导致生产计划多投或少投；原材料、半成品及在制品信息和采购供应部门之间信息不畅，导致原材料多采购或少采购。总之企业信息不畅通，带来的是大量人力物力的浪费，尤其是在市场越来越个性化的今天，多品种少批量，为客户生产大量的非标产品，如果管理不好，靠粗放式经营，浪费严重，产品生产成本极高。

3. 产品编码混乱，导致生产和销售中产品零部件混淆

目前钱潮轴承在产品的编码方面是跟从国外的厂家，由于目前企业给多家外国企业生产，在为这一家国外著名企业生产时，采用这一家企业编码，为另一家企业生产时，采用另一家企业编码，这样导致企业没有一套自己的内部编码标准。出现同一种零部件在某一种产品生产中叫一种编码，在为另一种产品生产时叫另一个编码。常常由于产品或零部件编码的混淆导致浪费，给生产人员也带来了混乱。

4. 管理成本高，对人员的依赖性强

在人工管理模式下，企业信息沟通效率低下，企业严重依赖员工责任心，工作的细心程度，企业和员工之间掌握的信息不对称。例如：在国内企业中，市场销售员的地位很高，一个企业的销售员，是企业的代表，他是以企业强大实力为支撑的，但是有的销售人员掌握的信息和企业严重不对称，个别销售员如果向企业提出过分要求，企业往往会妥协，因为企业的销售严重依赖销售员掌握的客户信息，客户信息在销售员那里，他走了就带走了客户。

5. 许多现代管理理念和方法无法落实

人工管理模式下，由于管理效率低下，企业只能疲于奔命，在这种情况下，许多现代管理理论，无暇顾及，更不用说实施了。市场是激烈竞争的环境，那是价值规律即供需关系解决了最复杂的问题，自动调节生产资料在社会各行业的分配，然而，企业内部一定是严格计划，将企业所有资源(硬资源、软资源)严格计划，从而达到最高利用率和发挥最大效率。

7.2.3 钱潮轴承有限公司信息化建设实施过程

上世纪 90 年代末期，万向集团开始筹划整个集团的信息化工作，当时选择了浙江某大学人工智能研究所进行合作开发企业 CIMS 系统，主要以现在理解上的 ERP 为核心。该项目列为国家 863CIMS 重点项目，为浙江省重点扶持对象，万向集团将此项目在万向钱潮轴承公司进行试点。

系统于 2000 年初步开发完毕，并实施，全部为钱潮量身定做，涵盖了生产、销售、采购、财务、人事、技术等所有的模块，从万向集团到钱潮轴承都非常重视该项目，花费了大量人力物力实施推进该系统，现在钱潮轴承的所有核心员工和老员工，都对该系统非常了解。我们项目组此次也接触了该系统，了解到大部分功能模块、数据库结构等信息。该系统后台采用 Oracle 数据库，前台采用 PowerBuilder 开发。

从 2000 年实施到 2002 年，经过两年时间，系统出现了很多问题，并没有完全实施，同时不断改进程序。到 2002 年 2 月份，随着所有负责该系统的员工都或离职或调离岗位，钱潮轴承总经理重新任命信息部负责人，赋予其认为有必要的时候可以停掉该系统的权力。新任信息主管进行了半年的时间进行深入了解，并不断与浙江某大学项目组沟通，当钱潮公司提出让浙江某大学保证其系统功能 95%的正确率时，浙江某大学答复不能保证，当提出程序问题响应时间不超过 24 小时时，浙江某大学也不能保证，我们在了解该系统时也发现，该系统前提功能设计比较完善，但是后期制作的功能模块非常混乱，并且可以看出很多程序都是敷衍应付，而且开始全部采用研究生结合本科生的做法。半年过后信息主管向公司提交了一份停用该系统的报告，该系统除了市场营销部的成品管理和销售开单模块，其他模块都停止使用。

母公司钱潮股份在 2002 年决定采用 SAP 系统，但是该系统也没有完全实施成功，从 2002 开始实施到 2003 年，SAP 咨询实施公司上海高维信诚在万向钱潮股份实施失败，撤出钱潮股份，由 SAP 公司派出总部实施工程师并会同新的咨询公司继续实施该项目，系统于 2005 年强行艰难上线运行。而从 2002 年底到 2004 年下半年，钱潮轴承公司本身也没有停止 ERP 项目，不断进行系统的重新选型，其间接触了国内外大部分 ERP 软件公司，如 SAP、Oracle、四班、和佳、用友等，很多公司也专程作了软件演示，其中北京用友总部技术副总裁、深圳金蝶总部制造业总监分别专门在钱潮轴承做了软件演示。钱潮公司都认为这些软件很好，但不能适用其实际需求。

钱潮轴承最后愿意接受镇江某公司的 ERP 系统，其原因主要源于三个因素：第一、认为在轴承行业专业做 ERP 的软件公司，也许能解决一些轴承行业的特殊性问题，能实现其他国内外软件公司做不到的功能；第二、认为镇江某公司的软件可以根据客户需求量身定做，同时又是正规软件公司，功能相对完善，不像学校老师量身定做的系统到处出错，很不完善；第三、镇江某公司在一些轴承企业的成功实施，以及国外其他轴承企业的成功案例，使其增强了对镇江某公司能力的信任，他们看到一些轴承企业的运作模式有一部分源于镇江某公司提供的 ERP 系统。

7.2.4 钱潮轴承有限公司实施效果

1. 企业管理体系

建立合理、完善的产品标准体系，彻底解决困扰钱潮轴承多年的产品编码表问题。物料编码是所有数据的基础，是 ERP 系统实施的第一步，但由于物料数量多、分类复杂、属性多样、标识困难，所以又是最为繁杂、困难的第一步。如果编码工作没有做好，那么就会严重影响 ERP 系统的实施和正常运行。镇江某软件(ERP)对轴承产品从品名、技术条件、包装、打字、品牌等五方面来表述：品名即轴承品名，采用“前缀代码＋基本型号＋后缀代码”表示；技术条件，部分客户对产品有个性化的需求，如需要指定牌号的油脂，热处理工艺需要特殊处理等，可以使用技术条件来表示，同时技术条件的使用可以使轴承型号简单化；包装，表示产品的包装形式，如：卷装＋白坯纸箱＋木箱；打字，使用激光打字机或其他设备，打在轴承外观上用以表示轴承型号、品牌等的信息，如“32209 QC”；品牌，如“QC”。从这五个方面入手，可以完整表述产品的各种特性(如：倒角、硬度、滚子规值、精度、材料等)。

2. 生产部门

(1) 可以实时根据生产计划自动搜索目前成品库、半成品库、生产线上的所有能够匹配的物料，然后自动计算出原材料的应采购数量，可以防止原材料的多采购，更好的控制原材料库存。可以实时了解到所有订单需求与流转库存和采购合同的匹配情况。

(2) 可以管理与外协厂的加工合同，外协厂生产领料与完工入库等，自动统计外协厂加工数量、报废数量，自动计算加工费，实时形成外协厂材料价值、加工费的对比分析报表，利于对外协厂进行控制。

(3) 使批次号管理落到实处，真正做到质量的可追溯性。使用镇江某 ERP，可以实时登记材料的进货批次号(如钢材的炉号)、加工工序的批次号(如热处理的批次号)、成品的批次号。依据成品的批次号可以向上追溯到各个加工工序的批次号以及材料的进货批次号，也可以由加工工序的批次号、材料的进货批次号向下跟踪到同批次的产品的库存和发货情况。

(4) 对工艺工序的管理进一步细化之后，可以有效管理材料、加工工序的质量情况，可以实时形成每个班组、每个操作工的质量报表。

3. 销售部门

(1) 规范地表达了顾客个性化的需求，并很好地解决了用户对同一产品在不同销售作业阶段有不同称呼(客户型号、发票型号、公司型号)的需要。

（2）销售管理系统与库存管理系统高度集成，使在输入合同期间就能方便地查看可用库存和可用的成品需求计划。

（3）接到顾客合同后，系统会自动搜索符合交付条件的无预订库存，从源头上控制了多余库存的产生。

（4）可以查询包括合同历史、发运地址、发票寄往地、交货地点等信息，所有合同的状态在合同履行周期的任何阶段都是可视的，可以实时轻松地回复客户的查询。

（5）可以对顾客购买需求进行分析和预测，增加销售机会，提高客户满意度。

（6）借助权限机制，可以为各位操作人员、业务员设置其可用的操作功能、业务权限范围，便于对各位操作员、业务员进行考核，提高绩效。

（7）ERP 可以实时自动生成按业务员、或按产品型号、或按客户、或按市场片区进行分类统计的销售分析报表，便于进一步挖掘业务员、客户和产品的潜力，不断提高销售业绩。

（8）将寄售库存部分与一般的成品库存区分开来，通过与客户定期对账、定期盘点等方式，严密监控寄售库存的库存量、使用量、销售开票情况、应收账款情况。

7.2.5 钱潮轴承有限公司 ERP 系统实施结果分析

虽然，企业仅仅在生产、库存、采购、销售和财务运用上了 ERP 系统功能，从理论上讲还没有完全实现 ERP 系统，只能是 MRPⅡ 的功能，但是，信息化给企业带来了前所未有的效益，特别是给企业搭建了信息共享的平台，ERP 系统在企业集成管理中起到的强有力的粘合作用。

1. 收获

计划不再是理论，而是企业高效运行的基础；控制不再是理想，而是具有真凭实据的规则；集成不再是妄想，而是企业腾飞的翅膀。通过 ERP 系统使企业的一切活动成为一个整体，通过 ERP 系统使企业更加透明，通过 ERP 系统使企业高官决策更有可操作性，通过 ERP 系统使用权供应链管理得于实施。ERP 系统在企业管理运用信息联系各个职能部门协调、和谐、科学发展。

2. 建议

ERP 系统的粘合力是受企业发展影响巨大，最好的粘合剂也有时效性和环境性，企业实施 ERP 系统需要不断完善，不断提高应用水平和应用范围。

7.3 许继集团 ERP 系统实施案例

许继集团在实施 ERP 系统之前已经自主研发了部分管理软件，而且已经初步建立了信息化建设的队伍，也做了较翔实的 ERP 系统选择，但是，ERP 系统实施的最终没有得到成功，至今仍然值得我们深思。

7.3.1 许继集团实施需求

河南许继集团(以下简称许继) 当时是机械行业 100 强的国家重点企业和河南省重点组建的 12 户企业集团之一。集团拥有 2 家上市公司,8 个中外(港)合资公司和 21 个子公司;拥有员工 4 260 人,各类专业技术人员 2 550 余人,其中本科生 1 375 人,硕士 216 人,博士、博士后 34 人,国家级有突出贡献专家 8 位;其中母体公司占地面积 60 万平方米。许继在坚持把主业做强、做大的同时,不失时机地跻身于民用机电、电子商务、环保工程、资产管理等行业,并取得了喜人的业绩。多年来,许继集团坚持"一业为主,多元发展"的经营战略,支撑着企业的快速发展,2001 年许继集团实现销售收入 28.8 亿元(含税)、利润 2.5 亿元,比 2000 年分别增长 34%和 9.75%,各项经济技术指标再创历史最好水平,继续保持行业的龙头地位。但是,随着企业规模扩大,管理、信息、流程等方面的问题在高层越来越突出,急需规范业务流程,提高工作效益和质量;及时、准确、全面地收集企业种类数据信息,信息流的阻塞已经成为企业发展的重要影响因素;另外提高企业产品成本的可控性已经成为企业增效的主要途径。实施 ERP 系统已经成为企业管理水平提高的有力支持工具。

7.3.2 ERP 系统选择过程

许继在 ERP 选型时,十分重视软件的适应性,前后接触过包括 SAP、Symix、浪潮通软、利玛等国内外多家 ERP 厂商。并详细分析各家软件厂商提供软件的功能特点。首先分析了世界排名第一的 SAP 产品,SAP 的软件报价太高,软件费 100 万美元,实施服务费 100 万美元,合计 200 万美元。当时,集团对 ERP 项目的预算只有 500 万元人民币,显然投入不足无法选用 SAP。详细考察了国内著名 ERP 软件公司浪潮和利玛等,分析与评价结果表明国内软件厂商的设计思路和自己企业开发设计软件已实现的功能相差不大,即系统功能不全与性能不高,没有突破性提升。最后选择了 Symix。

Symix 公司创建于 1979 年,总部设在美国俄亥俄州,长期从事专业企业管理软件的研发和推广,1995 年在中国设立了赛敏思软件技术有限公司,公司倡导的"客户同步资源计划(CSRP)"理念已受到业界广泛关注并获得了客户认可。Symix 公司的 SyteLine 软件系统在国内客户总数目前已达 140 多家。2001 年初,Symix 正式更名为 Frontstep,将公司业务从企业资源计划向全面的电子商务解决方案拓展。

许继当时的产值是 15 亿元,相当于美国中小型企业规模,而 Symix 在中小型企业做得不错,软件价位也比较适中。而且按照一般的惯例,整个项目费用分三次支付,Symix 提出的更优惠的条件,可以分 7 步付款的方式,大大降低的用户的风险。

7.3.3 ERP 实施过程

从 1998 年初许继与 Symix 正式签单,并开始推进 ERP 系统实施,按计划进展都很顺利。包括数据整理与创建、业务流程重组与实现,以及物料清单创建和工艺路线整理都很顺利。Symix 的售后服务工作也还算到位，培训、现场指导，基本完成了实施 ERP 产品的知识转移。另外，为培养许继自己的二次开发队伍方面也做了一定的工作。一切都朝着成功方向发展。但是，到 1998 年 8 月份许继内部为了适应市场变化，开始发生重大的机构调整。原来，许继没有成立企业内部事业部，而是以各个分厂的形式存在。而各个分厂在激烈的市场竞争中，出现了这样的怪现象：许继自己制造的零部件，比如每个螺钉在公司内部的采购价格高于同类市场价格，因此必须进行管理体制改革，组织结构做大的调整。

大调整的结果是将这些零部件分厂按照模拟法人的模式来进行运作。许继的想法是给这些零部件厂商两到三年的时间，如果还生存不下去，再考虑其他办法。如工人下岗、企业转产、倒闭等。企业经营结构变了，而当时所用的 ERP 软件流程却已经定死了，Symix 也似乎无能为力，想不出很好的解决方案。于是许继不得不与 Symix 公司友好协商，项目暂停，虽然已经运行了 5 个月，但是继续运行显然已经失去了意义。Symix 的 ERP 现在只是在许继一些分公司的某一些功能上还在运行。

实施 ERP 计划在前在先，而且已经投入运行，公司结构大调整在后。许继高层在调整的过程中，更多地是关注企业的生存，企业经营的合理化和利润最大化，显然没有认真考虑结构调整对 ERP 项目的影响。这是造成 ERP 实施失败的主要原因。

7.3.4　许继集团 ERP 系统实施引发的思考

许继实施 ERP 过程和对 ERP 软件的详细分析，选择适合当时企业管理运行模式的软件系统都是宝贵的经验，但组织结构大调整给 ERP 系统带来了巨大的影响，这无论是软件厂商、拥有单位还是咨询单位可以通过结果吸取教训。

(1) 软件研发商。用户需求不变是相对的，而变化是绝对的。软件是否能紧随用户的需求适时变化，应当作为衡量软件性能的重要因素之一。只重视软件功能、价格，忽视二次开发能力和软件本身的自适应性是本案例实施失败的根本原因。

(2) 用户。用户对 ERP 系统的性能、功能、原理、特点的掌握不能停留在信息中心的专业人员，知识转移是全员性的，高层领导更重要，否则出现问题不详其因，造成错假案。

(3) 咨询顾问。用户与软件厂商往往存在利益趋向的不同，咨询顾问不仅要协调双方利益分歧，而且，要明确实施过程中各种异常突发事件的后果，及时调整实施计划，变更实施方案，包括二次开发的工作量、开发时间和费用。

7.4　北京三露厂 ERP 案例

三露厂和原联想集成都是国内著名的企业。联想集成总承包三露的 ERP 系统实施以“北方第一”单开始和“中国 ERP 第一案”结束，无论对哪一方都留下了太多的思考。

7.4.1　北方第一单

三露厂在 1998 年感到原来的财务软件难以适应大规模企业的管理，并且需要将财务、采购、库存等数据进行整合，从而决定上 ERP。联想集成系统有限公司当时是瑞典 Intentia 公司的独家代理。

1998 年 3 月 20 日，双方签订了 ERP 合同：关于实施 MOVEX 计算机管理系统的合同书，约定三露厂付给联想集成人民币 1 697 297.50 元。其中 MOVEX 软件费用为 786 552.5 元；设计、实施服务费用为 67 103.97 元；购买服务器等的费用为 843 641.03 元。换言之，当时的联想集成以"总承包"的身份负责包括软、硬件及咨询服务在内的系统工程实施。根据合同，实施时间为 1998 年 4 月 1 日到 9 月 30 日，试运行时间是 1998 年 10 月 1 日到 12 月 31 日，正式运行时间是 1999 年 1 月 1 日，验收时间是 1999 年 3 月 30 日，合同还约定了违约责任：1998 年 9 月 30 日之前，如不能完成合同有关事项，每延期一天，联想集成应向三露厂支付全部价款千分之五的赔偿金。

7.4.2　三露 ERP 的实施过程

合同签订之后，三露厂陆续付给联想集成包括购买硬件、软件在内的有关费用 140 万元，联想集成也派人进驻了三露厂，开始和三露厂的工作人员一起进行实施工作。然而，"婚后"的矛盾由此逐渐暴露出来——三露厂认为，在接下来的实施阶段，出现了几个难以解决的问题，首先是 Intentia 软件产品汉化不彻底，操作界面和表单中有英文出现，致使员工难以使用；其次，是系统提供的后台报表和数据采集的方式不符合国内财务制度和需求习惯；第三，是软件实施商对软件不熟悉，没有按照软件厂商标准流程和实施方法论来实施，据一些当时参与实施的三露厂技术人员反映，由于联想集成的技术人员不熟悉产品，在参数的设置上出现错误，造成了一些表单无法正确生成。

实施工作进行到 1999 年 11 月 15 日，三露厂决定向联想集团最高层投诉：直接给柳传志发去了一纸紧急传真。提出了三个问题，第一个问题是"直至今日合同仍未履行完毕，延期的损失如何处理"。根据合同有关延期的违约责任规定，乙方此项赔金已累计为 325 万元。第二个问题是"今后的实施费由谁支付"，由于联想集成要请软件商 Intentia 作为该项目厂商方面的技术支持，而软件厂商又未同意不收取任何服务费。因此三露厂指出，在合同的系统售后服务中已经注明，乙方根据甲方要求对软、硬件的设计做局部功能的改进调整是乙方永久性提供的一项服务，不向甲方收取费用。最后一个问题则是继续履行合同的时间安排。

柳传志是否收到了投诉信无从考证，但是三露厂的传真显然引起了联想集团的重视。对于这个通知，联想集成的直接反应是其"MOVEX 项目小组负责人"卢刚 11 月 16 日发出的一纸传真。表示一定配合三露厂把项目做好，发生的实施费用，由联想集成支付，先派三露厂认可的工程师到项目组解决一些包括报表、账目平衡等日常问题，再在当年的 11 月底作出详细的计划及人员安排。

11 月 25 日，一个包括三露厂计算机中心主任孙京、大宝商业批发公司财务科科长熊为民、常务副厂长王怀宇、法制办公室主任苏梅、联想集成系统有限公司副总肖方晨、卢刚等人和 Intentia 公司技术人员在内的三方会议召开，旨在解决问题，推动项目进行。

12 月 8 日，联想集成给三露厂发来由“肖方晨”署名并盖有联想集成系统有限公司公章的一纸书面意见，其中提到“合同中规定的 9 月 30 日完成项目，到目前为止，已经造成了 325 万的违约金的损失，在此向大宝道歉”。并明确表示除双方合同中规定的应付实施费用，项目后续的实施，联想不再增收实施费用，联想集成将支付 Intentia 顾问发生的实施费。这纸书面意见同时承诺，如果项目失败，三露厂有权按照合同追究责任(这一纸传真在后来的诉讼中成为了重要的证据)。

转眼间到了 2000 年 7 月。其间双方经历了再一次的实施、修改和汉化，包括软件产品提供商 Intentia 公司也派人来三露厂解决了一些技术问题。但是由于汉化、报表生成等关键问题仍旧无法彻底解决，三露厂始终在试运行 MOVEX 有关模块的同时并行原有的管理信息系统，反而加大了员工的工作量。双方显然都已经被这场冗长的 ERP 实施拖得筋疲力尽了。

2000 年 7 月 20 日，卢刚再次通过传真给三露厂提出了三个方案：一是采用 VISUALFOXPRO、MSACCESS 等前台软件工具编制报表，来满足对现有报表的要求；二是用 ScalaGlobeSeries 软件替代 MOVEX，重新实施项目；第三就是保留 AS/400 系统，另外采用和佳的 ERP。以上三种方案的费用由联想集成承担。三露厂方面认为，这三点意见均说明对方已经对 MOVEX 无能为力，可以下结论说该项目已经失败。同时，三露厂拒不接受对方提出的三点解决方案，因为这和签订合同的初衷不符。

在之后的 4 个月中，双方始终无法在赔偿金额数量(三露厂坚持在 325 万元人民币的基础上进行谈判)、如何解决系统实施中遇到的困难等关键问题上达成一致。并且由于经历了多次徒劳的谈判、商讨，气氛也日趋紧张。

7.4.3 ERP 第一案

2000 年 12 月 11 日，三露厂正式向崇文区法院提起诉讼，要求得到赔偿，双方由此进入“ERP 官司”阶段。

在这个表面上看起来是实施方“赔了夫人又折兵”的个案中，由于实施 ERP 本身复杂性及其之外的变化，不仅留下许多没有完全破解之谜，更为重要的是作为典型案例留下了许多值得深思的问题。

就官司而言，实施方本身的变化也是导致这起案件长时间没有解决的一个重要因素。1999 年底，联想集团进行调整，原来的集成系统公司并入神州数码，并更名为神州数码集成系统有限公司，原联想集成系统公司所有债权与债务问题都由神州数码这边来承担。联想集团一位经理近日向本报记者说明，“这件事杨元庆都不清楚，与联想电脑没有任何关系，因为自 1997 年开始，集成系统这一块就一直不归他管。”

就实施而言，联想集成在签单之前的承诺，“千分之五赔偿金的问题”事实上是对实施 ERP 周期和风险及困难估计不足。作为先行者，好大喜功也罢，过分热心于签下“北方第一单”也罢，在对三露厂的情况、人员素质没有充分了解并且对产品实施与标准没有精细化的前提下，承诺要 6 个月内完成实施，并且许诺对乙方永久性提供售后服务，而且提供以上服务是在 24 小时内响应，不向甲方收取服务费，显然操之过急、实施服务经验不足。

“联想集成对于 MOVEX 产品不熟悉”被认为是另外一个重要问题。三露厂反应说，实际上联想集成的技术人员在实施的过程中也在摸索，导致参数设置错误，产生表单出错。对于“产品熟悉程度”这个问题，瑞典 Intentia 国际有限公司上海办事处首席代表徐一振接受本报记者采访时说，“联想当时作为其独家代理是经过其来自东南亚的高级顾问培训的。”

而据知情者透露，当时 Intentia 的人说，这个项目之所以实施失败是因为联想集成没有按照他们的“IMPLEX”实施方法论去做。徐一振在给报社记者的书面回复中说，“在接近 4 000 个项目的实施过程中，我们证明了我们的实施方法论 IMPLEX 可以有效地帮助客户在规定的时间和预算范围内成功地实施 MOVEX 系统。”但是，无论联想集成有没有按照 Intentia 的实施方法做，或者说联想集成有没有这个实施能力，当时认定联想集成作为其“独家代理”是事实。因此，北京三露厂 ERP 不仅是三露厂和联想集成的失败，也是软件供应商的失败，毕竟 Intentia 公司在联想集成愿意付费的情况下也没有彻底解决问题。

当然，需要特别强调的一点是，由于 ERP 本身作为是一项管理改造工程，用户方对 ERP 的预期、业务流程及管理模式改革的要求与决心直接关系项目成败。

据有关方面介绍，三露厂有些部门“由于 ERP 模块不符合使用习惯”拒绝使用，这是不是和“一把手工程”的推进力度不够有关？徐一振认为，“有这种可能性”。这又回到了 ERP 是量体裁衣还是削足适履的问题上来，系统与企业业务流程及管理实践是一个相互匹配的过程，需要双方有足够的信心和能力进行管理改革。三露厂方面当时能否做到这一点也有很大的问号。

7.4.4　三露 ERP 实施的思考

北京三露厂与联想集成这场旷日持久的 ERP 实施对簿公堂之后，先后经过 7 次开庭，才最终以调解的方式画上了句号。

担任该诉讼案件审判长的是崇文区法院经济庭庭长钱俊清，钱庭长把这起“中国 ERP 第一案”称之为“简单地说是一个合同纠纷，但是其中又涉及了大量的高科技内容，比如软件、硬件等等”。从某种程度上来说，审判就是因为大量地涉及了技术问题，才拖了这么长。

钱庭长认为，三露厂拿出了大量法律证据，比如当时业务往来的传真、函件等等，联想集成则在技术问题上说得很多。但是法院对案件的裁决说到底必须依据双方当事人的合同，依据双方出示的法律证据。联想集成的麻烦在于它几乎拿不出什么有效的法律证据证明自己究竟是做完了，还是没有做完。反而有一个重要的证据掌握在三露厂手里，那就是当时联想集成书面承认“已经造成了 325 万元的违约金损失”。钱庭长指出，在这个案子中，最主要的纠纷集中在三点上。这三点具有普遍的意义，几乎是今后每一个高科技企业和传统企业都需要注意的。首先是关于 ERP 实施标准,双方究竟根据什么样的标准进行验收,怎样就算 ERP 实施成功了？在合同中虽然提及用 ISO 9000 质量认证标准验收,实际上后来双方当事人在争论期间谁也说不出来什么是具体的标准。汉化的问题也是如此,汉化的问题在合同中并未被涉及,但是在 MOVEX 产品说明书中提到"联想集成负责该产品的汉化",但是究竟汉化到什么样的程度,双方又没有统一的标准;第二点是涉及软件的案子和其他的案件不同,不是简单拟定一个合同就可以的。还要有计划书作为附件,计划书必须阐明供应方能提供什么服务、客户有什么要求,这个计划书要双方当事人签字确认。附件中还应该有演示图,就具体的界面和需要的功能进行双方签字确认。最后一点是整个实施要有一个具体的流程,每完成一项功能,进行一次修改,做完一个模块,双方负责人必须签字确认。如果拿不出技术上的有关法律证据,一旦发生纠纷,当事人双方其实都很难证明自己是对的。

这个案子中的联想集成就是这样,它所提供的计划书、演示图和实施过程都没有经过双方确认,这些证据就不具有法律效力——当然,如果说联想集成无法证明自己都做了什么的话,三露厂同样也证明不了联想集成没有做什么。"任何应用软件的用户在运作试用中,或者在使用之后都会提出修改的要求。而这些改动如果没有双方签字确认,是无法作为法律证据使用的。"钱庭长提醒所有的高科技企业,在未来的经营活动中,尤其要注意软件的证据取得,发生纠纷时要学会保护自己的合法权益。首先合同要订得非常严谨。其次,任何流程完成与否都要双方负责人签字确认。"但是,一旦要严格按照确认的原则来实施,工作确实比较多,这就是高科技案件的麻烦之处。"

"总的来说,最后调解的结果双方还是满意的。"在这个案件里,双方因为事实清楚,责任分明,考虑到长远利益和办案效果,法院提倡调解。

7.5 CX 企业信息化项目失败原因分析

信息系统软件功能的强弱,并不能代表信息系统软件应用的成败,只能是其中的一个重要因素。

7.5.1 CX 公司信息化项目背景介绍

位于祖国南方的广东珠三角地区,星罗棋布地集中了成千上万家服装鞋帽生产厂。本文的主角 CX 公司是 1990 年由台湾前往广东投资建立的。经过多年的努力,目前 CX 公司已发展到近 2 万名员工,年产鞋 1 000 多万双,年产值已超过十亿元人民币,位列广东十大出口台商之一。CX 公司的生产模式主要为贴牌加工,即 OEM。其大部分产品外销。

谈起 CX 公司的信息化建设,起步比较早。最初是由 CX 公司组织了本公司的 IT 人员,研发了一套用于产品开发和物料管理的电脑管理系统。另外还购买了一套 X 公司的财务管理软件。但是,随着公司业务的迅速发展,以及规模的不断扩大,原有的系统已经无法满足企业本身管理的需求。于是在 1999 年,CX 公司与有多年 ERP 管理软件开发和实施经验的世界著名 ERP 软件供应商 S 公司进行了首次接触,并表达了一定的 ERP 需求。随即,S 公司作为第 1 家具有雄厚实力的软件公司与 CX 公司开始了长达 6 个月的谈判。双方对整个项目进行了讨论、研究、评估以及论证,当时双方都认为已经谈得很透彻了,可是后来的结果证明,6 个月的研究讨论并没有起到预期的效果。

7.5.2 企业信息化实施过程

2000 年年初,CX 公司的董事长决定选用 S 软件公司的 ERP 系统,并立即投入了实施和应用。于是,一个 ERP 项目就这样上马了。在经历了 1 年零 10 个月以后,也就是到了 2001 年底,S 软件公司的全套 ERP 系统在 CX 公司的实施宣告彻底失败。下面我们就循着整个 ERP 实施的脉络,来看看一个 ERP 项目是如何失败的!

CX 公司虽然属于股份制企业,但是该公司有着强烈的家族企业的影子,公司所有的事务都由董事长一人说了算,是典型的"一把手"企业。在 1999 年,CX 公司刚刚接触 S 公司的时候,S 公司的销售人员、售前顾问以及实施顾问就对公司的管理体系十分清楚,因此,对董事长进行了很有效的、直接的游说,CX 公司董事长对 S 公司的 ERP 软件非常向往。当然,我们不得不承认,S 公司作为全球知名的 ERP 厂商,其 ERP 软件产品确实功能强大。而且,从企业角度来讲,CX 公司也具备了相当的实力和严谨的制度,企业信息化成熟程度也较高,绝对有上 ERP 的能力。但是,对于 S 公司的软件和 CX 公司的业务能否进行整合这样一个关键性的问题,当时根本没有人考虑。

S 公司第一次到 CX 公司进行沟通的时候,派出了 7 名工程师(其中包括 3 名技术工程师和 4 名从香港专程请来的销售人员)。整个系统的演示和讲解过程历时 3 天,3 天时间所传递的信息已经把 CX 公司的全部高层领导折服(当然主要是董事长)。尽管 S 公司在国内同行业企业中从来没有过成功案例,但董事长还是决定选择 S 公司的 ERP 管理系统。这种只看一个软件的表面演示就决定一个项目选型的做法,为该项目埋下了失败的种子。这对双方都是极其不利的,CX 公司失去了上 ERP 的最好时机,S 公司失去了行业用户的口碑。

应该说,CX 在 ERP 项目上还是比较谨慎的,他们希望得到更多的咨询和指导。于是在 2000 年初,CX 公司聘任了 D 作为该 ERP 项目的实施顾问,并再一次对 S 公司进行了考评和研究。有了"实施顾问"的参与,这次考评的结果出现了不同的声音,D 首先也承认 S 公司的实力相当强,而且 ERP 功能也非常全面和强大,并且思想先进。但凭其对同行业和信息化的深入理解,他提出了几点质疑。首先,CX 公司所在的行业非常特殊,而 S 公司根本不了解这个行业和业务流程特点,在该行业中也没有成功的案例。从 S 公司的软件系统本身来看,其实际作业流程根本就不适合本行业的要求。第二,CX 公司的原材料经常发生不可预测的变化,这就直接牵涉到 BOM 的及时更新和确定。同时,由于产品存在多样性,企业的需求种类繁多。这些都要求 ERP 系统必须拥有强大的、灵活的、及时的材料编码。而 S 公司的 ERP 产品的编码在灵活性方面存在着人所共知的缺陷。第三，由于对软件行业不是十分清楚，CX 公司盲目迷信国际品牌，认为最贵的就是最好的。我们知道，所有世界级软件都是西方超前管理理念的体现，更重要的是，价格十分惊人，花大价钱买一个体现西方管理理念的软件来管理我们的业务是不是值得？第四，S 软件公司的实施顾问满脑子都是 ERP 理论思想，很少注重企业实际的需要。当时，D 曾经多次要求 S 公司指派一名懂得行业流程的实施顾问来进行交流，但都被 S 公司以各种理由拒绝了。（后来应用企业终于了解到，对应用企业进行毁灭性的 BPR，也恰好是 S 公司的拿手好戏！）针对上述原因，D 向 CX 公司的董事长提交了详细的报告。D 认为，选择 S 公司，其实施风险非常大。最后的结果并没有因为 D 的努力而发生任何改变，CX 公司董事长最终还是决定选用 S 公司的 ERP 产品。几天之后，CX 公司的董事长大笔一挥，签下一张价值 320 万美金的 ERP 软件合约书。一个修正错误的最佳时机因为当事人的主观判断而错失了！

一笔如此巨大的订单，S 公司当然也不敢怠慢，投入了强大的实施队伍。在第一个月里，S 公司的产品顾问一次又一次地为直接使用 ERP 的人员进行 ERP 理论培训，后来的事实证明，这种培训只是走了一个形式而已，因为在进行培训之前，S 公司内部就已经讨论决定：CX 公司必须按照 S 公司所确定的 ERP 作业流程来实施。在实施过程中，CX 公司几乎是全民动员，还喊出了“ERP——我们成功的骄傲”、“ERP 实施，只许成功不许失败”等口号，并由董事长直接挂帅出任实施小组组长，S 公司的项目经理、主管生产的总经理、CX 公司的采购、生产、财会、生产、设备、品管等十几个部门的主管和 400 多个系统操作员组成了一支绝对强大的实施队伍。

尽管有一支超豪华的实施队伍，但是理论和实际的差异还是带来了很多的问题：建资料库的第一天，就遇到了一个关于材料编码的问题，S 公司的材料规则只有 5 个属性，长度固定为 20 位，而 CX 公司第一个需要建立的 BOM 就包括大类材料、分类材料、颜色、厚度、宽度、纹路以及分类规格等多个属性，而且编码的长度都达到了 28 位以上，显然让 CX 公司进行简化是不可能的。最后，ERP 实施小组经过分析，提出了解决方案：在保证系统实用原则的前提下，CX 公司可以自己定义灵活的材料编码属性，但是材料编码在建立材料数据文件时，必须遵循从“常用”到“不常用”的原则来进行。几乎同时，业务流程重组也遇到了不小的麻烦。因为 S 公司的系统原来只局限于通用行业（如电子、玩具等企业）的先进管理思想，而 CX 公司却必须继承传统管理的经验，并改进现有不合理的管理工作流程。在解决这个问题的时候，S 公司犯了一个很大的错误：他们只考虑到了“科学和高效”，却忽略了对企业来说最重要的“合理性”原则。他们强行把自己的一些不合理的思想用到了企业的管理工作流程上，由于系统过于复杂和繁琐，致使企业在短期内，由原来的 407 个系统操作员迅速增加到 516 人，并且还存在不断增加的趋势。

7.5.3 信息系统实施失败原因

正如 D 所预言的那样，在整个 ERP 的实施过程中，问题总是不断出现，例如在开发、采购、订单处理、仓库管理、生产控制、生产管理等方面都出现了问题，一个完整的ERP系统就这样被层层“补丁”严严实实地包裹起来了，从而失去了原有的活力和功能，“ERP工程”成了“打补丁工程”。大约半年以后，董事长、董事会成员以及ERP实施小组对整个项目表现出了绝望，因为再这样下去，不但CX公司的企业生产成本和管理效率不会有任何优化，相反，这个“倒霉的项目”还会给企业增加相当沉重的负担。这时，S公司已经把实施ERP的烂摊子留给了企业，并以绝对有说服力的理由要求CX公司再追加113万美金的系统二次开发费用。为了保证企业的信息化达到世界先进水平，同时更是为了保证自己的320万的前期投资，无可奈何的CX公司只好再次与S公司签订了113万美金的二期合约。这次S公司派出了号称“世界最好的”项目实施经理，以及5个技术工程师和2个实施顾问，紧锣密鼓地开始了二次开发的工作。但是，在8个月以后，系统依然一片空白。同年11月，S公司和CX公司共同宣告：该ERP项目实施失败。

项目失败了，总结是必然的，双方的当事人都有话要说。CX公司董事长显然是对“ERP”这个词汇和S公司的名头心有余悸，他的话虽然偏激，但是也反映了一个ERP项目的失败对于一个企业来讲意味着什么，他说：“在没有实施ERP的时候，我一直以为这是什么好东西，现在才知道这是害人、害企业的一个工具。别再和我谈什么S公司了，我们就是S公司的最大受害者，也是被S公司害的最惨的企业。”而CX公司的董事会则表现得更加无可奈何：“为什么我们实施ERP就这么难呢？”作为和这个项目“零距离”接触的CX公司其他领导，他们显然也没有把失败的原因弄明白：“我们可是全力配合S公司实施呀！可怎么就失败了呢？”作为当事的另一方，S公司显得很有经验，他们说的话像程序一样规则而且严谨。S公司的项目经理表示：“CX公司根本不按照我们的思路来走。要说有什么行业企业的信息化最难实施，恐怕就是CX公司这样的企业了。以后我再也不会实施CX公司那样的行业性特别强的企业了。”显然对于失败，他还没有完全适应。如果下一次对于行业性如此强的企业，我保证他会事先做更充分的了解——这就是这次失败带给他的全部。由于没有弄懂其中的原因，他也在问：“怎么了解一个像CX这样的公司就这么难呢？”项目经理都弄不懂原因，技术工程师当然更糊涂了：“我从来就没有碰到过这么难适用的公司了，我们专业的版本怎么没有一点能和CX公司配合上逻辑呢？”而这其中表现最好的，却是CX公司的实施员，他很真诚地说：“我又学到了很多的东西，都说ERP是‘一把手工程’，可是在这里却没有起到一点作用。”他学到的东西是CX公司付出433万美金买来的，这个学费恐怕也太昂贵了！

这个项目的失败所暴露出来的，不仅仅是这一个项目的问题，而是代表了相当多的ERP失败案例。

7.5.4 企业信息化实施关键因素

首先，“一把手工程”如何理解？笔者接触到的企业中，很多的CIO（首席信息官）或者软件厂商的老板，都在说所谓的“一把手工程”。那么什么才是“一把手工程”呢？我们都知道,"一把手工程"的提出有一个特定的时代背景和人文环境。目前中国的企业,特别是大中型企业,当信息化项目实施的时候,往往需要各个部门的配合,而且牵扯到很多利益分配的问题,单靠一个CIO或者一个信息部门显然无法实现对全局的协调。同时,软件厂商的实话也会在不同的部门遇到不同的阻力。这个时候,"一把手"的作用就发挥出来了——企业的最高领导需要协调全局,做项目的最大支持者。这样对推动整个项目是有相当的益处!而这个案例中,"一把手"显然脱离了"一把手工程"的美好初衷。一个人的理解能力和知识领域都是有限的,对于这种动辄百万投资的大项目,还是应当集思广益,多听取专家和企业其他领导的意见,这样得到的选型结果,才有可以是最适合本企业的。而选型前的业务流程整合和企业目标规划还是应当交给专家来做出,这才是最明智的。

软件厂商的名气是靠自己的实施能力和产品品质确立的,从这个角度讲,大品牌的ERP厂商似乎更可以信赖。但是无数专家都讲过,ERP选型重点是:一定要选择合适自己企业的,只有最合适的那个才是最好的。现在比较明智的ERP厂商也认同这样的说法,因为失败案例的增加不仅耗费了软件厂商的人力、物力和财力,更毁了ERP厂商原本就不是很好的名声。而企业在选择合作伙伴的时候,也要充分了解对方的实施方法、实施理念,以及以往的成功案例,而不要一味追求软件公司的名气。

7.5.5 实施企业信息化项目总结

BPR是对还是错?要不要BPR?这个问题曾经被ERP业界争论了很久,实际上,这是个谁适应谁的问题,是企业来适应ERP还是ERP来适应企业呢?曾经有过一种说法:"在国外,ERP是用来规范原本已经在企业或者行业中就相当规范的流程。可是到了国内,由于制造企业发展的程度不一致,而且多年的'人治'养成了一种宽松的、充满人情味的管理方式,所以很多企业希望依靠ERP来建立一个规范的流程。"显然,"规范"和"建立"流程在程度上相差很多,而国内强制地建立一种规范所冒的风险当然就更大。这种"毁灭性的BPR"是否有必要确实需要企业的领导仔细考虑!笔者认为,那种"局部流程重组、分步实施"的实施ERP手段案例性应该更高!同时笔者也感觉到,这个项目之所以失败,最根本的、也是最重要的原因是ERP软件厂商没有行业实施经验,对这个行业的业务特点不了解,那么失败就是一种必然!同进,就软件来说,没有哪一套ERP软件可以适用任何行业,现在没有,将来也不可能有。

对失败的总结不妨深刻些,对项目的决定不妨谨慎些。成功的项目都是相似的,失败的项目各有各的原因,希望我们的文章可以使后来的企业不再犯我们曾经犯过的错误。

8 成功实施 ERP 系统关键因素分析及对策

ERP 是一种面向供应链管理的现代企业管理思想和方法，它能把生产经营过程中的有关各方（如供应商、制造商、分销商和客户等）纳入一个紧密的供应链中，有效地安排企业的产、供、销等活动，满足企业利用社会的一切市场资源，快速高效地进行生产经营活动。实施 ERP 系统不再是发展趋势，而是企业求生存谋发展的基础工具。但是，在我国实施 ERP 系统的效果并不理想，寻找存在问题，提出解决方案已经是我国当前企业信息化理论与方法研究的主流。

8.1 实施 ERP 系统的组织因素分析及对策

根据美国生产与库存控制协会的统计，使用一个成功的 ERP 系统，一般可以为企业带来如下的经济效益：库存下降 30%～50%；延期交货减少 80%；采购提前期缩短 50%；制造成本降低 12%，并且管理水平也得到一定程度的提高，但其成功的案例在国内并不多见。特别是近 20 年来，ERP 系统在中国的发展很不顺利，实际应用状况也不尽如人意，实施 ERP 系统的企业大都付出了巨大的投资，但是，如果拿现在美国流行的 ABCD 检测表来衡量，达到 A 级标准的实在罕见，面对这一严峻事实，如何提高 ERP 系统实施的成功率是当前研究的热点。从 ERP 系统实施的典型案例可以看到，ERP 系统实施没能使企业充分获益，当然失败的原因是多方面的，我们侧重在企业的组织结构、领导、经济、技术和文化等五方面进行探索。

8.1.1 实施 ERP 系统的组织因素分析

企业组织形式有多种多样，但是实施 ERP 系统后企业借助计算机网络系统，其组织结构都会自然地向扁平化发展，形成“一对多”或“多对多”的双向信息传递，而传统的“一对多”的单向信息传递方式被替代，领导面对实务处理不再拥有至上的权力和追责模糊的现象，取而代之的是操作过程透明、形成结果责任明确。因此，传统的组织结构已经不适应 ERP 系统支持下的企业管理。如果企业组织的流程、结构、人员等系统资源在 ERP 系统运行环境下得不到合理安排，不但 ERP 系统的各个模块无法实现效益最优，也会对各模块之间的效益关联产生很大的影响，ERP 系统任务的实现以模块与模块之间的相协同为前提，这些功能模块之间的协同必须依靠企业组织结构优化。

大部分企业在实施 ERP 系统时都意识到组织对 ERP 实施的重要性，同时也采取了一系列的措施，但是 ERP 系统实施仍然不够理想，其原因主要是在组织设计和调整过程是还存在如下几个方面的问题。

1. 缺乏系统性思考

有些企业只是单纯地调整结构和人员来改变组织，而对整个企业组织系统而言，“牵一发而动全身”，忽略组织内部相关因素的变化，只能“徒劳无功”。机构变了，工作流程没有变，或者员工变了，但对新员工没有进行详细的 ERP 实施培训，结果也是“金玉其外，败絮其中”。

2. 缺乏战略性思考

当外部形势要求进行组织变革时，没有对自身组织进行深刻分析，便“东施效颦”一样“借鉴”其他成功企业的做法。成功企业的 ERP 系统能够成功实施，在组织的改进上必然下了大工夫，但我们不能盲目模仿，应该找到差异性，用辨证的眼光去看问题。

3. 忽视组织文化

ERP 不是一个单纯的计算机系统，而是一个以计算机为工具的人机系统。要使 ERP 系统真正地发挥它的作用，必须对企业员工的思维方式和行为方式加以改变。这就要求组织文化的跟进与配合。如果组织文化中的惰性抵制更新，就会影响 ERP 系统的实施。

实施 ERP 系统要求企业组织进行变革，而这种变革也是 ERP 系统价值实现的重要保障，在组织结构变革前首先要从企业（集团、公司等）整体分析各组织部门的岗位、职责、流程和控制点，然后分析 ERP 系统的功能模块结构、功能模块的内涵、业务流程、数据流程和信息流。使企业组织结构向扁平化、网络化、柔性化的方向发展。

8.1.2 加强组织管理，提供 ERP 系统良好的运行环境

ERP 系统不仅是一个软件系统，更是企业管理的新思想、新文化。要使 ERP 系统在企业生存，并发挥作用，必须对组织进行变革。而组织变革的方向是网络化、扁平化和柔性化。组织变革是实施 ERP 能否取得成功的前提条件，组织结构与 ERP 系统管理思想是否协调是实施成功的关键因素之一。

1. 组织变革策略选择

企业持续地向 ERP 系统成功实施方向变革是企业壮大与发展的原驱动力，但是企业在特定时期所能投入变革的人力和财力是受约束的，这就要求企业根据自己的情况选择恰当的变革策略。采用不同的组织变革策略对 ERP 实施会产生不同的影响，企业采用的变革策略大致分成剧烈式变革策略和渐进式变革两大类。在实施组织改革中，往往根据 ERP 系统实施项目所处的阶段、企业的发展过程和历史条件，以及企业管理

者、员工对变革的态度，选择不同的组织改革策略。

(1) 在 ERP 项目设计和试验阶段，可以采用剧烈式变革策略，而在 ERP 的实施阶段采用渐进式变革策略。一般情况，在 ERP 项目的设计阶段，企业管理者想尽快改变不合理的状况，使企业在短时期内的效益有大的提高，所以经常采用比较理想的管理模式，设计出来的方案与现状相比也有明显的变化。在试验阶段，企业一般也会在一个增长型部门进行局部的变革试验，使变革方案尽可能地付诸实践。这样，试验部门的组织结构、人员配备、绩效评估等方面都会有大的变化。但是，当企业把变革方案实施于整个公司时，可能会发现很多前两个阶段所没有预想到的情况。这样，随着变革范围的不断扩大，来自公司各方面的阻力也越来越大，有些员工意识到换一种方式来工作时，会产生各种疑虑，从而对变革产生不合作的态度。因此，在实施 ERP 系统的过程中，企业领导一般是会考虑到组织内员工的接受程度，逐步推进项目的进程，即采取渐进式变革策略。

(2) 渐进式变革和剧烈式变革交替周期进行。在变化初期，用渐进式变革策略，进行局部的改善，而当整个企业的业务流程、组织结构、组织人员阻碍企业发展时，就进行剧烈式变革。在取得阶段性的成功后，再不断巩固变革的成果，增加员工对变革的信任度，使新的系统制度化，以便形成新的企业文化。

(3) 规模越大，历史越长的企业越容易采取渐进式变革。规模越小，存在时间越短的企业，越可能采取剧烈式变革。因为大规模的企业如果采用剧烈式变革，会产生“牵一发而动全身”的结果，严重的会造成企业内部组织结构不稳定。而小规模的企业采用剧烈式变革策略则不同，它们能很快进入一种全新的管理模式，为企业带来巨大的经济效益。

(4) 针对组织中的不同员工，采用不同的变革策略。对于企业的高级管理人员来讲，他们更愿意进行大规模的改良，以达到他们的管理目标。而对于企业的基层员工，他们不愿意接受大规模变革，因为变革对他们来说，可能意味着自己现有的岗位受到冲击，所以对基层员工，应采用渐进式的组织变革策略。

2. 组织变革方法

组织变革是对组织基本因素、战略、流程、结构、人力资源和企业文化进行全面分析和改良，也是一项复杂的系统工程，它需要清晰的战略规划，还需要在各因素之间评估它们的协同性和系统适应性，以便提出真正有效的改革方案。组织变革将围绕组织流程、组织人员、组织结构和组织文化等要素开展优化工作。

(1) 组织流程变革。组织流程变革实际上是组织业务流程的再造与重组，即 BPR。BPR 早在 1990 年由美国教授 Michael Hammer 提出。业务流程主要是以企业组织的价值链形成过程为逻辑，围绕价值创造活动展开的既分离又相互关联的行为过程。美国教授 Michael E. Porter 从价值链理论视角分析认为：企业的各种生产经营活动都是围绕企业创造价值的最大化为目标展开的，每项有价值的活动都根据其在企业生产经营活动中的不同位置，被划分到一个个生产环节中，企业所有的生产环节共同构成了企业的价值链，然而并非每个环节都在创造价值。企业创造的价值主要来自价值链上的

“战略环节”。因此,重视战略环节上资源的优化配置和投入对企业价值最大化进而获得竞争优势具有重要意义。

组织流程变革中,以“价值链”和战略环节为依托进行,并遵循价值创造最大化、关联成本最小化和时序连接最优化三条基本原则。通过组织变革对整个“价值链”中各环节之间的物流、信息流、和资金流的计划、协调和整合,实现“零缺陷流动”和“零缺陷连接”,将业务流程创新与企业组织再造有机地联系起来,实现流程创新与组织创新的协同,从而最大限度地实现整个生产系统体系的运作效率。

(2) 组织人员变革。管理者都很清楚,组织的流程变革必然会涉及组织中人员的调动,这是组织变革中关于人员变革的最突出的表现。不仅如此,组织人员调动还包括企业员工的价值观、技能和行为方式的转变,目的是激励员工努力工作,提高生产力,并与他人协同一致地完成指定的工作达到企业的战略目标。据美国生产与库存控制协会的统计,ERP 的实施,使管理人员平均减少 10%,员工平均淘汰 12%～20%。ERP 的实施,一方面需要员工具备更高的职业素质和计算机技术操作能力,另一方面需要大量的专业技术人才,企业要改变员工能力偏低,专业技术人才匮乏的局面,必然要进行人力资源的优化组合,引进和重用企业迫切需要的人才。可以说,所有变革的成功都取决于“人”的变革,取决于对人力资源的充分有效的开发。ERP 项目的实施在于激活员工的工作方式和岗位职责,员工需要接受大量的培训去熟悉改变了的业务流程,并且通过对系统的熟悉来获得使用 ERP 系统的技能,而这些是整个组织适应新流程和新系统的关键。这些系统用户对覆盖整个企业运作管理的 ERP 系统的应用效果起到决定性的作用。

(3) 组织结构变革。组织结构的变革,不是简单的各部门之间的加减,而是组织发挥作用的支撑点,与企业发展过程中的信息化、资产重组、资本经营、分权化趋势等相适应。通过变革,使企业经营机构向创新型转化,形成一个能灵活应变的、有效率的有机组织整体。在信息时代,市场需求变化很快,因而企业的反应速度和灵敏程度至关重要,这就要求企业在信息沟通中减少管理层次、压缩职能机构,以缩短信息传输途径。信息技术的发展为企业组织运行提供了强大的硬件平台功能,能够沟通企业组织各部分的信息,维持组织机体内信息的流动。企业组织结构的每一步调整,都离不开信息技术的支持,部门的整合取决于信息技术提供的沟通与协调功能。可以看到,在新的信息时代条件下,信息技术是支持企业组织结构变革的重要手段。

(4) 组织文化变革。组织文化是一种由决定其组织成员特定态度和行为的共有价值观和规范所形成的体系。在所有变革中,文化变革可能是最重要、最根本的一环,但也是任务最艰巨的一环。如果不能塑造出与新的战略和目标相一致的企业文化,其他变革就难以充分地发挥作用。企业文化的培育仅仅靠宣传是不够的,其成功塑造的关键因素在于企业组织是否拥有一个表达明确的战略远景,以及该远景是否得到管理层的明确支持。

3. 完善 ERP 实施组织

企业实施 ERP 系统需要强有力的组织保障,在 ERP 系统实施过程中需要两级组织，分别是项目小组和项目指导委员会。项目小组是 ERP 系统实施的工作组织，也是将来 ERP 系统运行管理组织的核心，即完成了实施 ERP 系统后，由该组织的人员支撑系统运行管理。指导委员会是 ERP 系统实施过程中的决策组织，审批 ERP 系统过程中的重大活动。

为了保证项目的成功，项目小组只需要少数专职人员，包括项目负责人及其助理、系统分析员、程序员；其他大部分成员可以由部门领导来兼任，兼职成员包括成本会计负责人、总账会计负责人、数据处理负责人、制造工程负责人、人事部门负责人、车间负责人、产品工程负责人、生产控制负责人、采购负责人、质量控制负责人、销售管理负责人。这些人员是 ERP 系统未来的操作人员。因此，项目小组主要由企业方面的用户组成，并且负责 ERP 在操作上的实施。其工作包括以下内容：

(1) 制定 ERP 系统项目计划。

(2) 发现实施过程中的问题和障碍。

(3) 报告计划的执行情况。

(4) 适时做出关于任务优先级、资源重新分配等问题的决定。

(5) 为保证 ERP 系统成功地实施而需要的任何操作上的工作。

ERP 项目指导委员会负责解决和协调实施过程中存在的各种问题。其中有些问题单靠项目小组及其负责人是解决不了的。因此，还应成立项目指导委员会，对项目计划的执行情况进行定期审查，及时解决问题，确保项目的实施顺利进行。为此，指导委员会应至少每月召开一次会议。指导委员会成员包括总经理、副总经理和专职的项目负责人，并可以指定总经理或副总经理作为指导委员会的主持人。指导委员会主持人对 ERP 系统的实施负有决策级上的责任。他要直接听取项目负责人的报告，代表指导委员会处理决策问题，指导委员会主持人必须有关于 ERP 系统实施的高度热情。

项目负责人在项目小组和指导委员会之间起桥梁的作用，他在指导委员会中的职责是报告项目计划的执行情况，特别是关键路径上任务的执行情况；在项目的实施落后于计划的情况下，还应提出使项目的实施重新走上计划轨道的措施，如追加资源的要求等。指导委员会要对项目负责人报告的情况进行审查并对一些难题的解决做出决策。

除了项目计划拖期的问题之外，指导委员会有时还必须处理某些涉及关键位置上的人的问题。例如，工程师对物料清单的生成感不感兴趣，财务人员是不是想保持自己的记录，而不愿纳入 ERP 系统等等。还可能有一些来自软件供应商的问题以及某些事先难以预料的问题，都要求指导委员会做出决定。总之，项目指导委员会对 ERP 系统实施获得成功负有最终的责任，要通过对项目实施计划执行情况的定期审查，发现并解决问题，确保 ERP 系统的顺利实施。

8.2　实施 ERP 系统的领导因素分析及对策

西方众多研究成果表明，在 ERP 系统的实施，只有得到高层管理者的充分理解、始终如一的支持、以及亲自参与才能够成功。Parr 和 Shanks(1999)通过对 ERP 实施研究,提出了一组 ERP 系统实施的关键成功因素。研究结果表明在 ERP 实施的各个阶段高层管理者的支持都非常重要。Somers 和 Nelson(2001)列出了 ERP 实施的关键成功因素表,在其表中高层管理者的支持排在首位。通过调查研究表明在初始阶段、采用阶段、接受阶段、惯例化阶段和融入阶段中,领导的重要程度排前 5 位。

8.2.1 实施 ERP 系统的领导因素分析

ERP 项目的实施是关系到企业全局的问题,涉及到企业的各个层面,触及管理、体制、机构、工作方式、人的思维观念和利益等多维要素,不可能一蹴而就,只有高层管理者的充分理解、持续支持、亲自参与才能成功。经验表明,企业高层领导的支持,是关系到 ERP 实施成败的重要因素。因此,ERP 项目常被称为"一把手工程"。

1. 领导在 ERP 系统实施过程中的重要性

企业高层领导在实施系统中的重要性主要体现在做出项目投资决策、营造项目实施软环境、改变人的思维及行为方式、精心组织和协调和保证项目的优先级五个方面。

(1) 做出项目投资决策。投资决策不是一个简单的过程,高层领导必须了解 ERP,愿意并期待使用 ERP 作为管理信息系统工具来全面提高企业的经营管理水平,才有可能做出科学的决策。中国实施应用 ERP 较早的企业已经开始受益,从而以事实表明,ERP 可以在企业实现两个根本转变的过程中大有作为。因此中国越来越多的企业高层领导认识到,只有下决心从根本上提高企业的管理水平,提高企业对瞬息万变的市场的应变能力,才是赢得竞争的根本措施。

(2) 营造项目实施软环境。ERP 的实施需要一个适宜的环境。这里的环境泛指企业要有一个科学、规范和严格的管理思想、管理模式、管理方法、管理机制和管理基础,主要领导要有危机意识、竞争意识、管理意识、信息意识和创新意识等等。ERP 系统带来的不仅仅是一套软件,更重要的是带来了整套新的管理思想。企业在准备实施 ERP 系统之前,应充分认识到这种实施会不可避免地冲击企业原有的管理思想和管理模式、作风、习惯、程序和方法,以及责权关系和体制结构等。只有深刻理解、消化吸收了新的管理思想并结合企业实际情况加以运用,实现企业管理的全面变革,才能充分发挥 ERP 系统带来的效益。

(3) 改变人的思维及行为方式。ERP 不是一个单纯的计算机系统,而是一个以计算机为工具的人机系统。要使 ERP 系统真正有效地发挥作用,必须涉及人的思维方式和行为方式的改变。这不但涉及到人们对市场、产品质量和经营过程的认识的转变,还涉及到工作方式和习惯的转变。这就要求企业的员工,包括企业的高层领导,愿意并学会而且习惯用工具进行管理,而不再是凭经验和感觉。这就要求企业从上到下作为整体形成共识:要下决心成功地实施 ERP 系统,并把它作为企业整体的管理工具,要有充分的思想准备去改变企业中原有的一切不合理的因素,包括人们的思维方式和行为方式,这是很困难的,所以,必须由高层领导下决心才行。如果企业的高层领导不想改变自己的思维方式和行为方式，或者不能在整个企业范围内坚持和推进这种改变，那就不可能实现人们思维方式和行为方式的改变。在 ERP 实施和应用的过程中，如果没有人们思维方式和行为方式的改变，那就意味着让 ERP 系统适应人们习惯的思维方式和行为方式，这样，ERP 系统的实施和作用必然遭到失败。

为了转变人们的思维方式和行为方式，形成企业整体的共识，高层领导必须抓好教育和培训工作。在实施和应用 ERP 系统的过程中，教育和培训工作是十分重要的。由于 ERP 为企业的各个层次提供了管理的工具，而这些工具往往是企业从来不曾有过的，所以，必须通过教育和培训让人们增加知识并改变原有的工作习惯和方式，教育和培训需要投资，而这部分投资是最具有杠杆作用的。

(4) 保持项目的优先级。ERP 实施是一项涉及面广、技术难度大、实施周期长的系统工程，它涉及到企业的各项经济事务、众多管理部门和人员，数据收集与传递的各个环节必须畅通。如果各部门间不能积极配合、紧密合作，或者人事变动频繁，必然会影响项目进程。企业高层领导只有通晓其中的利害关系，才能亲自组织、协调各部门的关系，抽调精干人员，保证资源到位。ERP 项目的实施在企业的各项工作必须具有第二位的优先级，否则，因为企业中工作很多，每个人都在忙着原有的工作，ERP 项目的实施将被推迟得遥遥无期。为了保持 ERP 项目的高优先级，企业高层领导必须有明确的认识和决心。

(5) 精心组织和协调。ERP 项目投资巨大、技术高新，必须精心组织。要成立 ERP 项目实施小组和指导委员会。项目实施小组负责具体的项目实施工作，解决 ERP 实施过程中在操作级上出现的问题，并没专职的项目负责人。指导委员会则由企业高层领导组成，对 ERP 项目的实施成功负最终的责任。

ERP 系统的实施涉及到企业运营的各个环节和所有的员工，部门和人员之间的协调十分重要。如果没有良好的协作精神，ERP 的实施是难以成功的。所以，企业高层领导必须下决心搞好协作。如果出现问题，则应排除障碍来保证项目的进展。没有任何人可以代替企业的高层领导来对 ERP 项目的实施应用获得成功负最终的责任。因为如果没有高层领导的正确决策、大力支持、积极参与以及对项目成功的殷切期望，ERP 项目的实施和应用是不能成功的。

2. 领导支持 ERP 系统实施的内涵

高层管理者的支持包含两个层面的含义，即高层管理者的认同和高层管理者的参与。

(1) 高层管理者的认同。高层管理者的认同表现为，高层领导视 ERP 项目为企业战略的重要组成部分，认同程度高、改革决心大，愿为项目的顺利实施提供必要的资源以及权威。ERP 实施项目投资大、周期长，需要有足够的人力、物力以及财力投入作为项目实施的保障；同时，ERP 的实施将会对企业各层产生影响，需要改变部分原有工作方式以及调节各部门间矛盾。这一切均建立在高层领导对项目的高度认同基础之上。只有企业高层领导真正重视 ERP 项目，才能够提供项目实施所需的各类资源，以及做好企业各级的协调工作。

(2) 高层管理者的参与。仅有认同是不够的,认同是领导因素的基础,参与是领导因素作用的关键。ERP 的成功实施离不开企业高层管理者的真实参与。系统需求分析、系统选型、以及系统实施相关的决策活动等工作,须要高层领导亲自参与其中。在 ERP 实施过程中产生的企业管理上、文化上、工作方式上的一系列创新及变革,以及解决员工对变革的不满情绪、协调个阶层矛盾等工作,均须要高层领导用心去解决。同时,高层领导须要定期阅读报告,对 ERP 实施过程全程关注,对项目实施组提供必要的指导和帮助。

联想 ERP 项目的成功上马与联想集团总裁柳传志的一把手把关及副总裁王晓岩的亲力亲为是分不开的。柳传志亲身参与其中,专门建立了约 80 人的项目小组推进全集团的 ERP 实施,使得集团所有业务部门的主管领导积极支持参与,上下一心。在对项目亲自把关的同事,柳传志还积极与咨询公司德勤合作,引导联想做企业重组及业务流程重组工作。由此可见,有了企业一把手的亲身参与,ERP 项目才能获得足够的动力得以顺利完成。

8.2.2 提高领导能力,正确处理在 ERP 实施中的各种问题

信息化是企业内部的一场革命,革命是否成功领导是决定因素。因此往往把实施 ERP 系统称为“一把手”工程。从整个项目的实施成功因素来看这一点不为过,而且还需要强调全员参与,人人负责,积极配合。没有企业领导参与,尤其是企业高层领导的支持,ERP 系统将无法实施成功。

1. 加强领导信息化建设的能力

ERP 系统的实施领导是关键,这已经是不争的基本原则,关键在于领导如何才能发挥积极的作用,领导好 ERP 系统向着成功前进。领导应当从如下几方面着手:

(1) 战略的重视。企业领导对 ERP 的认识要站在战略的角度上,从战略高度来规划 ERP 项目。了解系统的实施将给企业带来哪些效益,企业需做出怎样的努力和改变,如何将 ERP 与企业战略相统一,而且把 ERP 实施看成一个与计算机技术有关的项目。

(2) 注重良好的领导品质,起到模范带头作用。无论是进行 ERP 系统的学习培训,亲身参与到项目中做好相关工作,还是在遇到阻力时积极应对的工作态度,领导在 ERP 项目中的作用十分重要,需要企业领导起到模范带头作用。同时在项目实施中注重良好的领导品质,如合作精神、善于授权、实事求是、注重沟通等,这些对 ERP 项目的顺利实施以及企业经营都是必要的。

(3) 自始至终,始终如一。高层领导对实施项目的关注要做到自始至终、始终如一,切忌虎头蛇尾。有些领导在项目启动时隆重表态对项目的大力支持,之后很少过问,直到项目结束后才出现。如果项目实施成功则大搞庆功会,如果项目中途遇阻失败,则兴师问罪而不在自己身上找原因。领导对 ERP 实施的支持,需要做到上面所讲到的,做好检查项目进度、检查项目成果工作。高层领导要实时关注实施情况,在项目

进行到困难的时候发挥领导作用推动项目的实施。

(4) 各级领导支持。领导对 ERP 项目的支持并不仅限于企业老总一个人的支持，它需要各级领导协调统一、积极配合，调动各部门资源以完成 ERP 系统的实施。

(5) 注重人的因素。ERP 项目的实施涉及到企业的上上下下，需要决策层、管理层、技术层、应用层各个层次员工的积极参与和共同努力来推动。所以，在 ERP 实施中，人的因素比其他因素都更为重要。再完善的理论，没有人的参与执行，一切都将无从谈起。企业在导入 ERP 时，从 ERP 的主持实施者到顾问以及各组织单位的每个人都将对整个系统的有效运作产生影响，因此，领导要注重人在 ERP 实施中的重要作用。

2. 在 ERP 实施中的领导工作

企业高层管理者对 ERP 项目的支持绝不能停留在表面的喊口号，而是要体现在实际行动当中，渗透到工作的方方面面。在项目实施中，高层领导要对项目有足够的重视和支持并参与其中，并要做好以下几项工作。

(1) 进一步明确 ERP 项目的总体目标。企业决定实施 ERP 项目必然经过需求分析，制定出了可行性分析报告和项目总体目标。但在项目正式实施时，需要领导进一步明确，为项目提供切实的方向性指导。

(2) 营造有利于推动项目实施的环境。ERP 的实施必然会带来企业的一场变革，在实施过程中高层领导要做好相关工作，创造一个有利于项目实施的软环境。包括制定科学规范的管理思想、管理模式，充分发挥 ERP 系统带来的效益；抓好企业业务流程优化与重组工作；对企业内员工因工作方式改变而产生的负面情绪，以及各级部门在变革中引起的矛盾等阻力因素，高层领导要制定严明的纪律，关键问题亲自决策、拍板，充分发挥领导作用以确保项目顺利进行；根据项目需要跨部门调度和协调资源，及时为项目顺利实施提供各类资源；创造良好的企业文化，抓好教育培训工作；对项目实施过程实现透明化，鼓励员工监督和出谋划策，确保 ERP 深入人心。

(3) 参与学习培训。高层领导在 ERP 项目实施前期要参加相关的培训学习，了解企业应用 ERP 的意义和相关理念。在及时跟进项目实施进度的过程中，高层领导要不断了解实施 ERP 的相关信息，与实施人员以及咨询顾问进行有效沟通，并与企业内外部环境相结合，以确保相关决策的正确制定。

(4) 选派实施项目组合适人选。根据企业实际情况和项目需要，为实施小组选派合适人选，决定相关部门和人员以确保达到项目的目标。

(5) 检查项目进度、检查项目成果。领导因素在 ERP 实施中的作用是贯穿始终的，领导在项目实施过程里需要及时检查项目的进度，根据项目进度计划及时为项目提供必要的帮助和支持，并督促项目进度。高层领导要从总体上把握 ERP 项目的目标，分阶段检查项目的实施成果，在有必要时及时调整项目的战略部署。

8.3 实施 ERP 系统的经济因素分析及对策

经济往往决定了 ERP 系统实施的规模和企业化程度，实施 ERP 系统不仅需要硬件价格、软件价格、培训费、实施工程费和咨询费，还需要二次开发费和系统运行维护费。经济因素直接影响 ERP 系统实施的规模和成败。

8.3.1 实施 ERP 系统的经济因素分析

ERP 实施的规模可能非常大，周期非常长，企业必须量力而行。虽然我们在 ERP 系统实施前做好周密的实施规划，预算好实施费用，但是企业经济环境并不是一成不变的，而且每个 ERP 系统实施项目都存在无法预知的领域，实际的费用往往比预想的多。因此经济因素的变化会给 ERP 实施带来很多不确定性和增大风险性，甚至最后导致实施项目流产。

在进行 ERP 的规划和实施中，一定考虑并重视这些经济因素。ERP 系统实施形成的经济因素有许多，其动因主要有实施成本、企业主营产品市场变化等。

1. ERP 实施成本

实施成本是影响 ERP 实施成败最重要的关键的经济因素，也是贯穿于 ERP 规划、设计、实施和验收全部过程的所必须认真考虑和重视的一个因素。成本问题是 ERP 成功与否的关键。太多的企业由于对成本的估计或认识不足，最终被迫造成 ERP 项目流产。

(1) 资金无法跟进投入。ERP 系统是一项非常复杂的管理系统工程，工作量大，涉及面广，实施周期长，需要长期追加投资并不断维护和完善市场需求。一旦 ERP 项目开始实施，就需要有不断的资金投入，以维持 ERP 项目的顺利进展。当在项目实施过程中，发生了资金链断裂或是资金投入无法继续跟进的话，就无法进行 ERP 项目的继续实施，如对软件的编写，对设备的购进，对人员的培训，对系统的运行等等。很多企业的领导由于对 ERP 项目资金需要不断跟进投入的认识不足，对在实施过程中所产生的大量费用，无力承担或是由于资金周转不灵，无法继续跟进，无法达到资金的及时落实，从而使资金不能按照实施计划及时到位，导致工程拖期或停顿，甚至最终使项目流产。

(2) ERP 的价格结构复杂。首先很多企业认为 ERP 实施只有开发费用，实施费用和后期的维护费用，这显然是对 ERP 的价格结构的一种错误认识。ERP 的价格结构除了开发费用、实施费用和后期的维护费用，还包括咨询费、培训费、二次开发费用等基本结构费用。同时，在实施过程中还可能会产生一些其他的费用，如为了适应新系统进行流程重组而产生的巨额费用，在实施过程中，由于发生突发事件而产生的意外费用等。这些费用构成了 ERP 实施的昂贵成本，如果企业在制定 ERP 决策之前，没有对 ERP 的价格结构进行充分的认识和可行性分析，就贸然实施 ERP，则很可能最终由于无力承担昂贵的 ERP 费用而导致 ERP 实施的失败。

(3) ERP 的价格非常昂贵。正如上面所讨论的，ERP 价格结构复杂，而且会有很多实施过程中产生的新增费用，这就成为了 ERP 实施费用巨大的原因之一。其次，在项目中，硬件费用，软件价格以及支付开发人员的费用本身就非常昂贵。国外 ERP 实施知名企业 SAP 对某企业进行 ERP 实施的咨询和实施费用 60 万人民币以上。这还只是其中的部分费用而已，还未包括实施过程中陆续投入的费用等。由此可见，ERP 实施的费用是非常巨大的。虽然很多企业都认识到 ERP 项目将会投入大量的资金，但是大到何种程度，他们还是缺少充分估计，结果由于资金的不足，而最终使企业的 ERP 项目失败。同时，现在 ERP 项目实施过程中还存在着价格陷阱，如站点费用陷阱，实施与顾问费用陷阱，维护费用陷阱，软件升级陷阱等等。这都会导致 ERP 项目价格的昂贵。

2. 国家宏观经济政策

所有企业都处在一个经济环境中，处在一国的经济政策之下，所以国家的经济政策对企业的成功与否非常重要，对 ERP 的实施更是如此。国家经济政策对 ERP 实施成败的影响非常大。

(1) 忽视了国家对重点项目的支持。为了促进国家经济的发展，增强国力，政府一般都会对一些项目进行扶持，以使其更好的发展，如资金补助、减税政策、科技人才培养等。如果申请被批准，这对 ERP 的实施是非常有帮助的。而很多企业却忽视了这一点，没有积极争取国家的支持，使本可以得到的技术帮助和可以减少的成本投入都没有获得，这就加大了企业实施 ERP 的负担。

(2) 忽视国家经济政策。紧缩经济政策或是开放经济政策都能够影响企业 ERP 实施的顺利进行。很多企业除了进行常规业务之外，同时还进行一定的投资，以增加企业的收入。如果国家的经济政策发生了变化，导致利息等的变化，势必会影响企业的收入变化，从而对 ERP 实施会产生很大的影响。另外国家经济政策的改变，可能会使 ERP 项目价格上涨，这也会增加企业的负担。

3. 市场需求

这是很多企业在进行 ERP 项目规划中最容易忽视的一个因素。却不知道这对 ERP 实施成功与否至关重要。要知道企业实施 ERP 最终目标是为了生存，而生存很重要一点是要依赖于顾客，依赖于市场需求。如果没有市场需求，ERP 实施的再好，没有效益，也只能等于失败。另外，一旦市场需求发生了变化，就可能会引起企业的重大调整，而这时如果 ERP 已经开始实施了，那就会由于 ERP 针对的是过去企业的结构，而最终导致项目无法与企业现有结构的匹配，ERP 实施最后只能是失败。比如前面案例所说的许继集团，就是属于这个问题。所以市场需求对 ERP 实施的成功与否还是非常重要的。

4. 宏观经济环境

正如前面所说的，企业处在一个宏观经济环境之中，经济环境的好坏会影响企业的生存能力，当然也会影响企业实施 ERP 的成败与否。一个好的经济环境，企业发展顺利，企业利润丰厚，就会增加实施 ERP 的信心，同时对资金的流转和投入，以及时提高员工对项目的忠诚度都非常有帮助。但是如果经济环境比较恶劣(如现在正在爆发的经济危机)，大量人员裁减，资产萎缩，投资不利等，都可能会导致 ERP 实施的最终流产。

5. 其他经济因素

一个企业的竞争能力也会对 ERP 实施成败产生影响。当企业的竞争能力非常强时，处在行业的领军者之中，则其他企业对他采取的竞争措施可能影响就不大，他也无需调动过多的资源去对抗竞争，从而可以更好专注于实施 ERP。还有汇率的变动，如果企业购买的是国外的 ERP 产品，当汇率发生了变动，势必会对 ERP 成本构成了影响。

8.3.1 效益驱动，提升 ERP 实施成功率

ERP 实施最终是以效益论成败。企业应该采取相应措施，有效地控制在 ERP 系统实施和运行管理中的成本，才能确保成功实施。

1. 最大限度地控制成本

这主要包括以下几个方面：

(1) 对 ERP 资金投入的认识要充分。这包括不仅要认识到 ERP 实施价格是非常昂贵的，而且要具体认识到昂贵到多大的程度，同时还必须清楚 ERP 的价格结构和 ERP 实施过程中是需要资金的不断投入。只有对这些有了充分的认识，才能对 ERP 进行正确的规划和实施。

(2) 在对 ERP 开展实施前，一定要进行非常细致充分的调研，进行相应的可行性分析，并且对资金的筹集和投入要有相应的规划，同时要有各个阶段资金规划表，只有当这些准备充分后，才可以实施 ERP，从而才能保证 ERP 实施过程中不会发生由于资金问题而停顿甚至失败。

(3) 选择合适的 ERP 产品。现在国内外有很多企业都在做 ERP 的实施，价格也不等。一般国外企业经验丰富，但是其产品价格比较贵，而国内的 ERP 产品价格都相对比较便宜。但这并不是说，国外的 ERP 一定就比国内的好。由于各国的国情，文化背景不同以及管理模式的差异，很多国外 ERP 公司对国内企业进行的 ERP 实施都失败了。而国内一些 ERP 企业也实施过许许多多成功的项目，载入了经典的成功案例之中。所以，企业在选择 ERP 公司时，不要盲目迷信国外企业，要根据自身的企业特点，来选择最适合自己的 ERP 实施公司。如果一个企业资金并不是非常充裕，可以选择国内一些优秀的 ERP 企业，这样不仅可以减少成本，而且他们同样拥有非常优秀的技术、经验和出色的实施人员。

(4) 逐步增加模块。对于一些企业，由于资金上的不足，无法一下子承担 ERP 系统所有的费用，为了控制成本，可以先增加几个主要模块，比如财务模块，库存模块等，以后资金到位了，再陆续加入其他模块。这样不仅能够减少成本，而且可以在实施过程中发现问题，减少风险。同时，也让员工有一个适应时间和缓冲期，这更有利于 ERP 的实施。

(5) 全员培训和重点培训相结合。ERP 实施费用中，培训费也是非常高的，为了能够减少成本，可以采取全员培训和重点培训相结合的方式。先让企业的一些关键人员进行培训，再让这些关键人员培训更广大的员工。当遇到培训人员无法解决问题时，再去咨询与 ERP 项目有关的专家，这样可以大大减少培训费用。

(6) 进行科学的管理。很多企业成本控制不下来，就是由于管理混乱，造成了许多

本不必支付的费用。

ERP 实施是一项非常庞大的项目，所以要建立完善有效和规范化的项目管理制度和战略控制，才能最大化的进行成本控制，保证 ERP 实施的成功。ERP 项目规范化管理的主要任务就是对经费预算、过程控制、人力配备、组织保障等问题进行系统设计。ERP 应用的过程中，要进行严格规范的项目管理，并形成一些项目制度，如：规范的项目例会和阶段性评审制度，通过定期开展由企业的项目负责人、各业务部门的领导以及应用咨询人员参加的项目应用例会，解决应用过程中出现的部门协调、人员沟通、技术支持、时间和成本控制等问题；分阶段对项目应用进行评估，如果出现偏差，研究是否需要更新计划及资源，同时落实所需要的更新措施，如果达到要求，就部署下一阶段的工作。同时要规范项目应用过程中的文档管理，并且应该对应用过程进行全面的文档记录，详尽而规范的应用文档不仅有利于企业、ERP 软件厂商、管理咨询公司之间的交流，而且对于 ERP 项目的后期维护和持续改进都是重要的基础资料。

2. 充分分析和预测国家的宏观经济政策

国家的宏观经济政策对 ERP 的实施非常重要，首先要关注并且争取取得国家的重点扶持。如果得到国家资金补助或是减税政策，就能够有效减少 ERP 实施的成本或是对 ERP 实施投入更大的资金，不但可以减少企业的负担，同时也可以使 ERP 更好更快的实施。其次，在 ERP 实施之前一定要对国家的宏观经济政策进行充分详细的分析和正确谨慎的预测，分析和预测国家的财政政策以及货币政策，分析和预测国家最近采取的开放式经济政策还是紧缩式经济政策，分析和预测国家的利息和税率变化，在细致考虑这些问题后，形成相应的国家经济政策文档来指导 ERP 的规划和实施。

3. 考虑并重视宏观经济环境

对企业处在什么样的经济环境之中，未来的经济环境会发生什么样的变化，全球化对企业的影响，经济危机对企业的影响以及竞争能力等，都要进行充分细致的调查和分析，并且形成相关的指导性文档，来更好的帮助 ERP 的成功实施。

8.4 实施 ERP 系统的技术因素分析及对策

8.4.1 实施 ERP 系统的经济因素分析

ERP 系统不仅涉及学科广泛，而且都应用了相应领域的高新技术，系统结构复杂、运行管理复杂都是 ERP 系统的表面现象，而内容应用的技术复杂程度往往被用户忽视，这也是造成 ERP 系统实施后无法持续良好运行的主要原因，当整个系统出现问题时，不能及时找到问题的成因，提出有效的解决方案，影响企业的正常经营活动。从技术层面分析 ERP 系统实施成败的原因同样也有许多种，主要体现在如下几方面。

1. 缺乏实施信息化的技术基础和必要的培训

ERP 在西方是随着新的全球竞争、跨多国生产基地、全球范围的产品需求、全球范围的零配件、服务采购、以及新政治环境和货币市场的形成而产生发展的。而且大多西方企业在实施 ERP 前，内部已成功实施了 MRP。中国企业不具备这样的技术基础，中国在实施 ERP 系统前往往侧重在会计电算化、计算机辅助设计和办公自动化等方面做了一些基础性工作，这是 3 个独立的子系统应用，没有形成流程控制，集成技术的应用处于初始阶段。培训不能停留在操作层，而是加速培养企业自己的系统分析员、数据库管理员和高级程序设计员。

2. 系统实施过程中的技术问题

系统实施本身就是一个很复杂的系统工程，包括准备阶段、选型阶段、实施和应用阶段。各个阶段都存在实时、动态、高新技术，在系统规划阶段，不仅要遵循企业信息化发展规律，还要了解企业信息化理论与方法，同时还需要测评企业信息化水平，这些工作将涉及到企业战略规划的理论与方法；在系统分析阶段，可以运用不同的建模方法去分析用户的需求、企业组织结构、业务流程和数据流程等归纳、提炼和推理等方法；在系统设计阶段，同样运用各种建模方法去建立系统硬件、软件、网络和功能等结构，进行代码、数据库和处理逻辑设计等方法；在系统实施过程还会涉及实现方法选择、开发工具选择、运行环境选择和程序设计选择等，在系统运行管理过程中将涉及的技术范围更广、更持久，不仅涉及阶段性工作的系统运行组织的建立和系统切换方式选择，还有长期的系统评价方法。

3. ERP 本身的技术问题

ERP 系统本身技术含量高，对 ERP 系统原理与运行方式的不了解往往会导致实施无法进行。在 ERP 系统实施与运行过程中有时会出现企业 IT 人员常以“技术”精英自居，只埋头于数据库、网络和其他计算机技术研究，对其他业务一知半解，从而造成技术与业务的脱节，造成了 ERP 的通用性比较差，给企业在系统实施中的 ERP 选型造成了很大的困难，从而阻碍系统实施的后续过程或埋下了隐患。也有可能管理人员对 ERP 系统原理与控制方式不理解，仅从管理的视角提出不适合 ERP 系统的特殊要求，影响系统的正常运行，甚至会看出不符合现代管理理念的传统工作模式要求。

8.2.4 提升企业技术水平，确保 ERP 实施成功

ERP 系统本身是一个技术十分复杂的系统，另外，无论是实施 ERP 系统过程，还是 ERP 系统运行涉及因素都含有极高的技术水平。ERP 系统引入，要求对企业各个方面的技术含量都必须提高。一般的技术隐含在人员与装备之中，ERP 系统也不例外，而且其技术因素更复杂，不仅受到系统操作人员和运行设备的影响，还受到企业的组织、文化、经济、环境和成长期等因素的影响，全面提升企业技术水平是 ERP 系统成功实施的必然要求。

1. 提高认识、加强学习

ERP 系统的运用不是简单的设备改造，而是企业经营理念、经营方式、工作环境的革新，这些革新首先是涉及到各类人员的岗位分工、岗位职责、权力分配、工薪收入和技

能要求的变革，辛辛苦苦几十年，勤奋努力工作的劳动模范在新的工作环境下也需要调整，遇到新的工作技能挑战。要使企业快速成长、壮大和永续发展，必须提高现代企业管理的认识，认同 ERP 系统的实施和运用，企业员工培训的好坏关系到贯彻与实施 ERP 系统的质量与效率。

坚持全员培训，加强实施信息化技术基础的学习，需要高水平的培训教师和细致的培训计划。对于信息基础相对薄弱的中小企业来说，除了企业的最高领导人做好"一把手"外，更要舍得培训投入，始终如一地进行全员培训，借助培训手段统一认识，使得中层管理者和基层人员也能充分认识和理解实施 ERP 系统的实质。局部利益要服从整体利益，上下协调一致、众志成城地开展的信息化建设，才能为成功实施提供基本保障。

2. 规范 ERP 实施过程，确保技术水平

ERP 系统的实施通常分为包括准备阶段、选型阶段、实施和应用阶段。企业管理者更多关注 ERP 实用功能。事实上，无论选用什么软件，其功能大同小异，划分的子系统基本相同，仅从系统宣传材料上很难区别优劣，而 ERP 系统本身往往也无法区分好与坏，只有 ERP 软件与实施对象的管理模式、企业文化、管理制度、组织结构和岗位职责适应程度区别，以及系统功能划分和软件操作界面的差异。因此，企业应非常重视 ERP 系统实施计划，规范 ERP 系统实施过程。并在实施过程中认真总结每个阶段和每项活动的优劣，善于整理、积累资料。针对独特的个性化解决方案形成新的技术。正确认识企业自身的规模，选择好的供应商，选择成熟的软件，架构灵活并且满足自身的需要结构都需要高技术能力。

企业要选择适合自己的软件，应该是把企业实际需求和标准逻辑(一般商品化软件设计思想)相结合，并能预留各种接口，同时必须配备齐全的文档，其全面详尽程度应达到用户能够自学使用，如用户手册、不同层次的培训教材以及实施指南等。总体上，ERP 系统实施有步骤、有重点。一开始就要从企业的实际出发，建立合理有效的实施组织机构，制定切实可行的实施计划。

3. 加速实施过程中的技术转移，增强系统的生命力

我们可以按生命周期理论把 ERP 系统的设计与研制作为前半生命周期，把 ERP 系统的实施与运行管理作为后半生命周期。ERP 系统的前半生命周期在软件制造商或软件提供商，后半生命周期在软件应用企业。ERP 系统软件产品既有一般产品的特征，还有其自身个性化的特征。

一个 ERP 系统引入企业不是简单的产品启用或安装调试过程，而是一个复杂的知识与技术的转移过程，这种转移始终是双向的，但在不同阶段的转移侧重点有所不同。特别是在 ERP 系统后半生命周期内，不同阶段可以采用人才引进、项目委外和业务代理等多种模式并用。但是，ERP 系统运行管理技术最终必须引入企业，企业对 ERP 系统技术掌握程度越高，解决问题能力越强，我们可以把 ERP 系统实施分成前中后 3 个分阶段，在实施前首先是要把企业经营管理模式、管理制度、组织结构、企业文化和高层领导风格等非技术因素向软件服务商转移，同时也可以开始组织企业高层领导学习企

业信息化基础知识，把信息技术向企业转移；在实施过程中，应当基本实施了企业管理思想、管理模式向软件提供商转移，重点在软件技术与知识向企业的转移；实施后，已经不存在单向的知识转移倾向，而是不断的双向交流，共同商讨最佳解决方案。

8.5 实施 ERP 系统的企业文化因素分析及对策

8.5.1 实施 ERP 系统的企业文化因素分析

企业信息化工程中实施 ERP 系统是对传统管理模式的改革，这种改革涉及到企业的方方面面，渗透到企业的各个阶层，从企业高层领导到基层员工。这种变革也是企业文化的重建过程，企业文化对 ERP 系统实施的成败影响是持久和潜移默化的，重视企业文化建设，适应 ERP 系统的管理方式和管理思想是 ERP 系统持续发挥效能的主要途径。ERP 的成功很大程度上应归结为企业文化的力量，企业文化是企业核心竞争力和软实力的核心，是影响企业经营的强大力量。ERP 实施成功与否，与企业的文化有着密切的关系，企业文化是极其重要的影响因素之一。

1. 企业文化的内涵

现代管理理论中企业文化备受关注，不同的管理学家和企业家有着不同的见解和描述。著名企业文化学家、美国麻省理工学院斯隆管理学院教授埃德加. H. 沙因(Edgar. H. Schein)将企业文化分为三个层次。第一层是表象层，这层显而易见的，通过组织结构和流程表现，但本质却难以解读；第二层是表达的价值层，这层是战略、目标、哲学组成，具有表述性解释；第三层视为理所当然的无意识的信念、理解、思维和感觉，也是价值观和行为的终极根源。美国学者、哈佛大学商学院教授约翰·P·科特(John P. Kotter)和詹姆斯·L·赫斯克特(James L. Heskett)认为："在较深的层次中蕴含的那种不易为人察觉的层面上，'文化'代表着拥有这种文化的人们的基本价值观念。这些观念是一个人类群体所共有的。即便这一群体中成员不断更新，文化也会得到延续和保持。而在较易察觉的层面上，"文化"则体现了企业的行为方式或经营风格。"荷兰学者丰斯·特龙彭纳斯和英国学者查里斯·汉普登—特纳在其著作《在文化的波涛中冲浪——理解工商管理中的文化多样性》一书中，对"文化"的定义为："文化是一群人解决问题和调节一对矛盾的方法。"中国学者王成荣和周建波认为："企业文化是指在一定的社会大文化的影响下，经过企业领导者的长期倡导和全体员工的积极认同、实践和创造所形成的整体价值观念、信仰追求、道德规范、行为准则、经营特色、管理风格以及传统和习惯的总和。"

综合国内外的观点，企业文化是在企业成立和发展过程中，受社会环境和传统文化的影响，逐步形成并被员工接受的具有本企业特色的解决问题的方法、协调关系途径、道德评判的标准等传统和习惯。

2. 实施 ERP 对企业文化的影响

ERP 不仅是一套软件，更是一种吸收了各种先进管理思想的管理模式。它吸收了追求资源有效集成及配置、供应链管理(SCM)、精益生产(LP)、企业流程再造(BPR)等管理思想，因而也倡导了其中包含的经营哲理和价值观体系。虽然不能说它本身是企业文化，但是 ERP 系统吸收了现代的管理思想，体现了科学的经营哲学和先进的价值观，因此，ERP 蕴含着一种文化。如果企业实施 ERP 时不具备那样的文化因素，甚至与那样的因素对立，则毫无疑问地会产生类似于“文化冲突”的局面。因为企业文化是在企业发展过程中逐渐形成的，具有相对稳定性和继承性，一旦形成，短时间内很难改变。这样的企业文化或者其中的一些因素便会对 ERP 实施产生约束，形成强大的实施阻力，导致 ERP 实施遭遇困难，无法顺利进行，乃至于有可能导致 ERP 实施的失败。

(1) 存在着特殊主义文化。对于凡事讲究按照原先设定的流程以及规定的时间动作进行运转的 ERP 系统来说，规则是其保证。如果企业存在浓厚的特殊主义文化，人际关系被视为比规则更为重要。这就影响了 ERP 系统应有的作用。

(2) 习惯于集体承担责任。ERP 系统能够规定每个结点需要成员做什么，什么时候做以及怎样做，并且实时记录工作状态和结果，因此一旦有问题，很快能追溯个人责任。但是企业如果习惯于集体承担责任，就会出现没有人对问题具体负责，容易造成“大锅饭”的局面。

(3) 推崇含蓄的交流风格。如果企业文化推崇含蓄不外露的风格，那么企业成员在项目组内的交流，或者组内外的交流，会可能因为“面子”等原因，让交流沟通变得“吞吞吐吐”、曲折晦涩。这与 ERP 文化特点，与项目管理中的交流要求都格格不入，出现问题不能及时解决，最终的结果很可能是项目无法按时完成，成本激增。

(4) 具有扩散型文化。如果企业内部成员们不仅存在着上下级的关系，而且不同场合形成的社交范围在企业内部发挥着不可忽视的作用，那么围绕流程运行，以业绩为导向的 ERP 系统文化就容易受到这种人际因素的影响，那么即使熟悉 ERP 系统能带来高效率，成员也会选择钻营的局面。

(5) 缺乏成就感文化氛围。企业如果缺乏成就感文化氛围，没有注重激励因素，甚至忽视激励中的保健因素，那么极有可能让项目组成员的不满情绪比一般员工的不满更为强烈，这对于分期进行的 ERP 项目实施非常不利，因为再没有人愿意进驻项目组。

(6) 存在同序型文化。ERP 的实施环境需要次序型文化，也就是注重时间观念和计划。如果企业内部的时间管控是松弛的，这种缺失次序型文化会因为时间错乱导致 ERP 系统运行出错。

(7) 没有“以客户为中心”的外控型文化及着重控制的“内控型文化”。如果企业受到长期的计划经济的影响，习惯了“以生产为中心”，则不能理解 ERP 以市场为导向的运作模式，则 ERP 无法充分发挥效能。

3. 企业文化对 ERP 实施的影响

企业文化不仅仅受到企业创始人的影响，还要受到社会文化尤其是传统文化的影响。当企业创立时，传统文化对企业核心价值观的形成产生了影响，又由于创始人的追求不同而形成了各色的企业文化。在传统文化的影响下，中国企业的企业文化形成了具有中国民族特色的独特个性。从不同的角度分析中国企业文化，可以看到其具有很强的民族特性。

不同国家和地区的传统文化和历史背景不同。由于 ERP 诞生在国外，ERP 软件大部分是由欧洲和美国发展起来的，因此自它一出现，就会有西方企业文化的烙印，它所蕴涵的企业文化明显地带有西方色彩。即使是国内自主开发的 ERP 软件，很多时候也借鉴了西方优秀的管理方式，所以同样或多或少地内隐含了西方企业文化的特征。

ERP 所蕴涵的西方文化因素与中国企业里深受东方传统文化影响而形成的企业文化在很多方面存在着明显的差异，因此，ERP 在中国企业应用时与中国企业文化不适应，具有中国色彩的企业文化的很多因素不能适应 ERP 系统的要求，这些文化因素会阻碍 ERP 的实施，结果往往是导致了应用的不理想甚至是失败。

投资巨大、耗时颇多的各 ERP 软件实际上可以看作是一个没有企业实体的逻辑企业：有自己的组织结构、科学的运作流程、自己的流程管理控制等功能，一旦数据送上来就可以运转的完整的虚体企业。它的企业组织结构和流程可能同其实体企业结构和流程很不相同，但它是按功能和流程组建的，是依据管理科学理论建立的。就是这样一个虚体企业，携带着自身的文化烙印，在实施过程中对企业造成多方面的冲击。由于企业文化特有的惯性，以及与 ERP 系统所要求的实施文化氛围的不相符，会对 ERP 实施形成反作用力，造成负面影响，影响对 ERP 来说，企业文化是 ERP 所面对的一个外在因素。当一个企业的企业文化与其一致时，ERP 在这个企业中的实施就具有了天然的基础条件，这必将顺利地推动 ERP 的实施。反之，就会阻碍其运行。如果企业现在的文化与 ERP 蕴含的文化越吻合，那么 ERP 的本土化会越容易，这对 ERP 的成功实施奠定了坚固的基础。

然而对企业文化来说，ERP 则是企业文化所面对的外来因素。在 ERP 的运行过程中，企业的业务流程必须进行一定的重组与改造，而企业的管理理念、行为方式也会随之出现潜移默化的改变。在企业中实施 ERP，能将这个外来因素所包含的文化渗入到企业文化中，使企业文化越来越靠近它，使企业的“本土文化”越来越适应 ERP 的运行。

8.5.2 打造企业文化，推进企业信息化建设

无论是 ERP 的实施，还是 ERP 的应用，都将受到企业文化的影响，ERP 的成功实施和应用都需要企业文化的支持。同时，ERP 的实施与应用也会促进企业文化的建设。企业通过导入 ERP 系统，引进新的管理理念，规范企业管理，优化业务流程，必将要求员工改变价值观念、思维方式和行为习惯。ERP 虽然本身不是一种企业文化，但蕴涵的现代管理思想却处处渗透着一种文化。只有当一个企业的企业文化与 ERP 所蕴涵的文化一致时，ERP 在这个企业中的实施就具备了天然的基础条件。一致的文化能够推动 FRP 的实施，反之就会阻碍其运行。

1. 企业文化与 ERP 系统思想的融合

企业实施 ERP 时，要对企业文化进行变革，使之尽量与 ERP 的要求相适应。例如：ERP 系统强调的是一种系统化的经营思想，用系统的观点对待企业的全部生产经营活动，把企业看作整个社会大系统中的一个开放的子系统，强调对这个子系统的资源集成和系统的总体优化；西方国家的企业文化强调“理性”管理，注重规章制度、管理组织结构、契约等的作用，并在管理上重视细节；ERP 系统下的企业文化以人为中心，注重发挥员工的积极性、主动性和创造性；强调协作和团队精神。而我国有些企业往往缺乏系统化的管理思想；我国企业文化更强调“人性”的管理，如强调“人际关系”、主体潜能的发挥等作用。在用人上往往重“德”轻“器”甚至更重视人际关系，而忽略了对员工自身素质和能力的考核；特别是国有企业中，部门等级森严，很难形成真正意义上的团队精神。这些因素都是企业在实施 ERP 时要进行变革的地方，逐步与 ERP 系统思想相融合。

2. 企业文化、技术革新和管理变革协同

ERP 系统实施是一个企业文化、技术更新与管理变革的协同过程。管理变革实质上变革的是人的思想，对企业而言就是企业文化的变革。ERP 是人、组织、管理、信息与信息技术的综合体，ERP 既包含着信息技术又包含着管理思想与方法，它们共同作用与企业组织系统并促成企业的组织将发生着重大的变化。ERP 的实施在一定程度上受到企业原有的企业文化的影响，这种影响可能是阻碍性的也可能是促进性的，同样 ERP 的实施也会带来企业文化的变革。因此，ERP 的实施是一个技术更新与企业文化建设的协同过程，其目的是不断完善与发展适应外部环境的科学的管理模式。试图实施 ERP 系统的企业必须同时进行企业文化的建设，ERP 的实施也为塑造优秀的企业文化提供了巨大的机遇和挑战。

3. ERP 系统推进企业文化建设的着力点

ERP 系统真实地描述了企业经营的过去与现在，企业管理不再跟着感觉走，而是以事实为依据，科学理论为指导，责权利明确，减少了无味的争议和扯皮，不仅提高了工作效率，而是潜移默化地影响企业文化建设，规范工作方式，促使文化朝着良好方向的转变，形成目标明确的着力点，采取积极措施，使企业文化按照适合 ERP 需要的文化改变，更加有利于 ERP 的实施和运行，ERP 系统更能发挥企业团队合力作用。否则，保持旧有的不适应 ERP 的文化不变，则必将阻碍 ERP 的实施和运行。总之，实施 ERP 的企业一定要努力是自己的企业文化朝着积极的适合 ERP 的方向发展。

综合练习题

一、名词解释

1. 提前期　2. 工作中心　3. 物料主文件　4. 物料清单
5. 订货点法　6. 工艺路线　7. 预计入库　8. 提前期
9. 展望期　10. 计划时界　11. 采购计划法　12. 工厂日历
13. 紧迫系数　14. 调焦预测法　15. 计划期　16. 时区
17. 毛需求　18. 滚加法

二、写出下列专业缩语的全称，并写出其含义。

1. MRP　2. CRP　3. INV.　4. ERP
5. MRPⅡ　6. ATO　7. ETO　8. STM
9. MPS　10. EOQ　11. LUC　12. BOM
13. DSS　13. DRP　15. TPS　16. MIS

三、填空题

1. MRPⅡ/ERP 经历了___阶段，80 年代推出的是________________。

2. 时段式 MRP 的可供货量的计算公式是：可供货量＝库存量＋____________一需求量。

3. MRP 的数据处理逻辑是根据 BOM、MPS 和________________。

4. 在 ERP 中订单分成客户订单、________________和采购订单。

5. CRP 的数据处理逻辑是根据 MRP、工作中心和________________。

6. 主产计划的对象是________________。

7. 需求时界是指________________。

8. 订货批量确定的方法有三类，先定时后定量的方法中 FPR 和 POQ 的不同是集____________。

9. 在库存管理中，对物料进行 ABC 分类时，C 类物料是指________________。

10. 在确定采购作业管理时，采购计划法的主要思想是________________。

11. MRPⅡ名称中的 R 表示：________________。

12. 时段 MRP 将物料分成：________________和相关需求物料。

13. BOM 文件是的 M 表示：________________。
14. 在 MRPⅡ系统中确定成本定额的成本称为：________。
15. MRPⅡ的一般原理可以用 D＝A∗B＋C 表示，其中 C 表示：________。
16. 在订单生命周期是当处在 ________ 状态时，订单不能修改。
17. 在 ERP 系统中订单可分成客户订单、________ 和采购订单。
18. 在 ERP 系统运行评价过程中，采用 ADBC 检测，C 级表示：________。
19. 在 ERP 系统实施前的 0 阶段培训对象和目的是：________。
20. ERP 系统实施产生效益的提前是 ________。

四、选择题

1. ERP 是一体化的管理信息系统，主要集成(　　)。

A. 物流　B. 资金流　C. 信息流　D. 前者全部

2. MRPⅡ的应用对象主要是(　　)。

A. 企业　B. 商业　C. 教育　D. 政府

3. ERP 系统是属于(　　)信息化工程的一个主要部分。

A. 企业　B. 商业　C. 教育　D. 政府

4. ERP 系统与 MRPⅡ的最大的不同在于集成控制范围不同，ERP 系统主要控制企业的(　　)资源。

A. 环境　B. 内部　C. 外部　D. 供应链

5. 订货点法在确定订货点时，物料的耗用速度是(　　)。

A. 变化　B. 不变　C. 不确定　D. 任意给定

6. 在物料需求计划运算时，物料的提前期值是(　　)。

A. 变化　B. 不变　C. 不确定　D. 任意给定

7. 使用 MRP 系统，产生经济效益的根本途径是(　　)。

A. 资金拥有量减少　B. 生产成本降低

C. 库存量降低　D. 客户订单增加

8. 闭环 MRP 是在基本 MRP 的基础上改进的，主要增加了(　　)功能。

A. 主生产计划　B. 物料需求计划　C. 能力需求计划　D. 库存控制

9. 在 MRPⅡ系统中，通过 MRP 模块的展开，可以获得(　　)。

A. MPS　B. MRP　C. CRP　D. 作业计划

10. (　　)是订货点法与 MRP 的主要区别之一。

A. 提前期　B. 库存量　C. 物料种类　D. 控制对象

11. 在 MRP 展开后，对 BOM 底层物料将产生(　　)。

A. 生产订单　B. 采购订单　C. 客户订单　D. 前者全部

12. ERP 系统发展至今，经历了四个阶段。ERP 系统是在 20 世纪(　　)年代推出的。

A. 60　B. 70　C. 80　D. 90

13. MRP 的思想和软件产品（　　）年代出现。

A. 60　　B. 70　　C. 80　　D. 90

14. 生产规划的计算公式是：生产规划量＝（　　）＋库存调整量或未交付的客户订单调整量。

A. 市场预测量　　B. 销售规划量　　C. 库存控制量　　D. 客户订单数

15. 大于生产周期的最少时区数称为（　　）。

A. 计划时界　　B. 生产周期　　C. 产品生命期　　D. 需求时界

16. 确定订货批量，从总体上可以分成① 先定时后定量、② 先定量后定时和③ 时与量同时确定三类，LTC 方法是属于（　　）。

A. ①　　B. ②　　C. ③　　D. ①②

17. 确定订货批量，从总体上可以分成① 先定时后定量、② 先定量后定时和③ 时与量同时确定三类，EOQ 方法是属于（　　）。

A. ①　　B. ②　　C. ③　　D. ①②

18. 在确定采购作业管理时，采购计划法的主要思想是将采购计划分二阶段，近期计划（　　）。

A. 详细并且时间短　　B. 估计值

C. 时间长　　D. 短期估计值

19. 在 CRP 时，基本数据是物料需求计划、工艺路线和（　　）。

A. BOM　　B. 工作中心　　C. INV　　D. 提前期

20. 在 MRPⅡ中成本核算时，记录实际消耗的成本体系称为（　　）成本。

A. 标准　　B. 现行标准　　C. 实际　　D. 模拟

21. 订货点法的基本公式是：订货点＝单位时区的需求＊（　　）＋安全库存量。

A. 订货倍数　　B. 订货批量　　C. 提前期　　D. 计划时界

22. MRP 的数据处理逻辑是根据库存量、MPS 和（　　）。

A. 物料清单　　B. 订货批量　　C. 提前期　　D. 计划时界

23. 在库存管理中对物料进行 ABC 分类时，数量多价值低的物料归（　　）。

A. A 类　　B. B 类　　C. C 类　　D. D 类

24. MRPⅡ用于对（　　）控制。

A. 物流　　B. 资金流　　C. 信息流　　D. 前三者

25. 下列（　　）不是能力需求计划的基础数据。

A. 工艺路线　　B. 工作中心　　C. 物料需求　　D. 客户档案

26. 采用 EOQ 确定订货批量是（　　）。

A. 先定时后量　　B. 先定量后定时　　C. 同时确定时和量　　D. 按需订货

27. 主生产计划展望期必须大于（　　）。

A. 生产周期　　B. 产品生命周期

C. 物料提前期之和　　D. 指定物料提前期

28. 在 MRPⅡ思想下物料库存量(　　)为目标。

A. 零　　B. 任意　　C. 合理量　　D. 最少

29. 库存物料进行 ABC 分类时，A 类物料是指(　　)。

A. 数量多价值低　　B. 数量少价值高

C. 体积小价值高　　D. 体积大价值低

30. 派工单的由 MRPⅡ生产的供(　　)使用。

A. 计划员　　B. 工长　　C. 系统分析员　　D. 高级程序员

31. 生产订单在(　　)状态后不能修改。

A. 计划　　B. 准备　　C. 确认　　D. 下达

31. 紧迫系数值与作业优先级之间的关系是(　　)。

A. 值越小优先级越高　　B. 值越小优先级越低

C. 两者之间没有关系　　D. 两者之间的关系不确定

33. 在库存管理中，对物料进行 ABC 分类时，数量多价值低的物料是(　　)。

A. A 类　　B. B 类　　C. C 类　　D. D 类

34. 大于装配时间的最少时区数称为(　　)。

A. 计划时界　　B. 生产周期　　C. 产品生命期　　D. 需求时界

35. 在确定采购作业管理时，采购计划法的主要思想是将采购计划分二阶段，近期计划(　　)。

A. 详细并且时间短　　B. 估计值

C. 时间长　　D. 短期估计值

36. 在确定采购作业管理时，采购计划法的主要思想是将采购计划分二阶段，远期计划(　　)。

A. 详细并且时间短　　B. 估计值

C. 时间长　　D. 短期估计值

37. 在 CRP 时，基本数据是物料需求计划、工作中心和(　　)。

A. BOM　　B. 工艺路线　　C. INV　　D. 提前期

38. 在 MRPⅡ中成本核算时，固定一个较长周期不变的成本体系称为(　　)成本。

A. 标准　　B. 现行标准　　C. 实际　　D. 模拟

39. ERP 是在 MRPⅡ的基本上改进形成的，主要增加了(　　)功能。

A. 库存管理　　B. 生产管理　　C. 资金管理　　D. 人力资源管理

40. 将人、财和物等集成统一管理的系统是(　　)。

A. MRP　　B. MRPⅡ　　C. ERP　　D. SCM

41. ERP 系统与 MRPⅡ的最大不同资源集成控制范围不同，ERP 系统增加了(　　)资源管理。

A. 物料　　B. 资金　　C. 人力　　D. 信息

42. 在我国实施 ERP,往往先从(　　)管理着手。

A. 采购　　B. 销售　　C. 财务　　D. 生产

43. ERP 系统与 SCM 的最大不同在于资源集成的控制范围不同,SCM 主要控制企业的(　　)资源。

A. 环境　　B. 内部　　C. 外部　　D. 供应链

44. 货点法中确定订货点时,假设库存物料的耗用速度是(　　)。

A. 均衡变化　　B. 不变　　C. 随机变化　　D. 任意给定

45. 物料的(　　)是订货点法与 MRP 的相同之处。

A. 提前期　　B. 库存记录　　C. 物料分类　　D. 控制对象

46. 闭环 MRP 是在基本 MRP 是基础上改进的,主要增加了(　　)功能。

A. 主生产计划　　B. 物料需求计划

C. 能力需求计划　　D. 库存控制

47. 在 ERP 系统中,通过 CRP 模块的展开,可以获得(　　)。

A. 采购订单　　B. 客户订单　　C. 派工单　　D. 生产订单

48. MRP 数据处理前提是根据库存量、MPS 和(　　)。

A. 物料清单　　B. 订货批量　　C. 提前期　　D. 计划时界

49. 在 MRP 展开后,BOM 底层物料将产生(　　)。

A. 生产订单　　B. 采购订单　　C. 客户订单　　D. 前者全部

50. 在 ERP 系统中,从订单下达到验收入库所需要的时间称为(　　)。

A. 加工时间　　B. 准备时间　　C. 提前期　　D. 排队时间

51. ERP 是在 MRPⅡ的基本上改进形成的,主要增加了(　　)功能。

A. 库存管理　　B. 生产管理　　C. 资金管理　　D. 人力资源管理

52. 在我国实施 ERP,往往先从(　　)管理着手。

A. 采购　　B. 销售　　C. 财务　　D. 生产

53. 在物料需求计划运算时,物料的提前期是(　　)。

A. 均衡变化　　B. 不变　　C. 随机变化　　D. 任意给定

54. (　　)是订货点法与 MRP 的主要区别之一。

A. 提前期　　B. 库存量　　C. 物料分类　　D. 物料价值

55. 订货点法基本公式是:订货点＝单位时区的需求＊(　　)＋安全库存量。

A. 提前期　　B. 订货批量　　C. 订货倍数　　D. 计划时界

56. MRP 的数据处理逻辑是根据 BOM、MPS 和(　　)。

A. 提前期　　B. 订货批量　　C. 库存量　　D. 计划时界

57. 生产规划的计算公式是:生产规划量＝(　　)＋库存调整量或未交付的客户订单调整量。

A. 市场预测量　　B. 销售规划量

C. 库存控制量　　D. 客户订单数

58. 大于装配时间的最少时区数称为(   )。

A. 计划时间 B. 生产周期 C. 产品生命期 D. 需求时界

59. 在确定采购作业管理时,采购计划法的主要思想是将采购计划分二阶段,近期计划(   )。

A. 详细时间短 B. 估计值 C. 时间长 D. 短期估计值

60. ERP 系统与 MRPⅡ的最大不同资源集成控制范围不同,ERP 系统增加了(   )资源管理。

A. 物料 B. 资金 C. 人力 D. 信息

五、简答题

1. MRPⅡ与时段式 MRP 有何同异处？实施会计电算化与实施 ERP 系统,在系统功能与作用上有何同异处？
2. MRPⅡ与时段式 MRP 有何同异处？
3. 时段 MRPⅡ与 ERP 主要有哪些区别？
4. 提前期综合症是什么？什么样避免？
5. 简述 MRP 展开过程。
6. 画出闭环 ERP 的原理图
7. 实施进销存与实施 ERP 系统,在系统功能与作用上有何同异处？
8. 企业组织对实施 ERP 系统有何影响？
9. 简述 ERP 系统系统实施过程和如何开展教育工作？
10. 实施会计电算化与实施 ERP 系统,在系统功能与作用上有何同异处？
11. 实施 ERP 系统的关键因素是什么？
12. 企业实施 ERP 不成功的原因是什么？
13. 订货批量的确定分哪几类,如何选择订货批量的确定方法？
14. ERP 能够为企业带来哪些效益？
15. ERP 给采购管理带来哪些方面的影响？
16. 简述 ERP 系统系统实施过程和如何开展教育工作？
17. 为什么企业高层领导在 ERP 实施应用过程中作用是十分重要的？
18. 为什么要对 ERP 的实施应用情况进行检测？
19. 为什么说 ERP 为市场部门提供了得力的工具？
20. 为什么在选择 ERP 商品软件之前要先接受关于 ERP 的先行教育？
21. 如何控制对软件的修改？
22. 实施应用 ERP 的十大忠告是什么？
23. 进行商务谈判有哪些需要注意的问题？
24. 企业高层领导对实施 ERP 系统有何影响？
25. 简述 ERP 系统系统实施过程和如何开展测评工作？
26. 订货批量的确定分哪几类,如何选择订货批量的确定方法？

六、设计与计算题(20)

1. 设:一辆自行车有二个轮子,一个轮子有 16 付钢丝,一个外胎和一个内胎。原库存量分别是:350、800、500、450、450 个。每个物料的提前期分别为:1、1、2、2、2 个时区。订货批量至少分别是:1、60、200、100,100,预计在 1、2 时区分别入库 150、150 辆自行车。过去 8 个时区的销售情况如下表所示。

时区(周)	1	2	3	4	5	6	7	8
销售(辆)	120	140	150	140	100	180	120	136

请完成下列任务:

(1) 编制物料主文件;

(2) 画出物料清单示意图;

(3) 根据历史数据,使用平均移动法($n=2$)预测后 10 个时区的需求量,并作为主生产计划量;

(4) 运用 MRP 原理和提供的基础数据,求出各物料在各时区的毛需求、库存量和净需求量。

2. 设:一台传动机有一组齿轮箱、一组齿轮箱内有 2 个齿轮、一个齿轮在一个毛坯件。

(1) 原库存量分别是:105、100、466、200 个。

(2) 每个物料的提前期分别为:1、1、2、3 个时区。

(3) 订货批量至少分别是:1、5、20、50。

(4) 安全库存量分别是:0、3、20、20。

(5) 订货倍数分别是:1、1、2、12。

(6) 过去 4 个的预测结果与实际订单如下表?

时　区	1	2	3	4
预　测	100	100	100	100
实际订单	98	122	125	104

要求完成下列工作:

(1) 整理出物料主文件(3 分)和画出产品结构示意图;

(2) 用移动平均法($n=3$)预测后 10 个时区的毛需求量,并将预测值作为主生产计划;

(3) 预计在 1、2 时区分别入库 92、98 台。根据 MRP 原理在上述主生产计划下,计算出各物料在各时区的毛需求、库存量、净需求。

3. 一辆自行车有二个轮子，物料主文件数据如下。

序号	物料名称	物料编码	物料类型	原库存量	目标库存量	订货倍数	提前期
1	自行车	Z0001	自制	100	2	1	1
2	轮子	C1020	外购	180	15	20	3

产品主生产计划如下：

时区	1	2	3	4	5	6	7	8
MPS	20	30	40	100	60	70	80	20

(1) 请按 MPR 原理写出各物料在各时区的毛需求量、净需求量和库存量。

(2) 轮子每次订货费 100 元，每个轮子保存一个时区需要 1 元，请按最小单位总费用法确定轮子的订货批量与订货计划.

4. 设某批自行车车架的订单批量是 100 辆，交货日期是 457 号，请按自行车车架的工艺路线如下(单位:标准小时)。

序号	工序名称	工序编号	准备时间	加工时间	等队与排除时间	运输时间	工作中心
1	截料	D001	1	3	0.4	3	C1001
2	焊接	H002	2	4	0.5	1	C1001
3	喷漆	P203	4	0.6	0.3	3	C2012

工作中心(单位:标准小时)

序号	编号	名称	能力	每天工作	工作效率%	利用率%
1	C1021	段造车间	240	12	85	80
2	C1202	喷漆车间	280	8	95	90

(1) 计算自行车车架各道工序的开工日期与完工日期。

(2) 计算各工作中心的负荷，画出工作中心负荷图。

附录

表 A.1　基本功能测评指标

一级指标	二级指标	三级指标
1 基础数据管理	1.1 物料清单(BOM)数据	产品结构数据的生成与维护 *
		产生产品结构报告
		产品结构数据复制
	1.2 工艺路线数据	工序数据管理 *
		工时定额维护 *
		批号追踪
		工作中心维护
	1.3 财务数据	会计科目管理 *
		会计期间管理 *
		凭证类型管理 *
2 生产管理	2.1 主生产计划	主生产计划编制 *
		主生产计划调整 *
		MPS 粗资源平衡
		主生产计划反馈与查询
	2.2 物料需求计划	MRP 计划自动生成、编制与调整(顺排或倒排 MRP 计划等) *
		物料需求计划可行性和平衡分析 *
		物料需求计划、计划生产订单等的查询 *
		计划生产订单确认、计划请购单确认、拖期订单报告 *
	2.3 能力需求计划	能力需求计划计算
		能力负荷计算 *
	2.4 生产订单管理	生产订单维护、查询 *
		生产订单标准成本重估
		生产订单的下达 *
		生产订单缺料报告
		生产领料单的生成、维护、审批 *

续上表

一级指标	二级指标	三级指标
	2.5 生产作业管理	作业计划的编制与维护 *
		调度计划编制与维护 *
		作业计划查询、调度计划查询、作业计划统计 *
	2.7 生产统计	关键工作中心效率报告 *
		生产订单效率报告
		员工效率报告 *
		返工报告
		生产计划完成情况统计 *
3 采购管理	3.1 采购计划管理	采购计划编制与维护 *
		请购单管理等
	3.2 供应商信息管理	供应商等级分类
		供应商信息定义 *
		供应商信息维护、查询 *
		供应商评定审核管理
	3.3 采购订单管理	供货信息管理
		采购订单维护 *
		到货、退货处理 *
		订单统计查询 *
		退货管理 *
	4.1 销售计划	销售计划编制与维护 *（销售年、月计划）
		部门销售计划、推销员销售计划编制与维护

续上表

一级指标	二级指标	三级指标
4 销售管理	4.2 询价与定价管理	价格管理 *
		价格策略管理
		下达报价单为销售订单
	4.3 销售合同管理	销售合同编制与维护 *
		合同发货、结案管理 *
		销售明细账查询、合同的执行情况、拖期情况查询 *
	4.4 客户管理	客户信息收集与分类 *
		客户信息分析与查询 *
	4.5 查询统计	销售欠款查询
		销售服务分析
		销售计划完成情况分析 *
	4.6 退货管理	退货作业管理 *
		销退账务处理 *
		退货流程控制
5 库存管理	5.1 入库管理	库存属性设置
		采购入库管理 *
		生产入库管理 *
		调入入库管理 *
	5.2 出库管理	销售出库管理 *
		生产出库管理 *
		调出出库管理 *
		批次处理和转库处理
	5.3 盘点与结转	库存盘点 *
		库存结转 *
	5.4 库存分析	库存变动情况分析 *
		库存物料 ABC 分类管理
		库存分类分析
		库存超期报警、库存越限报警、库存进价超限报警 *

续上表

一级指标	二级指标	三级指标
	5.5 库存查询	库存月报表查询与输出 *
		物料收发台账查询 *
		物料入库和出库登记表输出与查询 *
		物料库存情况查询 *
6 财务管理	6.1 总账管理	记账凭证输入和登记 *
		日记账 *
		明细账 *
		总分类账 *
		其他报表编制等
	6.2 应收账	应收款管理 *
		欠款客户管理 *
		支票管理 *
		发票管理 *
	6.3 应付账	应付款管理 *
		供应商管理 *
		支票管理 *
		发票管理 *
	6.4 成本核算	标准成本计算 *
		实际成本计算 *
		产品成本分析
		目标成本分析
		产生成本有关报表 *
	6.5 固定资产管理	固定资产账目 *
		固定资产变动处理 *
		固定资产折旧 *
		固定资产账表查询 *
	6.6 工资管理	工资管理 *

续上表

一级指标	二级指标	三级指标
	6.7 财务报表	损益表 *
		资产负债表 *
		现金流量表 *
7 系统维护管理	7.1 系统权限管理	权限定义与维护 *
		权限分配 *
		角色管理
	7.2 数据维护	数据导入导出
		数据备份与恢复 *

注:有 * 的指标是基本指标。

表 A.2 ERP 性能测评

一级指标	二级指标
可靠性	屏蔽用户操作错误
	运行操作错误不会导致系统异常退出
	操作权限控制安全可靠
	具有数据备份和恢复手段
	能进行输入有效性检查
	无损坏数据软件的现象
	提供运行日志管理
	与其他软件的兼容性
	系统故障恢复
	稳定性
易用性	菜单、工具栏随所进行的操作变化
	应具有联机帮助功能
	对用户操作的实时引导
	界面风格应该简洁一致,布局合理
	软件具有可配置能力
	软件易安装

续上表

一级指标	二级指标
集成性	ERP软件系统各模块之间应实现数据共享
	ERP系统各业务流程的集成
	与CAD系统的集成
	与CAPP系统的集成
	与PDM系统的集成
	与SCM的集成
	与CRM的集成
可扩展性	数据结构可修改扩充
	系统功能可配置

表 A.3 用户文档测评

测评指标	测试内容
用户文档完整程度	用户文档应参照国家标准《GB/T 8567-1988 计算机软件产品文件编制指南》提示的内容编写，并保证内容的完整性。
	用户文档中应包括全部软件功能、业务流程和计算过程的说明。
	可以提供在线帮助
描述与实际功能的一致性	用户文档描述的功能与软件实际功能应保持一致。
用户文档的易理解程度	用户文档的文字描述应条理清晰、易于理解
	用户文档对关键重要的操作应配以例图说明
	用户文档采用中文编写
	对主要功能和关键操作应提供应用实例
ERP软件系统实施指南	用户文档中应提供ERP软件系统实施指南或类似文档，其中应包括规划、开发、实施、运行、评估等内容，以便为实施和应用ERP系统提供详细的指导。

参考文献

1. Parr, A, andShanks, G. Amodel of ERP project implementation . *Journal of nformation Technology*, 15, 4(Dec. 2000)

2. SommerT. , Nelsonk. Theimpact of critical successfactor sacross, The tages of enterprise resource planning implementation[C]. *In Proceeding softhe 34th Hawaii International Conferenceon System Sciences*(*HICSS*), 2001

3. 玛丽·萨姆纳著. ERP——企业资源计划. 北京:中国人民大学出版社,2005

4. 斯蒂芬·哈伍德著(英). ERP 实施流程——企业如何实施 ERP. 北京:清华大学出版社. 2005

5. 周玉清,刘伯莹,周强编著. ERP 理论、方法与实践. 北京:电子工业出版社,2006

6. 崔晓阳著. ERP123:企业应用 ERP 成功之路. 北京:清华大学出版社,2005

7. 陈启中编著. ERP——从内部集成起步. 北京:电子工业出版社,2004

8. 李斗主编. ERP 系统的需求量化分析及实现案例. 北京:化学工业出版社,2005

9. 汪若菡著. ERP 中国企业成败实录. 北京:机械工业出版社,2004

10. 张文编著. ERP、CRM 企业实施案例. 北京:清华大学出版社,2003

11. 姚宝根编著. 现代企业信息化管理:ERP/eBusiness 及其实践. 上海:上海大学出版社,2001

12. Glynn, C. Williams 著. 中文 SAP R/3 销售与分销. 北京:机械工业出版社,2001

13. 范玉顺著. 信息化管理战略与方法. 北京:清华大学出版社,2008

14. 葛迺康主编. 信息化工程监理规范总则理解与实施. 北京:中国标准出版社,2008

15. 王贻志,马学新,陈江岚主编. 长江三角洲发展报告——2007 信息化与产业发展. 上海:上海交通大学出版社,2008

16. 杨安主编. 企业信息化与电子商务. 北京:清华大学出版社,2007

17. 罗承廉,韩文报编著. 信息化建设理论与应用. 北京:中国电力出版社,2006

18. 刘秋生等编著. 控制与优化——企业信息化工程实施、过程评价及其案例分析. 南京:东南大学出版社,2007

19. 埃德加. H. 沙因. 企业文化生存指南[M]. 北京:机械工业出版社,2004,第一版

20. 约翰·P·科特,詹姆斯·L·赫斯克特. 企业文化与经营业绩[M]. 北京:中国人民大学出版社,2004,第一版

21. 丰斯·特龙彭纳斯;关士杰译. 在文化的波涛中冲浪——理解工商管理中的文化多样性[M]. 北京:华夏出版社,2003

22. 王成荣,周建波. 企业文化学[M]. 北京:经济管理出版社,2007
23. 毕新华. 企业信息系统建设与管理变革[M]. 长春:吉林大学出版社,2002,第一版
24. 刘秋生. 基于多智能体博弈的供应链配送网络协调优化模型研究. 中国管理信息化,2009/01
25. 刘秋生. 知识型员工的非物质激励体系研究. 中国管理信息化,2009,(3)
26. 刘秋生. 基于模糊层次分析法的 ERP 软件供应商评价. 科技管理研究,2008,(11)
27. 刘秋生. 基于面向服务架构的业务流程管理系统构建. 商业时代,2008,32
28. 刘秋生. 信息管理与信息系统专业建设探讨. 中国管理信息化(综合版),2007,(7)
29. 经济日报. 四大知名企业 ERP 失败案例. http://finance. sina. com. cn,2004,(3)
30. 李月蒙. 从 ERP 四大失败案例看我国信息化全面预算的机遇. http://blog. 163. com/xinxihua_005/blog/static/30503173200811810243321 0/,2008-12-08
31. 四大知名企业 ERP 失败案例. http://www. chinahrd. net/zhi sk/jt page. asp?articleID=59433,2005-4-4
32. 刘秋生. 企业信息化工程建设效益分析. 中国管理信息化(综合版),2007,(4)
33. 张燕. ERP 软件选型过程管理初探. 科技管理研究,2007,(3)
34. 周成波. 基于层次分析法的 ERP 软件供应商的选择. 中国管理信息化(综合版),2007,(2)
35. 徐伟. 电子商务系统绩效评价指标体系研究. 中国管理信息化(综合版),2007,(1)
36. 江裕显. 中小企业 ERP 实施规划评价研究. 中国管理信息化(综合版),2006,(12)
37. 陈书玉. 供应网络的整合与优化. 江苏商论,2006,(7)
38. 杨立青 MRPⅡ——提升企业采购管理效率的工具. 中国物流与采购,2003,(1)
39. 刘秋生. 基于 ERP 的企业成本管理模式研究. 技术经济,2002,(2)
40. 刘秋生. MRPⅡ实施过程中若干问题的研究. 江苏理工大学学报,2000,(2)
41. 刘秋生. 信息技术和企业发展. 江苏理工大学学报(社会科学报),2000,(3)
42. 穆晓芳. ERP 在中国实施的问题及对策. 对外经济贸易大学,2002,(3)
43. 闵庆飞. 中国企业 ERP 系统实施关键成功因素的实证研究. 大连理工,2005,(3)
44. 陈伯成,叶伟雄. 对 ERP 的认识——观念的转变[J]. 工业工程与管理,2003,(3)

45. 劳本信. ERP项目实施过程中的价格陷阱. 企业管理与信息化,2008,(9):5-9

46. 李世亭. 石化企业ERP成功应用关键因素分析. 山东文工,2007,(3):6-40

47. 劳本信. ERP项目实施过程中的价格陷阱. 企业管理与信息化,2008,(9):5-9

48. 李世亭. 石化企业ERP成功应用关键因素分析. 山东文工,2007,(3):6-40

49. 陶迪,邓雪芬. ERP环境下的新型人才资源管理. 时代经贸(学术版),2008(5)

50. 韦鸿钰. ERP中人力资源管理子系统的设计开发,装备制造技术,2008(2)

51. 李严锋. 企业薪酬管理及其信息化应用. 云南财贸学院学报(经济管理版),2002(2)

52. 何晓英. 陕西省电力公司企业资源管理系统人力资源管理系统模块的实施. 陕西电力. 2007,(5)

53. 余磊,刘仙泽. ERP MRPⅡ环境下的人力资源管理. 科技创业月刊,2004,(11)

54. 陈慧. ERP如何提高人力资源管理. 电子商务世界,2001,(11)

55. 孙杰,孙涛. ERP与人力资源管理. 科技创业月刊,2005,(7)

56. 李冬,祝艳秋,刘涛. ERP中的人力资源管理会议:2004年全国电力行业信息化年会

57. 王启民. 人力资源管理信息系统的应用研究. 湖南水利水电,2007,(5)

58. 赵小翠,周建军. 基于ERP的服装企业人力资源管理系统. 山东纺织经济,2006,(4)

59. GB/Z 18728-2002 制造业企业资源管理计划(ERP)功能体系结构. 技术规范

60. GB/T 9385-1988 计算机软件需求说明编制指南

61. GB/T 9386-1988 计算机软件测试文件编制规范

62. GB/T 13423-1992 工业控制用软件评定准则

63. GB/T 14079-1993 软件维护指南

64. GB/T 14394-1993 计算机软件可靠性和可维护性管理

65. GB/T 15481-2000 检测和校准实验室能力的通用要求

66. GB/T 15532-1995 计算机软件单元测试

67. GB/T 15853-1995 软件支技环境

68. GB/T 16656. 31-1997 工业自动化系统与集成——产品数据的表达与交换——第31部分:一致性测试方法论与框架:基本概念

69. GB/T 16656. 32-1999 工业自动化系统与集成——产品数据的表达与交换——第32部分:一致性测试方法论与框架:对测评机构和客户的要求